中 国 人 权 研 究

丛书主编／李 林 陈 甦

人权法治研究报告

李 林／主编

Research Report on Legal Protection of Human Rights

社会科学文献出版社
SOCIAL SCIENCES ACADEMIC PRESS (CHINA)

“中国人权研究”总序

人权，是人作为人，基于每个人的自然属性、文化基因和社会本质所应当享有的权利。

人权，是人类文明最崇高的普遍价值之一，是中国人民和世界人民长期以来的美好追求。

人权，是全面建成小康社会，实现国家富强、人民幸福、中华民族伟大复兴中国梦的核心价值和内在要求。

人权，是人民幸福、人民尊严、人民利益、人民当家作主的具体化、法治化和可操作的制度安排，而绝不仅仅是抽象的意识形态概念。

人权，无论是作为一种理论、一种文化、一种价值，还是作为一种权利、一种制度、一种实践……都值得深入研究，需要广泛传播，都应当得到充分尊重、有效保障和具体实现。

由于众所周知的历史原因，人权这个概念曾经被视为“资产阶级的口号”而列为研究的禁区，人权话语一度成为与中华人民共和国、中国人民、社会主义宪法和法治等格格不入的西方怪物，成为中国共产党领导和中国特色社会主义的异化和敌人。

1978 年中国改革开放以后，随着社会主义民主的日益发展、国家法治建设的不断加强，人权问题得到愈来愈多的重视和关注。以 1990 年初有关“人权问题回避不了也不能回避”的共识为依据，以 1991 年 6 月中国社会科学院法学研究所在北京召开第一个全国人权理论研讨会为标志，人权理论研究和宣传的禁区逐渐被打破；以 1991 年 11 月中国政府发表第一个《中国的人权状况》白皮书为转折，以 1997 年中共十五大正式提出“尊重和保障人权”为标志，人权逐渐成为主流话语，广泛深入研讨人权问题成为学界的重要任务。在这个过程中，1991 年中国社会科学院法学研究所成立了“人权理论与对策问题研究”课题组，1993 年在课题组的基础上组建了中国社会科学院人权研究中心。

中国社会科学院人权研究中心成立 20 多年来，积极开展人权对策研究，向党和国家有关部门提交了《我国应高举社会主义人权旗帜》《划清对人权的国际保护与以人权为借口干涉别国内政的界限》《发展权是实现各项人权的必要条件》《主权与人权的几个问题》《确立“尊重和保障人权”的宪法原则》《关于中国参加国际人权两公约的建议》等研究报告；深入开展人权理论研究，出版了《中国人权建设》《发展中国家与人权》《当代人权》《当代人权理论与实践》《人权的普遍性和特殊性》《妇女与人权》《人权与司法》《人权与 21 世纪》等论著；深化人权基础研究和比较研究，出版了《中国人权百科全书》《国际人权文件与国际人权机构》等工具书，组织翻译出版了《权利的时代》《人权与国际关系》《人权与科学技术发展》《普遍人权的理论与实践》等外国人权理论著作。这些成果，极大地引领和推动了中国的人权理论与对策研究，促进了中国人权法治的完善和发展。

人权是法治的精髓，法治是人权的保障，两者互为表里，相辅相成，相得益彰。法治、人权和民主都是中国社会科学院法学研究所长期以来高度重视和深入研究的重要领域，其间产生了许多具有重大学术价值、理论意义和实践影响的成果，在中国改革开放史和新时期法学研究史上留下了浓墨重彩的印记。为了纪念中国社会科学院法学研究所成立 60 周年（1958—2018 年），巩固前期人权研究成果，整合以往人权研究资源，弘扬人权研究的创新精神，推进人权研究的理论化、法治化和国际化，为构建中国特色人权理论体系、话语体系、学术体系和教材体系提供支持，中国社会科学院法学研究所、国际法研究所决定出版“中国人权研究”系列丛书。丛书既要重新编辑加工出版 20 余年来有重要文献和学术价值的人权专著、论文集、译著、研究报告等，也要面向未来人权理论和对策研究，继续编辑出版有关人权研究成果，条件具备时还要出版英、德、法等外文的人权研究成果，努力使之成为法学研究所和国际法研究所作为国家人权法治高端智库的标志性品牌，为中国人权理论创新和实践发展作出新贡献。

当前，中国的法治和人权已经站在更高的历史新起点，中国的法治理论发展和人权学术研究已经进入更辉煌的历史新阶段。我们比以往任何时候都更加充满道路自信、制度自信、理论自信和文化自信，更加充满民主自信、法治自信、人权自信和政党自信，将在实现"两个百年"奋斗目标、实现民族复兴中国梦新的伟大征程中，不断创造中国特色社会主义法治和人权理论研究的新成就新辉煌。

李 林

2017 年 8 月

序

理解当代中国的人权理论建设、实践发展和法治完善等人权问题，一定要从中国的历史国情，尤其是改革开放以来的实际情况和现实国情出发，从中国“文化大革命”以后的特定政治、经济、社会和文化历史条件出发，才能真正理解本书字里行间的精神和要义，才能深入理解 1990 年至 1997 年中国社会科学院法学研究所作为中国人权智库的所作所为，才能全面读懂法学研究所专家学者艰难而煞费苦心的一系列人权考察、人权对话、人权研究和人权对策建议。

1978 年，党的十一届三中全会的召开，标志着中国的社会主义建设进入了一个新的历史时期。此后，随着真理标准问题大讨论对人们思想的极大解放，全党、全国人民对“文化大革命”的拨乱反正，对林彪、“四人帮”践踏民主与法制的反思，国内、国际斗争形势的变化，以及改革开放的深入发展，理论界对中国政治生活中的人权及中国在国际斗争中的人权问题日益关注。

1980 年前后，中国理论界展开了关于人权是无产阶级口号还是资产阶级口号的讨论。讨论涉及人权的产生与历史发展、人权与公民权的区别与联系、马克思主义对人权的态度等重大理论问题。讨论的焦点是，在社会主义条件下是否承认和适用人权的口号。有的学者认为，人权是资产阶级的口号和意识形态，在社会主义条件下再提“尊重人权”“争人权”的口号，实际上是向党和政府“示威”，意味着要倒退到资本主义社会去。许多学者不同意这种观点。有的认为人权是一个历史的范畴，不应将它武断地归结为资产阶级的口号。有的认为对人权要作历史的具体的分析，不能一概否定。无产阶级可以而且应当使用人权的口号。无产阶级既可以拿人权作为与封建主义作斗争的一个思想武器，也可以拿它作为与资产阶级作斗争以争取自身的某些权利的一个思想武器。无产阶级的人权是同消灭私有制、消灭阶级紧密联系在一起的。无产阶级在掌握政权以后，可以更好地运用公有制的经济基础来实现人权，并通过保障人权来巩固和发展自己的政权。

从历史原因来看，当时中国理论界对人权问题的关注，主要是基于对"文化大革命"中林彪、"四人帮"之流破坏社会主义民主、践踏社会主义法制的理论清算，基于对广大干部和群众在"文化大革命"中遭受的迫害、限制人身自由、刑讯逼供、出入人罪、草菅人命的厄运的历史反思，基于对那段时间中国公民不仅失去了真正的言论、思想、出版等自由而且失去了基本生存权利的政治反思。同时，也隐含着对新中国成立以来长期把人权视为"禁区"的"左"的思想的批判与否定。从当时的现实原因来看，由于国内少数人受"文化大革命"及西方资产阶级的自由、民主、人权思想的影响，在观念上对社会主义条件下的人权产生了一些错误的或模糊的认识，有的甚至在行动上搞了一些过激活动，他们成立了一些"人权组织"，"向西方国家乞求人权，要求在中国开展西方式的人权运动"。在这种形势下，中国理论界很多学者义不容辞地站了出来，阐述宣传马克思主义人权观，揭露批判资产阶级腐朽的人权观，展开了对人权问题的热烈讨论，极大地传播了人权观念。

为了纪念联合国《世界人权宣言》通过40周年，纪念法国大革命胜利及法国《人权与公民权宣言》发表200周年，1988年前后中国理论界再次展开人权问题的宣传与讨论。一方面，学者们从国际法的角度论述国际人权的产生与发展、理论与实践，以及中国在国际上对人权问题的原则和立场等，着重讨论了《世界人权宣言》的意义、内容、作用、性质，以及中国对《世界人权宣言》的态度等问题；另一方面，针对当时少数学者提出的"人权是资产阶级的口号"和"我们社会主义不能用'人权'"等观点，进行了学理商榷，提出不同甚至相反的意见。

20世纪90年代初，中国出现了"人权热"的现象。这一时期人权讨论异常热烈，对后来中国人权的发展产生了重要影响。首先，从国际背景来看，这次人权讨论具有深刻的国际背景，即在苏联和东欧发生剧变以后，一些国际势力把矛头转向中国，打着"民主、自由、人权"的旗号，在政治上经济上对中国施加压力，企图以压促变；有的西方国家则推行“人权外交”政策，以违反国际法和国际准则的方式对中国的主权和内部事务进行干涉。中国在人权问题上不能回避，也回避不了，需要从理论上予以回答和还击，以维护中国的国家利益。其次，从国内背景来看，由于前段时间一度放松思想教育，西方资产阶级散布的所谓民主、自由、人权的观点，在中国一部分青年知识分子中引起了共鸣。不少青年学生在这方面存在一些模糊的认识。为了从思想上正本清源，提高全体人民对人权问题的认识，“我们要用马克思主义的基本观点，正确而通俗地解释民主、自由、人权等，使我们的干部、群众特别是青年学生受到教育”。[①] 所以，人权问题讨论，既是学术问题的研究，也是政治问题的探讨，具有重要的现实意义。再次，从决策层的重视程度来看，江泽民、李鹏等领导人多次阐释了社会主义中国重视人权问题的立场和观点。李鹏曾明确指出：“我们不认为自由、民主、人权是资本主义国家的专利，社会主义国家也应是自由的、民主的，享有充分的人权。”[②] 中央有关部门也对人权问题的研究、讨论、宣传等作了全面部署。1991 年 11 月，国务院新闻办公室专门发表了《中国的人权状况》白皮书，总结新中国成立 40 多年来人权保障的成就和阐明中国在人权问题上的原则和立场，为中国讨论人权问题指明了方向。这些，都表明了中央对人权问题的重视。最后，从范围和方法来看，中国理论界研究探讨有关人权的所有重大理论与实践问题，包括人权的概念、人权的本原、人权的范畴、人权的形态、人权的产生与发展、马克思主义人权观、西方人权观和人权制度、社会主义中国的人权保障、人权与法治、国家主权与人权国际保护等。研讨中，学者们充分肯定了社会主义是重视人权的、无产阶级最讲人权这样一个前提，强调既要重视对资产阶级人权观的剖析、借鉴和批判，又要重视对马克思主义人权观的研究和阐述，既要提倡畅所欲言，又要内外有别。

在上述历史背景和现实条件下，中国社会科学院法学研究所接受了进行有关人权理论与对策问题研究的任务。1991 年中国社会科学院法学研究所成立“人权理论与对策问题研究”课题组，1993 年初成立了直属中国社

---

① 江泽民：《1989 年 7 月 20 日在全国宣传部长会议上的讲话》。

② 李鹏：《1989 年 5 月 16 日同戈尔巴乔夫举行会谈时的讲话》。

会科学院的人权研究中心。本人有幸担任过中国社会科学院人权研究中心副主任兼秘书长，对当时中心的工作有所了解和参与。按照时任中国社会科学院院长胡绳同志的要求，人权研究中心的任务主要是：研究人权理论与实践问题，致力于在中国传播人权观念，完善人权法律保障制度，推进人权发展；在国际和区域领域加强人权交流与合作，促进国际和区域的人权事业发展。

中国社会科学院人权研究中心成立以来，完成了一系列研究项目，组织和参与了诸多人权问题的研讨、交流和对话，在传播人权观念、促进人权保障和法制改革方面，取得了显著成绩。首先，在人权理论研究方面，人权研究中心组织编著和出版了《中国人权建设》《发展中国家与人权》《当代人权》《当代人权理论与实践》《人权的普遍性和特殊性》《走向权利的时代》《妇女与人权》《人权理论基本问题》《人权与司法》《人权与21世纪》《〈经济、社会和文化权利国际公约〉研究》等10余部专著和论文集，编写出版了中型工具书《国际人权文件与国际人权机构》，大型工具书《中国人权百科全书》。其次，在人权信息提供和对策研究方面，通过国内外考察和研究，先后撰写研究报告和对策建议120余份，包括《关于人权的概念》《划清对人权的国际保护与以人权为借口干涉别国内政的界限》《关于参加1993年世界人权大会我方的理论对策和建议》《关于生存权的不同观点及我国宜采取的立场》《发展权是实现各项人权的必要条件》《主权与人权的几个问题》《关于香港人权的法律问题》《关于废除“收容审查制度”、“类推适用制度”和“反革命罪”》《罪刑法定原则与人权保障》《被害人刑事诉讼权利及其保障问题研究》《自由刑与人权保障》《死刑与人权保障》《关于合并、削减刑法中死刑条款的意见和建议》《关于实施排除违法取得刑事证据资料证据效力原则的若干建议》《无罪推定与罪刑法定》《刑事审判简易程序与公民权利保障》《关于侵犯公民人身权利犯罪的立法完善》《关于中国参加国际人权两公约的建议》《〈经济、社会和文化权利国际公约〉与中国有关法律对照研究》《关于加入〈经济、社会和文化权利国际公约〉的研究报告》《关于〈公民权利和政治权利国际公约〉的研究》等，形成研究报告《人权研究》第一辑（1993年）、《人权研究》第二辑（1997年）。再次，组织翻译出版了若干人权图书，包括〔英国〕A. J. M. 米尔恩著《人的权利与人的多样性——人权哲学》（中国大百科全书出版社 1995 年出版），〔美国〕路易斯·亨金著《权利的时代》（知识出版社 1997 年出版），〔斯里兰卡〕C. G. 威拉曼特里编《人权与科学技术发展》（知识出版社 1997 年出版），〔英国〕文森特著《人权与国际关系》（知识出版社 1998 年出版），〔丹麦〕卡塔琳娜·托马瑟夫斯基著《人口政策中的人权问题》（中国社会科学出版社 1998 年出版），〔荷兰〕C. 德·罗威尔著《服务与保护——适用于警察和安全部队的人权和人道主义法》（中国社会科学出版社 2000 年出版），〔美国〕杰克·唐纳利著《普遍人权的理论与实践》（中国社会科学出版社 2001 年出版），〔加拿大〕丽贝卡·J. 库克编著《妇女的人权——国家和国际的视角》（中国社会科学出版社 2001 年出版），等等。最后，参加人权对话、交流和其他重要人权活动：先后参加和主办了同加拿大、澳大利亚和美国、欧盟等西方国家和组织的多边或双边的人权对话 20 余次；1995 年北京世界妇女大会期间，组织和主办了“妇女与人权论坛”及在会前的“妇女与人权国际学术研讨会”；多次成功地接待了包括联合国人权高专、外国负责人权的高级官员和国会议员在内的重要人士，并三次成功主办了与联合国人权高专罗宾逊夫人等的人权研讨会。

本书主要收集了 1991—1997 年中国社会科学院人权研究中心的调研和对策建议成果，分为以下几种主要类型：一是有关国家和国际组织的调研报告，主要包括对美国、加拿大、英国、法国、瑞典、印度、斯里兰卡、新加坡、芬兰、德国、波兰人权问题考察报告，对瑞士人权法律问题考察报告等；二是中国关于人权重大问题（如关于人权的概念、生存权、发展权、主权与人权、高举社会主义人权旗帜等）的基本理念、基本立场；三是对有关重大人权问题的对策建议，如我国签署加入国际人权两公约、参加 1993 年世界人权大会的建议、划清人权国际保护与干涉内政的界限等；四是对与人权有关的若干法治问题提出对策建议，如妥善处理两个国际人权公约继续适用于香港特别行政区而引起的“报告”问题，关于香港人权的法律问题，关于合并、削减刑法中死刑条款的意见和建议，新法国刑法典关于法人犯罪的规定可供我国参考，国外关于改善被害人境遇的两项制度值得我国借鉴，关于实施排除违法取得刑事证据资料证据效力原则的若干建议，我国社会主义文化市场法律体系构想及法律制定，一些国家是如何对文化市场进行立法并实施组织管理的，制定律师法可参考国外法律援助制度，制定反腐败公众举报法，等等。

经过20多年的努力和发展，当今中国的人权已不仅是一个政治话语和意识形态概念，更是一个宪法法律概念。人权已经成为人民主体地位和根本利益的宪法化、法律化表现形式，成为人民幸福、人民利益、人民尊严的具体化、条文化和法治化。中共十八大提出要实现“人权得到切实尊重和保障”的奋斗目标，中共十八届四中全会进一步强调指出，要“加强人权司法保障”。中国建设社会主义法治国家，以确保公民权利的实现、人性尊严的捍卫、基本人权的落实为根本目的。我们党和国家的一切事业，全面依法治国的事业，归根结底是为了人民、依靠人民、造福人民和保护人民的事业，必须以保障人民根本权益为出发点和落脚点。习近平总书记在十二届全国人大一次会议开幕式上的讲话中指出：“我们要随时随刻倾听人民呼声、回应人民期待，保证人民平等参与、平等发展权利，维护社会公平正义，在学有所教、劳有所得、病有所医、老有所养、住有所居上持续取得新进展，不断实现好、维护好、发展好最广大人民根本利益，使发展成果更多更公平惠及全体人民，在经济社会不断发展的基础上，朝着共同富裕方向稳步前进。”把党的全心全意为人民服务的政治承诺表达为法治话语，把执政党治国理政为了实现人民幸福和福祉的目标转化为法治话语，把人民主体地位和主体权利的诉求表述为法治话语，就是充分保障和实现人权。在现代法治社会，人权的宪法法律化程度越高，法治对人权实现就保障得越彻底，司法对人权救济和保障就越充分，这个社会就越容易实现稳定和谐、公平正义、诚信有序。

尊重、保障和充分实现人权，必然是执政党领导人民治国理政、全面依法治国的重要内容和崇高目标。习近平总书记在祝贺“2015·北京人权论坛”开幕的致信中强调指出：“近代以后，中国人民历经苦难，深知人的价值、基本人权、人格尊严对社会发展进步的重大意义，倍加珍惜来之不易的和平发展环境，将坚定不移走和平发展道路、坚定不移推进中国人权事业和世界人权事业。中国共产党和中国政府始终尊重和保障人权。长期以来，中国坚持把人权的普遍性原则同中国实际相结合，不断推动经济社会发展，增进人民福祉，促进社会公平正义，加强人权法治保障，努力促进经济、社会、文化权利和公民、政治权利全面协调发展，显著提高了人民生存权、发展权的保障水平，走出了一条适合中国国情的人权发展道路。”中国人民实现中华民族伟大复兴中国梦的过程，本质上就是实现社会公平正义和不断推动人权事业发展的过程，是使每一项人权和基本自由都得到切实尊重和有效保障的过程，是使人民群众有越来越多的人权和法治获得感的过程。

李　林

2017 年 10 月 3 日

人权法治研究报告（1991—1993 年）第一辑

人权法治研究报告（1994—1997 年）第二辑

人权法治研究报告（1991—1993年）

第一辑

第一辑说明

人权是一个十分重要的理论和实践问题。

1990 年年底，中央有关领导指示中国社会科学院加强对人权问题的研究。1991 年 2 月，按照中央对人权问题研究的统一部署和我院的指示，中国社会科学院法学研究所在原有的研究基础上，成立了跨学科的“人权理论与对策问题研究”课题组，对人权问题进行研究。

两年来，课题组在中国社会科学院的直接领导下，以邓小平同志有中国特色社会主义理论为指导，紧密联系国内外实际，在资料搜集整理、赴有代表性国家实地考察、对有关人权理论和对策问题进行探索，以及完成中央和有关部门交办任务等方面做了一些工作。现将业已形成的文字材料汇编成册，谨供参考。

中国社会科学院法学研究所

1993 年 4 月 1 日

附　“人权理论与对策问题研究”课题组成员名单：

王家福（研究员）	刘海年（研究员）
王可菊（研究员）	李步云（研究员）
刘楠来（研究员）	韩延龙（研究员）
吴云琪（研究员）	史探径（特邀研究员）
徐　炳（副研究员）	陈明侠（副研究员）
冯　锐（副研究员）	信春鹰（副研究员）
陈泽宪（副研究员）	李　林（副研究员）
夏　勇（副研究员）	朱晓青（助理研究员）
黄　列（副译审）	蒋兆康（助理研究员）

第一部分　对策建议和报告

一　关于人权的概念

关于人权的概念，目前学术界主要有以下几种解释。

（一）人权就是人民的基本权利

这种观点不够确切，绝大多数同志不同意这种意见。首先，将人权概念的主体限于“人民”，面太窄。“人民”一词可以理解为一个民族、一个种族的群体概念，也可以理解为相对敌人而言的政治概念。作为群体概念，它不包括个人；作为政治概念，它不包括敌人。而且作为政治概念的人民，随各时期的革命性质、对象不同而发生变化。即使在我国现阶段，阶级消灭了，人民的范围扩大了，仅将人权概念的主体限于人民，不包括属于敌我矛盾的人或依法治罪的敌对分子，也是不妥当的。其次，将人权的客体限于“基本权利”，是不够的。所谓基本权利，人们通常理解为国家宪法和部分法律规定的权利。它不是法定权利的全部，更未包括人们依据社会经济和文化科学发展水平所应当享有的权利。按照“人权就是人民的基本权利”这一认识来研究和制定政策，就会忽视一些不应忽视的人，忽视一些不应忽视的权利，不利于完善我国社会主义人权制度，不利于国际交流的开展，容易授人以柄，将我们引向错误。

（二）人权就是公民权

这种观点将人权与公民权等同起来。其理由是，人权是具体的，不是抽象的；任何权利的实现必须有宪法和法律的保障，离开公民权谈人权没有什么实际意义。多数同志认为，尽管这一概念中的“公民”比前一种概念中的“人民”范围广，但仍然不确切。从主体说，如果只限于公民，无国籍的人、难民和其他外国人就无法包括在内；从客体说，公民权只是人权的法律概念在国内法上的表述，它仍然不包括应享有的权利；此外，从法律上说，公民概念是国内法概念，而人权既与国内法有关，也与国际法有关。如将人权与公民权等同，就难以解释人权的普遍性，我国有关机构的代表就很难顺理成章地参与国际人权保护。

（三）人权就是人依其自然属性和社会本质享有和应享有的权利。它受社会经济和文化发展的制约

我们认为这种意见比较科学。这一概念包括三层意思。

其一，这一概念的主体是人。它既包括本国的人民和公民，也包括无国籍的人、难民和其他外国人，即所有的人。这里所说的人是以个人为主，与集体不悖。集体人权的主体在一个国家之内是指妇女、儿童、老人、残疾人和宗教团体等，在国际上主要是指特定的民族、种族和国家。集体人权是个人人权的延伸。

其二，这一概念的客体是依社会经济和文化发展，人所应当享有的权利。它既包括了人们现在实际享有的权利，也包括了法律规定的权利。应有权利体现了人类的共同愿望和追求，也是法定权利和实有权利不断完善的动力和先导。

其三，这一概念比较科学地揭示了人权的本源。它说明，人权来自人的自然属性（如生命权），也是社会关系总和发展的产物（如政治、经济和文化等权利）。二者是统一的。

这一概念与西方资产阶级学者的“天赋人权”说划清了界限（天赋人权说只强调人的自然属性，不讲人的社会本质），同时也避免了社会上流行的“商赋人权”说（认为人权是商品经济的产物）和“法定人权”说（认为人权是由法律规定所产生的）的片面性。这一概念肯定了人的社会属性，也就肯定了人权的阶级性。它在资本主义社会体现了少数富人的特权。只有在社会主义社会，权利才扩大至全体人。这一概念还揭示了人权与社会经济和文化发展的关系，离开这样的条件谈人权就是空话。这一概念符合人权的发展历史，符合当前社会实际，符合马克思主义。

这种观点认为，人权有个性也有共性。它的个性是由各个国家的民族历史文化传统、地理环境和社会经济政治制度决定的。在国与国之间表现为不同质的人权制度或民族特性。在一国之内，在阶级与阶级对抗的条件下，人权有明显的阶级性。这是由于在政治、经济上占统治地位的阶级总是通过法律手段来谋求自己的特殊利益。它的共性是基于人类共同利益产生的理想和需要，要求人权为全人类共同享有。具体表现在《联合国宪章》和《世界人权宣言》所列举的各项权利；国际社会某些合作领域共同签署的国际条约；依据公认的国际法原则共同谴责或制裁的殖民奴役、种族歧视、侵略战争和其他侵犯人权的行为。个性与共性是互相影响与渗透的。我们在制定有关人权政策时，既应注意个性，也应注意共性，过分强调一方面而忽视另一方面，都可能造成失误，在实践中容易招致不良后果。

当然，承认人权的共性，并不是在国际交往中，不注意各个国家基于国家利益对同一国际人权公约，甚至同一公约的同一条款所做的不同解释。我们更应警惕西方国家借机将自己的价值观强加于他人，企图改变其他国家的经济制度和政治制度。

执笔人：刘海年

二 我国应高举社会主义人权旗帜

（一）高举社会主义人权旗帜的必要性和重要性

第一，高举人权旗帜有利于我国参与国际人权领域的活动，同西方国家利用人权问题干涉我国内政的行为进行坚决斗争。近年来，在世界政治格局的调整与转换过程中，人权日益受到重视，各国和各种政治势力为了谋求自己的政治利益，都在抢抓人权旗帜。西方国家比以往更注重利用人权干涉别国内政，推行和平演变战略。随着东欧剧变和苏联解体，西方国家试图把人权的主攻目标由苏东转向我国，对我国发起更猛烈的“人权攻势”。面对国际政治斗争的这一新形势，我国应高举社会主义人权旗帜，进行针锋相对的，有理、有利、有节的斗争，维护国家利益，捍卫我国主权和尊严。

高举人权旗帜有利于我国积极而稳妥地参与国际人权领域的活动，坚定地站在第三世界国家一边，共同争取和维护民族自决、民族平等、经济发展和国家的生存权，反对种族主义、殖民主义，反对霸权主义和强权政治，反对借维护人权之名、行干涉内政之实，反对把人权问题引入国际关系之中，从而积极维护我国和广大第三世界国家的共同利益，使我国在国际人权领域发挥更大的作用。

第二，高举人权旗帜有利于我国坚持马克思主义思想阵地，挫败西方的和平演变战略，巩固人民民主专政政权。人权是西方国家搞和平演变的重要手段之一，国内极少数搞资产阶级自由化的人与之遥相呼应，攻击我们不讲人权，不要人权，宣扬资产阶级人权观。人权这块阵地，社会主义不去占领，资本主义必然要去占领。因此，我们必须高举社会主义人权旗帜，旗帜鲜明地宣传马克思主义人权观，批判资产阶级人权观，澄清自由化思潮在人权领域的错误观点，宣传我国保护人权的政策、措施和成就，抵制西方国家对我国人权状况、人权制度的歪曲和攻击，增进各友好国家及其人民对我国人权成就的了解，坚定我国人民（特别是广大青年）对社会主义人权制度优越性的信念，从而为人民民主政权的巩固提供更强有力的保障。

第三，高举人权旗帜有利于不断加强我国的人权保障，充分实现各项权利。经过几十年的努力，我国已基本解决了人民温饱问题。我国的人权立法和人权司法不仅保障了11亿人生存权的实现，而且保障了人民充分享有与我国社会发展程度相适应的各种政治、经济、文化等权利。随着现代化建设的发展，我们还要实现更高层次和更广泛的人权。社会主义这一发展目标和规律，客观上要求我国必须高举人权旗帜，大力发展社会主义经济和文化，进一步发展民主，健全法制，不断加强人权立法和司法，为人权的充分实现提供更好的经济和法制保障。

（二）社会主义人权旗帜与共产主义旗帜的一致性

不同意抓人权旗帜的观点认为，我们的旗帜是共产主义，人权是我们从敌人手中接过来的口号。这两点理由值得商榷。

人权旗帜和共产主义旗帜不是对立的，而是统一的、一致的。人权是共产主义旗帜的应有之义。我们高举人权旗帜，正是为了解放全人类，实现共产主义。人权不是资产阶级的专利，我们共产党人才是最彻底的人权论者，我们为之奋斗的社会是最讲人权并能保障人权全面、充分实现的社会。

认为人权是我们敌人的口号，无异于把人权视为资产阶级的专利，承认世界上只有一种人权，即资产阶级人权，否认社会主义人权的存在，说无产阶级不要人权，不讲人权。这种提法正好迎合了西方对我国的攻击，有害于我国的人权斗争和人权建设，客观上授人以柄。

（三）对策建议

第一，对我国的人权建设及其成就进行全面、系统、客观的总结，并加以制度化。在此基础上，积极宣传我国保护人权的政策、措施及成功经验，使国内外人士对我国人权成就有所了解，对我国的人权状况有一个客观、公正的看法。

第二，积极参与国际人权领域的活动，主动抓人权旗帜。我国应同西方在人权问题上进行有理、有利、有节的斗争，同时加强同第三世界国家的合作，以维护我国和广大第三世界国家的共同利益，提高我国的国际地位和声望。

第三，在国内进行全民社会主义人权意识的教育。要通过教育，引导干部和群众特别是青年一代树立马克思主义人权观，对人权有一个科学的、正确的认识。为此，有必要拟定“马克思主义人权论纲”供宣传媒体和有关部门参考。

第四，建立人权信息和研究机构。这类机构可同时设于政府部门、宣传部门和学术研究部门，以不同面目出现，集中一批力量，分工合作地搜集人权信息资料，了解外国（主要是西方国家和前苏联）的人权理论、人权政策、人权立法、人权制度和人权状况，加强基础理论和对策性研究，为人权决策和人权保障服务。维护人权、同西方的人权攻势作斗争是一项长期的任务，中央似有必要成立专门机构，以加强领导和协调。

第五，继续加强人权立法工作，改进人权司法实践。为此，有必要对我国涉及人权的现行立法进行分类整理，做到心中有数，拾遗补缺，有计划有步骤地改进人权立法和人权司法中需要改进的部分，如收容制度、辩护制度等等。

执笔人：韩延龙　李林

三　划清对人权的国际保护与以人权为借口干涉别国内政的界限

自从《联合国宪章》把尊重人权规定为联合国宗旨以来，国际上已经形成被称为国际人权保护的法律制度。在一定的情况下，国际社会可以对发生在一国或国与国之间的侵犯人权的行为进行合法干预。我国在恢复联合国席位以后，积极参加了联合国的这类活动，如对南非种族主义政权进行谴责和制裁。此外，以美国为首的西方国家经常在保护人权的幌子下非法干涉别国内政。为了积极参与国际人权斗争，更加有力地揭露西方人权外交的实质和使我国的行动建立在合理合法的基础上，很有必要划清人权的国际保护与以人权为借口干涉别国内政的界限。

（一）应强调人权问题本质上属于一国的国内管辖事项，在一般情况下，应由各个国家依据其主权自主处理，其他国家不得加以干涉

第一，人权问题实质上是一个国家给予其国民以什么待遇的问题，历来都是由国内法规定的。国际人权文书仅仅使国家承担了保护和促进人权的义务，而没有赋予个人任何权利。国际人权文书承认国家有权根据本国安全等需要通过法律对某些人权加以限制的规定，也说明了这一点。

第二，人权的实现主要由国内法加以保障。在人权遭受侵犯的情况下，主要通过国内立法、司法、行政措施加以救济。

第三，国际人权公约规定的国际监督程序，未经一个国家的明示同意，对它不发生拘束力。

第四，在一国为某项国际人权公约成员国的情况下，只有在用尽国内救济办法以后，有关国际人权机构才能开始受理有关该国侵犯人权的申诉。

可见，西方国家鼓吹的“人权无国界”，人权问题是“国际社会正当关切的事项，因此联合国及其会员国有权进行干预”等说法，都是没有根据的。在一般情况下对别国人权事务的干涉，皆属非法干涉。

（二）按照《联合国宪章》和国际人权公约的规定以及联合国的有关决定，在某些特定情况下，联合国及其会员国对发生的侵犯人权行为有权进行干预

第一，对于被现代国际法确认为国际犯罪的严重侵犯人权行为，如侵略战争、种族灭绝、种族隔离、贩卖奴隶、国际恐怖主义、贩毒等，各国可根据一般国际法和有关国际公约的规定进行干预和行使管辖权。

第二，国际人权公约的缔约国恶意违反公约的规定，不履行公约义务，其他缔约国可按公约规定的程序加以追究。在实践中，各国都是按照这些规定和决定做的，没有什么异议。

我国是联合国会员国，而且是安理会常任理事国，对于贯彻执行联合国的宗旨和原则、维护国际法律秩序负有特殊的责任。目前，我国已经参加了七项有关人权的国际公约。因此，我国应当承认，在上述任何一种情况下，国际社会进行的干预是正当的国际干预。

（三）正确区分“干涉内政”和“非干涉内政”

“干涉内政”是国际法的概念，仅适用于国家与国家、国家与国际组织之间的关系，而不适用于个人和民间组织等私人行为。因此，在判定某种行为是否属于干涉别国内政时，有必要区分这种行为是私人行为还是国家或国际组织的行为。

第一，不具有国家机关公职人员身份的个人、民间组织、新闻媒体，以及不是作为官方代表的公职人员个人发表的，评论他国人权政策和人权状况的言论，一般属于私人行为，谈不上“干涉别国内政”。

第二，国家元首、政府首脑、外交部长以及一切以官方代表身份出现的人，在国际法容许的范围之外发表的针对他国人权政策和人权状况的不友好言论、攻击或恶意中伤，应视作“干涉别国内政”。

第三，议员个人一般被认为是民意代表，而不是政府官员，他对外不代表国家，国家也不对其行为负责。因此，议员个人对他国人权政策或人权状况的言论，一般不宜视作“干涉别国内政”。

第四，议会是国家机构的一部分，它通过的决议、法案等具有官方文件的性质。因此它的行为有可能构成对他国内政的干涉。如果一国的议会

在讨论涉外事务时，或在其通过的决议或法案中，涉及其他国家的内政，如美国国会通过的“与台湾关系法”，被干涉的国家有权以干涉内政为理由提出抗议。如果议会讨论和通过的法案或决议只是确定了一般对外政策，而不是针对某一具体国家，如美国国会1974年、1975年通过的将对外援助同人权问题联系起来的援外法案修正案，则不能认为是干涉别国内政。然而，如果这类决议或法案违反了国际法或该国参加的国际多边或双边协定，即违背了它所承担的国际义务，则受到损害的国家有权提出交涉，追究其责任。

执笔人：刘楠来　朱晓青

四　我国应尽快签署加入国际人权两公约

为了适应我国改革开放、社会主义现代化建设事业和创造更加有利的国际环境的需要，外交部及时就我国是否加入国际人权两公约（即《经济、社会及文化权利国际公约》和《公民权利和政治权利国际公约》）征求意见，是完全正确的。经我们认真研究，认为我国尽快签署国际人权两公约是十分必要的。现仅就加入的理由和有关问题提出以下意见，供参考。

第一，联合国《经济、社会及文化权利国际公约》和《公民权利和政治权利国际公约》，是世界各国人民长期斗争的结果，并不仅是西方国家当权者意志的反映。我国完全可以对国际人权两公约作出自己的解释，更加主动地拿起它们为我所用。

第二，加入国际人权两公约已是国际潮流。

国际人权两公约自1966年联合国大会通过后至1981年年底，共有60余国加入，平均每年约4个国家。在这以后的10年间又有约50个国家加入，平均每年5个国家。加入国际人权两公约的过程呈加速趋势。目前联合国的大多数会员国已成为两公约的缔约国。在安理会五个常任理事国中，英、法和苏联早在1981年前加入两公约，美国于1992年加入了《公民权利和政治权利国际公约》。日本、德国也早已加入。在第三世界国家中，印度、埃及、巴西等国家业已加入。联合国秘书长曾多次敦促尚未加入两公约的国家完成批准、加入的手续。我国加入国际人权两公约已势在必行。

第三，我国加入国际人权两公约具有充分条件和坚实基础。

(1) 我们的党是工人阶级政党。我们的国家是人民的国家。我们党的宗旨、国家的性质必然决定我们党和国家是最尊重和保护人权的党和国家。这是我们的根本优势。任何国家都无法与我们相比。

(2) 我国的人权立法和人权实践毫不逊色于任何国家。我国人权立法与国际人权两公约的精神是完全一致的，没有相悖之处。我国在人权保护方面做了大量工作，成绩巨大。我国人权实现的状况以我国的发展水平来衡量，可以自豪地讲是相当好的。因此我们在人权问题上完全是主动的，理直气壮的。参加国际人权两公约在立法上和实践上均不存在困难。

(3) 我国一贯承认和尊重《联合国宪章》保护和促进人权的宗旨和原则，积极参与联合国人权领域的活动。截至1992年年底，我国已加入联合国主持下制定的九项国际人权公约。国际人权两公约是最重要、最基本的国际人权公约。我国代表曾在联合国一再公开表示，两公约对实现《联合国宪章》保护和促进人权的宗旨和原则有积极意义。因此，加入这两项公约是我国在国际人权合作中合乎逻辑的行动。

第四，加入国际人权两公约对我国有利。

(1) 关心人权、保护人权，是世界的时代潮流。我国作为社会主义国家一直就把充分全面实现人权作为自己为之奋斗的崇高目标。加入国际人权两公约，更高地举起人权的旗帜，可以大大提高我国的国际威望。

(2) 人权并非资产阶级的专利，西方国家也不是人权“楷模”。它们在立法、制度和实践上都存在一大堆亟待解决的问题。加入国际人权两公约可以使我国在国际人权斗争中处于更加主动的地位，有利于宣传我国的成就，开展有理、有利、有节的斗争，扩大我国的影响，为我国改革开放和社会主义现代化建设创造良好的国际环境。

(3) 我国在加入国际人权公约、参加国际人权合作方面表现出主动和积极态度，有利于维持和改善中美的正常关系。

(4) 1993年6月，联合国将召开第二次世界人权大会。会上，发展中国家与某些西方国家之间不可避免地会发生一场争斗。我国如能在这次会前宣布加入国际人权两公约的意向，将能取得最大的宣传效果，也能加强我国和发展中国家在会上的有利地位。

（5）加入国际人权两公约也有助于加强我国社会主义民主和社会主义法制建设，增强广大公民的人权意识，提高干部与群众、群众与群众之间尊重各自享有的法律权利的自觉性，以利于我国进一步完善人权立法和改善人权状况。

第五，为了防止西方国家利用国际人权两公约干涉我国内政，分裂我们国家，我国加入国际人权两公约时可以采取以下措施。

（1）拒绝人权事务委员会接受与审议一国指控另一国的通知的权限。根据《公民权利和政治权利国际公约》第 41 条第 1 款规定，公约缔约国得随时声明承认根据公约设立的人权事务委员会接受和审议一缔约国指控另一缔约国的通知的权限。据截止到 1992 年 3 月的资料，在加入该公约的 112 个国家中仅有 36 个国家发表了这样的声明。这一事实说明，公约第 41 条规定的制度是不受欢迎的。我国不必要发表这一声明。对此，可根本不予承认。

（2）拒绝承认人权事务委员会接受和审议个人指控的权限。联合国大会在通过《公民权利和政治权利国际公约》的同时，还通过了一个任择议定书，规定根据公约设立的人权事务委员会有权接受和审议成为本议定书缔约国管辖下的个人指控该国的来文。据截止到 1992 年 3 月的资料，加入该议定书的国家为 66 个，而当时加入《公民权利和政治权利国际公约》的国家有 112 个。再者，我国主张人权主要是一国主权范围内的管辖事项。因此，没有必要加入议定书。

（3）对国际人权两公约发表解释性声明。鉴于国内外有人企图在自决权幌子下策划西藏、台湾分裂的阴谋，对自决权一词作出我们的解释也许是适宜的。印度为阻止国家分裂，在批准两公约时曾就其中的第 1 条作过如下声明："该条中出现的'自决权'一词仅适用于处在外国统治下的人民，而不适用于主权独立国家或作为一个民族整体的实体的人民或民族的一部分。"印度这一解释性声明值得我们借鉴。

第六，加入国际人权两公约之后，对我国某些国内法规定要逐步加以适当协调。上面已讲，我国人权立法的精神与人权两公约的精神是一致的，不存在加入国际人权两公约的障碍，但是，也有一些小的问题需要根据我国的情况逐渐作相应调整。这些问题大体可以分为三类。

第一类，我国现行法律没有规定的。

（1）罢工权。《经济、社会及文化权利国际公约》第8条第1款（丁）规定，缔约国应保证罢工权。我国现行《宪法》和法律均没有规定这一权利。由于我国现无罢工权规定，但也没有禁止罢工的规定，理论上还是可以讲得通的。但是，为了与国际公约更好地吻合，可以在适当时候，在《宪法》或者劳动法中规定罢工权。

（2）迁徙自由。《公民权利和政治权利国际公约》第12条第1款规定，每一个人均有权享受迁徙自由。我国《宪法》和法律中没有相应的规定，在实践中还多少有所限制，如限制农村人口进入城市。但是，由于市场经济的发展、粮食价格的放开、人口流动的增加，以及对外开放的扩大、进出境限制的缩小，迁徙自由也可以在适当时候在《宪法》中明文规定。

第二类，我国现行法律规定不明确或不具体的。

（1）请求国家赔偿权。《公民权利和政治权利国际公约》第9条第5款和第14条第6款规定，遭受非法逮捕或拘禁的受害者和被误判受到刑罚的人有权得到赔偿。我国《宪法》第41条规定，由于国家机关和国家工作人员侵犯公民权利而受到损失的人，有依照法律规定取得赔偿的权利。我国《民法通则》和《行政诉讼法》对此也有请求赔偿权的规定。正在加紧起草的国家赔偿法，如正式出台，这个问题即可解决。

（2）无罪推定问题。《公民权利和政治权利国际公约》第14条第2款规定，凡受刑事控告者，在依法证实有罪之前，应有权被视为无罪。我国《刑事诉讼法》第35条关于只有被告人供述，没有其他证据的，不能认定被告人有罪的规定，可以理解为承认无罪推定。但是，在修改《刑法》时，可以明确规定无罪推定原则。

（3）关于刑事被告人辩护准备时间问题。《公民权利和政治权利国际公约》第14条第3款（乙）规定，应保证受刑事控告者有相当时间和便利准备他的辩护并与他自己选择的律师联络。我国《刑事诉讼法》第110条规定，人民检察院的起诉书副本至迟在开庭七日之前送交被告人。根据全国人大常委会1983年9月2日通过的《关于严惩严重危害社会治安的犯罪分子的决定》，对于杀人等严重危害公共安全应当判处死刑的犯罪分子，可以不受上述规定的送达起诉书副本的时间的限制。对于这些规定，国际上有人认为，我国法律没有保证受刑事控告者有足够的准备辩护的时间。我们认为，我国在适当时候修改《刑事诉讼法》时应适当延长刑事被告人辩护准备时间。

第三类，与我国现行法律规定稍有出入的。

（1）18 岁以下的罪犯不能判死刑问题。《公民权利和政治权利国际公约》第 6 条第 5 款规定，对 18 岁以下的人所犯的罪，不得判处死刑。我国《刑法》第 44 条规定："已满 16 岁不满 18 岁的，如果所犯罪行特别严重，可以判处死刑缓期二年执行。"这一规定与公约稍有出入，可以用加入公约时做保留解释或者修改《刑法》两种方式来解决。

（2）关于不能强迫承认犯罪。《公民权利和政治权利国际公约》第 14 条第 3 款（庚）规定，不能强迫受刑事控告者做不利于他自己的证言或强迫承认犯罪。我国《刑事诉讼法》第 64 条规定，被告人对侦查人员的提问应当如实回答。实践中，我国还执行"坦白从宽，抗拒从严"的政策。这一点，应对我国《刑事诉讼法》作相应的修改。

第七，为了使我国加入国际人权两公约及时产生好的影响，我们建议：1993 年 3 月八届全国人大一次会议修改《宪法》的说明中宣布中国准备加入国际人权两公约，批准手续于 1993 年年底完成。或者由我国外交部发言人于二三月宣布，中国准备加入人权两公约，将建议全国人民代表大会或其常委会于 1993 年完成批准手续。

五　关于参加 1993 年世界人权大会我方的理论对策和建议

1993 年世界人权大会是继德黑兰世界人权大会之后的又一次全球性人权会议，它又是在苏联解体和两极格局终结后召开的。我国面临较为严峻和复杂的形势。有鉴于此，经过初步的研究，我们根据"积极参与、坚持原则、团结多数、趋利避害"的总方针，着重从理论角度提出如下对策建议，供参考。

（一）高举人权旗帜，高屋建瓴地阐述我国人权立场，进一步提高我国国际形象

要从理论高度讲明，全面、真实、充分实现人权，是人类共同的理

想。关心人权、保护人权，是时代的潮流。中国作为一个人民民主国家，一贯承认和尊重《联合国宪章》保护和促进人权的宗旨与原则，历来把尊重、实现和保护人权作为自己的根本国策，并在这一方面取得了巨大成就。人权问题主要属于主权国家国内管辖事项。中国坚决反对利用人权问题干涉别国内政。同时，中国承认人权也有国际性的一面，赞赏和支持联合国普遍促进人权和基本自由的努力，积极参与联合国人权领域的活动，赞同国际就人权问题进行平等对话，并愿为消除各种不正常现象、加强国际人权合作作出不懈的努力。这样表述我国的人权立场，有利于在国际人权斗争中形成战略优势，从根本上争取主动。

（二）强调人权是人类崇高理想，是努力奋斗的目标，而不是追求私利、推行强权政治的手段

根据本国的情况，尽力保障一切人的人权更好地实现，这应当是现代国家工作的出发点和归宿。人权不能成为任何国家手中争霸逐利的工具或幌子，是把人权作为目的，还是把人权当成手段，这是区分真讲人权还是假讲人权的重要标志。我们国家的性质必然决定我国是真讲人权的，是把人权作为目的的，这是我们国家的本质特征和根本优势。任何西方国家无法与我们相比拟。旗帜鲜明地提出人权是理想、是目的的命题，坚决反对把人权作为推行强权政治、霸权主义、转移本国人民视线的手段，可以更好地揭露某些以“人权卫士”自居的西方国家人权政策背后的政治图谋和战略私利，捍卫人权的纯洁性，保护各国人民包括西方国家人民的利益，维护我们国家和民族的尊严。

（三）强调人权的公正性，使我国的主张具有广泛的代表性和吸引力

一要突出国际社会普遍关注的问题。二要反映世界上大多数人的意愿。三要维护发展中国家的权益。建议大会优先审议由于种族歧视、种族隔离、殖民主义、外国侵略与占领所导致的大规模粗暴侵犯人权，危害国际和平与安全的行为，努力寻求制止这类行为的更为有效的途径与方法；建议大会确认发展权是一项基本人权，为革除不合理的国际政治秩序和经济秩序，实现这一权利提供有效的保障；呼吁大会重视发展中国家在不利的国际环境下，通过自己的艰苦努力为世界人权事业作出的巨大贡献；呼吁大会重申所有人民反对殖民主义、反对外国压迫，以及自由选择适合本国情况的政治体制、经济制度和发展道路的自决权，反对任何国家以任何借口将自己的意识形态、价值观念，以及社会、政治制度强加于人；呼吁大会反对将所谓人权问题同经济合作挂钩，谴责利用经济援助推行强权政治；反对某些西方国家在人权问题上奉行“双重标准”。

（四）增强国际法意识，进行合理、合法斗争

我们要善于运用国际法律武器并站在应有的理论高度来进行斗争。在原理、原则方面，着重根据国际法的具体规定，从不同侧面强调国家主权原则和不干涉内政原则，对国际人权法的有关规定作出对我有利的解释；在国家权利义务方面，根据国际法，强调国家对人权问题的管辖权，既要承认国家根据所签署的国际公约承担的义务，也要注意若干保留情况；在表述人权概念或人权主张时，要注意进行必要的法学理论上的分析和衡量，对有关权利义务的主体、客体、对象和关系，以及其在国际法、国内法上的不同表现，做到心中有数。迄今为止的有关人权公约主要是世界各国人民长期斗争的结果，并不仅仅是西方国家当权者意志的反映。我国完全可以对它们作出自己的解释，为我所用。要避免与现行国际法规定和人权公约精神明显抵触。要注意在逻辑上严谨周密，在法理上无懈可击。例如，要注意将人权与保障人权的措施、条件适当区分开来；将作为法律概念的“发展权”同作为社会经济概念的“发展”区分开来；不能简单地把经济、社会、文化权利称作“集体人权”。

（五）强调人权的普遍性与人权的多样性和特殊性的辩证统一

人权是国际社会普遍关注的问题，是全人类的共同理想，具有普遍性。同时，由于社会发展水平、历史传统和文化背景的不同，各国的人权观念和人权政策也有所不同，存在多样性和特殊性。我们要在承认人权普遍性的条件下，讲人权的特殊性和多样性，以更好地从正面阐述我国的人权立场，避免误解和被动。承认人权的普遍性，不会导致人权观念的单一化和人权管辖的国际化，也不会影响承认和尊重历史传统、政治制度、经济模式和价值观念的多样化。因为，第一，承认人权普遍性，既反映了客观实际，又有利于反对人权的西方化和西方的人权标准。西方国家仅仅是

整个世界的一部分，发展中国家的人口占全世界人口的五分之四。讲人权的普遍性，就要求把大多数人的利益、愿望和要求放在首位，尊重并充分考虑大多数人的历史传统和发展水平。第二，承认人权的普遍性有利于主张人权的多样化，更有利于强调具体国情。从理论上讲，共性要通过个性表现出来，普遍性要通过特殊性表现出来；从现实来看，当今世界是由各个民族国家组成的，每个人在法律上首先是一个国家的成员，其次才是国际社会的成员。第三，在语汇上，“Universal Human Rights”即“普遍人权”一词使用已久。必须强调的是，我们谋求的普遍人权，是真正的普遍人权，即包含多样性并表现多样性的统一性和不否认统一性的多样性。

（六）注意使国际人权斗争与国内社会制度、意识形态相协调，与国内民主法制进程相协调

鉴于发展与和平一样仍然是当今世界的主题，鉴于发展权对于广大发展中国家人民充分享有人权和基本自由的极端重要性和所有发展中国家的强烈要求，我国应为将发展权确认为一项不可剥夺的基本人权并切实保障其实现而积极努力。坚决支持第三世界国家和人民的争生存、求发展，要求在没有外来干涉条件下，决定自己命运与前途的神圣权利。这是我国坚定不移的立场。但是，在具体阐述发展与人权和民主的关系时，一方面，要强调发展对于人权、民主的重要性。讲清只有经济得到了相当的发展，才能提高基本人权的享有水平，才能顺利地推进民主进程。注意在广泛的意义上理解发展，坚持经济发展、民主政治发展、文化教育发展及个人的全面发展辩证统一的观点。另一方面，不要笼统地强调发展是人权和民主的前提。因为，在不同的国家情况不尽相同。我国仍是发展中国家，但已经是人民当家作主的社会主义国家，建立了人民代表大会制度。特别是改革开放十多年来，我国的民主法制建设取得了很大成就，人权状况得到根本改善。今后，随着社会主义市场经济的发展，我国的民主法制还将进一步完善。因此，在这种情况下，简单地讲发展是人权和民主的前提，可能会在国际上造成我国目前似乎仅强调发展而忽视民主和人权的错误印象，不利于正面宣传我国的人权成就，乃至低估我国民主法制的发展水平，甚至于不知不觉地陷入西方流行的以多党制、议会制为特征的民主模式和其他衡量人权、民主的特殊尺度。至于发展中国家强调发展是民主前提的观

点，是它们从本国的现实和利益考虑提出的，我们应该表示理解和支持。

（七）全面理解和表述人权概念，坚持各项人权的不可分割性和同等重要性，反对强调部分人权的任意选择性

第一，关于公民、政治权利和经济、社会、文化权利。这两类人权都是当代人权的基本内容，它们相互依存、相互补充，不可分割。没有公民、政治权利，人们的经济、社会和文化权利就得不到保障，而经济、社会和文化权利付之阙如，公民和政治权利就无法真正行使。因此，缺少任何一类人权，人权的享有就不充分，免受恐惧和匮乏的人权理想就不能实现。某些西方国家强调公民、政治权利，漠视或否定经济、社会、文化权利，既不符合广大发展中国家以及其本国人民的利益与愿望，也违背当代人权理论和人权运动的发展现实。第二，关于个人人权和集体人权。个人人权是人权的核心，一切人权要求归根结蒂是为了人的全面发展和个人的需求。集体人权是构成群体的个人的共同诉求，其基础是个人人权，因此，没有个人人权也就没有集体人权。集体人权是享受个人人权的必要条件和保障。集体人权的主体通常是国家、民族、种族或职业团体，以及老人、儿童、妇女、残疾人等群体。集体人权受到侵犯，隶属于该集体的个人的人权必然得不到保障。无论在人类社会发展的哪一阶段，个人只有在一个社会中作为一名社会成员才能存在和发展。个人人权也只有在集体人权得到承认和尊重的情况下才有价值，才能得到实现。个人人权的行使也不得损害社会的、集体的、他人的权益。因此，个人人权和集体人权是统一的。不能让个人人权凌驾于集体人权之上，甚至侵害集体人权；也不能用集体人权取代或否定个人人权。某些西方国家只讲个人人权，既无视社会的利益，也不利于个人的发展。第三，关于少数人的权利和多数人的权利。人权是一切人应当平等享有的权利，不能因身份上的不同、人数的多少而有所区别。而且我们所追求的目标是全人类的彻底解放，是一切人的自由全面发展。因此，一切人的人权都应当依法受到切实保护。把人权区分为少数人的权利和多数人的权利本身不是很科学的。但是，有些人由于各种因素而在社会上处于“少数”，他（她）们的人权往往容易受到忽视和侵害。“少数人的权利”的保护已成为当代人权发展的一个趋势。实际上，我国既一贯重视保护所有人的人权，也一贯重视保护少数人的人权，在保护少数民族、残疾人、老人、儿童、难民、囚犯等少数人的人权方面，取得了举世瞩目的伟大成就。

（八）关于生存权问题

生存本身是人类的基本需要。当代各国普遍面临着不同层面和不同程度的生存权问题。我国的人权白皮书突出强调了生存权，认为生存权是一项首要人权，没有生存权，其他一切人权均无从谈起。在世界人权大会上，毫无疑问，我国代表应继续讲生存权的重要性。但是，目前国际上对生存权概念的理解很不一致，有的用它来表述低标准的存活要求，有的则用它来表述高标准的存活要求，即所谓“富裕地、有尊严地活着”。有的在积极权利的意义上使用它，有的在消极权利的意义上使用它，有的则兼在积极与消极两种意义上使用它。有的用它来指经济、社会和文化权利，有的则用它来指一切人权。在国内出版物上，生存权这一概念的英文译名就有五种，即，“right to live”、“right of subsistence”、“right of survival”、“right of existence”和“right of life”，而这五种译名语义各异，甚至相去甚远。在这种情况下，这次人权大会似乎不太可能把生存权作为一个主要问题来讨论，我国不宜在条件不成熟时，过分突出生存权。在会上，我国有必要对我国提出的生存权概念作必要的宣传和解释。在宣传和解释时，似需要注意：不能把生存权仅限于吃饭、穿衣、住房之类的权利，而要把生存权解释为自由地有尊严地富裕地生存的权利。

（九）关于人权与主权

人权与主权是有内在的密切联系的。国家主权，是人权实现的基础和保证，一国若丧失主权，国内的人权就难以保障；一国政府若严重侵犯本国或他国的人权，国家的尊严和形象就会受到严重影响。但是，严格说来，人权与主权是两个在逻辑上没有对称性的概念，两者不存在相对相克的关系。一国借人权问题粗暴干涉他国内政，是一国侵犯他国主权，不是人权侵犯主权，不是所谓“人权高于主权”。某些西方强国之所以竭力鼓吹“人权高于主权”，其目的就在于以人权为幌子，侵犯别国主权，干涉他国内政。同样，一国反对他国借人权问题粗暴干涉本国内政，是用主权抵抗外来侵略或干涉，不是用主权抵抗人权，不是所谓“主权高于人权”。

在国际人权斗争中，不宜用“主权高于人权”的说法来反对“人权高于主权”论，来对抗外来干涉。因为，这样容易授人以柄，似乎我们过分看重国家权利而轻视人权，或是默认本国人权状况欠佳，用主权来抵挡外国批评。在主权与人权关系方面，我们坚持以下几点。

第一，国家主权是人权实现的根本保障。任何国家人权状况的改善，主要应靠各该主权国家自身的努力及其人民自己的奋斗，任何别的国家和国际组织在这一问题都上无法越俎代庖。只有在国家主权得到充分尊重的前提下，人权的实现才能获得切实保障。

第二，人权主要是主权国家的国内事务，不得利用人权干涉别国内政。《联合国宪章》和联合国一系列文件都有促进和保护人权和基本自由的规定，而且联合国还为人权领域的国际合作设置了机构。但这并不等于对人权问题不适用不干涉内政的国际法原则，人权从本质上讲，是属于国内管辖事项。就是签署了人权公约的国家也需要在不违背其承担的国际义务的前提下，制定有关保障和实现人权的法律，并采取相应措施，以改善本国人权状况，因此，绝不应当允许任何国家以人权为口实粗暴地干涉他国内政。1981 年 12 月联合国大会通过的《不容干涉和干预别国内政宣言》明确规定，“各国有义务避免利用和歪曲人权问题，以此作为对其他国家施加压力或在其他国家或国家集团内部或彼此之间制造猜疑和混乱的手段”。

第三，要在互相尊重和平等交流基础上进行人权领域内的国际合作。这一国际合作的性质属于人道主义援助，其宗旨在于创造有利于促进全人类人权和基本自由普遍实现的国际环境，消除威胁国际和平与安全、大规模粗暴侵犯人权的现象。因此，只有彼此尊重，互相理解，平等对话，求同存异，人权领域的国际合作才能卓有成效。联合国的讲坛绝不应当成为意识形态论战和一国攻击他国的场所。

第四，反对把人权政治化，利用人权作为一国向另一国施加压力和政治影响的工具。任何国家都不应当把自己的意识形态、政治制度、经济模式、价值观念牵强附会地植于人权之中，并以此作为处理国与国之间关系的手段。这种强加于人的做法是地地道道的强权政治和霸权主义，势必破坏建立在国际法基础上的国与国之间的正常关系，危害和平、公正、合理的国际新秩序的建立。

（十）重视人权问题普遍存在和人权理论多样的情况

第一，强调当今世界，人权仍是一种理想的目标，远未成为现实。无论西方国家，还是发展中国家，都不同程度地和在不同方面存在着人权问题，谁都没有资格以人权楷模自居，对他国人权状况横加指责和攻击。应提倡在平等的基础上进行对话，共同探讨在人权领域进行国际合作的途径和内容。第二，强调国际人权合作的重点应放在解决世界各国面临的共同问题和困扰世界上大多数人的问题上，如和平与发展问题，种族歧视问题，失业、贫困问题，环境问题等。第三，国家之间、学者之间、政府与学者之间在人权问题上有许多不一致的地方是客观存在的事实。强调求同存异才是进行国际合作可行的办法，反对一国将自己的价值观念强加于人。同时，在策略上，注意就各种具体问题结成各种统一战线。

（十一）本着有理、有利、有节的原则，慎重参与有关对话

第一，在理直气壮地宣传我国人权成就的同时，注意介绍我国的人道主义思想文化传统，并从促进世界人权的角度，介绍我国改进人权状况的基本经验，使之理论化、条理化和典型化。第二，承认整个世界共同面临的人权问题，世界各国都有继续改善人权状况的任务。第三，对其他国家，包括西方国家在人权保护方面的成就和经验，给予客观评价，为大会就有关问题达成更多的国际谅解创造气氛和条件。第四，采取适当方式，谴责某些西方国家目前盛行的种族歧视和种族迫害，尤其是袭击难民、侨民的逆流，以及向发展中国家转嫁生态危机的恶劣行径，提醒并敦促某些西方国家的政府和联合国有关机构为尽快消除这类严重侵犯人权的行为作出努力。

（十二）在承认人类具有共同利益的基础上，承认人权具有某种共同标准

中国主张维护绝大多数人的根本利益，也就应该赞成有利于大多数人的某些共同标准；中国参加了有关人权的国际公约，也就意味着承认了某些共同的标准或准则。这些共同标准，主要是世界各国人民长期奋斗的成果。但是，应当指出，由于世界各国政治经济制度各异，价值观念、文化

历史不一，对这些共同标准某些方面的理解不可能是完全一致的。在承认存在某种共同标准的同时，我们要强调共同标准的相对性和特定性。对各国人权状况的评估必须是科学的、客观的、公平的。第一，对一国人权状况的评估主要是最了解情况的该国人民自己的事情，他国不得别有用心地妄加评论；第二，对一国人权状况的评估应当以该国发展水平来衡量，不能对不同发展水平的国家的人权状况机械地用同一尺度来衡量；第三，对人权状况的评估应当是全面的，不能只及一点不论其余；第四，对一国人权状况的评估应当是善意的，要鼓励和促进该国人民在国家稳定和社会发展的条件下不断享有充分的人权。

六 关于生存权的不同观点及我国宜采取的立场

生存权是人权理论体系中的一个基本概念。在 1993 年世界人权大会上，这一概念是我国面临和需要正确把握的基本问题之一。

（一）生存权的定义

在现有的人权文件和人权理论当中，关于生存权并没有一个统一的权威定义。人们在一些不同的意义上使用生存权一词。生存权的这些用法之间含义上的区别主要体现在两方面：生存权的主体；生存权的内容。

关于生存权的主体，现有的人权文件和理论研究有的把生存权作为集体人权提出，有的则从个人权利的角度对生存权进行探讨，还有的则认为这种权利既是个人权利又是集体权利。1991 年 11 月发表的《中国的人权状况》白皮书中提出的生存权，就可以解释为最后一种含义。

关于对生存权内容的理解，在很大程度上取决于对于生存权主体的解释。作为一种个人权利的生存权，其内容一般被解释为人有尊严地活在世上的权利。也就是说，生存权是与人的这种有尊严的生活有关的各种具体人权的一个总称。按照这种解释，生存权所包含的具体内容是非常广泛的，生命权、劳动权、受教育权、环境权等均被包括在这一范畴之内。作为一种集体权利的生存权，其内容就是国家和民族作为国际社会中的平等成员存在于世界上的权利，也就是国家和民族的独立权、主权。按照把生存权视为个人权利和集体权利混合体的观点，生存权的内容自然就是作为个人权利的生存权和作为集体权利的生存权二者内容的结合。我国的人权白皮书对于生存权内容的解释就有这种含义。但其中对于生存权个人权利方面内容的解释，与上面所举的对于作为个人权利的生存权内容的解释又有所不同。由于该白皮书是把生存权作为相对于政治、经济、文化权利的一项单独的权利，而不是对这些权利中与生存权有关的那一部分权利的总称，它对于生存权内容的解释比前面的那种要狭隘。按照它的解释，生存权个人权利方面的内容有三部分：生命安全；生活保障；生活条件的改善。

虽然关于生存权的一些基本要素的理解存在上述分歧，但这种分歧一般只是由于做出解释时的侧重点与出发点不同。因此，这些不同的解释之间并不是互相排斥、截然对立的，而是可以统一和协调起来的。在生存权的主体问题上，这种统一性表现在，生存权的主体既可以是个人，也可以是集体，而且这两种主体不同的生存权之间还是互相依赖的，有时甚至是可以相互转化、相互结合的。在生存权的内容上，这种统一性表现在，不同主体的生存权的具体内容虽然不同，但它们却有着共同的基本精神，那就是主张对于构成社会（不论是国际社会还是国内社会）的个体的个性的尊重与保护。至于上面提到的对于作为个人权利的生存权内容的不同解释，其区别也主要在于分类方法的不同，而实质内容的差别并不大。

根据以上所述，我们可以把生存权一般地定义为：生存权是指国家、民族和个人有尊严地生存下去的权利。这个定义概括了对于生存权的各种不同用法的一般含义，因而也是生存权最一般的理论定义。

（二）生存权的特性

生存权是人权体系中一个比较独特的概念。它有着与其他相关的人权概念不同的特殊之处。

首先，生存权是一项有着固定内容的、具体的人权，而不是一个没有实际价值的空洞概念。生存权是在其他方面人权的有关内容的基础上发展起来的，它的内容与其他方面人权的有关内容相近，有些地方甚至是重合的。但作为一项单独的人权的生存权具有使其有别于其他人权的特定内容，而不是对某些或某类人权的简单的总称，这一点，可以从我国的人权白皮书中得到说明。而且根据我国学者对一些国家人权实践的分析，生存权还是一种具有非同一般的法律效力的最基本人权，是国家必须通过积极行为来促成其实现的权利，国家不得通过与其相违背的法律。

其次，生存权的一个重要特点在于它看待和解决人权问题的独特视角。其他具体的人权一般是通过法律赋予权利的方式为个人自由幸福的实现提供可能性。如果因为某种原因，个人虽然享有这种权利却无法获得自由和幸福，这种法律上的规定往往也就无能为力了。而生存权则是把生存权的实现作为国家和社会的总的任务和目标提出来，并采取积极措施使其真正得以实现。在人权问题上的这种新视野，是人权理论和人权制度的一个重要进步。

（三）生存权的提出及其意义

作为个人权利的生存权，最早是在资本主义国家产生的。导致这种权利产生的原因是多方面的，包括政治原因、经济原因等等。

但归根结蒂，这种权利的产生是人权理论和人权制度适应现实需要不断完善和发展的一个必然结果。传统人权理论中的自由、平等等内容，旨在使人们享有在平等的基础上尽自己所能，最大限度地实现自己的个人价值的机会。但在这种平等基础上的自由竞争当中，社会中一部分弱者最终可能落得连最起码的生活条件都得不到保障的境地。生存权正是为了解决由于自由竞争中的失败者的艰难处境造成的社会问题而发展起来的。后来，社会主义国家的出现，更是为如何从社会总体的角度更加有效和彻底地解决人民的生存权问题提供了宝贵的历史经验。

从国际社会的角度看，生存权的产生主要反映了第二次世界大战后广大新独立国家在人权方面的特殊利益与要求。新独立国家当时面临的国内的和国际的现实情况，是决定它们这种利益与要求的客观原因。首先，从国内情况来看，它们当时刚刚获得独立，经济落后，人民的物质、文化生活需求得不到满足。因此，它们所面临的最迫切的任务就是发展民族经济、改善人民的生活条件。生存权的口号，恰好符合它们的这种实际需要。其次，从国际形势来看，广大新独立的发展中国家在国际舞台上力量的壮大，是作为集体人权的生存权产生的根本原因。虽然作为集体人权的生存权概念产生的时间较民族自决权和发展权为晚，但从逻辑上讲，承认国家和民族的生存权是承认民族自决权和发展权的一个必要前提。这是因为自决权和发展权的行使是国家和民族作为国际社会的一员做出的积极行为，而要使国家和民族能够做出这样的行为，首先要保证它能够以国际社会一员的身份存在于世界上，也就是要保证其生存权不被侵犯。

生存权的出现，对于人权理论与实践的发展有着十分积极的意义。首先，它对传统的人权理论和人权制度作出必要的补充和完善。生存权扩大了人权的保护范围，使得一些过去得不到充分保护的人的特殊需要得到照顾，从而大大提高了人权作为一种社会调整手段所能起到的积极的社会作用。其次，生存权的确立标志着发展中国家在人权领域所起的作用越来越重要。如前所述，生存权在很大程度上反映着发展中国家在人权方面的特殊利益与要求。广大发展中国家在争取和维护本国人民的生存权方面所取得的成就，是发展中国家对于世界人权运动的一个重大贡献。比如我国在争取和维护我国人民的生存权方面所付出的艰苦努力和取得的成就，就是举世公认的。

（四）关于我国在1993年世界人权大会上应采取的立场的看法

我国的人权白皮书指出，“对于一个国家和民族来说，人权首先是人民的生存权，没有生存权，其他一切人权均无从谈起”。这就把生存权提到了基本人权、首要人权的高度。这是对人权理论和国际人权运动的重要贡献，反映了我国人民和广大发展中国家的正当要求。然而，国际上有人对我国的有关观点不够理解，认为生存权是一种低标准的要求，也有人故意贬低生存权的意义。鉴于这一情况，我国代表有必要在人权大会上宣传我国关于生存权的观点，尤其需要有理有据地论述生存权所包含的丰富内容，它的高标准要求和重要意义，以消除误解，争取广泛的同情和支持。此外，由于国际上对于生存权概念还存在各种不同的看法，至今尚未形成共识，在这次大会上，恐怕也很难做到这一点。因此，比较适当的态度似乎是：正面宣传我们的观点，而不强求一致，也不要求大会一定就生存权问题采取行动。

七　发展权是实现各项人权的必要条件

发展权是国际人权法中的一个新概念，从它的提出到在联合国被确认为一项不可剥夺的人权，国际社会在这一问题上始终存在着不同观点。广大发展中国家普遍认为，实现发展权不仅直接关系到切实保障经济、社会和文化权利，而且有助于促进全人类充分享受各项人权和基本自由。实现发展权应当作为国际社会优先关注的事项。我国也是一个发展中国家，理解并赞同发展中国家的这一主张，在联合国有关会议上也多次强调促进和实现发展权的重要意义。在1993年世界人权大会上，我国代表在发展权问题上应继续采取明确的立场，与各国代表积极磋商，以促进早日实现发展权。

（一）发展权的提出

第二次世界大战以后，广大殖民地人民和国家在摆脱殖民统治、获得政治独立之后，深感没有经济独立就不可能真正巩固政治独立。他们认识到旧的国际经济秩序严重阻挠发展中国家实现经济发展的努力，是使他们继续处于贫困落后的原因之一。因此，他们提出了各民族和国家应当享有机会均等地实现各自的经济和社会发展的权利主张。

发展权从提出到最终被国际社会确认为一项不可剥夺的人权，经历了一个长期的过程。1948年的《世界人权宣言》最初提出了发展权的思想，强调“人人有权要求一种社会的和国际的秩序，在这种秩序中，本宣言所载的权利和自由能获得充分实现”（第28条）。1966年的两个国际人权公约肯定了所有人民“自由谋取他们的经济、社会和文化的发展”的权利（第1条）。1968年的《德黑兰宣言》明确指出“人权实施方面长久进展之达成，有赖于健全有效的国内和国际经济及社会发展的政策”（第13条）。1974年的《各国经济权利和义务宪章》强调各国“有促进其人民的经济、社会和文化发展的首要责任。为此，每个国家有权利和责任选择其发展的目标和途径，充分动员和利用其资源，逐步实施经济和社会改革，并保证其人民充分参与发展过程和分享发展利益”（第7条）。1977年的《关于人权新概念的决议案》强调“不公平的国际经济秩序继续存在，对于在发展中国家实现经济、社会和文化权利构成主要障碍”（序言），因此，“实现新的国际经济秩序是有效增进人权和基本自由的必要因素”[第1条（F）款]。1979年，联大通过了34/46号决议，明确肯定发展权是一项不可剥夺的人权，发展机会均等是各国和个人的特有权利。1986年，联大以第41/128号决议通过了《发展权利宣言》，全面阐述了发展权作为一项基本人权的概念、内容和实现这一权利的条件。

目前世界上绝大多数国家都接受了发展权概念，只有美国不承认发展权是一项人权。

（二）对于发展权的不同观点

1. 关于发展权的主体

（1）发展权的主体只能是个人，因为人权概念仅涉及个人的权利和自由，不应与各国在国际关系中的权利和义务概念相混淆。

（2）发展权的主体是由个人组成的社会或集体，他们为实现共同的目标而采取联合行动，因而发展权是一项集体权利。

（3）发展权的主体是国家。国家的现代概念是“一个集体的人格，享有某些权利，在许多方面类似个人的人权，甚至有时雷同”。

（4）发展权的主体是发展中国家。鉴于各国只向被确认为发展中的国家提供特别援助，发展权即发展中国家的发展权。

（5）广大发展中国家和一些西方国家认为，发展权的主体应当既是个人，又是民族和国家。每个人及所有民族和国家都有获得平等的机会和适当的环境以进行自我发展的权利。

2. 关于发展权的概念和内容

（1）个人的发展权包含“国际人权公约中已认可的那些权利的总和”。

（2）个人的发展权意味着“物质权利——衣、食、住，以及卫生保健的权利；非物质权利——生命、思想、良知和宗教自由”。此外，还包括“最低限度的个人在发展进程中的参与机会”。

（3）发展权表示所有人在各个领域的普遍参与决策和管理的权利。其内容包括：言论、表达和新闻自由，参与公职人员选举，公民投票和罢免权，以及必要时改变国家结构和程序的权利。

（4）发展权的主要内容意味着所有国家和民族享有和平、自由及独立发展的权利。作为一项人权，发展权意味着为社会每一成员提供条件以行使对于人格的全面发展所必要的一系列权利，特别是决定人民生活物质基础和条件的社会和经济权利。

3. 关于实现发展权的条件

（1）一些西方国家强调国内条件，认为发展取决于一国国内的政治制度、民主和法治，还取决于对于公民和政治权利以及自由的保障。这些是人有尊严地生活和幸福的前提。

(2) 广大发展中国家认为，民主、法治和个人自由是发展的重要因素，但仅仅这些不能保证人权的全面实现。民主不能提供物品。“没有发展，人权与民主将永远处于威胁之下。”实现发展权的障碍，一是国际政治领域中的殖民主义、种族主义、霸权主义，以及外国军事侵略、统治和武装占领，二是不公平不合理的国际经济秩序。后者使世界上70%的人口在贫困中为生存而挣扎。

（三）发展权的性质

针对国际社会对于发展权的各种不同观点，根据《发展权利宣言》的阐述，下面对发展权的性质作几点初步分析。

发展权作为一项基本人权，具有特殊的性质。它有别于以往提出的第一、第二代个人人权，又不同于新形成的第三代集体人权。其主要特征包括以下几点。

1. 发展权既是一项个人人权，也是一项国家（或民族）的集体人权

在一国范围内，发展权首先是一项个人人权。“人是发展进程的主体……发展政策应使人成为发展的主要参与者和受益者”（《发展权利宣言》序言）。只有当个人作为发展进程的主体时，才能做到每个人充分、自由、有意义地参与，促进和公平享有经济、社会、文化和政治发展及由此带来的利益。一个国家如果在发展进程中没有使构成国家的个人充分参与和公平享有利益，国家的发展政策和目标就不可能得到贯彻和实现。

然而个人并非孤立存在于社会之中，个人属于特定的群体、民族或国家。个人的发展受到具体社会环境与条件的制约。在很大程度上，没有国家、民族的发展，也就很难谈到个人的发展。由于个人和集体相互间的这种密切依赖性，发展还意味着整个国家（或民族）的全面发展，是一项不可否认的集体人权。

在国际范围内，发展权也同样意味着个人和国家的权利。“发展机会均等是国家和组成国家的个人的一项特有权利”，但它尤其表现为集体人权，而且主要是各国，特别是发展中国家自由处理本国自然资源和财富，自由谋求经济、社会和文化发展的权利。发展中国家近30年的切身经历表

明，不公平的国际经济秩序是这些国家发展的最大障碍之一，导致世界70%的人口仍处于贫困之中。事实是，当一个国家在政治独立后仍无法摆脱国际经济关系中的不平等地位，仍继续遭受外国的威胁和剥削时，它绝无可能促进本国的全面发展，也绝无能力为其每个国民提供体面的生活，谈不上使每个人充分享有各项人权。

所以，发展权的个人和集体两个方面相辅相成，不可分割。在一国范围内，应力争在两者间建立一种平衡关系；在国际范围内，特别涉及发展中国家坚持优先考虑发展权、建立国际经济新秩序时，在某种程度上，作为国家（或民族）的集体人权的发展权是保障个人人权的前提和基础。

2. 个人的发展权，其诉求主要指向国家，集体的发展权则针对整个国际社会

在国家范围内，实现个人的发展权主要有赖于国家。从整个发展进程看，国家承担首要的责任。这一点早在《德黑兰宣言》（第12、13条）中就得到确认。《发展权利宣言》又进一步明确指出，国家有权利和义务制定适当的发展政策以保障每个人发展机会均等和公平享有发展带来的利益，所以国家不仅要尊重和保证每个人享有自由参与发展进程、发展决策和民主管理的权利，还要逐步创造条件达到“在公平分配的基础上，不断改善全体人民和所有个人的福利”。

在国际范围内，实现国家（或民族）的发展权则主要有赖于国际社会。各国均有促进本国发展的责任，但是国际社会也必须创造一个有利于各国实现其发展目标的条件。在国与国相互关系中，“各国有义务在确保发展和消除发展的障碍方面相互合作”（《发展权利宣言》第3条第3款）。正是由于要在国际社会促进共同发展、根除不平等现象和实现所有人权这一目标，我们必须强调在全球范围优先审议和实现发展权。没有国际社会的一致关注、合作和援助，就很难做到实现发展权，以消除贫、富国家间的巨大差距并加速贫穷国家的经济发展、社会发展和实现人权。

3. 发展权是实现各项人权的必要条件

《发展权利宣言》指出，发展是经济、社会、文化和政治的全面进程，只有在这一进程中，所有人权和基本自由才能逐渐得到充分实现。由于发展权体现了公民、政治权利和经济、社会与文化权利的相互依存、不可分割和不容选择性，实现发展权即成为实现其他各项人权的必要条件。

发展权要求全面的发展在当前具有重大的现实意义。今天，占世界人口70%的发展中国家只享有世界收入的30%。在这些国家里，成千上万的人生活在绝对贫困之中，没有住房、食物、卫生保健和接受教育的机会。对于他们而言，片面强调公民和政治权利毫无意义。只有争取全面发展，才会有助于创造条件以谋求人类大多数的福利。

发展中国家致力于全面发展的努力始终受到旧的国际经济秩序的严重阻挠。根据联合国的报告，1981年从富国向穷国的资金转移是400亿美元，但到1985年时，以援助和贷款形式从前者向后者的资金转移为270亿美元，而后者向前者偿付的债款和利息竟高达540亿美元！因此，发展中国家强烈提出机会均等的发展权，要求国际社会优先关注建立国际经济新秩序和实现发展权问题是正当合理的。这些主张和要求代表了发展中国家的切身利益，反映了优先实现发展权的迫切性，也反映了新形势下首先解决全人类面临的新问题的共同愿望。只有早日实现发展权，真正做到全面发展，才会为尊重人权和充分享有各项人权创造必要的条件。

（四）发展权的定义和内容

根据《发展权利宣言》及以上有关发展权的分析，我们可把发展权的定义概括为：发展权系指个人、民族和国家积极、自由和有意义地参与经济、社会、文化和政治的发展并公平享有发展所带来的利益的权利。它的诉求大致分为两个方面，在个人方面要求实现：生命权，衣、食、住和卫生保健权，言论和结社自由权，参与权，以及公平分享发展所带来的利益权；在集体方面则要求各国享有主权，自决权，对本国自然资源和财富的充分主权，公平、民主和机会均等地参与国际经济和政治关系权，团结、合作和互利共谋发展权，以及公平分配和享有发展所带来的利益权。

（五）发展权的实现条件

促进和实现发展权是国际社会面临的紧迫而艰巨的任务，需要每个人、每个国家和国际社会作出协调一致的努力。

在国家范围，需要：（1）稳定的政治和社会环境，以创造有利于发展的内部条件。（2）对本国自然资源和财富的永久主权。（3）自由制定切合实际国情的经济、社会发展政策和方针，以便有效利用国内的一切有利条件。(4) 每个人和全民族的积极、自由和有意义地参与发展进程、决策和管理并公平分享由此带来的利益。

在国际范围，需要：(1) 国际社会各成员国在主权平等、相互依存、各国互利与友好合作等原则的基础上，共同努力，确保发展和消除发展的障碍。(2) 建立公正合理的国际政治和经济秩序，确保广大发展中国家能够真正享有发展机会均等，能够民主、平等、自由地参与国际事务，为其国内人民充分享受人权提供条件与保障。(3) 各国尤其是发达国家加强合作，采取持久的行动向发展中国家提供促进全面发展的适当手段与便利，消除发展的障碍。(4) 全面彻底裁军，维护和加强国际和平与安全，同时确保将裁军节省下的资源财力用于发展，特别是用于发展中国家的发展。(5) 消除大规模公然侵犯各国人民和个人人权的现象，创造有利于人类大多数发展的条件。

发展权是广大发展中国家为摆脱外国的经济掠夺和剥削，为在国际社会建立公正合理的国际政治和经济新秩序而提出的。经过各国尤其是广大发展中国家人民的不懈努力，联大于1986年通过了《发展权利宣言》，确认“发展权利是一项不可剥夺的人权”。发展是一个包含经济、社会、文化和政治内容的全面进程。发展权要求经济、社会、文化、政治和公民权利的全面实现，要求为所有这些权利的充分实现创造必要的条件。发展权的实现需要个人、国家和国际社会的积极参与和通力合作。只有建立公正合理的国际政治和经济新秩序，才可消除当前存在的妨碍各国尤其是广大发展中国家正常发展的一切障碍。

八　国际社会在自决权问题上的分歧与我国的对策

（一）自决权的由来

关于自决权的渊源存在不同的说法。前苏联和我国的一些学者一般是从列宁提出的民族自决权开始的；而西方国家则往往追溯到17、18世纪启蒙时期自然法学派的天赋人权说和社会契约论以及体现其思想的美国《独立宣言》等历史文件，《独立宣言》宣告，所有人生而平等，都具有包括生命权等权利在内的天赋人权。为了保障这些权利，人民设立了政府。如果政府损害以上目的，人民就有权改变或废除这一政府，成立新的政府。基于这一思想，《独立宣言》在列举了英国殖民统治者的罪状以后，宣告当时是英国殖民地的美国与英国分离，成为“自由独立的合众国”。尽管如此，自决权作为一项政治原则和法律权利，只是在第一次世界大战后期才被正式提出并受到国际社会的重视。

1917 年 11 月 8 日，列宁签署的《和平法令》宣告：“如果某个民族被强制留在别国版图之内，如果违反这个民族的愿望，不让它有权在合并国军队或任何较强民族的军队完全撤走的条件下，不受丝毫强制地用自由投票的方式决定这个民族的国家形式问题，那么合并这个民族的行为就是兼并，即侵占和暴力行为。”同年 12 月 3 日，苏维埃政府发表《告俄国和东方全体伊斯兰教劳动人民书》宣告，遭受帝国主义压迫的波斯人和土耳其人、阿拉伯人和印度人，应当是自己国家的主人，有权掌握自己的命运，按照自己的样式来建设自己的生活。1918 年 1 月 25 日，全俄苏维埃第三次代表大会通过的《被剥削劳动人民权利宣言》，把“争取在各国人民之间实现以自由的民族自决为基础的，不割地不赔款的民主和平”作为苏维埃政府对外政策的目的。此后不久，苏维埃政府声明支持亚美尼亚人民享有自由的自决权，承认波兰、爱沙尼亚等国的独立，同波斯、阿富汗和土耳其分别签订友好条约，承认这每一个国家有权自由地、无阻碍地解决其自己的政治命运，承认它们享有根据自己的意愿选择政体的权利。

与此同时，美国总统威尔逊于 1918 年 1 月 8 日在国会发表“和平十四条”演说，提出以民族自决原则为基础的建立战后世界秩序的设想，主张“公正不偏地调整一切有关殖民地的要求”。美国并不真正关心被压迫民族的自决权，在英、法等殖民大国对其设想表示疑虑以后，立即作出解释，说明美国的本意并非要解决一切殖民地问题，而只是指“德国的殖民地以及那些由于战争而可能要由国际来考虑的其他殖民地”而言。由于英、美、法等国的这一态度，目的在于建立战后秩序的《凡尔赛和约》不仅没有一般地肯定自决权，而且在“委托统治”的名义下使殖民统治合法化了。自决权遭到了蔑视。第二次世界大战中，德、日、意法西斯国家对欧、亚、非许多国家的侵略和占领，更是对自决权的粗暴践踏。

第二次世界大战以后帝国主义阵营的削弱和社会主义阵营的形成，为殖民地人民的民族解放运动的高涨和自决权在国际法上的确立廓清了道路。1945 年通过的《联合国宪章》，把“发展国际间以尊重人民平等权利及自决原则为根据之友好关系，并采取其他适当办法，以增强普遍和平”确定为联合国的宗旨之一，从而把自决作为联合国及其成员国的目标和政策提了出来。1952 年 2 月，联合国大会通过决议，要求把自决权列入拟议中的人权公约。同年 12 月，联大在其“关于人民与民族的自决权的决议”中明确指出，“人民与民族应先享有自决权，然后才能保证充分享有一切基本人权”，把自决权的实现视作充分享有一切基本人权的前提条件。1960 年 12 月 14 日，联大又通过《给予殖民地国家和人民独立宣言》，宣布必须立即和无条件地结束一切形式和表现的殖民主义，“所有人民都有自决权，依据这一权利，他们自由地决定他们的政治地位并自由地谋求他们的经济、社会和文化发展”。1966 年，联大通过的《经济、社会及文化权利国际公约》和《公民权利和政治权利国际公约》均在第 1 条规定：“所有人民都有自决权……”随后，联大又在 1970 年通过的《关于各国依联合国宪章建立友好关系及合作之国际法原则宣言》中，把“各民族享有平等权利与自决之原则”宣布为国际法原则。至此，自决权和自决原则在当代国际法中的地位已完全确立。1975 年欧洲安全与合作会议通过的《赫尔辛基最后文件》把“尊重各国人民的平等权利和他们的自决权”确定为指导与会各国之间关系的原则，对此提供了充分的证明。参加这次会议的，不仅有除阿尔巴尼亚以外的所有欧洲国家，还有美国和加拿大，其中既有主要资本主义国家，也有当时是社会主义国家的苏联和东欧各国，即两个敌对组织——北大西洋公约组织和华沙条约组织的成员国。

（二）自决权的含义

自决权的含义涉及两方面问题：自决权的主体是谁，即什么人享有自决权？自决权的内容是什么？在这两个问题上都存在不同的看法。

1. 什么人享有自决权？

一种意见认为，只有处于外国占领和殖民统治下的人民享有自决权。这主要是一些发展中国家的观点。例如，印度在批准《经济、社会及文化权利国际公约》和《公民权利和政治权利国际公约》时，曾针对两公约规定自决权的第 1 条发表声明说：“该条中出现的‘自决权’一词仅适用于处在外国统治下的人民，而不适用于主权独立国家或作为一个民族整体的实体的人民或民族的一部分。”斯里兰卡总统顾问维拉库恩说：“自决权只对处于殖民主义和外国统治下的民族才适用。对于独立后的国家来说，自决权应当加以限制。”

另一种意见是一些西方国家所坚持的，认为所有国家的人民都享有自决权，而不限于特定的部分人民。它们特别强调个人的权利，认为在任何情况下，自决权必须包括尊重个人的基本自由和基本权利。

尽管存在上述分歧，上述两类国家以及几乎所有其他国家在一国国内的少数民族是否享有自决权的问题上态度却是一致的：不承认它们享有自决权。反映西方国家与苏联东欧国家共同立场的《赫尔辛基最后文件》在确认各国人民享有自决权时，明显地把少数民族排除在外，不是在关于自决权的第 8 条，而是在关于尊重人权和基本自由原则的第 7 条中规定了少数民族的权利。此外，《赫尔辛基最后文件》还为自决权的实施设定了一个限制条件，即自决权必须按照包括各国领土完整有关准则的国际法实施，从而排除了一国国内某一民族行使实质上是分离权的自决权的可能性。需要指出，苏联在理论上是支持一国国内少数民族的自决权的，但是，这并没有妨碍它成为《赫尔辛基最后文件》的签字国。

2. 自决权的内容是什么？

（1）列宁在提出民族自决权概念时，是把它作为一种分离权来解释的：民族自决“就是民族脱离异族集体的国家，就是组织独立的民族国家”。从历史的经济的观点看来，马克思主义者的纲领上所谈的“民族自决，除了政治自决、国家独立、建立民族国家以外，不能有什么别的意义”。长期以来，苏联在理论和本国宪法制度上一直坚持这一解释，但是，它在 1973 年向欧洲安全与合作会议提交的一个建议中对自决权作了如下表述：自决权是所有人民“建立社会制度和选择他们认为适当的，为保证他们的国家经济、社会和文化发展所必要的政府形式的权利”。

（2）一些西方国家特别强调自决权的国内意义。它们提出自决包括“外部自决”和“内部自决”的理论，认为实现自决是一个持续不断的过程。一个国家推翻殖民统治，建立自己的独立国家，是实现了外部自决，但并不意味着该国人民已经完全实现了自决权。它们从“政府是人民设立的，人民有权改变政府”的理论出发，认为只有当人民通过自由的、定期的选举，直接或间接地参与了国家管理，即实现内部自决，才算是真正实现了自决权。荷兰向欧洲安全与合作会议提出的一个有关建议具有代表性，它把自决权表述为“每一国家人民在不受任何其他国家或国家集团的任何形式的干涉和适当尊重人权和基本自由的情况下，自由选择、发展、采用或改变其政治、经济、社会和文化制度的权利”。

（3）一些发展中国家主要考虑到国内防止国家分裂的需要，对自决权的内容作了狭义的解释，认为自决权仅仅是指被压迫民族反对外国和殖民统治，建立独立国家的权利。一位印度官员说：“印度在1947年取得了独立，已经行使了自决权，我们再不需要它了。”斯里兰卡的一位官员也表示了类似的立场，他说：“我们讲自决权，是站在最前线反对殖民主义。我们不能把自决权的概念发展得太远，使自己处于危险的境地，以致村子里的每一个人都可以讲独立。在一个国家获得独立以后再讲自决权，就可能使国家陷于混乱。”

（4）两个人权公约关于自决权内容的规定的措辞，与《给予殖民地国家和人民独立宣言》所使用的措辞完全相同：“所有人民都有自决权，依据这种权利，他们自由决定他们的政治地位，并自由谋求他们的经济、社会和文化的发展。”1970年《国际法原则宣言》对自决权内容作了与此基本相同的表述，除重复这些文字外，增加了“不受外来干涉”几个字。

（5）我国学者对自决权的一个有影响力的解释是：自决权“首先指帝国主义统治的殖民地人民取得民族独立的权利，也泛指一个民族不受外族统治干涉，决定和处理自己事务的权利”，“根据这项权利，一切民族在排除外来压迫和干涉的情况下应自由决定自己的社会、政治和经济制度”。

（三）关于自决权问题的思考

第一，自决权是当今世界上得到普遍承认的一项基本人权，不实现自决权，其他人权的实现就没有保证。尊重各国人民的自决权已成为普遍接受的国际法基本原则。我国与印、缅共同倡导的和平共处五项原则中虽然没有直接提及自决原则，但是，其中“互相尊重国家主权和领土完整”“互不干涉内政”等原则实际上包含了这一原则的内容。因此，我国在国际事务中理应坚持自决权和自决原则；在当前的国际形势下，更有必要强调自决权的重要意义。

第二，从20世纪以来自决权的提出和确立为国际上的一项法律权利的背景来看，它主要是针对殖民统治、外国占领和民族压迫的，它首先是被压迫民族决定自己命运，摆脱殖民主义和外国统治，建立民族独立国家的权利。在这个意义上，像通常那样使用“民族自决权”概念是完全可以的，对于一些发展中国家强调自决权仅适用于殖民统治和外国占领下的人民的主张应表示理解。在当前的国际形势下，我国也应强调自决权在反对殖民统治和外国占领方面的意义。

第三，从1975年欧洲安全与合作会议协商过程及其通过的《赫尔辛基最后文件》来看，自决权是不适用于一国国内的少数民族的。在实践中，我们也没有看到一个国家真正赞同国内的少数民族享有自决权，可以主张从国家中分离出去。我国是一个多民族国家，各民族和睦团结是国家统一和繁荣富强的基本条件，也是每一民族根本利益所在。因此，我国理应摒弃民族自决权即分离权的概念，与其他国家一样，强调自决权不适用于国内的少数民族。在我国的实践中，实行的是民族自治，而不是民族自决。在今天国际上有人策划“西藏独立”等阴谋分裂中国的情况下，更有此必要。采取这一立场，在国际上也不会招致麻烦。

第四，关于自决权的对内方面，即所谓内部自决问题，是一个比较复杂的问题。按照两个人权公约和《国际法原则宣言》关于自决权是指人民自由决定其政治地位，自由谋求其经济、社会和文化发展的权利的规定来说，按照人民主权学说和我国宪法关于“一切权力属于人民”的规定来说，对于西方国家提出的自决权要求由人民通过选举参与国家管理的观点不能表示异议。如上所述，列宁时期提出的民族自决概念，也包含由人民解决自己的政治命运，根据自己意愿选择政体的内容。我国也已建立了人民代表大会制度和比较完善的民主选举制度。但是，西方国家之所以强调“内部自决”，其锋芒主要是针对社会主义国家的，其目的在于为其干涉别国内政，将自己的价值观和社会、政治制度强加于别的国家制造理论和法律根据。基于以上分析，我们所宜采取的态度可能是：承认自决权对内方面的要求，同时强调不干涉内政是自决权固有的内容、内在的要求。一个国家的人民选择什么样的社会、经济、政治制度，以及政权形式，完全是一国的内政，其他国家不得干涉。《国际法原则宣言》说得很清楚，“本着平等权利和民族自决的原则，所有人民均有权自由决定其政治地位，并谋求其经济、社会和文化发展，不受外来干涉，且每一国家均有义务尊重这一权利”。中国采取上述态度，在国际法上是有充分根据的，西方国家很难提出异议。而且，主要是在西方国家影响下通过的《赫尔辛基最后文件》也明确规定，“所有人民始终有权在他们愿意的时候，按照他们的愿望，不受外来干涉，完全自由地决定他们的内外政治地位，并根据他们的愿望，谋求他们的政治、经济、社会和文化的发展”。西方国家不能打自己耳光。

第二部分　人权问题考察综合报告

一　美国、加拿大人权问题考察综合报告

为了广泛搜集国外有关人权方面的资料和最新信息，刘海年、林地、信春鹰、李林四人于1991年9月14日至10月20日对美国和加拿大的人权理论和实践进行了为期5周的考察。

（一）考察的基本情况

在30多天里，我们访问了美国的纽约、华盛顿、波士顿、旧金山、洛杉矶和加拿大的渥太华、蒙特利尔等城市，与这两个国家中的70多个单位的200多名专家、学者、官员、民间人权组织的负责人就有关的人权理论问题进行了座谈。

访问的学术机构主要有：美国的国家科学院、美中全国关系委员会、美中学术交流委员会、哥伦比亚大学法学院、纽约大学法学院、乔治城大学法学院、美国国际法研究会、哈佛大学法学院、加州大学伯克利分校法学院，加拿大的渥太华大学人权研究与教育中心、渥太华大学法学院、北南研究所和麦吉尔大学法学院等。

访问的官方机构主要有：美国的国会、国务院、平等就业机会委员会、纽约东区联邦法院、加州弗尔森监狱，加拿大的议会、外交部、人权委员会和国际开发署等。

访问的民间人权组织主要有：人权观察、大赦国际等国际人权组织，此外，还有美国律师人权委员会、美国公民自由联盟、美国科学院人权委

员会、奥克斯法摩组织、争取平等权利组织，加拿大国际人权与民主发展中心和人权国际网络等。

访问的基金会和其他组织机构有：福特基金会纽约总部、亚美法律保护与教育基金会、全国有色人种促进会法律辩护与教育基金会、儿童保护基金会、亚洲基金会、墨美法律保护与教育基金会、加拿大人权基金会等。

此外，还访问了联合国秘书处人权中心纽约办公室。

参加座谈的人权专家、学者50余人，其中著名人权学者有：美国哥伦比亚大学法学院的亨金教授、哈佛大学法学院的斯坦纳教授、加州大学伯克利分校法学院的纽曼教授，加拿大渥太华大学人权研究与教育中心主任布莱克教授、麦吉尔大学法学院柯蒂亚教授等。

参加座谈的官员有70余人，主要有：美国国务院负责人权与人道事务的助理国务卿希夫特、众议院人权领导小组波特主席等8位议员、国会研究部外交与国防局局长萨特、国会图书馆东亚法律部主任夏道泰、纽约东区联邦法院法官，加拿大人权委员会秘书长哈克、外交与国防贸易部主管亚洲事务的副部长麦克罗斯基、议会加中友谊小组温门主席等9位议员、国际开发署妇女开发部主任列格和中国项目主任谢、魁北克人权委员会主席拉芳丁，以及联合国秘书处人权中心纽约办公室主任斯塔玛图托洛等。

参加座谈的其他人士有60余人，其中包括：大赦国际秘书长马丁、人权观察主席伯恩斯坦、福特基金会亚洲项目主任盖思南、美国学术团体理事会主席凯茨、美中全国关系委员会主席兰普顿、美中学术交流委员会主任安德森、律师人权委员会执行主任波斯纳、美国公民自由联盟主席斯特罗森、美国科学院人权委员会主任科里仑、美国国际法学会执行副会长哈格罗夫，加拿大权利与自由联盟执行主任贝丁、北南研究所人权与政府项目主任施密兹、国际人权与民主发展中心主席罗德班特、司法管理研究所执行主任惠特曼等。

另外，在议程安排很紧张的情况下，考察组利用休息时间，收集、购买了有关人权理论的图书资料共420余册，为我们回国进一步研究人权理论创造了条件。

（二）考察的主要收获

通过考察，我们对美国和加拿大的人权理论、人权政策、人权立法、人权保障制度等，有了初步了解，现已写出20多篇系列专题报告，其中涉及如下几个重点问题。

1. 关于人权理论的变化

近代以来的自然权利思想是美国和加拿大普遍接受的居于主导地位的人权观。这种思想认为，人权是自然赋予的，人人生而有之。这种自然人权思想在经过了两个多世纪之后，已有较大的发展变化。美国助理国务卿希夫特认为，人权从18世纪到现在已经发展到了第三代：以公民权利和政治权利为主要内容的是第一代人权；以经济权利、社会权利和文化权利为主要内容的是第二代人权；近20年出现的，包括环境保护权、死亡权等在内的新的人权是第三代人权。联合国秘书处人权中心纽约办公室主任斯塔玛图托洛女士也认为，人权现已进入第三代，这代人权是一种个人人权与集体人权的统一，是一种团结的人权，它推动着国际社会的发展。

我们对于人权理论变化的考察，主要涉及三个问题。

（1）人权界定方面的变化

加拿大人士普遍认为，不应对人权作狭义的理解，即人权仅指个人的政治权利，而应从广义上理解人权，即人权是根据国际公认的标准由法律确认的权利。人权既包括政治权利，也包括经济权利、社会权利和文化权利；既包括个人的权利，也包括集体以及群体的权利。

美国传统的人权观只承认狭义的人权，以哥伦比亚大学法学院人权项目主任、美国著名人权学者亨金教授为代表的部分学者和官员（如美众议院人权领导小组主席波特）就持这种观点。而以哈佛大学法学院人权项目主任、美国著名人权学者斯坦纳教授为代表的另一部分学者和官员（如助理国务卿希夫特）则主张广义的人权概念。斯坦纳说："人权既包括个人人权，也包括集体享有的经济、社会等权利。"

斯塔玛图托洛女士说，公民权利和政治权利与经济、社会权利都很重要，它们互相依存，不存在哪一方面权利比另一方面权利更重要的问题。从我们考察了解的情况看，尽管美国人权保障的实践中已注意吸收和采用广义人权概念的一些内容，但在政界仍以狭义人权概念理论为主导，所强调的仍是个人的政治权利，而忽视或否认广大劳动人民的经济与社会权利。

（2）对人权共同标准理解的变化

美国人普遍认为，人权的国际标准就是人权的共同标准。但各国情况不同，对人权的理解也不一样，因而人权也有其差异性。哈格罗夫认为，存在可以适用于各国的共同的国际法律原则和人权标准，但各国对共同标准的范围和内容的解释是不同的。斯坦纳说，在美国、中国、苏联、尼加拉瓜这些不同传统国家的权利类型中都存在着它们对人权理解的差异。大赦国际秘书长马丁解释说，人们之所以会对人权有不同的界定，均是由他们的传统、民族、习惯、经济发展水平等的不同所决定的。

加拿大人士对人权共同标准的认识似乎更具体一些。他们一般都认为，人权在国际上是有共同标准的，这些标准由一系列国际人权文件所确立并为加拿大所接受。但人权的共同标准最终来自国家或民族内部，来自人民。人权的共同标准必须符合人民对什么是人权的基本理解，而不是一种强加的价值选择。

（3）对主权与人权关系认识上的变化

美国学者认为，主权是国家在其管辖范围内行使的权力。加拿大学者认为，主权是国际体系的组织原则，它在国内事务中是不受干涉的；任何干涉内政、损害主权独立、增加国际不安全因素的行为，都是非法的。加拿大北南研究所人权与政府项目主任施密兹说，不干涉内政是最重要的国际法原则。在世界范围内，存在着强国与弱国，强国为了发展或维护其国家利益，总是企图进行人权的国际干涉。

美国学者哈格罗夫认为，主权与人权的关系是，行使主权就必须接受相应的国际义务。美国还有一种观点认为，既要反对侵犯国家的主权，也要反对把主权作为掩饰侵犯人权行为而不与国际社会合作的借口。实际上，美国总是以实用态度来解释和处理主权与人权的关系，它所遵循的原则是国家利益至上。

加拿大一些学者认为，主权原则不是绝对的，作为这一原则的例外，一个国家一旦签署了国际人权条约，就要接受条约的约束，而不能简单地以不侵害主权为借口来辩解。斯塔玛图托洛认为，主权不是抽象的，它在一定条件下要服从国际习惯法和国际条约。《世界人权宣言》属于国际习惯法，它对没有参加这个宣言的国家也有效力。

这些认识，反映了美国、加拿大等西方国家的学者淡化主权、强化人权国际性的趋势，值得我们注意。

2. 关于人权外交政策的辩解

美、加两国都强调人权是其外交政策的重要组成部分，在处理国家关系和国际事务中要着重考虑。对此，两国外交界人士竭力加以辩解。

美国助理国务卿希夫特说，美国认为，联合国的所有会员国，均应同意就其人权状况是否符合《联合国宪章》规定和国际社会普遍承认的人权标准接受国际社会检查和过问。他指出，人权问题主要需要通过国际人权组织来解决，但在关心人权问题方面，美国要走在前面。美国关心别国的人权问题的方法，通常是使用经济贸易的杠杆来对某些严重违反人权的国家进行经济限制或制裁，以促使它们改善人权状况。美国认为，这样做并不是干涉内政。

加拿大副外长麦克罗斯基特别强调，追求人权与民主是加外交政策的核心，人权外交政策是加国内人权政策的延伸。加前外长克拉克阐述的加政府人权外交政策的基本立场是：

（1）不要错误地轻易地宣称加拿大是可供效仿的模式，世界上的民主制度各不相同，不能指望他人与加完全一致；

（2）不能急于求成，民主不可能一蹴而就，人权的实现也是一个渐进的过程；

（3）不能要求民主而否定发展，不能指望饥肠辘辘的人对选举权发生兴趣，有效的发展援助要比西方的任何说教都更能促进人权和民主；

（4）要认识到民主制度的运作需要具备多种要素；

（5）要公平地提出发展援助的条件，根据受援国的人权记录决定提供援助的水平和种类，如果受援国政府不断地、有计划地严重破坏人权，加将不再同该政府交往，但不会停止与其人民交往；

（6）一些社会受其发展水平制约不能迅速地促进人权和民主，不能把人权和民主作为提供发展援助的主要标准，否则会出现奖富罚贫的结果；

（7）要认识到促进民主与经济体制调整之间的矛盾，否则会有害于人权和民主；

（8）要充分认识促进人权与建设民主之间相辅相成的至关重要性。

美、加人权外交政策理论虽然不尽相同，但目的却是一致的，都企图将自己的价值观强加于人。

3. 关于人权立法的动向

用法律确认和保障人权是美、加人民的普遍呼声，两国政府也不可无视。但是，由于两国历史不同、国情不同、人权政策不同，对人权立法重视的程度和关注的重点也不尽相同。

在国际上，美国至今未批准参加《公民权利和政治权利国际公约》、《经济、社会及文化权利国际公约》等一系列重要的国际人权公约。美国各界人士对美国为什么未批准参加几个重要的国际人权公约的解释各不相同，概括起来，主要有以下几种。

第一，国际人权公约的内容与美国历史形成的制度和现行法律有矛盾。美在历史上存在一些种族问题，20 世纪 40 年代末，一些南方州认为参加国际人权条约和议定书，会对美国国内政治产生影响。例如，某些国际人权条约规定必须取消种族歧视，而当时这些南方州认可种族歧视合法，不愿取消此类法律。哈格罗夫说，关于禁止种族歧视的公约，与美国宪法中关于言论自由的条款不符。

第二，不愿意扩大联邦权力而限制州政府的权力。希夫特认为，美国未批准参加国际人权公约，是因为美国的联邦体制。在这种体制下，有些权力是由州行使的，国会批准国际人权公约，有的参议员认为这样国会就会替代各州行使权力。

第三，美国不是某些人权公约的最初签字国，无法把握公约的内容实质，而且对条约的内容不尽满意。

第四，美国国内法高于国际人权条约，加入这些条约而不制定相应的国内法，国际人权条约是无效的。费能文教授说，美国认为宪法高于国际法，具有最高法律效力。

从美国有关人士解释中不难发现一条最根本的原因，即凡是某个国际人权公约未被美国批准，都是美国自身在这些方面存在问题而又不愿意尽快改变，以免批准后给自己造成被动。一句话，对国际条约批准与否，均出于自己国家利益的需要。

加拿大的态度则有明显的不同。加政府强调要普遍接受国际人权标准。目前，加已接受的国际人权文件主要有：《世界人权宣言》《公民权利和政治权利国际公约》《经济、社会及文化权利国际公约》《防止及惩办灭绝种族罪公约》《消除一切形式种族歧视国际公约》《关于难民地位的议定书》《禁止酷刑和其他残忍、不人道或有辱人格的待遇或处罚公约》《消除对妇女一切形式歧视公约》等。

在国内，美国强调根据宪法和实际需要与可能来考虑人权立法。1991

年 10 月 30 日美国参议院以绝对多数票通过 1991 年《民权法案》，旨在恢复 1989 年 6 月以前的《平等就业机会法》，推翻最高法院的几个不利于种族歧视的受害人起诉和证明所受到的歧视的判决。1991 年《民权法案》的通过使美国各派政治力量围绕着最突出的民权问题的争论达到了暂时的一致，也使得 1991 年总统大选中的党派之争在民权问题上换了一个题目。

加拿大主张按照国际人权公约确立的共同标准进行人权立法。加议会 1982 年通过的《权利与自由宪章》就是这种指导思想的最集中体现。渥太华大学人权研究与教育中心主任布莱克介绍说，加在讨论起草《权利与自由宪章》时，就特别强调要接受国际人权标准，要使加拿大的立法向国际人权公约靠拢，把加拿大的人权标准提高到国际水准。目前，加正在根据国际人权的新发展着手修改、完善《权利与自由宪章》及其配套法律、法规。

4. 关于存在的人权问题

美国和加拿大与任何国家一样，都存在着人权问题。美、加都面临着妇女和种族的人权问题，归根结蒂还是一个歧视问题。尽管美国法律确认了妇女的平等权利，但在现实生活中的就业和人身权利保障等方面，仍然得不到真正的实现。

加拿大全国妇女地位行动委员会以大量数字证明，加妇女面临的主要问题是就业不平等与同工不同酬，而要改变这种状况，只有通过法律规定的强制性特别保护措施才能得以实现。

美国大约有 6000 万儿童，其中有 1/5 的儿童生活在贫困线以下。在 18 个发达国家中，美国的儿童问题最为严重。

而在加拿大，老年人的境遇似乎比儿童更糟一些。老年人网络组织认为，加老年人在就业、住房、交通、卫生保健和财政等方面均受到了不同程度的歧视。

种族歧视问题在美国由来已久，随着近几十年移民的不断增多，种族歧视的对象已不限于印第安人和黑人，对亚裔人、拉美人等在移民、居住、就业、语言、教育、选举方面也存在不同程度的歧视。

土著人的问题已发展成加最严重的人权问题。加拿大最常见的种族歧视是就业方面的歧视，加人权委员会在 1978 年至 1988 年受理的种族歧视案件中有 67% 与就业歧视有关。

此外，在美国的法律和司法中也存在一些人权问题。如刑法的量刑比过去要重得多，基本倾向是判重罪和长期监禁，并允许对不满18岁的青少年适用死刑。美国宪法也主要保护政治权利，而不保护社会、经济权利，不保护公民受教育、有住房的权利。在司法方面，美国民间人权组织普遍认为，托马斯被任命为联邦最高法院大法官，标志着美国人权的司法保障向保守方向转变，是美国民权运动的一个倒退。美国公民自由联盟主席斯特罗森女士认为，美国政府向毒品开战的政策实际上是向人权开战（侵犯人权），“向毒品开战是失败的，但向人权开战却取得了成功”。另外，警察滥用暴力、监狱管理人员侵犯囚犯人权等，在美国也并不鲜见。

无家可归者的人权问题长期困扰着美国社会。加州大学伯克利分校法学院人权活动家纽曼教授说，无家可归者在旧金山、伯克利比比皆是，联合国的法律要求尽力为人们提供住房，但美国在这方面要比其他许多国家做的差得多。

5. 关于对中国人权的看法

了解中国情况并以公正态度对待中国的美、加人士，对我国人权状况的评价是中肯的。纽曼说，一些美国人在报纸上指责中国的人权问题，我去过中国，在北京至少没有流离失所、无家可归的人。斯塔玛图托洛则说，中国在联合国人权小组、人权委员会中是积极分子，对于促进和保护国际人权都作出了努力。

当然，美、加两国都有极少数怀着固有的阶级偏见的人，无视我国40年来在人权保护方面的伟大成就，对我国的人权状况进行挑剔；也有一些人则是受西方宣传的影响，不明真相，产生模糊认识。对前者，我们据理予以驳斥；对后者，我们则尽量耐心说明真相，以消除误会。在考察中，美国和加拿大不少人士向我们表示，希望在人权领域加强同我国的双边对话与交流。麦克罗斯基说，加外交部非常希望能尽快在加中两国外长谈话的基础上，与中国方面在人权领域进行多种方式对话、交流与合作，并希望通过加驻北京大使馆以及加的民间组织同中国保持对话联系。

大赦国际秘书长马丁也表示，十分希望同中国政府建立积极的对话交流关系。如有可能，大赦国际很希望就人权司法保障方面的问题到中国实地考察。如非事实，也可以帮助澄清一些有损于中国形象的传闻。

美国众议院人权领导小组主席波特和其他一些议员表达了这样一种意愿：希望同中国就人权问题进行坦率交谈，增进相互间了解，以改善双边关系，继续发展合作。

美国学术团体理事会主席凯茨认为，中国在人权问题上过于注意针对国外对中国人权问题的批评意见进行解释和反驳，所以处于比较被动的境地。他认为，要改变这种状况应该注重以下几点：首先，要积极主动开展对人权理论的研究，根据中国的传统文化和现实，形成中国自己的一套完整的人权观念和人权标准；其次，以严肃科学的态度研究人权，他愿为这种研究提供资料和其他方面的帮助；再次，以学术交流的方式，通过多种途径，特别是利用一些积极从事人权活动的外国学者向国外全面介绍中国的人权标准和人权状况。

我们认为，对于国外在人权问题上对我国提出的各种建议，我国应慎重对待，认真研究，分别情况，根据于我有利，于建立国际政治、经济新秩序有利的原则处之。

6. 对考察的反应和做好考察的几点体会

（1）外界的反应

我们将赴美、加考察的消息传出后，引起了外界的广泛注意。美、英等国的新闻媒体在报道我们将要出访的消息的同时，还对此次考察的动机和目的作了种种猜测。

美联社以《中国在人权问题上的态度在悄悄发生变化》为题报道说，“中国准备在今年9月派一个4人代表团去美国和加拿大，以便同学者和人权组织讨论西方人权法问题”。《基督教科学箴言报》以《中国政府一个研究院的法学家计划到美国和加拿大研究基本的自由权利》为题报道说，中国“政府的一个主要思想库的一批学者打算在今年秋天到美国和加拿大研究人权理论以及人权在这两个国家的应用”。

有人认为，“这标志着中国对人权问题的态度有了进一步变化”（美联社）。“这次实地调查是中国准备同外国讨论基本的自由权利的最新迹象”（《基督教科学箴言报》）。

波特主席认为，我国人权考察团到美、加考察“是中国对人权态度的积极象征”。威斯议员说，“尽管中国人权考察团是一个学术性团组，但是，对于它的到来，我们还是视之为中国重视人权的良好开端”。佩洛希议员说，“欢迎中国就人权问题派团组访美，因为人权是非常重要的概念，达成对人权概念的良好理解，对美国与中国建立良好的双边关系有利无害，希望中美政府加强这方面的交流”。

当考察行将结束时，美中学术交流委员会陪同我们全程考察的爱莉斯·毕晓普女士在旧金山和洛杉矶曾两次向我们表示：“你们团组的整体素质很好。你们是学者，有很高的专业水平，对工作积极努力，认真负责，而且十分热爱自己的国家，给我留下了很深印象，令我钦佩。”

（2）几点体会

第一，要认真作好准备。人权是一个学术性与政治性、理论性与实践性很强的问题，要完成人权理论考察任务，出访前应作好充分准备。①明确考察目的，选好考察角度，做到目的清楚，角度适当；②在掌握必要背景材料的基础上，拟订考察的详细计划提纲；③根据既定的考察原则和精神，分析可能出现的情况和对方可能提出的问题，有分工地作好必要的对应准备；④注意加强与对方接待单位的联系，通过反复协商安排好考察议程。

在考察进行中，也要注意及时总结，针对已经出现或可能出现的新情况、新问题，不断修改完善计划，在坚持原则的前提下作好灵活处理各种新情况的准备。

第二，要尽力排除干扰。人权问题的重要性与敏感性，不可能不引起美加两国新闻界的兴趣，一些“异议分子”对我们的考察也表示出特殊的“关心”。这两方面人士的介入，都可能干扰我们的考察。为了保证考察顺利进行，我们一再向美、加方面要求避开新闻界和“异议分子”。我们的坚定态度受到了对方的重视，所以在整个行程中，没有公开出现新闻记者，从而比较成功地排除了外界可能的干扰。

第三，既要多听，也要多看。多听，意味着多提问，根据不同的对象、场合、时机有重点地提出问题，这样才能集中、深入了解情况。对方势必也会向我们提出问题，甚至提出一些不友好的或非常棘手的问题。对此，我们的体会是，要谨慎对待任何提问，以免因不慎而授人以柄。当然，由于时间关系，我们这次考察相对来说是听得多，看得少，对某些情况的了解还不够深入。

第四，要尽可能多地收集、购买资料，但也要协调好购买资料与考察的关系。通过听和看来了解美、加的人权理论及其实践毕竟有限，因此，为尽可能增大考察的信息量，了解更多的情况，我们还花费比较多的时间和精力收集、购买了许多有关人权的资料。但由于对国外图书市场的情况不熟悉，时间过于仓促，有些急需的图书资料未能买到。而且，边考察，边大量购买、邮寄图书资料往往容易分散时间和精力，顾此失彼。建议以后有类似考察任务的团组，最好是通过事前或事后在国内向国外直接预订的方法来解决此矛盾。

中国社会科学院赴美、加法学考察团
1991 年 12 月 20 日

二 英国、法国、瑞典人权问题考察综合报告

应英中文化协会、法国人文之家和瑞典斯德哥尔摩大学的邀请，中国社会科学院法学代表团一行四人，从 1992 年 2 月 15 日至 3 月 20 日对英国、法国、瑞典三国的人权理论和实践进行了考察。我们广泛地接触了这三个国家的大学法律系、科研机构、人权组织、政府部门、议会组织，先后同 300 多位专家、学者、教授、律师、法官、政府官员、民意机关代表、人权工作者进行了座谈，实地参观了它们的警察局、法院和监狱。考察是顺利的、成功的。我们了解了情况，搜集了资料，交流了观点，宣传了中国，达到了预期的目的。现将考察的情况和我们的印象简报如下。

（一）英国、法国和瑞典人权战略的走向

英国、法国、瑞典，是西欧三个颇具代表性的国家。一个是最早颁布《自由大宪章》《权利请愿书》的国家；一个是最早发表《人权和公民权利宣言》的国家；一个是长期由社会民主党执政，长期中立，最近被联合国有关组织称为人权记录最佳的国家。尽管它们的历史文化传统不同，法系不一，大小、实力各异，但是，它们举国上下都异口同声地大讲尊重人的价值，尊重人权，把人权的旗帜举得很高，将人权置于战略高度加以对待。

英、法、瑞三国一反长期在人权问题上处于守势的做法，明显地把人权作为战略进攻武器，这还是近一二十年的事。资产阶级人权，是资产阶级特别是垄断资产阶级的特权。上述三国的资产阶级在反对王权时都曾不同程度地利用过人权。可是，当他们先后在本国掌握政权之后，人民大众要求他们兑现人权诺言时，他们总是消极的、搪塞的，总不甘心将自己享

有的权利普遍扩及人民。就是妇女享有与男子平等的选举权问题，也是经过了一二百年才于20世纪20年代陆续在英、法、瑞三国法律上得到确认的。一位法国学者就此事对我们说，这是法国的耻辱。可是，这正是资产阶级人权制度本质的反映。20世纪20年代，英、法、瑞三国的人权制度和人权状况，的确得到相当大的改善。但是，这主要是当时风起云涌的工人运动、妇女运动、消费者保护运动、环境保护运动，以及民族解放运动不断斗争的成果，是这些国家的当权者为了维护大垄断资产阶级的根本利益而不得已作出的让步。只是到20世纪70年代中期，特别是80年代中期以后，随着苏联东欧国家问题包括人权问题暴露得越来越多，随着发达资本主义国家自我稳定、强大感的增强，随着人权这面旗帜越来越得人心，英、法、瑞三国才同美国和西欧其他国家一起转守为攻，把人权突出地提到战略高度，当作东西方冷战的重要武器。这三个国家的人权战略是一石三鸟的战略。（1）丑化社会主义。将苏联东欧社会主义国家称为本质上践踏人权的国家，以否定其存在的正义性、合法性。（2）美化资本主义。将资本主义描绘成尊重人权的国家，为其“永恒性”提供“依据”。（3）获取高形象效应。自己以人权卫士姿态出现，在国际国内捞取政治上的好处。事实表明，尽管英、法、瑞三国并未花费多大力气，可是它们在第二、第三战略目标上都得了分。由于苏联东欧社会主义国家先是断然否定人权，继而千方百计“论证”自己的党、制度、国家是血腥摧残人权的党、制度和国家，加之放弃共产党领导，实行鼓励反共政策，使政治、经济危机越来越深而自毁，就英、法、瑞三国人权战略的第一个战略目标而言，它们也实现了。

1989年，东欧剧变，1991年，苏联解体。东西方互相对峙、彼此冷战的时代业已告终。世界正向多极化发展。但是，英、法、瑞三国并未放弃其人权战略。英国外交部官员说：“人权是英国外交政策的重要一环。”法国外交部官员称：“法国政府把人权问题置于发展国与国之间双边关系的重要地位之上。”瑞典一位外交官也这样讲：“瑞典政府将把人权与对外援助更加紧密地联系起来。”显然，它们人权战略的调子不但未降，而且还有所提高。可是，由于国际国内形势的剧变，它们陷入了捉襟见肘、力不从心的困境，人权战略的走向发生了某些值得注意的变化。

（1）地位有所下降。根据我们考察，目前英、法、瑞三国的官方或民间，在苏联东欧国家剧变以后，最为关心的问题转为经济问题，即同美、日、德进行经济贸易竞争。这种西方内部经济竞争，不仅关系到它们的兴衰存亡，而且涉及其人权战略能否继续奏效。因此，与经济竞争战略相比，人权战略不能不退居第二位。

（2）重点南移。英、法、瑞三国现在东线已无“战事”。这个方向的“共同敌人”已不复存在。显然，作为东西方冷战工具的人权战略已失去了原来的目标。它们人权战略的重点已经由东向南转移，对着属于第三世界的发展中国家，其中也包括坚持社会主义的发展中国家。其目的在于增强自己的影响，维护有利于自己的、不公正的国际政治秩序和经济秩序。

（3）内仗外打。由于东西方矛盾消失，国内过去早已存在的人权问题骤然突出。加之经济萧条，失业剧增，种族、民族矛盾激化，国内人权问题的压力空前增加。而解决这些问题的条件与手段缺乏，回天无力。因此，为了转移人民对本国人权问题的注意，它们人权战略的内仗外打的特性，就更加充分地显露出来了。

（4）实用性增强。英、法、瑞三国的人权战略的实用主义性质更加露骨。苏联东欧国家的“禁共”、“反共”、“害共”行径，它们支持、鼓励；南斯拉夫问题，它们出尔反尔；阿尔及利亚军方取消宗教激进主义反对派在选举中获胜的结果，它们默许、支持。总之，在人权问题上，维护本国最高利益和资产阶级最大私利就是一切，这就是它们在人权战略上推行的越来越赤裸裸的实用主义政策。

（5）对中国的人权攻势正在弱化。主要表现在以下几个方面。

对我国政府发表的人权白皮书给予积极评价。瑞典国际合作和人权事务部大臣阿·斯文森说：“中国人权白皮书的发表，说明中国对人权提供了宪法保障，进一步表明了改善人权状况的愿望，并与世界人民一起为保障人权而努力。”

对我国十多年来改革开放的成就表示赞赏。英、法、瑞三国的官员和学者都对我国十多年来发生的变化和进步表示“非常赞赏”。

表示愿意同中国加强合作关系。英国外交部副大臣对我们讲：“中英两国有许多共同的利益，而且都是联合国安理会常任理事国，双方都需要增进了解，我们希望加强两国的合作和两国的关系。”

对我国人权关注的重点有所变化，即三国对我国人权的视线正逐渐移至我国的行政拘留、收容审查、劳动教养等问题。还有迹象表明，三国的注意力正转向缅甸。不少官员、学者表示，希望我国政府关注缅甸的人权问题。

三国都程度不同地表示了在人权问题上愿意打破僵局。

（二）英国、法国和瑞典人权立法的现状和问题

1. 三国人权立法现状

健全的人权立法，是保障人权的前提与依据。英国、法国、瑞典在人权立法上都有较长历史，其人权立法都颇具自己本国的特色。英国属于普通法系，是以判例法、不成文法为主的国家。它的人权立法主要包括：1215 年《自由大宪章》、1628 年《权利请愿书》、1676 年《人身保护律》、1689 年《权利法案》、1918 年《国民参政法》等制定法及数百年因袭下来的有关公民自由和权利的法院判例。法国则属于大陆法系，是成文法国家，它的人权立法由对人权规定得相当明确系统的 1789 年《人权和公民权利宣言》、1958 年《宪法》以及民法典、民诉法典、刑法典、刑诉法典等制定法所组成。瑞典则受普通法和大陆法两个法系的影响，其人权立法主要反映在 1948 年《司法救济法》、1949 年《出版自由法》、1965 年《刑法典》、1974 年《议会法》和《政府组织法》等重要法律之中。

通过考察，我们觉得，英、法、瑞三国人权立法中，有三种制度值得研究。

（1）瑞典的监察官（Ombudsman）制度。这是瑞典议会行使监督权的一种特殊制度。瑞典议会监察官现有 4 人，由议会选举产生，任期 4 年，设有 50 位工作人员的办公室，经费由议会负担。议会监察官的职责是：对全瑞典的法官、公务员、军官执行法律的情况实施监督。他们可以出席法院或行政机关的审议会，并有权查阅法院或行政机关的会议记录和其他文件。法院、行政机关以及国家或市政当局的公务员应向他们提供其所需要的情况和报告。处于议会监察官监督权之下的任何人都有责任履行上述义务。瑞典议会监察官地位独立，依法办事，权限较大，可以对违法的行政机关、法院、公务员、法官提起公诉，就是最高法院和最高行政法院的法官在履行其法官职责时犯有罪行，议会监察官也可以以特别公诉人身份提起公诉。他们每年大约受理 4000 件侵权申诉。经调查，12% 的申诉得到处

理，400 多个有关机关和官员受到批评和其他纪律处分，2 人作为刑事被告被提起公诉。这对保护公民权利、监督行政机关和法院执法，起了较好的作用。

（2）英国的治安法院制度。这是英国的英格兰、威尔士两地设立的一种审理轻微刑事案件的基层法院制度。英国现有 566 个治安法院，所有的刑事起诉都从治安法院开始。94% 的案件由治安法院处理，只有 6% 的案件移至王座法庭审理和判决。治安法院审理的刑事案件均系威胁、偷窃、酒后开车、轻伤害、酗酒、破坏治安等轻微刑事犯罪案件。治安法官为非职业法官，由地方咨询委员会提名，英国大法官任命，总共 28000 人。治安法院设有精通法律的专职书记官。治安法院审理刑事案件采取极为简易的程序，由两名治安法官组成审判庭，不设陪审团，律师可以不参加。由书记官向被告提问：罪行是否属实？本人是否认罪？如果回答是肯定的，随即宣布判决。治安法官有权判处罚款、赔偿、6 个月以下有期徒刑、180 小时社会服务、由福利官监管 2 年等刑罚。凡判处 6 个月以下有期徒刑的，绝大多数准予保释。受过治安法院处罚的人不算有前科。如治安法官判定被告无罪，也立即判决，无罪则开释。治安法院每年审理 100 多万起案件。英国这种以简易方式审理类似我国公安机关、劳动教养管理委员会处理的违反治安管理规定的轻微刑事案件，是相当“高明”的。省钱、省时、有效，且合乎限制个人人身自由之处罚均须经公平审判的国际标准。

（3）法国的国家人权咨询委员会制度。这是法国政府在人权事务上协调各方面意见的一种制度。法国的国家人权咨询委员会成立于 1947 年，现由来自 6 个工会组织、25 个非政府团体的 70 位成员组成，在法国总理领导下工作。其职责是应政府要求就一些棘手的国际和国内人权事务提出咨询意见。从 1991 年起，委员会还可以主动就一些重大社会问题（如极端贫困问题）提出咨询意见。仅 1991 年，委员会即就信息与自由、外国人与国家安全、人权普及教育、设立国际刑事法庭、种族歧视等问题提出了五个咨询建议。委员会延揽法国各界名流就人权问题与法国政府官员一起讨论，为政府出谋划策，解决困难，起了不容忽视的调节、缓冲、解围、分责的作用。

2. 三国人权立法存在的问题

（1）没有宪法和人权法案。这主要指英国。英国至今没有一部现代意义的保护人权的宪法，也没有一部现代意义的人权法案。英国《卫报》人权编辑赫更斯说，英国是欧洲唯一没有宪法、没有人权法案的国家，这不是我们的光荣，我们只有求助于《欧洲人权公约》和欧洲人权法院。瑞典也没有宪法，其公民的自由权利规定在《政府组织法》和《出版自由法》之中。

（2）公民基本自由和权利规定得不充分。联合国的《世界人权宣言》《公民权利和政治权利国际公约》《经济、社会及文化权利国际公约》所规定的诸如人民自决权、工作权、休息权、受教育权等重要权利，在法国《宪法》《人权和公民权利宣言》、瑞典的宪法文件中，均未得到反映。

（3）人权的宪法保障不够。英国、瑞典均未设置宪法法院或宪法委员会。两国最高法院也没有宣告议会通过的法律违宪的权限。因此，如果议会通过了侵犯公民基本自由与权利的法律，只能付诸实施，没有办法从法律上予以补救。法国虽有宪法委员会的设置，但其职责仅限于依法定程序对某些法律在公布前进行是否违宪的审查。如裁定为违宪，则不得颁布施行。无疑这可以阻止某些侵犯公民基本自由和权利的法律公布施行。可是，如果有些法律未提交宪法委员会审查，在颁布施行后发现违宪，它即使严重侵犯人的基本自由和权利，法院也无能为力。法院在议会将其废止之前，还不得不依法办案。显然，这是人权宪法保障的一个很大的疏漏。

（4）特殊群体权利缺乏法律保护。英、法、瑞三国都没有与联合国有关国际公约相适应的妇女权利保护法、未成年人权利保护法、残疾人权利保护法、难民权利保护法等等。

（三）英国、法国和瑞典的人权观及其实际状况

1. 英国、法国和瑞典对人权问题的态度及其限制

当前，英国、法国和瑞典的政界、学界、法律界普遍认为有三代人权，公民政治权利是第一代人权，经济社会文化权利是第二代人权，环境权属第三代人权。但对这些权利的内涵和相互关系有不同的理解。即公民政治权利是绝对人权，与一国的社会经济发展水平无关；经济社会文化权利是渐进的人权，它们的实现取决于社会经济发展水平。多数学者认为，公民政治权利和社会经济权利关系密切，只有时空上的差异。

英国许多学者不否认生存权和发展权是基本人权，不反对将它们归入政治权利范围。但他们的理解和我们不同。英联邦秘书处的恩·施莱德说，人权的基点是人，重点是权利。人的基本权利首先是生存权。什么是生存权？不同文化背景的国家和个人有不同的理解，可以异中求同。生存权是有尊严地生存，不仅享有吃饭、住房、保健等项权利，而且享有表达自由、发展自治等权利。有了这些权利，也就产生了相应的义务，即尊重他人的权利。哈利斯说，生存权包括三项内容：①生命安全不受侵害；②基本生活条件要有保证；③维护个人的尊严。他认为，发展权不仅是集体人权，也是个人人权，包括个人的发展。言论自由得不到保障，其他权利和自由，包括生存权，都难以实现。

英、法、瑞三国都十分重视政治权利，除了标榜自己国家民主、自由、尊重人权，更重要的是因为政治权利问题关系到国家的兴衰与安危。当今英、法、瑞三国在政治权利问题上有四个值得注意的特点。一是在保持稳定的情况下逐步放开、扩大政治权利。20 世纪 50 年代末期以来，由于资本主义国家进入稳定发展时期，西欧三国对于政治权利的适用度逐渐有所放宽。英国 1981 年《蔑视法庭法》规定，如果善意发表与公众事务和公众利益有关的言论，干扰了法院对某案件的审理，不认定为蔑视法庭罪，这就对新闻自由、言论自由放宽了一步。二是毫不动摇地对某些政治权利实行必要的限制。瑞典外交部条法领事司司长汉·柯瑞尔说："在任何一个民主社会中，国家利益都是重要的。权利不是没有限制的。要在维护国家安全与保障人权二者之间找到一种平衡。"法国国家人权咨询委员会主席布歇特则讲，保障民主国家的安全、法治国家的安全，与保障人权是一致的，对某些政治权利的限制是完全必要的。因此，英国不顾欧洲人权法院的批评，以换汤不换药的办法于 1985 年制定了《电话截取法》；法国经过修补粉饰于 1990 年通过了《电话监听法》，对公民的通信自由进行了限制。随着难民潮的西进，法国、英国为了自己国家利益也正在考虑制定新的限制难民入境的法律。三是巧妙地以国际人权公约规定的理由限制政治权利，不表露思想信仰和意识形态痕迹。它们采用的限制根据，都力求与国际安全、公共利益、社会公德、他人权利等理由相一致。瑞典为防止滥用出版自由，以其《出版自由法》明确提出，因非法印刷出版、传递信息而构成诽谤罪、煽动叛乱罪、叛国罪、泄露国家机密罪等，都要依法追究刑事责任。英国对政治权利的限制，主要反映在叛逆法、煽动不忠法、阻碍公共秩序法、骚乱法、诽谤法、防止恐怖主义法等制定法中。就是反革命罪发祥地的法国，也早就不用反革命罪来限制政治权利，而是以危害国家安全的各种罪名和必要的行政管理予以规范，这样做使国内国外无可厚非。四是放宽与限制都以强大实力为后盾。法国科学中心体制与法比较研究所所长米歇尔·勒萨日直截了当地讲："没有强大的警察，就没有自由。""法国之所以在 1986 年自如地平息了巴黎 200 万人的骚乱，就是因为有了到时候知道到什么地方去干什么事情的训练有素的强大警察。"英国仅英格兰、威尔士两地就有 127412 名警察，平均 400 人中就有一名警察。这些国家都有强大、有效的专政机关。这是它们放宽与限制政治权利的切实保障。

2. 英国、法国、瑞典人权问题实况

近 20 多年来，英、法、瑞三国对公民政治权利确有所放宽、扩大。三国相较，瑞典居上，英国次之，法国则有些名不符实。尽管法国人权立法比较完备，但自由度较小，集权的中央政府控制较严，不少法国人私下称法国总统为"没有王冠的皇帝"。这三国政治权利的扩大与放宽，并未改变这些权利为富人之特权、受金钱所支配的本质。但是在这国家政治制度根深蒂固、国家机器强大有效、舆论（新闻、出版、影视）为极少数财阀所掌握的情况下，普通老百姓的集会、游行、罢工、言论自由的放宽，无伤大垄断资产阶级统治之根本利益，相反起到意想不到的缓和阶级矛盾、调动积极因素的作用。这三国公民政治权利除了反映在财产上的事实不平等之外，还存在严重的种族歧视。

（1）雇佣歧视：尽管白人的技能不如黑人，雇主宁肯雇用白人而不雇用黑人。有色人种的失业率比白人高 1 ~2 倍。

（2）晋升歧视：有色人种不可能晋升到高级职务，只能做低级雇员，在高级雇员中没有黑人。

（3）任职歧视：在政府官员中，几乎没有少数民族的代表。英国议会数百名议员中，只有 5 名少数民族议员；最高法院没有少数民族法官。

（4）教育歧视：少数民族受高等教育的机会很少，英国 1991 年考试合格的律师中，只有 1 名黑人，全国黑人律师总共只有 3 人。

英、法、瑞三国与美国不同，它们都签署了联合国的《经济、社会及文化权利国际公约》，是承认社会经济权利的。三国虽然做法不同，但都实行全面的社会保障和社会救助制度，其中以瑞典最为突出。在瑞典，失去生活能力的老年人甚至不由其子女而由基层政府雇人照顾，更不用说残疾人了。这种制度的施行，是使充满矛盾和冲突的社会，得以保持长期安定的一个重要条件。

当然，由于社会制度的原因，尽管英、法、瑞三个发达的资本主义国家都实行社会福利政策，但并不能使社会经济权利与其发展水平保持一致，问题仍然不少。

（1）高生产力与高失业率并存。英国 256 万多人失业，失业率高达 9.4%；法国 200 万人失业，100 多万人隐形失业，失业率高达 10%。

（2）富裕与贫困形成强烈反差。法国、英国不乏亿万富翁。可是，法国却有 100 万人处于贫困状态之中。据英国平等机会委员会的戈·爱德华介绍，英国 5500 万人中有 8000 名无家可归者，其中约有 3000 人在伦敦，另有 76 万人是“看不见的无家可归者”。有 55300 个家庭无固定住址，2100 万人有住房债务。他表示，由于政府没有解决无家可归者的可行政策，这种状况将会长期持续下去。贫富差距较小的瑞典在斯德哥尔摩的地铁站也随处可见流浪汉出没。

（3）犯罪数量猛增，特别是侵犯财产罪数量猛增。1991 年英国的英格兰、威尔士两地到警察局报案的案件为 350 万件，比 1990 年上升 16%，其中 94% 是侵犯财产罪案件。

（4）反对移民的排外暴力事件屡有发生。这三国相当一部分人的生活水平在下降，一些极右势力策划把仇恨集中到外来移民身上，因此近年来在法国、瑞典都多次发生残害外来移民的暴力事件。由于经济萧条，这些问题正在进一步恶化。

瑞典在过去几十年间，一直由社会民主党执政，是典型的“福利国家”，被称为“瑞典模式”。由于实行过宽的福利政策不利于刺激劳动生产率的增长，加之近年来经济衰退，新上台的保守党政府正在推行“由社会化向私有化转变”的战略。

在保障公民的社会经济权利方面，一些人权组织和慈善机构给政府帮了大忙。如平等机会委员会对无家可归者进行调查，分析无家可归的原因，对他们分类排队，优先帮助 16~17 岁的人解决住房问题。该组织在伦敦设2200个床位，供无家可归者使用。又如遍布英国各地的市民咨询处，无偿为前来咨询者服务，解决他们提出的有关住房、保险、求职、养老金、抚恤金以及移民事务方面的问题，对人权状况的自我改善起了不小的作用。欧洲理事会的人权主任赛德尔说，人权本质上是政府和人民的关系问题。从这个意义上说，这些组织和机构也是政府和人民矛盾的缓冲器或调节器，在一定程度上减轻了社会问题对该国政府的压力。

（四）英国、法国和瑞典的民族政策

目前，英、法、瑞三国正受到民族纷争的困扰。瑞典有萨米人建立自己议会进而成立萨米共和国的要求；法国有科西嘉人、巴斯克人的独立运动和布列塔尼人要求使用民族文字的斗争；英国不仅有苏格兰独立的倾向，更受北爱尔兰人长期、激烈的民族独立斗争的困扰。

英、法、瑞三国在民族问题上，对外对内实行两种截然相反的政策。对外，它们把民族自治权提得很高、叫得很响，千方百计地利用这一口号制造和支持社会主义国家、第三世界国家，甚至刚刚剧变的苏联和东欧国家的民族分裂、民族仇视、破坏国家统一和主权领土完整的一切活动，力图乱中渔利，扩大自己的影响和势力范围。对内，它们却实行另一套政策。

第一，矢口否认存在民族问题。英国、瑞典从不承认自己国家有民族问题，法国根本否认有少数民族存在。三国从未承认自己是一个多民族国家。

第二，强调民族融合、民族和睦、民族共同体。瑞典外交部一位官员说，萨米族只有17000人，现已从北方移居瑞典各地，讲的是瑞典话，已与瑞典人无甚不同。英国北爱尔兰事务部的官员则特别强调民族和睦相处，以逐渐解决现存的隔绝与对立状态。法国一位高级律师讲，法兰西是一个历史上形成的民族共同体，不存在民族差异。为了防止扩大民族差别，法国政府对于布列塔尼人使用自己民族文字的要求断然拒绝。

第三，不讲民族自决、民族自治、民族平等。英、法、瑞三国都闭口不谈民族自决和民族自治。据瑞典外交部官员介绍，瑞典议会正在拟定一个设立萨米议会的法案，但它不是自治机关。英国有一个种族关系法，讲了种族平等，可是只字不提民族平等。

第四，坚决维护国家主权和领土完整。瑞典坚决拒绝萨米族建立共和国的要求。理由非常简单：瑞典北部矿藏资源丰富，是瑞典命脉所在，绝不允许脱离。法国坚决取缔科西嘉人、巴斯克人从事独立活动的组织，对民族独立运动进行镇压。英国为了反对北爱尔兰人的独立斗争，一方面，“论证”北爱尔兰是大不列颠和北爱尔兰联合王国领土的一部分，绝非外界所指的是英国的“占领地”或“殖民地”；另一方面，于 1972 年宣布任命北爱尔兰事务大臣，对北爱尔兰实行直接统治。我们在北爱尔兰首府贝尔法斯特亲眼看到，全副武装的众多治安军（国防军的易名）和警察，端着冲锋枪，沿街巡逻，检查过往车辆。下午 5 点以后，商店关门，行人稀少。贝尔法斯特女王大学人权研究中心的别维斯顿博士告诉我们：迄今为止，已有 350 人被军警枪杀，3000 多人死于非命，6000 多人受伤，其中大多数是无辜者。

上述情况并没有引起国际社会过多关注。其原因与英国、法国、瑞典政府采取的政策有关。

（1）掩盖尖锐的民族问题。北爱尔兰事务副大臣常驻贝尔法斯特公署的官员介绍说，这里的局势长期紧张，原因是存在着天主教徒和基督教徒之间的冲突，并且形成了天主教社区和基督教社区的对立。它们各自开设学校，只接受同一宗教信仰的子女入学，壁垒森严，形同敌国。英国官员对社区矛盾和宗教冲突谈得很多，却闭口不谈民族问题。实际上，据我们了解，信奉天主教的都是爱尔兰人，基督教的信奉者绝大多数是从英国本土迁往北爱尔兰的英格兰人和威尔士人。民族问题被英国政府巧妙地掩盖了起来。

（2）抓恐怖主义。据英国官方介绍，北爱尔兰有两种极端分子从事恐怖活动，一是共和派，一是联合派。前者要求北爱尔兰脱离英国，后者要求留在英国。共和派的地下共和军经常制造炸弹爆炸事件，主要目标是军队和警察。政府暗中支持的联合派的恐怖活动，目标针对共和派。两派的恐怖活动，是民族矛盾尖锐化的表现。但英国所有的传播媒体，从不提及联合派的恐怖活动，只报道和谴责共和军的恐怖活动，而对它们的民族自决的要求只字不提，以赢得国际社会对英国的同情和支持。法国也只抓巴斯克人、科西嘉人的恐怖活动，其目的也在于此。

（3）推行多数统治政策。比如，1922 年英国把北爱尔兰划为领土后，就不断地、悄悄地向那里移民。至今，在北爱尔兰158万人口中，来自本土的英国人（即英国官方所说的基督教徒）占56%，爱尔兰人（即英国官方所说的天主教徒）只占42%，2%是他国移民和外国人。来自英国本土的人及其后裔不仅在数量上占有优势，而且占据了北爱尔兰的一切重要岗位。这样，英国政府就不必担心就民族自决问题在北爱尔兰实行全民公决。这是英国政府的一张王牌。北爱尔兰官方告诉我们，共和派极端分子得不到支持，60%的人投票表示要留在联合王国内。

（4）恩威并举。北爱尔兰人由于用和平方式争取脱离英国统治已不可能，于是铤而走险，展开街头武装斗争。但一切形式的恐怖活动都受到国际社会谴责，也是国际法所不允许的。英国于1972年和1974年相继发布《北爱尔兰紧急状态法》和《防止恐怖主义法》，使采用非常手段有了法律依据。英国官员公开表示，解决北爱尔兰问题主要依靠治安军和警察。军警有权开枪射杀他们认为的共和军分子，并且禁止嫌疑人进入英国本土。同时，英国政府也采取了缓解民族矛盾的安抚措施。宣传两个社会各有其不同的宗教信仰，应该和平共处，尊重各自的文化背景，鼓励实行混合教育。英国官方也承认，北爱尔兰存在着民族和宗教歧视。据当地官员介绍，天主教徒的失业率是基督教徒的两倍，雇主用人往往视被雇者的宗教信仰而定，诸如此类社会问题普遍而严重。为缓和矛盾起见，英国先后制定了北爱尔兰宪法（1973年）、北爱尔兰公平就业法（1976年）、北爱尔兰防止煽动仇恨法（1970）。此外，拨2700万英镑解决失业问题。他们还建立了各种官方、半官方的人权机构，也允许民间人权组织存在，如中央社区关系小组、北爱尔兰社区委员会、人权常设执行委员会、公平就业委员会、独立警察委员会、公正委员会等等。拨款1200万英镑用于“民族和解”。这些机构和组织，有的为政府出谋献计，研究人权对策，有的帮助解决民族歧视和警察暴行而产生的诸多问题。对缓解紧张的民族关系起了一定作用。

（五）英国、法国和瑞典司法制度中存在的问题及改革趋势

1. 三国司法系统的运作概况

司法是人权保障的重要一环。英、法、瑞三国基于各自的传统和国情，在过去二三百年，形成了原则相同做法各异的司法制度。它们建立了

自己的检察机关，设置了相当完备的法院系统。法官业务素质高，待遇丰厚，职位有保障，办案经费独立，使依法审判具备客观条件。它们的最高法院都审理案件，注重用自己的判决指导审判工作，提高法治的权威。它们重视律师的工作，注意保护被告的辩护权，关心为刑事被告提供无偿法律援助。它们认真实行公开审判。监狱的物质设施一般比较好，并根据囚犯危险性的大小分不同类型的监狱，有的监狱自由度相当大。狱中设有各种车间，犯人从事专项工作。据监狱当局介绍，这是犯人“自愿参加工作”（其实是已决犯必须工作，未决羁押犯则自愿工作），而不称“劳动”、“劳动改造”或“强制劳动”。囚犯工作所创造的收入，大部分上缴国库，不搞“自负盈亏，独立核算”，监狱开支统由国家拨款。在法国，罪犯入狱后，自动取得每月减刑 7 天，每年减刑 3 个月的权利；在瑞典，罪犯入狱刑期自然减半。如果违反监规，按其情节，依次递减自动减刑期，借以增强犯人的自我约束能力。

以上方面，有些经验值得我们参考和进一步研究。但是，这三国的人权司法保障并非十全十美、纸面的规定与实际执行有很大差距，问题很多。前伦敦市长阿伦爵士说，没有一种司法制度是最好的，只能说是有效的。

2. 三国在司法制度和司法实践中存在的主要问题

（1）警察滥用权力。警察是维护社会秩序的主要力量，拥有广泛的权力。三国警察非法捕人、殴打嫌疑犯、滥施酷刑之事不断发生。英国 1989 年所调查的对伦敦警察行为不当的 5289 起投诉中，12% 构成警察违纪和犯罪。英国皇家法律顾问、人权律师赫·肯尼迪说，警察经常滥用权力，非法延长拘留期限，嫌疑人往往被拘留 7 天以上，不能依法及时移送审判机关。英国 1986 年才建立国家检察署，此前，警察包揽了逮捕、预审和公诉等职权，权力太大。英国现在法医属于警方，因此法医总是站在警方的立场上说话，有时候使证据的认定发生错误。

（2）司法独立没有充分保障。瑞典《政府组织法》规定，内阁可以通过特赦减免任何刑事判决的法律后果。“如有十分正当的特殊理由，内阁可以下令停止对某一罪行的进一步侦查和起诉。”法国、瑞典的法官都由内阁任命，法国总理还是法国最高行政法院的当然院长。赫·肯尼迪说，英国的法官都是司法大臣（大法官）任命的，没有公开选举制度，这些人都来自上层，来自中层的绝无仅有，下层就更不用说了。他又说，法院保护少数人群和穷人的记录很差，因为任命的法官都很保守，而英国人又比较顺从，因为他们是王室的臣民。

（3）审判不公，错案迭出。英、法、瑞三国的审判制度和实践，并非绝对公正，实际上，错案层出。英国自由组织秘书长安·普德海特说，英国的错案不少，有些人被错误定罪，长期关押。瑞典公民个人由于本国审判不公，到欧洲人权法院投诉者之多，名列欧洲各国前茅。我们在英国访问期间了解到，不久前，两大错案震撼了英国司法界，一是吉尔福“四人帮”案，二是伯明翰“六人帮”案，这些人被无辜定罪，关押近 20 年，才先后于 1989、1991 年由英上诉法院平反开释。原因何在？英国公平组织主席列李微列举了三个原因：①警察逼供讯，制造假口供。两个案子的被告都被滥施酷刑，屈打成招。不让被告人提供有利于自己的证据。②律师介入案件过迟。警方预审全过程，律师不得介入，法院听审时虽然律师介入，但是关键材料已被抽走，使之不掌握全部案情，没有调查案件的各个方面的可能。③上诉制度有缺陷。上诉法院只作法律审，不作事实审，不调查证据，以致刑事判决作出后，上诉徒具形式，错案难以纠正。此外，英国法律界人士还指出了以下缘由：一是警察作伪证。伯明翰“六人帮”一案，12 个出庭作证的警官作了伪证。二是法院弄虚作假。英上诉法院再审伯明翰“六人帮”一案时，确认原审案卷材料被撤换，文书书写时间与审讯记录时间不符。三是只凭口供判刑。英国现行制度，可以只凭被告人认罪口供即可判刑。四是政治偏袒。由于吉尔福“四人帮”、伯明翰“六人帮”均涉及北爱尔兰共和军，涉及恐怖活动，从而关系国家安全、公共秩序、政治问题，法院取消了陪审团。加之法官情绪化，从政治上臆断被告有罪，因而铸成冤狱。

（4）种族歧视在司法上表现突出。我们参观三国的监狱时看到，这些监狱关押着大批外国人，巴黎近郊一座监狱关押 5000 名犯人，其中 52% 是外国人，48% 是法籍外国人。斯德哥尔摩近郊一座监狱关押 250 名犯人，其中 40% 是外国人和瑞典籍外国人。据统计，英国监狱中 48% 是有色人种囚犯。

（5）久押不审，未决犯和已决犯混合监禁。在三国的监狱中，关押着大批待审未决的人犯。据统计，英国监狱中 20% 是等候初审的人犯，42% 的女人和 61% 的男人是等待判决的人犯。我们参观的巴黎近郊一座监狱，

40%以上是未决犯，有8人已关押6年以上，其中1人关押期长达9年。把大批的未决犯与已决犯混合关押，待遇与已决犯别无二致，是同《人权与公民权宣言》所确定的无罪推定的原则完全相悖的。据英国人士介绍，英国犯人一天只有一小时放风时间，监狱条件差，缺乏卫生设备，人满为患，伯明翰监狱超员80%，英国政府因而受到欧洲人权法院的指控。三国监狱都发生过暴乱，存在着吸毒、同性恋、越狱、不公平对待犯人等问题。另外，罪犯的法定权利也难以得到切实保障。英国《卫报》人权编辑赫更斯说，公正在监狱门前止步，一旦进了监狱，就丧失了申诉的权利，不能控告监狱当局。

3. 三国司法制度的改革趋势

1991年，英国组成由法官、学者、律师、高级警官参加的皇家调查团，就司法制度和司法实践进行调查，并将于1993年提出改革方案。看来，总的趋势包括以下几个方面。

（1）制约警方的权力。律师提前于预审阶段介入，或者提前于拘押之始介入。司法鉴定要与警方脱钩，以确保公正。

（2）改进上诉程序。上诉法院要进行事实审，调查证据。对有争议的案件可设特别仲裁庭。

（3）完善证据法。不准许只依口供定罪，要科学地认定文字证据的效力。赫·肯尼迪说，为了防止警察刑讯逼供，在审讯时，有些地方警察局已用录音代替笔录，之后，经过分析，发现有的录音被篡改，现在有人提出用录像代替录音。

（4）轻刑化的趋势还在发展。英国有限废除了死刑。法国和瑞典早已全面废除了死刑。据司法界人士介绍，废除死刑后，一般刑事案件呈上升趋势，大案要案没有增长。法学界正研究缩小无期徒刑的范围，英国现有3504个无期徒刑犯，比整个西欧的2688个无期徒刑犯还多。英国正草拟法案，把对谋杀罪必须判处无期徒刑的，改为可以依情节不同判处有期徒刑。这三国较多适用罚金、社会公益服务、监管等刑种。瑞典还创造了一种合同监督的缓刑形式。

（六）人权、主权与欧洲统一

1. 欧洲人权机构

人权、主权和欧洲统一，是英、法、瑞三国一个颇受关注的课题。欧洲理事会成员国依据《欧洲人权公约》设立了两个人权机构：欧洲人权委员会和欧洲人权法院。

（1）欧洲人权委员会是欧洲理事会成员国人权案件的受理机构。其职权是受理一个成员国控告另一个成员国违反《欧洲人权公约》的案件，25年来共受理18件，如1969年瑞典、挪威、丹麦控告希腊军政府破坏《欧洲人权公约》案。它同时受理公民个人、非政府组织或个别团体对作为成员国的本国政府侵犯公约规定的权利的申诉案件，截至1991年4月30日，受理了15500件申诉案，如诉讼期过长、虐待囚犯、社会保障、监听电话、非法拘留、移民、财产权等申诉。欧洲人权委员会委员由欧洲理事会秘书处从23个成员国推荐的人选中选举产生，按规定只能以个人资格进行工作。可是，实际上，他们总是为本国政府辩解：或以国内司法救济程序尚未穷尽为由驳回申诉，或与申诉人以友好方式院外私了。结果，欧洲人权委员会通过受理程序，实际上把83%的案件拒于门外。

（2）欧洲人权法院是欧洲理事会成员国人权案件的审判机关，其职权是审理欧洲理事会成员国人权案件和欧洲人权委员会移送的人权案件。迄今为止，共审理了885起人权案件。欧洲人权法院由欧洲理事会23个成员国数量相等的法官组成。法官由欧洲咨询议会从欧洲理事会委员所提人选中以多数票选出，任期9年。法院对每一案件的审理，必须由7名法官组成法庭，当事国的法官应作为当然法官出庭。在缔约国承允的前提下，法院对有关公约解释和适用的一切问题有管辖权。欧洲人权法院案件的审理采取三种办法：一是和解；二是交部长委员会处理；三是判决。1991年审理的91起案件，50%的原告胜诉。缔约各国承允在它们是当事一方的任何案件中服从法院的判决。法院没有执行机关，判决送交部长委员会，由该委员会监督判决的执行。

2. 英、法、瑞三国对人权、主权与欧洲统一的主张

欧洲人权委员会和欧洲人权法院的存在及其实际活动的逐步增加，特别是1991年《马斯特里赫特条约》的签订，把如何看待人权、主权和欧洲统一的问题极其尖锐地提到了欧洲人的面前。我们在对英、法、瑞三国的考察中发现，对这一问题的回答大体可以分为三类。

（1）民族国家正在消亡，传统意义的主权将不复存在，将来的人权必将由一个超国家的国际机构来保护。这一主张主要来自欧洲人权委员会、

欧洲人权法院秘书处的官员们，驻欧洲理事会的大使们，法国里昂大学一位名叫儒贝尔的政治学教授。这位政治学教授还讲，民族国家意味着政治强权，必然伴随着压迫。今天的欧洲已步入世界大同大潮的潮头，是世界保护人权最先进的地区。现在还强调国家主权的，只是些新纳粹党的国家主义分子而已。至于谁来主持这个超国家的国际组织，要有多大的官僚机构、法院系统、警察部队才能保护其所管辖之“臣民”的人权，如何协调各种不同政治背景、文化传统、司法习惯的民族和国家的利益，这些理论家一概不予理会。

（2）人权绝对高于主权，为保护人权，主权完全可以不要。这主要是一位叫莱斯特的英国律师的意见。当我们问他，如果他把人权高于主权置于绝对意义之上，只要是为了保护人权，主权也可以弃之不要，那么，如果有朝一日，欧洲崛起一个超级大国，借保护人权之名，要改变英国的疆界，他们是拱手相送，还是依靠上帝和英吉利海峡保佑。此律师无言以对。其实，这是一种以强凌弱的理论。可是，英国对有些国家来说，已并非强国，因而它绝不能把这种理论贯彻到底。

（3）人权与主权统一论。人权主要靠主权国家保护。欧洲人权法院对国内司法救济已经穷尽的案件的极其有限的管辖权，不是让相关国家出让主权，更不是放弃主权，而是根据所签订的国际条约履行国际义务。这是法国国家人权咨询委员会主席布歇特和瑞典外交部条法领事司司长汉·柯芮尔的观点。布歇特说：“我们欢迎别国对我国人权问题提出批评与建议，但我们坚决反对借人权问题施加压力，搞强权政治。”柯芮尔说：“我们赞成人道主义干预，但是这种干预必须由联合国特别是安理会以和平方式进行，坚决反对借人道主义干预之名进行侵略。”这是识时务、懂国情、管国事的人的理论。

当然，欧洲人权委员会和欧洲人权法院的动作，的确为人们展示了一个新趋势：人权正超越国界，受到各国人民的关注，一国的人权问题在一定程度上受到国际社会某种制约。一个国家的人权问题受到国际社会的批评，甚至受到像欧洲人权法院这样的国际组织的指控并不奇怪。欧洲人权委员会和欧洲人权法院的工作，对其成员国人权立法的完善、人权状况的改善，也起到了一定的积极作用。但这绝不意味着西欧、北欧民族国家正在消亡，主权正在丧失，欧洲大同业已降临。欧洲仍然是世界矛盾的集中点，欧洲的统一在我们考察的三国人民中还是一个遥远的模糊不清的目标。

（七）几点体会

通过对英国、法国、瑞典人权问题的考察，我们有以下四点体会。

1. 英、法、瑞三国的人权制度比较完备，人权实践近一二十年有较大发展变化

它们在人权方面的某些具体做法和具体制度也值得我们借鉴。但是，这三个国家无论在制度上还是在实践中，都存在着一大堆问题亟待解决。如以其发展水平来衡量，在有些方面并不值得炫耀，它们并非人权“天堂”、人权“楷模”，也不是无可非议的人权庞然大物。

2. 中国的人权立法、人权实践，毫不逊色于任何国家

中国的人权制度与国际人权法律文件没有相悖之处，其精神是完全一致的。中国人权实现的状况以中国发展水平来衡量，可以自豪地讲是相当好的。我们在人权问题上完全是主动的，理直气壮的。在有些方面可以而且已经享誉天下。但是，我们的人权状况也有需要进一步改进的必要，这是建设高度文明和高度民主的社会主义法治国家所要求的。

3. 英、法、瑞三国以及西方的人权战略，并不是主要针对中国的

由于西方内部矛盾加剧，加之苏联的动荡，中东形势不稳，西方人权战略的地位有所下降。中国有广阔的活动天动，并不孤立。只要我们自强而不自毁，发展经济而不搞垮经济，改革开放而不倒退，坚持党的领导而不放弃党的领导，不允许一切反共势力反对社会主义，西方的人权战略就必将在中国以失败告终。但是，我们与西方国家在人权问题上的较量，实质上是两种制度的较量，必将长期进行下去，不能掉以轻心。

4. 关心人权、保护人权已是世界的时代潮流

我国一定要更高地举起人权的旗帜，加强人权理论研究，大力宣传我国保护人权的成就。国际人权法律文件主要是社会主义国家、第三世界国家和世界各国人民长期斗争的结果，并不主要是西方国家当权者意志的反映。中国应更加主动拿起国际人权法律文件这一武器为我所用。我们应适时地逐步地进一步完善我国人权制度，特别是改掉那些易被误解和易受攻击的部分，以进一步提高我国形象，增强我国人民的凝聚力。与有影响的

国际人权组织建立必要联系，尽量减少有损国家形象的材料被以讹传讹地在国际社会传播。要加强人权意识教育，使我国宣传、科研、实际工作不做蠢事，不授人以柄。既不要当头，主动挑起争端；也不要消极被动，坐等挨打。要巧妙利用矛盾，灵活地组织统一战线，在国际人权领域进行有理、有利、有节的斗争，以有利于我国抓住百年难逢的好时机，把经济建设搞上去。人权问题说到底是一个党、政府与人民的关系问题。我们党的性质、国家的性质，以及我们信仰的共产主义的宗旨，必然决定充分全面实现人权是我们为之奋斗的崇高理想。这是我们的根本优势，任何国家、任何政党根本无法与我们相比拟。

中国社会科学院赴英、法、瑞典法学代表团

1992 年 7 月 30 日

三　印度、斯里兰卡、新加坡人权问题考察综合报告

我们五人（刘海年、刘楠来、李步云、黄列、黄强华）组成的中国社会科学院法学考察团 1992 年 10 月至 11 月赴印度、斯里兰卡和新加坡三国就人权问题进行了考察。这是我院继 1991 年秋派团赴北美、1992 年春赴西欧之后第三个以人权理论、政策和法律保障状况为重点的考察团。由于出国前作了较充分的准备，考察团在三国受到了高规格、热情的接待。考察团会见了三国的高级官员，印度有：最高法院常务副院长，正、副总检察长，全印法律委员会主席，全印妇女委员会正、副主席，西孟加拉邦首席部长，海德拉巴邦首席部长、邦长；斯里兰卡有：总统顾问，司法及高等教育部长，监狱改革部长，外交部国务秘书，最高法院院长，上诉法院院长，总检察长，西部邦邦长；新加坡有：内政部长，内政部常任秘书，警察总监、副总监，监狱总监，贪污调查局局长、副局长。他们同考察团进行了实质性的交谈。此外，我们还会见了三国著名学者和著名社会活动家，与他们进行了有意义的座谈讨论。在三国，考察团走访了城市、农村，旁听了审判，参观了学校、福利机构和监狱。通过近 40 天紧张工作，我们了解了情况，交换了看法，搜集了资料，建立了关系。考察达到了预期目的，获得了圆满成功。

（一）一般印象

印度、斯里兰卡和新加坡原均为英国殖民地，20 世纪 40 年代末之后相继独立。由于历史文化、地理环境、人口数量和发展程度的差异，三国在人权保障方面的发展水平很不平衡。

印度 1947 年摆脱了英国殖民统治，由于没像中国一样经历一场政治大革命，许多问题并未解决，至今，社会贫富悬殊，两极分化严重，种姓问题、民族问题、宗教问题、妇女问题、儿童问题，以及随现代工业发展和人口增加日趋突出的环境问题一直困扰着这个国家。据联合国开发计划署 1992 年调查报告，印度 48% 的人（4.03 亿）生活在贫困线以下。报载，生活在各大城市贫民窟的人，十年来大量增加，仅首都新德里 1990 年已达 320 万人。文盲也占全国总人口的 48%，契约工（类似旧中国的包身工）1500 万，童工 700 万，妓女上千万。一位社会学家私下告诉我们，其中 10～12 岁的童妓就有 50 万。步入印度城市，可以看到一种鲜明的对比：一边是林荫覆盖、花草环绕、造型别致的楼房相连的高级住宅区；另一边则是人声嘈杂、车辆喧嚣、街道拥挤、居住狭窄的肮脏棚户。印度的某些人士在会议室内很为他们的所谓民主、自由而自豪，但一走上街头，甚至在优美的风景区里，我们这些外国人很难不被伸着双手、怀着乞怜目光、希望得到施舍的乞丐所尾随。每当此时，那些刚刚还在吹嘘自己国家如何民主的人，也不能不为本国社会保障如此之差而感到羞愧。

斯里兰卡的情况要比印度好些。据介绍，该国已完成土地改革，粮食已自给自足，农村劳动力开始向城市转移。年人均收入已达 500 美元，教育普及率 87%，全国 400 万人享受免费教育，大学生每月都有生活补贴，贫困户每月生活补贴 15 美元，自称是福利搞得好的国家。但是，问题也很多，至今，全国仍有 30% 的人生活在贫困线以下；北部和东部在同泰米尔人进行着战争，南方与广大贫民的阶级冲突，也很激烈，不少人被残杀或失踪。1978 年开始实施的紧急状态已持续十余年，国家仍处于内战之中。

新加坡市场繁荣，社会稳定，物资充裕，治安良好，发展水平较高，国民的经济、社会、文化权利保障系统完善，号称亚洲“四小龙”之一。尽管有人对言论不自由和刑罚措施严颇不以为然，但绝大多数人能理解自己国家的特殊情况，加之公职人员在廉政方面表现上乘，国人较为信任，因而国家仍有较强的凝聚力。

印、斯、新三国在人权方面固然都有自己的问题，有些应该说还相当突出，但三国都希望尽快解决这些问题。他们在一些方面的积极态度也给我们留下了颇深的印象。

（二）印、斯、新三国人权动向

1. 人权理论呈多元化趋势，主要特点是关注本国和发展中国家利益

印、斯、新三国学者和有关人士的人权理论，主要受两方面因素影响：第一，西方传统人权观念；第二，本国历史文化传统、现实情况以及国家利益。加之学者们的阶级地位、教育背景和个人阅历不同，其人权理论不可避免地呈多元化趋势。但是，他们多希望为完善自己国家的人权保障制度和维护国际人权作出有益的贡献。综合其主要观点，有如下方面。

（1）什么是人权？对此问题的看法，印度国立法学院院长梅农教授的一番话颇有代表性。他说："人权是全人类都应当享有的权利"，"人的基本权利是与生俱来的，是不能剥夺的"，"它首先是一种应有的权利"。印度法学研究所巴希克教授说："人权有三个基本原则：最重要的是自由，其次是平等，最后是公正——社会的、经济的和政治的公正。"上述观点，就人权的本源说，基本上是属于天赋人权，就内容说，则属西方思想体系。

（2）人权与法治。印度的一些学者认为，人权是一切民主宪法包括印度宪法在内的基本原则和理想。宪法通过法律手段保护人权。为了享有充分的人权，必须实行法治。印度巴希克教授说："宪法是通过保障公民的基本权利来实现人权的理想的。"印度大学协会秘书阿格沃尔博士认为，现代意义上的法治有三个基本含义。一是依法而治，不能独裁。法律应当通过正常的立法程序制定。二是法律要公正，法律面前人人平等。政府与人民发生争执时，政府不应有特权。三是切实保障人的生命、自由和财产等基本人权。这些权利只有通过法律才能被合理限制，非依正当法律程序不能被剥夺。

（3）政治权利与经济权利。绝大多数学者认为，政治权利与经济权利关系密切，都很重要，不能只强调一方面而忽视另一方面。印度副总检察长瑞地说，人权观念在历史上是反封建的产物。在西方，人权就意味着保障个人的民主与自由。在反封建斗争中这比其他权利更重要。但讲人权不

能忽视社会、经济权利。印度国立法学院巴布教授说：“实现人权的总目标，应该是满足人民的各种需要，西方没从这个角度看问题。现在印度人口的近半数生活在贫困线以下，失业人数令人吃惊，还有大量儿童和妇女受歧视，这些都是人权问题。”斯里兰卡外交部人权司司长维克里马辛哈说，政治权利是以个人为基础，社会、经济权利是一种群体权利。1966 年联合国大会通过《公民权利和政治权利国际公约》《经济、社会及文化权利国际公约》，前者是以个人为基础，后者是以群体社会为基础。它们分别反映了西方资本主义和东方社会主义的不同价值取向。这样的矛盾在南北冲突中也有所反映。北方认为民主是经济发展的前提；南方则认为只有经济发展，才能有民主和人权。这是世界性的问题。科伦坡大学副校长皮瑞斯教授说：“在考虑人权问题时，政治权利、经济权利都要关注。现在第三世界国家在保障公民权利和政治权利方面受到西方的压力。我们正确的态度应该是既要关心经济、社会权利，也要关心政治权利。”斯里兰卡总统顾问维拉库恩说：“政治权利和经济、社会、文化权利同等重要。”

（4）个人权利和集体权利。学者们普遍认为，处理好二者的关系，保持二者的统一和平衡是一个十分重要的问题。哈拉戈培尔教授说：“在西方，人民有言论自由，可以批评政府领导人；有结社自由，可以为改变政府而活动。但西方不重视人们的经济平等，把个人利益完全置于国家利益之上。在东方，情况相反。社会主义为人们的经济地位平等而斗争，但不重视个人利益和个人自由。这两个极端应加以平衡。”斯里兰卡驻菲律宾前大使认为：“世界上有各种各样的人权观念，其中以西方传统的人权观和共产主义的人权观影响最大。西方强调个人人权、个人自由；共产主义则强调集体人权、社会和谐。二者都有片面性。”他说：“一个法国人讲，世界上只有一种人权，即西方的自由民主制度。我不同意这种看法。自由与平等是人们所追求的两个最高的人权价值。但是，自由与平等彼此又存在着矛盾。人们要注意二者的协调统一。现在，西方只重视个人自由这一价值取向的人权模式和人权观念正在发生深刻变化。人权与社会分不开，人们不仅需要个人自由，而且需要社会和谐。共产主义强调社会和谐在西方是有影响的。同样，共产主义的人权模式和人权观念也在发生深刻变化。因为，现代社会是一种多元化社会，个人之间的矛盾冲突很多。正是这种冲突性在推动着社会前进。现在推动西方和共产主义的人权模式和人权观念变化的动力是：人民强烈要求参与，要求分享，要求民主。加拿大一位学者指出，‘未来的社会取决于个人与集体，自由与平等的和谐与相互共存。’我同意他的看法。”科伦坡大学副校长皮瑞斯教授说：“在人权问题上，要注意保持微妙的平衡：公共利益与个人自由，这两个方面都重要。不过，在一个时期里是可以有重点的。”新加坡外交部国际组织司副司长梅农女士说，过分强调个人权利就会损害集体权利，过分强调集体权利就会损害个人权利。正确地做法是在个人权利与集体权利之间找出一种平衡。印度西孟加拉邦议会议长哈希姆批评了印度政府对个人权利重视不够的问题。他说：“印度的问题是，与其让多人受害，毋宁使一人蒙冤。”他指出，在这种思想指导下，出现了种种问题，如警察施暴、不够重视证据、案子久拖不决、不重视被告和嫌疑人的权利保护等。哈拉戈培尔教授向中国提出了建议。他说：“中国现在走向市场经济，鼓励个人发展，应当更加重视对个人权利的保护，应当注重在政治权利与经济权利，个人权利与集体权利之间保持平衡。”

2. *在国际人权保护方面的观点和政策*

印、斯、新三国文化传统存在差异，发展水平也不一致，但由于都是曾长期受帝国主义、殖民主义统治的发展中国家，所以基于本国利益所形成的国际人权保护的观点和政策有许多共同或相似的地方。

（1）各国的人权政策应该由各国政府自己决定。三国人士普遍认为，世界上没有可适用于所有国家的统一的民主模式，各国有自己的历史文化传统和民族利益，因此，一个国家的人权政策只能由该国政府自己决定。印度的一些学者和政界人士指出，印度是一个有悠久文明历史和民主传统的国家，它根据本国的情况决定自己的人权标准。他们指出，《经济、社会及文化权利国际公约》第1条规定：“所有人民都有自决权。他们凭这种权利自由决定他们的政治地位，并自由谋求他们的经济、社会和文化的发展。”这条规定说明，各国的民主制度应该由各国人民去选择。各国的情况不同，他们应该根据本国情况，设定自己的人权政策和标准。新加坡内政部长贾亚库马教授说，一个国家的政策，应该由该国政府自己决定，不受外来干涉。新加坡外交部国际组织司副司长梅农女士认为，不能抛开一个国家的历史传统和物质文化条件来谈人权和人权政策。他们认为，如果世界上只有一个统一的模式，就不需要联合国了，就不需要在一起讨论问题了。

（2）三国都十分重视发展权。三国的有关学者和人士指出，发展权是第三世界首先提出，目的是维护发展中国家人民的利益。他们在国际人权领域都强调发展权的重要意义。印度外交部联合国司司长玛尔霍特拉说，印度政府认为，1986 年联合国通过的《发展权利宣言》很重要，它强调了保障发展权对全面享有人权的意义。斯里兰卡外交部人权司司长维克里马辛哈说，事实上，发展权就是经济发展权，它所提出的要求是使人民向更好的经济状况、更和谐的方向发展。这不仅是个人的问题，也是国家的问题。提出发展权就是要通过发达国家帮助不发达国家，使后者在经济、社会、文化上得到发展。他们和一些学者都指出，在民主与发展的关系问题讨论中，西方国家认为民主是发展的前提，发展中国家要考虑人的发展；有些发展中国家认为，发展是民主的前提，只有通过经济发展，人权才能得到保障。维克里马辛哈说："对于人权、民主与发展的关系问题，必须从历史的角度看。西方国家今天有资本谈论民主，是以残酷剥削其他国家为其基础的。西方的自由、平等建立在剥削殖民地的基础之上。亚非拉国家之所以没有像西方那样发展，是因为 500 年来一直处于被剥削受压迫的状态，如果没有我们这样的国家被奴役，西方国家今天就没有条件大讲民主、自由、平等和国际标准。我国签署了国际人权公约，这是我们要达到的目标。达到目标首先要有系统的经济发展，这是我们赖以生存的手段，是达到人权崇高目标的手段。"新加坡外交部国际组织司副司长梅农女士说："我们支持中国的看法。一个国家如不发展，经济上不去，就不能满足人民的基本需求，也就谈不上民主和人权。"她说："正如李光耀先生 1992 年 11 月 17 日指出的，自由、人权、民主并不能满足人民的基本需要，特别是当人民挨饿的时候。"

（3）自决权仅适用于殖民主义和外国统治下的人民，而不适用于独立后一个国家内部的民族。在此问题上印度、斯里兰卡人士持鲜明的态度。斯里兰卡国务秘书范德格特、总统顾问维拉库恩等人说，1966 年联合国通过的两个国际人权公约第一条均承认自决权。我们认为这是一项复杂的权利，必须放在一定的背景下理解它。我们讲自决权，是站在最前线反对殖民主义，不能把自决权的概念发展得太远，使自己处于危险的境地，以致村子里每个人都可以讲独立。一个国家获得独立后再讲自决权，就可能使国家陷于混乱。因此，对独立后的国家来说，应当对自决权加以限制。在谈论自决时，首先要问，对谁适用自决权？谁有权要求自决？我们的观点是自决权只适用于殖民主义和外国统治下的民族。在此问题上，斯里兰卡政府支持所有国家、民族的独立运动。玛尔霍特拉说："在自决权问题上，印度政府的观点是，自决权仅仅适用于殖民主义和外国统治下的民族，而不适用于一个国家内部的民族。因为这涉及一个国家的完整性。印度1947年获得独立，已经行使了自决权，问题已经解决。印度国内民族不享有自决权。德里或其他地方的人是不能要求行使自决权的。如同西藏是中国的一部分，他们不能要求自决一样。我们支持中国关于西藏是中国一部分的立场。"

玛尔霍特拉和印度社会科学院少数民族研究所所长波曼博士在分别会见我们时，介绍了与自决权相连的土著人问题和正拟订中的《联合国土著人民权利宣言》草案中的问题。他们说，在西方国家操纵下，联合国土著民族工作组起草的宣言将印度的部落人和居住在泰国的部落人，居住在中国的少数民族列为"土著人"，企图赋予他们"自决权"。这是别有用心的，应引起有关部门严重注意。

（4）反对西方国家打着人权旗号将自己的价值观强加于人。三国外交官一致认为，在人权问题上各国之间应持积极合作态度，不能以人权为借口干涉别国国内事务，也不能把人权作为发展国与国之间关系的条件，更不能将自己的价值观强加于人。玛尔霍特拉说，在人权问题上各国应积极合作，平等交换意见，而不能用指责方式使别的国家感到尴尬。这样做就是对别国内政的干涉。维克里马辛哈说，有的国家以人权为借口，对他们认为侵犯人权的国家施加压力，把人权问题同援助联系起来，对此我们是反对的。西方国家还在人权问题上使用双重标准，是不公正的、虚伪的。新加坡内政部长贾亚库马教授说，西方国家打着人权的旗号，将他们的民主强加于人。新加坡议会中绝大多数议员是人民行动党党员，西方有人对此不满意。我们说这是新加坡人民自己的选择，西方不能干涉。梅农女士说，美国和其他西方国家的人权外交，其内容是将贸易、援助和人权连在一起，以此为武器对付发展中国家。应当了解，发展中国家面临的问题与发达国家不一样。对这些国家的人权状况不能用一个标准来衡量。

（5）三个国家对1993年世界人权大会均采取积极态度。有关人士都表示，1993 年世界人权大会是继德黑兰大会之后又一次重要会议，要采取积极态度促使这次大会成功，促进国际人权合作。三国外交界人士都谈了自己国家的立场。斯里兰卡外交部官员还对中国在联合国支持斯里兰卡的立场予以感谢，并表示希望在 1993 年世界人权大会上继续进行合作。

3. 进一步完善本国人权保障的法律制度

基于国内的人权问题和国际上对人权问题日益重视，印、斯、新三国不仅加强了对人权理论的研究，而且积极采取措施，完善本国的人权立法和人权保障制度。

（1）进一步完善宪法关于基本权利的规定。印度最高法院通过一系列判例对宪法规定的“生命权”作了新的解释与发展。印度《宪法》第 21 条规定：“除依照法律规定程序外，不得剥夺任何人的生命或个人自由。”原来对这里规定的“生命权”的理解只限于自然生命。1978 年印度最高法院通过“苏尼尔·巴特拉斯诉德里市府”一案表明，“生命权”包含须依公平、公正的法律程序予以保障的内容；1980—1983 年印度最高法院通过“马修斯诉旁遮普邦”等刑事上诉案，对《刑法典》第 303 条的合宪性提出了质疑，并最后判决第 303 条违宪，由此确立了“生命权”含有平等的原则；1987 年印度最高法院通过“沙马诉巴瑞特电子有限公司”等案，确认“生命权”不仅指人的物质存在，而且还包含适当的工作条件和生活环境；1992 年最高法院在一个案例中指出，“生命权”不仅指人有尊严地活着，还意味着受教育的权利。这就是说，经最高法院通过一系列案例解释后的“生命权”，除指人的自然生命受到保障，还包括受到公平、公正对待权，隐私权，交通权，住房权，享有退休金权，环境权和受教育权等。这种解释大大发展了《宪法》第 21 条关于“生命权”的规定。印度学者普遍认为，它适应形势需要，有利于保障人们更充分地享有人权。

斯里兰卡着手对《宪法》第三章“基本权利”部分和其他有关条款作重大修改（又称《宪法第十七修正案》）。斯总统顾问维拉库恩说：“最近的这些修改有两个目的：一是让人民满意，以公开透明的方式使国内人民相信，政府决心改善国内的人权状况；二是满足国际社会的要求。”司法及高等教育部长哈米德说：“要努力争取《宪法第十七修正案》的修改同国际人权标准相吻合，相一致。我们既然签署了国际人权两公约，就要尊重它们。”修正案现已草拟完稿，新增加和补充的内容主要涉及生命权、人身自由和人身安全权、平等权、公正审判权、迁徙自由、信息权、隐私权等基本权利。依照规定，《宪法》修改要经议会三分之二的多数赞成才能通过。执政党现正做争取工作。但据各界反映，对《宪法》的修改势在必行。

（2）成立有权威的全国人权委员会。在完善有关人权立法的同时，印、斯两国还为实施法律准备组织保证措施，成立有权威的全国人权委员会。

1992 年 9 月 14 日，印度在新德里召开了联邦部长和各邦首席部长联席会议，一致通过了印度政府提出的关于建立全国人权委员会的建议，同意建立全国人权委员会。根据会议的决定，现已成立了由两位联邦部长和五位邦首席部长组成的七人委员会，负责起草人权委员会的立法议案和有关规定。新成立的全国人权委员会成员应是全印社会上的知名人士，在法律、行政管理、新闻和公共事务等方面经验丰富、有广泛的代表性，全部由议会任命，任期五年，不得连任。其主要职能是向国家提供人权立法的咨询意见，监督、审查有关人权法的实施，调查侵犯人权的各类事实，向政府提供有效实施人权保障的建议，以各种语言在国内普及人权知识，向国际社会宣传印度人权保障的成就。印度有关人士普遍认为，全国人权委员会的建立将有助于改善印度国内的人权状况。

斯里兰卡原有一个人权委员会，但其影响和作用不大。为了满足改善国内人权状况和斯里兰卡国际形象的要求，现正筹建新的、有权威的人权委员会。据司法及高等教育部长哈米德介绍，国家人权委员会成员由各执政党协商，从全国有影响、有威望、办事公正、敢于负责的人士中遴选，经议会同意，由总统任命，但政府成员不得担任。人权委员会成员有一定任期。人权委员会有自己的组织机构，地方人权委员会成员由国家人权委员会任命。它的职权主要是：第一，调查它认为需要了解的人权事件、问题和状况，并从中得出结论提交有关部门处理，每年就全面情况向议会提交一份报告。第二，调解可以调解的案件，但无裁判和审判权，无惩罚权。审判权属最高法院，其他机构不得侵犯。第三，监督和检查警方、司法部门拘禁、监禁犯罪嫌疑人和罪犯的理由，以及被拘禁、监禁者的生活条件和待遇。其人权如被侵犯，有权提出建议和批评。

（3）允许成立其他官方和非官方的有关人权组织，以作为实施人权法律的组织保障的补充和解决特种人权保障方面的问题。在印度，有最高法院常务副院长领导的全国法律援助委员会。它有庞大的律师队伍对穷人进行法律帮助，并在全国进行普法教育。还有全国妇女委员会、全印劳工法协会、律师协会、公民反对污染委员会、福利理事会，以及收容穷困无援的老人、儿童的机构等。在斯里兰卡，有人权委员会、法律援助委员会、妇女委员会等。值得注意的是，两国都有一些综合开发性的扶贫机构，它们既进行农业、工业技术的开发和推广，也进行法律知识教育。其经费由政府、侨胞资助，也接受其他国家资助。从实地参观看，局部效果是好的，当地群众相当满意。但从总体看，这些只是杯水车薪，对两国严重的人权问题很难产生大的效果。

4. 推行新经济政策，发展市场经济

印度、斯里兰卡两国原实行的所谓社会主义计划经济政策到 20 世纪 70 年代末已走入死胡同。这种经济政策并未造福社会，没有给广大人民带来福利，相反使将本国经济与世界许多国家的差距愈来愈大，近半数的全国人口生活在贫困线以下。为了改变这种状况，印度从 80 年代初，斯里兰卡从 70 年代末分别开始实行新经济政策，发展市场经济。这种政策的主要内容是：第一，变以往高度集中的计划经济为市场经济；第二，改变国营经济低效率，适当缩小规模，聘请私营企业中有经验的管理人员管理国营企业；第三，大力发展私有经济，斯里兰卡除铁路继续坚持国营，其他逐步放开，不受限制，在税收方面还予以照顾；第四，开放市场，放宽或取消外汇管制，引进外资，鼓励出口。

这样的新经济政策的确给社会经济发展带来了某些活力，大多数人是拥护的。他们认为这是世界大势所趋，是强国必由之路。很明显，只有经济发展了，社会才能全面发展，才能为人民充分享有人权创造条件，舍此，没有其他出路。但是，由于出现了某些新的问题，也有不少人对新经济政策持观望、怀疑态度，有些人甚至公然反对。他们认为，这种政策实行后，一些企业的效率固然提高了，但只是少数人发了财，钱进了外国人腰包，国内失业人数增加，妇女、儿童处境恶化，社会分配不公，两极分化加剧。在印度这种争论尤为激烈，一些人士还担心由此而影响政局稳定。目前，两国的执政党和反对党对改革和实行新经济政策分歧并不大，都认为如不改革就难以获得广大选民的支持。两国现政府都是努力在改革、发展和社会保障之间寻求平衡，尽可能不引起社会震动。

应该说，在解决经济发展和社会保障的关系方面，新加坡是成功的。它没有受僵死的中央计划经济的影响，在发展经济的同时，较早地注意了对多数人的社会保障措施。如推行公积金制度和居者有其屋的集资建房政策，使少有所教、老有所养、人民安居乐业、社会稳定、市场繁荣、经济持续发展，跃居亚洲“四小龙”之一。

我们在三国访问期间，正值中国共产党第十四次全国代表大会召开。三国有关人士对中国改革开放和发展社会主义市场经济及其取得的成就，表示了极大兴趣和关注。他们普遍认为中国是成功的。印度、斯里兰卡两国人士希望从中国学到既发展经济、提高效率，同时又使广大人民社会权利得到保障的经验。新加坡则四处网罗人才，加紧对中国进行研究，希望与中国做更多生意，以推动本国经济更快发展。

（三）几点体会和建议

通过对印度、斯里兰卡和新加坡三国的考察，我们有以下几点体会和建议。

1. 要进一步加强对我国法律制度和人权状况的宣传

关心人权，保障人民享有充分的权利，已为当今国际社会所关注，也为印、斯、新三国和其他发展中国家所重视。我国的人权状况如国务院新闻办公室发表的白皮书中所说，固然有待完善之处，但四十多年来我们的成就是巨大的。我们所接触的三国人士，不仅到中国访问过的人对我国改革开放的成就和人民生活水平迅速提高有深刻印象，大加称赞，就是没有到过中国的，也强烈感到了我国的前进速度。但也有些人在一些问题上对我国的法律、政策很不了解，甚至存在误解。我们应加强对我国基本制度、充分保障人权的政策和取得的成就的宣传，向我国驻外机构提供简要明了、图文并茂的宣传材料，尽可能消除外国人士在一些最基本问题上对我国的误解。

2. 应在人权理论、政策方面加强同印、斯、新三国和其他发展中国家的交流

印、斯、新三国和其他许多发展中国家同我国尽管存在历史文化和发展水平的差异，但都曾受殖民主义和帝国主义的统治和压迫，现在又都处于发展过程中。在国内人权保障方面，我们同这些国家都在解决类似的问题，有不少经验可以相互借鉴；在国际人权保护领域，这些国家同我国有许多共同语言，在许多方面需要相互支持。我们应同它们在人权理论研究方面加强学术交流，进而推动我国的人权建设和在国际人权保护领域的合作。

3. 指定专门机构和领导干部协调全国人权理论研究

我国的人权理论研究虽然起步较晚，但自中央领导指示加强对人权问题的研究以来，广大理论工作者坚持邓小平同志解放思想、实事求是的方针，进展速度是快的。不过直到目前，全国的研究是分散的。为了适应客观形势需要，我们应尽快建立自己的人权理论体系，形成一支老中青结合的人权理论队伍，培养出高水平的人权理论专家。为达此目的，我们建议中央应指定专门机构和领导干部对全国人权理论研究进行协调，以规划课题，组织讨论，出版刊物和书籍，搞好国内外学术交流。

4. 在人权理论研究中坚持理论联系实际的方针

人权理论研究要坚持党的基本路线，坚持理论联系实际。一方面要积累资料，获得最新信息，注意世界主要国家人权理论的动态，注意它们提出的新思想、新问题，同时也要注意国际人权领域的新动向，提出理论对策，为我国外交服务。另一方面还要联系国内人权保障领域的成功经验和注意确实存在的问题，及时向中央提出建议，以进一步完善我国社会主义法制和人权保障制度。

5. 在培育和发展社会主义市场经济的同时，进一步完善我国的社会保障体系

经济发展与社会权利保障之间的关系，某种意义上说是自由与平等关系的具体反映。其间的矛盾一直存在，且普遍存在。只是一些国家解决得好一些，呈良性循环，新加坡即为典型。另一些国家解决得不好，演变成尖锐的问题，印度、斯里兰卡两国是实例。我国改革开放以来，经济发展与社会保障之间的关系总的是好的。但是，进一步发展社会主义市场经济，不可避免地会带来更激烈的竞争和失业等问题。我们应当密切注意并吸收印、斯、新三国和世界各国有益的经验，结合我国实际情况，寻找出切实可行的办法，以保证我国社会主义市场经济稳定协调持续发展，使我

国人民享有更充分、更广泛的权利。

中国社会科学院赴印、斯、新三国法学考察团
1993 年 2 月 25 日

四　芬兰人权问题考察报告

（一）芬兰参加国际人权公约的情况

芬兰作为联合国会员国，在 1975 年批准了《经济、社会及文化权利国际公约》和《公民权利和政治权利国际公约》及其任择议定书。在批准《公民权利和政治权利国际公约》时，根据本国的情况，对该公约中的三项条款提出了保留。

芬兰虽然早在 20 世纪 60 年代即以观察员的身份参加了欧洲理事会的许多活动，包括有关难民的人道主义待遇方面的活动，但它参加《欧洲人权公约》是在东西方关系开始缓和以后。1989 年 5 月，芬兰在成为欧洲理事会第 23 个成员国的同时，签署了《欧洲人权公约》及其八个议定书，1990 年 5 月正式批准参加该项公约。在批准时，对该公约的第 6 条第 1 款关于法院应公开进行审理的规定，提出了保留。1991 年，芬兰又批准了《欧洲社会宪章》。

据芬兰人士介绍，芬兰在参加上述这些国际人权公约之前，做了大量的准备工作。主要是审查国内立法，找出国内立法与准备参加的国际人权公约之间不一致的地方，以便修改国内立法，使之与公约相衔接，或者在批准公约时，对其与国内立法相抵触的公约条款提出保留。例如，在参加《欧洲人权公约》的前一年，即 1988 年，由芬兰司法部主持对国内立法进行了仔细检查。当时，马蒂·贝荣巴博士曾经列举了一系列需要对芬兰立法进行修改的项目，其中大部分与《欧洲人权公约》第 5 条和第 6 条人身自由和公开审理的规定有关。

芬兰主张二元论，即国际法与国内法是两个不同的法律体系，国际法只有通过“转化”才能成为国内法。所以，芬兰在参加上述国际人权公约之后，都由议会通过相应的法令使这些国际人权公约成为国内法的一部分。芬兰最高法院院长向我们介绍说，《欧洲人权公约》“已经成为芬兰国内法的一部分，是芬兰立法的指导原则”。芬兰司法部的官员也作了类似

的说明。

由于芬兰已经参加了《公民权利和政治权利国际公约》及其任择议定书，芬兰的公民可以因其个人人权受到侵犯而向根据公约条款设立在日内瓦的人权事务委员会提出控告。在人权事务委员会处理了这些案子以后，芬兰都相应地修改了本国的法律规定。

（二）芬兰国内的人权问题

芬兰人谈起芬兰的国内人权问题时，总喜欢夸耀在这方面取得的成就。如芬兰妇女在社会地位、工作、社会福利等方面比其他欧洲国家好，对失业者的救济超出了“国际标准”，犯罪率比西欧国家低，说芬兰语和说瑞典语的民族之间的矛盾处理得好，等等。但在芬兰学习和工作的同志对我们说，芬兰官方承认，芬兰也存在人权问题。总的来看，芬兰解决得比较成功的就是社会治安问题。醉鬼虽多（失业救济高的副产品），但不惹是生非。芬兰最高法院院长说，他们那里没有受理过一起专门有关人权的案件，但在一些案件中有侵犯人权的情况。

（三）芬兰的对外人权政策

在东西方冷战的格局中，芬兰一直奉行中立政策，置身于大国冲突之外。在人权问题上也是如此，没有参与西方国家对社会主义国家的攻击。对于国际人权问题一般通过外交途径进行讨论，很少采用公开批评的方式。

近年来，随着国际局势的剧烈变化，芬兰的对外人权政策开始发生变化。一位芬兰人权问题专家说，“国际局势的变化影响着芬兰的人权政策，现在人权的意义在芬兰的对外政策中日趋重要。在苏联表明国际讨论人权问题不是对别国内政的干涉以后，芬兰感受到的压力减轻了”。芬兰公开对波罗的海的局势表明了立场，指名批评伊拉克占领科威特是侵犯人权，改变了过去一般不采用公开批评的做法。但是，也有一些事例表明，芬兰在处理具体国际人权问题时还是比较谨慎的。

（四）芬兰对中国人权的态度

芬兰是中华人民共和国成立后最早宣布承认我国的国家之一，历来对我国持友好态度。在人权问题上，对我国从来没有苛求，1989 年我国政治风波以后，也没有同其他西方国家一起对我国进行制裁。不过，在接触中还是可以感到，他们对我国的人权政策不甚了解，存有一些疑问。在拉普兰大学同一些研究生座谈时，有一位研究生问：中国为什么实行计划生育政策？在赫尔辛基国际法学会芬兰分会为我们举行的报告会上，有两位学者提问：中国对于《世界人权宣言》持什么态度？中国是否准备参加国际人权公约？在这些场合，我们都主动地介绍了中国的人权政策、人权观和在保护人权方面取得的成就，对他们提出的问题也一一作了回答。我们注意到，芬兰分会主席一面听一面记，他在最后作总结时，说我们作了一个很好、很合理的报告，并对中国在保护人权方面取得的成就表示钦佩，对我们所说的在参加国际人权公约之前需要作很多准备等观点表示赞同，说芬兰在参加国际人权公约前也是做了大量准备工作的。

（五）我们的建议

西方国家以人权为突破口，对我国实行和平演变，其重要策略之一，就是抹黑我国，说中国不讲人权、侵犯人权，以此蛊惑人心。事实上，我国是社会主义国家，共产党和人民政府都是以为人民服务为宗旨，以全人类的彻底解放、人的全面发展为目标的。新中国成立以来在实施和维护人权方面做了大量工作，取得了伟大成就，在国际人权活动中，我国也有良好的记录。我们所做的不比其他国家差，甚至比其他国家好。我们应当重视在国际上利用一切机会，积极主动、理直气壮地宣传我国的人权政策和成就，消除对我国的误解，争取舆论，还击西方人权外交的进攻。我们在芬兰的经历说明，我们有必要这样做，也是能够取得良好效果的。

最近，中央领导同志明确指出：社会主义是讲人权的，要对人权问题进行认真研究。这为我们指明了方向，提出了任务。但是，我们面临着人手不够、资料缺乏、信息不灵的困难，研究工作不易深入。为此，有必要加强对于人权研究的组织领导和计划工作。在实施过程中，开展国际学术交流，搜集国际组织和外国的人权资料，是不可缺少的工作。同像芬兰这样政治上友好、人权活动活跃、人权资料丰富的国家的学术机构建立联系将是十分有益的，可收事半功倍之效，这对我们加强国际人权问题的研究将是非常有用的。

执笔人：刘楠来　王可菊　林欣

第三部分　人权问题考察系列专题报告

一　关于美国、加拿大人权问题考察系列专题报告

1. 美国助理国务卿理查德·希夫特谈美国人权外交

1991 年 9 月 24 日下午，我们会见了美国国务院负责人权和人道事务的助理国务卿理查德·希夫特。

希夫特说，人权概念被引入外交领域始于第二次世界大战以后。二战前，根据传统的外交理论，主权国家允许其公民做什么，是不许外国从外交上进行评论的。1945 年《联合国宪章》第一章第一条第三款规定，联合国的宗旨是要“促成国际合作，以解决国际间属于经济、社会、文化及人类福利性质之国际问题，且不分种族、性别、语言或宗教，增进并激励对于全体人类之人权及基本自由之尊重”。把这一条款载入《联合国宪章》，表明了联合国的基本权力就是通过联合国这个组织来解决人权问题。《联合国宪章》第二条第七款规定，“本宪章不得认为授权联合国干涉在本质上属于任何国家国内管辖之事件，且并不要求会员国将该项事件依本宪章提请解决；但此项原则不妨碍第七章内执行办法之适用”。这表明，当涉及人权问题时，不仅仅是一个内政问题。总之，美国认为，联合国的所有会员国，均应同意接受国际社会检查和过问其国内人权状况是否符合《联合国宪章》规定的国际上普遍接受的人权标准。

美国从 20 世纪 60 年代开始侧重人权外交立法，对南非破坏人权进行贸易禁运。1974 年《贸易法》（杰克逊修正案）对美国给予最惠国待遇的人权方面条件作了规定。以后还有一些立法，反对国际贷款机构向一些违

反人权的国家和组织贷款，还对某些严重违反人权的国家的经济援助作出一些限制。他说，美国每次这样做的时候，都认为这不是干涉内政。美国没有派人到别国命令它们做什么，只是说在决定给哪些国家、哪些人援助以及对哪些物资的进口增加关税时，要考虑该国的人权状况。人权问题主要需通过国际人权组织来解决，但在关心人权问题方面，美国要走在前面。这是因为，多数国家的人口构成具有悠久的历史，它们在外交上关切的是如何与邻国修好，而美国人则来自全世界，他们非常关心原居住国的亲戚、朋友发生的事，不论他们的亲戚、朋友是在哪一个国家；他们不仅关心一个（或一些）外国对另一个（或一些）外国怎样，而且还关心他们原居住国的亲戚、朋友在那里怎样。

2. 美众院人权领导小组主席波特等议员谈中美关系中的人权问题

9 月 25 日上午，美国众院人权领导小组主席约翰·波特等 8 名议员及 11 名议员委派的助手与我们在国会山进行了座谈。

（1）参加座谈的议员在发言中都对美中双边关系表示关注，希望发展美中关系。多数议员表示，中国是一个文明古国，他们很尊重中国的优良文化，这种文明传统和优良文化是保持和发展美中关系的重要基础；尊重人的权利，是中国的传统观念，希望中国继承和发扬文明传统。他们表示，无论从个人还是政治的角度，美国同中国都应就人权问题进行坦率交谈，增进相互了解，以改善双边关系，继续发展合作。夏威夷议员阿伯克龙比说，美国人民对中国人民怀有深厚的感情，孙中山先生在夏威夷时就为培养这种感情奠定了很好的基础。他本人曾积极参与推动美中建交的活动，希望当前中美关系中的人权问题能得以解决，两国人民的友好交往得到进一步发展。阿拉巴马州议员比维尔说，他三周前刚访华归来，了解到中国十分希望发展双边经济合作和贸易关系。美国许多公司有中国需要的技术，如核电站安全技术等，愿意同中国发展经济关系，希望人权问题不要影响中国的贸易最惠国待遇。

（2）参加座谈的议员强调双边关系中的人权因素。他们表示，美国国会重视人权问题，为此已立法规定，美国不能同严重破坏人权或以各种方式进行不公平贸易的国家政党发展双边关系。人权问题目前已成为美中关系的主要障碍，如果中国人权状况得不到改善，中国政府甚至也不愿就此同美方开展对话增进了解，那么美中关系只能倒退。波特主席在发言中称，“中国政府一直认为人权是中国内政问题。但是美国众院人权领导小组不接受这个观点。我们认为，任何国家的人权问题都不仅仅是内政问题。我们的工作原则是，否认任何人的人权，就是否认所有人的人权。美国的人权观来自美国民众的广泛认同。如果我们同中国政府在人权问题上没有任何共同语言，那么我们就无法发展双边关系。根据美国法律，我们也不能给严重破坏人权的政府以贸易最惠国待遇”。众院人权领导小组双主席之一兰托斯的助手还辩解说：“国会把人权问题作为美中关系中最优先考虑的问题，主要是因为选民们要求国会这样做。”

附　美国众院人权领导小组简介

美国众院人权领导小组（The Congressional Human Rights Caucus），是美伊利诺伊州共和党众议员约翰·波特和加利福尼亚州民主党众议员汤姆·兰托斯在 1983 年创建的一个由共和党和民主党众议员组成的为美国人权立法提供服务的组织。该组织由来自美国各选区的 200 名众议员组成，由约翰·波特和汤姆·兰托斯任双主席，下设由 42 位众议员组成的执行委员会。美国众院人权领导小组的成员认为，人权是美国给世界的宝贵财富，当今世界的人权问题是紧密相关的——任何一地出现的破坏基本人权和自由的行为都会危及其他地区人民的权利和自由。近年来，该组织在协调众院两党议员采取一致行动干预世界各地人权事务方面发挥了重要作用，实际已成为美国众院处理人权事务的主要决策机构。

3. 美国对联合国人权公约批准情况及原因分析

自从 1948 年联合国《世界人权宣言》通过以后，联合国制定了一系列国际人权公约。这些公约包括《防止及惩办灭绝种族罪公约》《妇女政治权利公约》《经济、社会及文化权利国际公约》《公民权利和政治权利国际公约》《战争罪及危害人类罪不适用法定时效公约》《禁止并惩治种族隔离罪行国际公约》等。对这些公约，美国只批准了其中为数不多的几个，还有一些正在批准程序过程中，即总统已经签署但国会参议院尚未批准。

美国批准和未批准的国际人权公约有如下几种情况：

（1）已由国会参议院批准的国际人权公约有：

①《妇女政治权利公约》（1976 年批准）

②《防止及惩办灭绝种族罪公约》（1988 年批准）

③《关于修正 1926 年 9 月 25 日在日内瓦签订的禁奴公约的议定书》（1956 年批准）

④《废止奴隶制、奴隶贩卖及类似奴隶制之制度与习俗补充公约》（1967 年批准）

⑤《难民地位议定书》（1968 年批准）

（2）未经国内批准程序而签署的公约有：

①《关于战俘待遇的日内瓦公约》

②《关于在战时保护平民的日内瓦公约》

③《改善海上武装部队伤者病者及遇船难者境遇之日内瓦公约》

（3）有些国际人权公约虽已经总统签署，但国会参议院从维护本国统治阶级利益考虑尚未批准的有：

①《消除一切形式种族歧视国际公约》（1978 年 2 月 23 日总统卡特签署并提交参议院）

②《公民权利和政治权利国际公约》（1977 年 10 月 5 日由总统卡特签署并提交参议院）

③《经济、社会及文化权利国际公约》（1977 年 10 月 5 日由总统卡特签署并提交参议院）

④《消除对妇女一切形式歧视公约》（1980 年 11 月 12 日由总统卡特签署并提交参议院）

⑤《禁止酷刑和其他残忍、不人道或有辱人格的待遇或处罚公约》（1988 年 5 月 23 日由总统里根签署并提交参议院）

那么，为什么宣称人权保护是自己对内对外政策的基石的美国在批准联合国人权公约方面如此消极？这是一个具有复杂的政治、法律及社会原因的问题。这一问题也一直受到美国许多法律学者的关注和批评。美国著名的国际人权法专家、加州大学伯克利分校法律教授弗兰克·谢·纽曼在谈到这一问题时说，美国在批准联合国人权公约方面具有“令人羞愧”的记录。为什么有这样的记录，大概有以下几种原因。

第一，政治体制方面的原因。美国是一个联邦制国家，联邦与各州之间有着明确的权力分配原则。一般说来，联邦政府所享有的权力常受到各州的各种形式的制约。如果联邦签署国际人权公约，则联邦有责任采取措施履行公约所要求的义务，而各州则对此有抵触情绪，认为这样联邦会干预各州的事务，使各州在与条约有关的问题上失去自治与自主权。

第二，批准程序上的原因。根据美国法律，对于国际公约的批准要先经过总统签署，之后要由各有关方面审议，然后由参议院批准。而参议员中几个人甚至只要有个别人不同意，只要争论不停止，就不能进入表决程序。很多学者认为，这是强调保护少数人的权利而牺牲大多数人的权利的一个例子。美参议院就整体来说，以对批准国际人权公约“不情愿”而著称，有的参议员对此更是坚决反对。如北卡罗来纳州的一位参议员在参议院审议批准反对酷刑的国际公约的听证会上说，这个公约“如同一个臭鼬”一样惹人生厌。这也是总统签署的人权公约常在参议院搁浅的重要原因之一。

第三，国际法与国内法何者具有最高法律效力的问题。很多美国的政界人物强调，美国宪法是国家的最高法律，因此没有必要批准联合国人权公约。但是，在国际事务中，恰恰又是美国常常以破坏“国际人权标准”为由指责其他国家。一个本身对联合国人权公约抱有这种态度的国家必然在国际人权事务中不具有说服力。美国著名人权学者路易斯·亨金在 1972 年所写的一篇文章中分析道：“美国对联合国人权公约的态度无疑具有国际关系方面的考虑。它想证明自己在国际人权事务方面当之无愧的领导地位，证明自己在国内人权方面的努力和与国际人权保护的合作。美国也关心其他国家对国际人权条约的执行情况，以在国际和平与安全中维护美国的利益。”但是即使是美国学者也认为，以国际法不得高于国内法为由在批准联合国人权公约方面采取消极态度是不足以说服人的，也不能说美国国内法在人权保护方面的规定完全达到了联合国人权公约的标准。

第四，美国国内的社会问题和种族歧视、失业、无家可归者的日益增加，都与联合国人权公约的某些规定相去甚远，这也是美国拒不批准《经济、社会及文化权利国际公约》的一个原因。此公约与《公民权利和政治权利国际公约》在 1977 年由总统卡特同时签署，但据说后者有望在 1992 年由参议院通过，而前者则遥遥无期。在谈到这一问题时，有的美国学者认为，《经济、社会及文化权利国际公约》与美国的人权观念相冲突，因为美国认为，个人的公民权利与政治权利是宪法中人权的核心，而社会、经济、文化等权利只是人们的一种社会要求。这种社会要求不属于人权保护的范畴，是市场经济和个人竞争所要解决的问题。但也有很多美国学者认为，这种说法是不负责任的。当一些人没有工作，一年四季以马路为家时，公民权利和政治权利又有什么意义呢？

以上是美国对联合国人权公约批准持消极态度的主要原因。当然也还有其他的说法和解释。如说因为已批准的国家并没有认真按公约的标准去履行义务，因此美国觉得是否批准“意义不大”，国际人权公约的内容也必须由国内司法制度来保障实现，因此主要看国内法律制度而不是看国际人权公约的制度。当然，所有这些解释都是缺乏说服力的，美国社会各阶层对美国的这种消极态度都从不同角度提出批评，现在也有很多社会团体和民权机构正在从各方面推动参议院批准这些国际人权公约。

4. 美国学者谈美国法律和司法中的人权问题

美国声称自己是最注意保护人权的国家，并借此题目在世界上指手划脚。其实美国国内的人权问题相当严重，如频频发生的警察暴力事件、到处可见的无家可归者等等。这次考察过程中，美国一些学者和人权组织的负责人向我们谈到了这方面的状况。

（1）美学者认为美国法律对人权的保障是不全面的。乔治城大学法学院刑法学教授穆里尼埃指出，在美国，现在刑法的量刑比过去要重得多，基本倾向是判重罪和长期监禁。据了解，美国国会目前正在审议《犯罪综合法案》。如果这个法案被通过，美国法律允许适用死刑的犯罪将增加到47种，适用死刑的最低年龄将规定为17岁（世界上只有7个国家规定可对18岁以下的人适用死刑）。4年前，印第安纳州的法律甚至规定可以对10岁的少年犯罪人适用死刑。

乔治城大学法学院民权与宪法权利专家阿伯内西教授在座谈中说，“美国宪法主要保护政治权利，而不保护社会、经济权利，不保护公民受教育、有住房的权利”。美国尽管有一些立法和司法解释已突破了宪法的局限，但由于缺少硬性的宪法依据，通过立法和司法解释来弥补宪法对公民的社会、经济和受教育权利保障的不足，往往容易受到美国违宪审查制度的掣肘。其结果是公民的社会、经济和受教育的权利得不到切实保障。美国国际法研究所常务副所长柯尔也认为：“美国法律对人权的保障是不全面的。”

（2）美国司法方面的人权问题。联邦最高法院享有解释宪法的司法审查权，它的判例和解释对于保障人权的实现具有举足轻重的作用。由于联邦最高法院的判例和解释是由九名终身职务的大法官作出的，因此大法官的人权态度对人权的司法保障将产生较大影响。美国参议院最近通过的对托马斯大法官的任命，大大削弱了联邦最高法院同情黑人和少数民族争取民权的自由派法官的力量，增强了保守派法官的实力。所以，几乎所有的民间人权组织都反对任命托马斯为联邦最高法院大法官。他们认为，托马斯大法官的任命，标志着美国人权保障向保守方向转变，是美国民权运动的一个倒退。

纽曼教授在评价美国的人权保障状况时说："一些美国人认为美国在人权保护方面是做得最好的国家，因为美国是自由的创始国。然而这是一个谎言。他们在报纸上指责中国的人权问题，我去过中国，在北京至少没有流离失所、无家可归的人，而这种现象在旧金山，在伯克利却比比皆是。联合国的法律要求尽力为人们提供住房，但美国在这方面要比其他许多国家做得差得多。"

阿伯内西教授指出，在美国，每年有1000多件涉及侵犯言论自由、警察滥用暴力、监狱管理人员侵犯囚犯人权以及歧视方面的侵犯宪法权利的案件，但只有15%能够胜诉。

犯罪是严重困扰美国的社会问题。在各种犯罪中，毒品犯罪几乎占了一半的比例。美国公民自由联盟主席斯特罗森女士认为，里根执政以来，政府一直实行"向毒品开战"的政策，每年投入数十亿美元禁毒，实际上是向人权开战。美国为了禁毒，在限制犯罪分子权利的同时，也侵犯了其他人的权利。例如，人们在就业、上学等方面要接受毒品记录检查，这样实际上侵犯了个人的隐私权。所以许多美国人认为，"向毒品开战"的政策实际是向宪法和人权开战。"向毒品开战"是失败的，但向权利开战却取得了成功。禁毒花钱太多，效果不佳，且使美国成为世界上囚犯最多的国家。美国纽约东区联邦法院的一位法官认为，美国有许多人处在贫困状态，这是犯罪的重要原因。法律虽然惩罚了毒品犯罪，但贫穷并未改变，因此在基础未改变的情况下，惩罚这些人并不起多少作用，因为犯罪的根源未消除。里根和布什政府减少了税收，但没有税收就难以解决福利（贫困）问题，他们既希望得到结果又不想付出。

墨美法律保护与教育基金会顾问罗密罗说，美国监狱中的囚犯，有85%是拉美人和黑人。我们在加州参观弗尔森监狱时，监狱官员介绍说，该监狱监禁的7500名囚犯中，约76%是拉美人、黑人和其他有色人种。据了解，目前，美国约有2000多名死囚关押在死囚牢房中，他们全都是穷人，其中大约40%是黑人，其余的为亚洲人、拉美人和美国的土著人。

5. 美国学者谈美国妇女、儿童及少数民族的人权问题

（1）尽管美国法律已规定了妇女的平等权利，但在现实生活中的就业和人身权利保障等方面，仍然得不到真正实现。乔治城大学法学院副院长、妇女权利专家威廉姆斯教授指出，美国法律禁止对妇女就业的歧视，但在实施法律的过程中，许多雇主不雇用妇女并不说明是因其性别，而是找其他借口来达到目的。而法院规定，妇女为其就业受到歧视进行诉讼负有举证责任。由于妇女要证明自己因性别受到歧视十分困难，妇女平等就业的权利实际上还不能真正实现。马萨诸塞州公民自由联盟执行副主任罗伯兹认为，20世纪80年代以后，美国法庭的判例不断朝着不利于保护妇女平等就业权利的方向发展，妇女就业受歧视的举证责任由雇主转移到了受害人方面，而要由受害人自己证明受到歧视是很难的。这样一来，法庭实际上是把妇女反对歧视、维护自己权利的武器逐渐拿走了。

妇女就业不平等，不仅反映在私营企业中，在政府机构中也很突出。据美国平等就业机会委员会调查与申诉部主任布鲁门萨尔介绍，联邦政府中存在着歧视妇女的现象，妇女仅占联邦政府人员的8%，在联邦政府的上层中绝大多数是男性白人。

对妇女的性骚扰是一个长期存在而不为美国人所重视的社会问题。加州争取平等权利组织主任考特尼介绍，有40%～70%的妇女认为她们在工作中受到了性骚扰。美国《新闻周刊》最近的调查表明，21%的妇女在工作中遭到过性骚扰。另一项调查显示，一半以上的职业妇女曾在工作中有类似遭遇。美国国防部1990年的调查证明，军队中64%的女兵曾受过性骚扰。美国平等就业机会委员会1990年受理的性骚扰案件达5694起，而这只是实际案件的5%～6%。美国法律把性骚扰界定为“不受欢迎的性行为”，法律规定的这种模糊性，给妇女权利的保护造成了相当大的困难。

（2）美国有大约6000万儿童，保障儿童权利涉及的根本问题是经济问题。美国儿童保护基金会法律部主任韦尔说，全国有1000多万儿童没有

医疗保险。在发达国家中，美国的儿童问题最为严重，约有 1/5 的儿童生活在贫困线以下；美国儿童的贫困率要比加拿大、德国、法国、瑞士、英国等国家高出 2 倍至 3 倍；美国贫困家庭和少数民族家庭儿童的境遇甚至与一些非洲国家的儿童一样差。美国每年有近 200 万儿童受到虐待，有的还被父母杀害。据该基金会一项抽样调查，美国每天有 719 名婴儿出生在低收入的家庭；67 名婴儿不足月即夭折；105 名婴儿不满周岁即死去；27 名儿童死于贫困；3 名儿童死于其他儿童的暴力；10 名儿童死在枪下；30 名儿童受枪伤；13.5 万名儿童携带枪支到学校；7742 名 10 多岁的儿童发生性行为；211 名儿童因毒品犯罪而被捕；3288 名儿童从家中出逃；1849 名儿童被虐待或遗弃；2989 名儿童的父母离异；10 万名儿童沦为无家可归者。

（3）美国一些专为维护有色人种权利而设的民间组织，普遍认为美国存在种族歧视。亚美法律保护与教育基金会主席冯美琪介绍说，许多亚裔人由于种族原因受到暴力侵犯，近年来这种暴力行为有不断增多的趋势。设在加州的亚洲法律领导小组执行主任赛卡也谈到，许多人仅因为是亚洲人，就被施以暴力。在政治上亚洲人也受到歧视，亚洲人在加州占总人口的 10%，但近 10 年来无一亚洲人在州议员和州政府官员的竞选中成功；在经济上一些亚洲人因为不会讲英语而不得不到“血汗车间”去工作，他们没有任何劳动保护，报酬低于最低法定工资标准。

拉美人在美国有 2400 万移民，他们也常常受到歧视。墨美法律保护与教育基金会顾问罗密罗在介绍该会工作时说，拉美人受歧视的状况与黑人相似，他们在移民、居住、就业、语言、教育、选举等方面受到的歧视较突出。拉美儿童有 60% 因不能完成高中教育而失学，美国监狱中的囚犯半数以上是拉美人和黑人。然而，美国主流社会却认为，少数民族的失业、疾病和犯罪等问题是少数民族自己造成的。

美国公民自由联盟主席斯特罗森认为，反对 1964 年《民权法案》的种族歧视问题一直存在。例如，在本次参议员选举中，一位白人同黑人竞选，这位白人反对民权法案，宣称谁要是支持民权法案，支持黑人，就要请白人雇主开除白人而让黑人来工作，这位白人使用如此手段取得了竞选胜利。斯特罗森说，在国会参议员中，支持民权法案的人越来越少了。美国破坏人权行为调查委员会华盛顿办公室主任弗里曼介绍说，他们的调查结果表明，参加竞选的黑人有40%受到了干扰，黑人的政治权利未能得到保障。

根据美国法律保护基金会1989年的一项统计，50%以上的黑人认为地方警察对他们的侵害要多于对他们的帮助。黑人要想进入司法界工作则更是困难。在得克萨斯州，1989年375名地方初审法院法官中只有7名黑人，而在上诉法院法官中则无1人是黑人。在阿肯色州甚至无1个黑人被选为巡回法庭、衡平法院、少年法院、上诉法院或州最高法院法官。在几乎所有的南方州和许多北方州也都存在类似的情况。

6. 美国国务院中国和蒙古事务处官员谈美国国务院是如何撰写各国人权状况报告的

美国国务院中国和蒙古事务处的官员在同我们座谈时详细介绍了美国国务院撰写各国人权状况年度报告的法律依据、工作程序、消息来源、注意事项和范围要求等具体情况。

美国官员说，根据1961年《对外援助法修正案》第116条（d）（1）款，美国国务院每年须调查了解并分别撰写联合国各会员国和所有接受美国援助国家当年人权状况的书面报告，然后送交国会。美国政府认为撰写各国人权状况报告是其人权政策的重要组成部分。国会将根据这些报告反映的具体情况考虑相应调整对某个国家援助的形式与数额及双边的经济与贸易关系，以影响有关国家的人权状况；对于友好国家，美国还可通过外交交涉影响其人权状况。当外交交涉不能发挥作用时，美国则倾向于利用国会决议、政府声明或总统讲话等方式动员国际社会和公众舆论，促使有关国家改善人权状况。

美国官员介绍说，美国国务院撰写的各国人权状况1989年度报告和1990年度报告均涉及168个国家或地区。每年，美国国务院系统有数百人参与此报告的撰写工作。为做好这项工作，美国国务院除设有主管人权和人道事务的助理国务卿和独立的人权和人道事务司外，各地区还有专职官员负责人权事务，各驻外使领馆也都增派了专职负责搜集和调查当地人权状况的官员。

美国国务院撰写各国人权状况报告的指导原则一般于每年9月发至各驻外使团。各国人权状况报告的初稿由当地美国使团拟就并于10月或11月提交国务院负责各国事务的办公室与人权和人道事务司审核修改。各国人权状况年度报告的最终定稿须于下一年度的 1 月 31 日前送交国会。

美国官员称，各国人权状况报告关注的主要是基本的公民权利和政治权利方面的问题。美国政府认为，若不能享有基本的公民权利和政治权利，则根本无法实现经济发展的目标。根据《对外援助法修正案》第 116 条（a）款，各国人权状况报告的内容应包括：有关酷刑及其他残忍、不人道或侮辱性虐待与惩罚的情况，非法长期拘禁或起因于绑架或密捕的失踪，以及以其他形式肆意剥夺个人的生命、自由与安全。根据《贸易法》第 502 条（a）款，各国人权状况报告应包括劳工权利的情况。此外，报告还应包括有关国际社会普遍接受的其他公民权利和政治权利的情况。美国国务院对各国人权状况报告各项内容的内涵和范围作了如下具体说明。

政治性或其他形式非法谋杀——指未经适当法律程序，由政府或反对派团体怂恿的谋杀，包括警察非法故意伤害嫌疑犯的行为和囚犯在拘禁期间的非自然死亡情况。普通囚犯之间斗殴致死者除外。

失踪——指罪犯尚未确定，但具有明显政治背景的未决失踪事件。

酷刑及其他残忍、不人道侮辱性虐待与惩罚——指由政府或反对派团体实施或怂恿的意欲给受害人身心造成极度痛苦的酷刑及其他残忍、不人道或侮辱性虐待与惩罚。

任意逮捕、拘留或放逐——指未经指控的拘禁，包括虽经指控，但在相当一段时间向公众隐匿有关庭审情况的案件。

拒绝进行公正的公开审判——指既不公正又不公开的审判，包括对那些因政治信仰或以非暴力方式发表不同政见而入狱的政治犯的审判。

任意侵犯个人隐私、家庭、住宅或通信——包括政府侵犯个人接受国外出版物的权利及强制推行堕胎、节育等计划生育措施等情况。

在国内冲突中违背人道法则，过度使用暴力——指不加区别、不加选择地屠杀，包括警察及安全部队任意杀害示威者及平民的行为。

言论和新闻自由——包括学术自由。

和平集会和结社的自由——包括贸易团体和专业性团体同国际相应团体发展关系的自由。

宗教自由——包括用国外语言出版宗教文献的自由，对外国教职人员的态度及个人宗教信仰对其执政党成员资格或政府官员资格的影响等情况。

国内旅行、移居和遣返的自由——包括强制性移民和遣返难民等情况。

公民政治自由——指公民进行政治选择的自由，包括参与修订法律、选举或罢免官员等情况。

政府对人权的态度——包括政府对国际或民间人权组织的态度。

因种族、性别、宗教、语言或社会地位造成的歧视——包括在就业、住房、教育，或其他经济、社会、文化权利方面的歧视。

劳工权利——包括工人结社和进行有组织活动（如罢工与集体谈判等）的权利，以及强制性劳动、童工和涉及最低工资、工作时间、劳动保护与卫生保健等方面的情况。

美官员宣称，美国国务院要求其官员在撰写各国人权状况报告时须采用一致标准，并力求全面客观。不过，在实际工作中有许多困难。首先，因篇幅有限，报告往往不能面面俱到；有时信息短缺，报告又难免以偏概全。其次，大多数涉及破坏人权的政府和机构团体往往采取消灭证据、封锁消息或歪曲事实等不合作态度，而破坏人权问题的检举者却又常常夸大问题，有时甚至胡编乱造所谓破坏人权的情况。

美国官员声称，为全面准确了解各国的人权状况，美国国务院负责人权事务的官员十分重视日常信息的搜集和分析工作。其信息来源包括：外国政府官员、各国公民、人权受害者、国会研究报告、情报机关、新闻报道和民间人权组织等提供的信息。为及时交换信息、核查情况，美国国务院同一些较有影响力的国际人权组织——联合国人权委员会、大赦国际、人权观察等——保持着比较密切的联系。为争取各国政府采取友好合作态度，美国国务院在分析各国人权状况时比较注意说明当地文化历史、法律传统及经济、社会因素的作用，并尽可能充分肯定有关政府人权政策的积极转变，如建立人权状况报告制度、成立人权事务审理机构、认真查处涉及人权的案件以及愿就人权问题进行建设性对话等。

美国国务院官员表示，尽管他们每年投入大量人力物力，尽可能深入调查了解情况，全面客观撰写各国人权状况报告，但很难既令国会和民间人权组织满意，同时又令有关国家政府满意。国会议员总是以美国的思维方式和价值标准判断各国人权状况；民间人权组织出于理想主义而想一蹴而就地解决人权问题，结果总是倾向于认为各国人权状况报告对有关国家破坏人权的问题批得不够；各国政府并不理解美国国务院撰写各国人权状况报告所作的努力，总是认为报告的批评内容言过其实，许多国家甚至批评美国干涉内政，从而导致国家关系紧张。因此，美国国务院的许多人认为，撰写各国人权状况报告的工作是国务院里“最受累不讨好的麻烦事”。

7. 美国人权立法的新动向：美国参议院通过 1991 年《民权法案》

我们在美考察期间发现，美国新的《民权法案》是否能通过并获得布什总统的批准，一直是美国人关心的事。据最新消息，美国参议院已于 10 月 30 日以 95 票对 5 票的绝对多数通过了 1991 年《民权法案》，从而结束了持续两年之久的激烈争论。这个《民权法案》获得通过，是国会与白宫互相妥协的结果。

新通过的《民权法案》的主要内容有以下几点。

第一，禁止在雇用考试中对不同种族的人使用不同的标准。这种做法一直被批评为“种族标准”。

第二，推翻了最高法院对平等就业机会委员会诉阿拉米科一案的判决，此判决决定美国在海外的公司可以不受 1964 年《民权法案》的约束。此次通过的《民权法案》明确规定，美国在外国的公司受 1964 年《民权法案》的约束，不得在雇用中有种族歧视行为。

第三，允许种族歧视行为的受害人，包括性骚扰（所谓“性骚扰”是指不受欢迎的性行为）的受害人在规定的限度内要求赔偿和惩罚性补偿。在此之前，法律只允许这些受害人得到他们因受歧视而失去的工资。

第四，明确规定对种族歧视行为的受害人的赔偿将根据雇主所经营的企业的大小和劳动力的多少来确定，最高限额为 30 万美元。

第五，重申了 1971 年最高法院的一个判决，允许当事人对非故意的种族歧视行为提起诉讼。并且，为了防止这样的情况发生，为雇主确定了一系列的标准。不过，它允许雇主自己证明他们的行为是由于经营上的需要。

第六，由于社会对国会自身不遵守法律的批评，在参议院内设立一个公平雇用机构，以接受参议院内工作人员对种族歧视和性骚扰事件的申诉，并对此类事件进行不公开的调解和不公开的听证。在此类事件中，申诉人和被告人均有权要求参议院职业道德委员会和设在华盛顿的美国上诉法院进行审查。这一法案首次为在参议院和白宫的工作人员所受到的故意的歧视和性骚扰提供保护，并且规定任何有上述行为的参议员和白宫官员都将从自己的薪金中支付罚款。

美国 1991 年《民权法案》的制定具有深刻的社会政治与经济背景，反映了美国社会在种族歧视方面仍然存在的严重问题以及美国最高法院近年来的保守倾向。这一法案具有明确的针对性，旨在恢复 1989 年 6 月以前的《平等就业机会法》，推翻最高法院的几个不利于种族歧视的受害人起诉和证明所受到的歧视的判决。

在美国，民权保护一般是由个人或民权组织通过法院诉讼而实现的。美国最高法院在这方面曾有过良好的记录，表明自己是民权保护最有力的机构。但是从里根政府开始，最高法院在这方面的作用逐渐削弱。里根认为最高法院过分重视个人权利，提出“法律和秩序”的口号。在最高法院法官的提名上选择与总统观点相同的候选人，使最高法院的工作重心从保护民权转向治理社会问题。特别是 1989 年以来最高法院做出的六个关系工作和就业方面的种族歧视的案件的判决，使美国在反对就业的种族歧视、保护民权方面退了一大步，引起了社会特别是少数民族的强烈不满，以至于国会决定通过立法来否决最高法院的一系列判决，恢复和重申在就业问题上的民权法律保护。

这一法案的通过使美国各派政治力量围绕着最突出的民权问题的争论达成了暂时的一致，也使得 1992 年总统大选中的党派之争在民权问题上换了一个新的题目。

8. 美国人士谈美国的人权观念

美国的人权理论是多元的。美国学者和有关人士对人权的看法不尽一致，甚至在某些问题上很不一致。但多数学者在下述问题上达成了共识：人权是美国政治的重要内涵。对内，人权作为美国法治的精髓，体现了美国社会对人权价值的高度认同；对外，人权作为美国外交政策的基石，反映了美国对在世界范围内实现人权共同标准的信念。

（1）美国人对权利的一般看法。

美国一些学者介绍说，美国社会普遍接受了自然权利的人权观，许多美国人用这种观念来解释权利和人权的产生与发展。哥伦比亚大学法学院人权项目主任、美国著名人权学者亨金教授认为，美国人的权利观是一种个人独立于社会的权利观，即个人自由主义的权利观。早在 200 年前，杰弗逊在其主持起草的《独立宣言》中就已阐明：人人生而平等，“造物者”

赋予他们若干不可剥夺的权利，其中包括生命权、自由权和追求幸福的权利。亨金认为，人权是人的自然属性所固有权利。这种思想主张个人生来享有权利，人们放弃自己的某些权利，通过宪法作为契约组成以多数统治和议会制度为基础的政府，因此政府负有尊重和保障个人权利的责任，政府若不尊重和保障个人权利就会失去合法性。在这种观念下，美国人面临着个人权利与政府权威之间的矛盾的难题，他们既要强调个人的自治权利，政府不得干预个人自由，又要允许政府有时为了公共利益对个人的某些权利加以限制，干预个人某些权利的行使。由于政府的干预有时走得太远，为了在个人权利与政府干预之间求得平衡，必须：①实行司法审查制度，通过法院对政府权力干预的适当性进行评判；②实行未经法律程序不得被剥夺自由权和财产权的原则。总之，自然权利是美国人普遍接受的权利观，它体现了权利与生俱来和限制政府权力、保障个人权利的古典自然法思想。

美国国务院负责人权和人道事务的助理国务卿希夫特认为，人权观从18 世纪产生到现在已经发展到第三代。第一代人权观，是由 18 世纪启蒙思想家明确提出的包括公民权利和政治权利的观点；第二代人权观，一般认为包括经济权利、社会权利和文化权利，这种权利观是由社会主义国家首先提出的；第三代人权观，出现于近 20 年，这是一种折中调和的社会连带的人权观，认为人权包括环境保护权、死的权利和其他与社会有关的权利。

在美国的人权理论中常使用“人权”“民权”两词。哈佛大学法学院人权项目主任、美国著名人权学者斯坦纳教授认为：人权指人的权利，是国际法的概念，民权指公民权利或宪法权利，是国内法的概念；国际法管辖的用“人权”这个词，国内法管辖的用“民权”这个词，两者并无实质性区别。

（2）人权的主体和内容。

亨金认为，个人是人权的基础，因此人权的主体主要是个人。每个人都是他自己的主人，所有个人组合成为政府，就构成了人民主权。除少数权利外，个人的权利仍属个人，政府不得随意剥夺。美众议院人权领导小组主席波特说：“我们领导小组的原则是，否认任何个人的人权，就是否认所有人的人权。”

斯坦纳则代表了另一种观点。他说："多数美国学者认为，人权既包括个人人权，也包括集体享有的经济、社会等权利。"哈佛大学法学院东亚法律研究中心主任安守廉认为，美国人讲人权，有时指个人人权，有时指集体人权，有时则两者兼而指之。

对人权主体侧重点的强调不同，对人权主要内容的理解也就不同。亨金教授指出，美国人认为个人自治、自决（如言论自由等政治权利和个人自由）是最基本的人权。美国对人权内容的理解与国际社会提出的人权概念有区别，主要不同之处是在经济和社会权利方面。美国宪法没有明确规定要建立一个福利国家，穿衣、吃饭、住房等权利不属于宪法权利。国际人权概念认为衣、食、住、行的权利同政治自由一样重要，但许多美国人却不这样认为。哥伦比亚大学法学院盖尔霍思教授说，在美国，个人自由、政治权利是宪法权利，属于法律问题，而经济、社会权利却属于政治问题，政治问题要通过政治程序来解决，它的解决取决于执政党的态度和政策。退休、养老、社会保险等权利在美国的社会政策中已有所保障，但政府的政策不主张提供公共住宅，所以街头有无家可归的人。乔治城大学法学院民权与宪法权利专家阿伯内西教授认为，美国宪法主要保护政治权利，而不保护社会、经济权利，也不保护公民的教育和住房的权利。

另有一些美国人认为，人权的内容不仅包括个人的政治权利和自由，而且包括经济、社会、文化等国际社会公认的各种权利。助理国务卿希夫特认为，个人政治权利和经济、社会权利都是重要的。美国公民自由联盟主席斯特罗森女士指出，应从两个意义上来理解人权的内容：宪法和人权法案中规定的权利。即使宪法规定的权利，也是十分广泛的。人权既包括政治权利和个人自由，也包括经济、社会权利。在个人权利与集体权利之间，有时必须牺牲个人权利。例如，给历史上受过歧视的人予以补偿和优惠待遇，主要就是强调集体权利。安守廉教授认为，经济和社会权利是重要的人权，但有的国家，人们过分强调了经济和社会权利，忽视了政治权利；而另一些国家则相反，它们忽视了经济和社会权利。斯坦纳教授主张从广义上理解人权的内容，即当代人权应包括要求政府对教育、食物、居住等基本需要提供保障的权利，政府有义务实施计划去创造财富和分配资源以维护人们的经济权利和社会权利。

（3）人权的共同标准与差异性。

美国学者介绍说，美国人普遍认为人权有共同标准，这就是人权的国际标准。美国国际法学会执行副会长哈格罗夫认为，存在可以适用于各国的共同的国际法律原则和人权标准，但各国对共同标准的范围和内容的解释是不同的，第二次世界大战以后有许多习惯法继《世界人权宣言》之后成为人权的共同标准。斯坦纳教授指出，第二次世界大战后，人权发展出现了两个历史性趋向：其一，通过新老国家的宪法对个人权利的全面确认而出现的“人权普遍化”趋向；其二，通过签订国际人权条约和非政府人权组织的活动而出现的“人权国际化”趋向。

美国学者在强调人权共同标准的同时，也承认各国情况不同，对人权的理解也有所不同，因而体现人权的差异性。斯坦纳教授说，在美国、中国、苏联、尼加拉瓜这些不同传统国家的权利类型中都存在着它们对人权理解的差异。大赦国际秘书长马丁在谈到大赦国际使用的人权定义时说，他们认为人权既包括《世界人权宣言》的定义，也包括其他国家对人权的定义，如作为伊斯兰国家的伊朗、沙特阿拉伯等的人权定义，一些国家的人权定义还包括了发展权、环境权等。人们之所以会对人权有不同的界定，均由他们的传统、民族、习惯、经济发展水平等的不同所决定。

（4）主权与人权的关系。

哈格罗夫介绍说，多数美国学者认为，主权是国家在管辖范围内行使的权力。但国家主权与人民主权是有区别的。美国众议院外交委员会索拉兹议员的中国事务顾问布什介绍了巴拿马外交部长的观点：在一国之内，如果人民主权存在，人民可以通过行使人民主权有效保护自己的权利，外国就不能进行干预、保护其国民的人权，否则就是干涉内政；在一国之内如果否定或不承认人民主权，就说明该国不保护人民的政治权利和人权，在这种情况下，外国就可对其施加压力，以监督该国执行国际人权的情况。

哈格罗夫认为，主权与人权的关系是，行使主权就必须接受相应的国际义务。大赦国际秘书长马丁认为，许多国家的政府认为，外界对其人权状况的批评就是对其主权的干涉。一般来讲，各国都应在其国内立法和国际实践中遵循人权国际保护原则，但如何实现，应根据该国的政治、经济及传统的具体情况来决定。

安守廉教授说，历史上有许多用所谓“国际标准”入侵主权国家的例子，如雅典战争，但都以失败而告终；此外，主权也很容易被作为掩饰侵犯人权行为而不与国际社会合作的借口。

关于如何认识国际人权条约与国内人权法的关系的问题，乔治城大学法学院的费能文教授说，在这个问题上有三种观点：第一种观点认为，国际人权条约高于国内人权法，因为人权是国际法最重要的部分；第二种观点认为，一国加入了国际人权公约，就把国际人权公约变成了国内人权法；第三种观点认为，主权高于一切，主权在国内是最高的，任何国际组织包括联合国都不能有超越政府和国家的权力。只有极少数人持第三种观点，大多数学者同意第二种观点。费能文教授主张，有少数国际人权公约应高于国内法。对于有些很重要的国际人权公约，政府不批准，也没有强制办法。如果联合国有维护国际人权的军队，就可以到任何国家去实施人权公约。当然现在还没有这种可能，将来能否发展到这一步则很难说。

9. 美国的无家可归者

在美国纽约、旧金山等大城市，到处看见许多沿街乞讨，露宿街头的无家可归者。无家可归者在美全国的总数到底多少，无准确统计。美国人口统计局估计为 25 万；一家非官方组织估计为 30 万；美国儿童保护基金会估计，其中仅儿童就约 10 万名。美国亚美法律保护与教育基金会主席冯美琪说，这个群体还在不断扩大。这种强烈的反差，表现了美国贫富间的鸿沟，突出了美国社会的畸形。

美国这样一个经济实力强大的国家，无家可归者的问题为什么长期解决不了呢？我们在考察过程中，曾多次询问一些美国人士，现将他们的看法综合如下。

（1）无家可归者形成的原因。

安守廉教授认为，许多无家可归者是竞争的失败者。美国社会的长处在于给各种人提供机会，一个人只要努力奋斗，就可以生存；但它的弱点也在于，一个人如果竞争失败，社会对他也是严酷无情的。

汉莫克认为，主要是贫富差别和经济不景气造成的。第一，在过去 30 年中，贫富差别越来越大，特别是过去 20 年里，大量财富集敛于占美人口总数 8% 的少数人手中，20 世纪 60 年代约翰逊的政策是资助穷人，70 年代以后逐渐少了资助穷人的项目。第二，美国经济不景气，自由经济使美国厂商把大量资本转移到国外，国内就业机会减少，失业人数增加。第三，尽管政府在救济穷人方面有机构和项目，但过去10年中，联邦政府抽走了它的资金，各州政府也开始效法。政府不愿意将税收用来救济穷人。他们认为应由私人和民间组织从事这项事业。

美国国会研究部外交与国防局的一位女士认为，是政府用于医疗服务的经费减少之故，以至于许多精神病患者得不到有效的治疗和监护而流落街头，过着悲惨的生活。

也有美国人认为，是历史传统和生活习惯造成的。有些无家可归者不愿意在政府为他们免费提供的住房居住。他们愿意无拘无束地生活。有的人还将住房加以焚毁。美中学术交流委员会的工作人员毕晓普女士说，几年前纽约市一个警察看到一个夜宿街头的妇女，便将其“请”到警察局，之后又找到一处房子让她住下来。不久，这个妇女向法院起诉，指控警察侵犯了她的个人自由。法院最后判决这位妇女胜诉，警察当局为此支付了一笔赔偿费。美国人认为，露宿街头是个人的权利，未违犯法律，政府不得干预。

（2）无家可归者的问题为什么解决不了？

美国一些学者认为，无家可归者的存在有利弊两个方面。利的方面是可以鼓励勤奋和效率，鞭挞懒惰。一个人只要努力奋斗，就可以生存。人们都努力奋斗，社会就能够提高效率。一些人认为过分强调社会福利和穷人救济，就会鼓励懒惰，牺牲效率，影响发展速度。这种观点显然降低了政府解决无家可归者的积极性。

哥伦比亚大学法学院盖尔·霍恩教授认为，有关住房的社会权利，不是法律问题，而是政治问题，应由政府制定政策加以解决。但美国政府的政策不主张提供免费公共住宅。政府的决策人认为，对无家可归者提供免费公共住宅，会对纳税人造成新的不平等和歧视。政府也曾搞了一些住房援助项目，以房租补贴或利息补贴的办法为低收入的人提供公共住房，如1985年联邦政府就提供了135.5万套低租金的公共住房和68.18亿美元的房租补贴，但这些项目对于无收入来源的美国人来说却如“海市蜃楼”，可望而不可即。

一些美国学者说，政府对无家可归者不愿意帮助，把解决他们的问题推给社会。而美国宪法不重视社会集体权利，也不重视个人的经济和社会权利，只强调个人自由。富人是否愿意出钱帮助穷人，是富人的自由，由富人自己决定。事实证明，美国富人的同情心是有限的，结果使问题长期得不到解决。

（3）无家可归者的处境越来越悲惨。

由于美国的经济不景气，目前大批无家可归者的处境更加悲惨。据报道，10 年前许多人对他们是同情的，并对之施以恩惠，现在则厌倦了。商人们开始拆除店前为他们设置的座位，以便将他们赶走。一位无家可归者说："人们到处在赶我们，情况越来越糟。我们能感到这种敌意。"据我们所见，美国的无家可归者几乎全是黑人和拉美裔人。美国墨美法律保护与教育基金会顾问罗密罗说，在美国，黑人和拉美裔人的犯罪率占全部犯罪的 85%。美国一些富有同情心和正义感的学者，对无家可归者的存在十分关心和焦虑。他们说，如果政府不负责任，社会又不管，把事情推给个人，什么事都由个人自由决定，美国就会变成一个野蛮的社会。他们认为，美国亟待研究出解决无家可归者的办法，使富人既保持投资的积极性，又富有同情心和怜悯心去帮助穷人。由此可以看出，这些学者仍然把希望寄托于富人们的"良心发现"和"恻隐之心"，而不愿提出修改不合理的法律，不愿触动不合理的制度。这样，困扰美国社会的无家可归者问题不可能不长期存在下去。

10. *加拿大副外长麦克罗斯基女士谈加中关系和加人权外交政策*

10 月 8 日下午，加拿大外交部主管亚洲事务的副部长麦克罗斯基女士会见我们，谈了加强双边关系的愿望和加拿大的人权外交政策，并提出了一些具体建议。谈话的主要内容如下。

（1）人权是双边关系中的重要因素，希望就人权问题进行对话。麦克罗斯基认为，加中两国目前各方面的关系都比较好，只是在人权问题上分歧很大。近两三年来加公众舆论愈来愈强调在加拿大的对华政策中要突出人权因素，加外交部也收到许多群众来信要求政府在发展加中关系时强调人权。这对政府形成了很大压力。加人民对人权问题的关注会对将来的双边关系产生很大影响。加外交部非常希望能尽快在两国外长谈话的基础上，与中国方面在人权领域进行多种方式对话、交流与合作。

（2）加拿大的人权外交政策。麦克罗斯基说，加外交政策的核心是追求人权与民主。加外长克拉克曾于 1990 年 11 月在班夫国际人权大会上作题为《人权与民主发展》的发言，阐述了加政府的如下基本立场。

① 不要轻易地错误地宣称我们是可供效仿的模式。我们的社会是在特定的历史、传统和文化中发展起来的。世界上的民主制度各不相同，如瑞典的社会民主主义、美国的自由资本主义。我们自己尚不统一，因此也不能指望他人与我们完全一致。

② 不能急于求成，民主不可能一蹴而就，人权的实现也是一个渐进的过程。我们的成就历经了数百年的奋斗，不能强求他人在数日内走完我们数十年的路程。我们的民主制度并非尽善尽美，我们的社会也存在贫穷、偏狭和偏见。

③ 不能夸夸其谈，不能要求民主而否定发展。不能指望饥肠辘辘的人对选举权发生兴趣；有效的发展援助要比西方的任何说教都更能促进人权和民主；帮助人们战胜贫穷，更有助于他们实现其他权利。

④ 要认识到民主制度的运作需要具备多种要素。民主的基础是法治——公平而正当地实施法律，民主还需要新闻自由，公务员的廉政和专业化，以及言论和集会自由。我们提供发展援助的任务是帮助建立实现这些基本原则的制度和专门知识。

⑤ 要公平地提出发展援助的条件。根据受援国的人权记录决定提供援助的水平和种类，同时也应注意其人权改进的趋势并每年对之进行审议。如果受援国政府不断地、有计划地严重破坏人权，我们将不再同该政府交往，但只要可能，将不会停止与其人民交往。

⑥ 一些社会受其发展水平制约不能迅速地促进人权和民主。不能把人权和民主作为提供发展援助的主要标准，否则会出现奖富罚贫的结果。

⑦ 要认识到促进民主与经济体制调整之间的矛盾，否则会有害于人权和民主。我们的经援机构应同发展中国家合作，确保其体制调整有助于巩固社会发展的基础。

⑧ 要充分认识促进人权与建设民主之间相辅相成的至关重要性。强制推行的民主不会成功，只有全社会的参与，民主才能实现。

（3）对在人权领域进行多种方式的对话、交流与合作的具体建议，麦克罗斯基提出以下几点。

① 在一些项目上进行合作。包括促进和保护妇女权利，儿童权利保护，处理不利地位人（如残疾人等）的公约，少数民族权利和宗教信仰自

由保障等。

② 让国际观察员观察一些审判。例如因主张非暴力或宗教原因而被审判的一些案件。

③ 进一步了解中国的司法程序。包括审讯、拘留、监狱等方面。

④ 进行一些双边交流。包括法官、司法人员、学者、议员和民间的交流。

从麦克罗斯基副外长的谈话和与加其他官员、学者的接触中了解到，加很不满意在人权外交和整个国际事务中扮演只跟在美国后边摇旗呐喊的小伙计的角色。1991 年，加在海湾战争和海地事件中都异常积极地主张进行“人道主义干预”。最近，作为各国民间人权机构的组织协调者和信息交换站的人权国际网络也从哈佛大学迁往渥太华。此外，加竭力表示他们在人权领域与美国的不同和分歧，有人甚至说加拿大人所享有的社会权利超越了美国 50 年。据我们看，加的人权政策有与美国相同的一面，也有许多不同特点。我们在研究和国际交往中都应注意到这一问题。

11. 加拿大人权委员会秘书长谈加拿大民间人权组织对加妇女、老人和残疾人的人权问题的看法

10 月 4 日，我们走访了加拿大人权委员会。该委员会的秘书长哈克先生说，近十几年来，加拿大的广大民众，特别是妇女、老人、残疾人、土著人、移民以及各民族、宗教团体，要求各自权利的呼声日益高涨。在此形势下，加议会于 1978 年通过了《人权法案》，1982 年通过了《权利与自由宪章》，其后又通过了《平等就业法》《多元文化法》等一系列法规，还成立了专门负责实施人权法案、处理歧视问题的人权委员会。由于政府采取的这些改进措施，加拿大的人权状况取得了很大进步，但也存在不少问题。为使我们较全面地了解加拿大人权方面存在的问题，哈克先生介绍了一些在妇女、老年人和残疾人的权利保护方面较有影响的民间组织的看法。

（1）加拿大妇女面临的主要问题是就业不平等与同工不同酬。根据 1986 年人口普查的统计数据，加妇女人数占全国人口的半数以上，其中 550 万人为全日制职工。在联邦政府 4521 个经理级别的雇员中只有 481 人是妇女，在 22672 个科学和专业级别的雇员中只有 5563 人是妇女，在联邦政府任命的 834 个法官中只有 63 人是妇女，在加主要银行的 246 个董事中

只有13位妇女。在工资收入方面，全日制女性职工的平均年薪为19995加元，只相当于男工平均年薪的65%，女性职工中有60%的人从事低收入的文秘和服务性工作。

近年来，加政府为解决就业和工资的歧视问题，推行了合同项目，要求联邦机构承诺实施就业平等原则；此外还推行了平等项目，要求接受联邦政府调控的大公司定期书面报告其妇女、残疾人、土著人和少数民族雇员的比例。但这两个项目的实际效果并不理想，其原因主要在于它们只要求有关机构和公司提交就业和工资情况的报告，而对存在的不平等现象没有具体惩戒措施。全国妇女地位行动委员会主席凯伊认为，加拿大的《平等就业法》存在严重缺陷，妇女在就业和工资方面的公正待遇只有通过法律规定的强制性特别保护措施才能得以实现。

目前，全国妇女地位行动委员会正在积极争取修订有关平等就业的法律。此外，他们还致力于督促政府制定有关孕期女工劳保措施的条例，并努力呼吁严格实施有关防止“性骚扰”的法律。

（2）加拿大老年人在就业、住房、交通、卫生保健和财政等方面受到歧视。据1986年人口普查的统计数据，加拿大65岁以上的老年人占全国人口的10.5%；按当前的出生率和移民率推算，到2006年65岁以上的老年人将增至全国人口的15%，到2031年将增至27%。针对加人口老龄化的趋势，许多民间组织积极呼吁政府和社会进一步重视对老年人的权利保障。

加拿大老年人网络组织认为，加老年人在就业、住房、交通、卫生保健和财政等方面均遇到不同程度的歧视：政府各机构及公司企业普遍实行强制退休制度；大约有80%的老年人依靠直系亲属的抚养；50%以上生活在贫困线以下的单身老人要将其大部分养老金用于支付房租；在城市居住的老年人因交通不便而不得不放弃大约40%的医疗保健机会。

加拿大许多争取老年人权利的民间组织认为，政府应该提高老年人的福利待遇，因为每个加拿大人或迟或早都会受益于这种政策。

（3）加拿大残疾人在就业和社会生活中的处境困难。加拿大有200多万残疾人。他们的平等权利虽得到人权法案的确认，但残疾人在就业和社会生活中的处境仍很困难。近年来，加人权委员会受理的歧视案件中有30%以上与残疾人有关，其中多数涉及就业问题。据统计，受过高等教育的残疾人有 26% 处于失业状态，而具有同等学力的正常人的失业率却只有 2% 。残疾人仍有 80% 处于失业和未充分就业的状态。他们多数生活在贫困线之下，许多人没有公民权，也没有机会参加社会生活。

拥有 3 万名残疾人会员的加拿大省际残疾人组织联盟认为，当前残疾人争取实现人权的首要目标是独立参与社会生活，其重要条件是平等就业。因此，他们向社会和政府呼吁，要求切实有效地实施有关保护残疾人权利的各项法规。

12. 加拿大人士谈加拿大的种族歧视问题

加拿大的少数民族占全国人口的 38% 。种族和民族关系因歧视问题而十分紧张。加拿大历史上除歧视过土著人外，还实行过反犹太人的政策，第二次世界大战期间曾拘禁过加籍日人。近一二十年来随着大量加勒比和亚裔移民的涌入，又出现了新种族歧视问题。致力于改善种族关系的组织——都市种族关系联盟认为，目前加拿大的种族歧视问题依然广泛存在，唯一不同之处是当权者承认了这一问题的存在。

加拿大最常见的种族歧视是就业方面的歧视。加拿大人权委员会在 1978—1988 年受理的种族歧视案件中有 67% 与就业歧视有关。此外，少数民族还是警察暴力的受害者。1988 年年初，在蒙特利尔、渥太华和温尼伯等地连续发生警察枪杀黑人和土著人事件。在文化教育方面，魁北克文化交流与移民理事会主席特奥雷认为，加拿大的教育仍远未有效解决种族歧视问题，许多有种族主义思想的人仍把少数民族视为极端主义分子、恐怖分子或地痞流氓。目前许多少数民族都在要求修改教材、考试评分和工作安置制度，以满足具有不同民族和文化背景的学生的需要，真正实现民族平等。

据了解，代表 36 个全国性民族团体的加拿大民族文化理事会成功地游说议会在 1988 年 7 月通过了多元文化法。虽然这在立法上对加拿大少数民族的文化提供了保护，但对破坏民族文化的行为仍缺乏有效的监督机制。加拿大都市种族关系联盟主席高佩认为，十多年来加拿大少数民族争取权利的斗争有成绩也有不足，他们在立法方面取得了不少进展，但在法律实施方面仍有很大不足。加拿大种族歧视问题得不到有效解决的主要原因是司法机制不健全、惩戒措施不力。此外，司法程序繁杂、耗时耗资也使许多种族歧视受害人不愿寻求法律保护。

加拿大律师协会在1988年的一份调查报告中指出，加拿大的印第安人、因纽特人和梅蒂斯人多年来一直是社会歧视与不公正待遇的受害者。根据人口普查的统计数据，加拿大土著民族人口为全国人口的2%，但其在押囚犯的人数却占全国在押囚犯总数的10%；土著人男性职工的平均工资只相当于全国男工平均工资的67%；一些土著人社区的失业率甚至高达85%以上；土著人的婴儿死亡率、青少年酗酒和自杀率也远远超过全国平均率；印第安人的平均生命预期，妇女为69岁，男子为62岁，而加拿大全国妇女的平均生命预期却是79岁，男子是72岁。

加拿大土著人普遍认为自己在加拿大处于二等公民的地位。为改变这种状况，加拿大各土著人团体近十几年来不断向政府要求自己的各项宪法权利，包括土地所有权、狩猎权、捕鱼权以及就业、司法和自治权。代表加拿大590个部落45万印第安人的土著民族大会一直把争取自治权作为自己的首要目标。他们认为，正是加拿大政府推行的民族同化政策逐渐破坏了印第安民族的社会制度和文化传统，夺走了印第安人的尊严和自尊，使他们在社会发展中处于十分不利的地位。因此，至为重要的是，印第安人应掌握自行决定发展道路的权利。

近年来，加拿大政府同土著人就自治权以及土地和资源权利等问题进行了一系列谈判，并初步达成协议，允许北方领土的印第安人、梅蒂斯人和因纽特人参与有关土地和资源的管理。但是，土著人组织对于这些进展很不满意。他们明确指出，他们已经对加拿大印第安和北方事务部失去了信心，并开始积极寻求联合国与国际社会的干预。他们甚至还表示，政府若不尽快采取有效措施，下一代土著人将会对政府展开范围广泛的抵制活动。土著民族大会主席埃鲁斯姆斯在竞选演说中警告说："加拿大！你要知道自己是在玩火，因为我们可能是最后一代准备坐下来同你们和平协商我们所关注问题的土著人领袖。"

目前，土著人的问题已发展为加拿大最严重的人权问题。加拿大政府和愈来愈多的民众都认识到应该给予土著人更多的权利，让他们自行决定自己的发展道路。但要彻底纠正土著人在历史上遭受的不公正待遇，使他们完全摆脱受歧视的社会地位，还需要较长的时间和大量工作。

13. 加拿大的人权教育

我们在加拿大考察期间，有关人士向我们介绍了该国的人权教育情况。据介绍，1983 年开始由联邦政府提倡的这一教育，目前已从政府官员扩展到大学、中学和小学。了解这方面的情况，有助于我们研究加拿大的对内对外人权政策。

（1）加拿大人权教育的目的。

加拿大人权基金名誉主席、联合国《世界人权宣言》的起草者汉弗莱介绍说，进行人权教育最主要的目的在于，使加拿大人民知道他们有哪些权利以及他们对别人和社会的义务。加拿大国务秘书克龙比说，进行人权教育是出于两个需要：其一，为了维护我们自身的利益；其二，为了履行我们对国际社会承担的责任。加拿大人权基金执行主任厄曼说，加拿大在民众与官员中开展人权教育是因为：加拿大接受了《世界人权宣言》并签署了两个重要的国际人权公约，它负有进行人权教育的国际法律义务；人权不是空泛的说教，而是具体法律规定的原则和规范，在人们认为其权利受到侵害时能够通过法律得以维护和补偿；通过人权教育使加拿大人确立这样的观念——消除歧视，树立人权和人道主义原则。

人权教育的目的因各类具体教育对象的不同而不同。例如，对学生进行人权教育的目的：其一，使学生了解基本人权；其二，使学生了解他们在学校所享有的有关教育服务和生活条件的各项权利；其三，使学生了解他们在校锻炼、发展及保持人格的责任；其四，使学生了解他们对学校事务的参与权；其五，使学生了解他们参加班委会、学生会或学生联合会的权利。加拿大开发署高级政策顾问史密斯介绍说，该署每年都在农业、石油、交通等方面为国外培训管理人员（中国也参加了此类项目），在培训中安排有人权教育的内容，目的是促进和发展对人权的尊重。

（2）加拿大人权教育的对象、方式和经费。

加拿大人权教育面向全社会。渥太华大学人权研究与教育中心主任布莱克提到，加拿大从小学、中学到大学都开有人权课。研究生也要学习人权方面的课程。此外还有许多针对特定对象的人权教育。如加拿大人权基金着重资助对外交人员的人权教育，迄今已培训了 800 多名外交工作人员，与此同时，该基金会还对教师、土著人、妇女等进行人权教育。加拿大行政司法管理研究所执行主任惠特曼介绍说，该所的主要工作是通过提供教育与训练计划，使律师、法官、警察等各类司法人员得到专业技能和人权意识的培训。一些教育机构和人权基金会过去主要培训妇女、工人和少数民族，现已发展到培训政府官员。

各政府部门也很重视对本部门人员的人权教育。如加拿大开发署要求其工作人员都要参加人权教育培训项目。加拿大外交与国际贸易部人权、妇女平等和社会事务司官员克罗蒂介绍说，20 世纪 80 年代中期以来，加拿大政府特别强调外交政策中的人权因素，外交部要求所有工作人员都须参加人权训练班。

加拿大进行人权教育采用的是针对不同对象采取不同的方式。第一，对大、中、小学在校学生开设内容不尽相同的人权课程。第二，对司法人员、政府官员、教师等举办短期培训班。渥太华大学人权研究与教育中心每年夏天都举办人权暑期培训班，通过开人权讲座、讨论人权问题、使用影视教学等方法，使学员了解基本人权的概念，掌握分析人权问题的技巧等。第三，出版人权著作，散发通俗易懂的人权宣传品和读物，包括《人权教育》《人权教学》《通过人权分享更好的生活》《人权——我们大家承担的责任》等著作。加拿大权利与自由联盟免费向社会发送《你知道你的权利吗?》等小册子。加拿大人权委员会印发了《你的权利手册》，告诉人们因种族、肤色、宗教、年龄、性别等受到歧视时，如何保护自己的权利，多数人权资料用英、法两种文字出版，有的资料甚至用多达 17 种文字出版，以满足不同少数民族的需要。

加拿大各政府部门进行人权教育时，经费由举办单位支出。但它的经费来源却有一定区别。外交部一类政府部门的人权教育经费从政府拨给的经费中支出。加拿大人权委员会虽属政府部门，但其经费只有一部分来自政府。非官方组织的情况也不尽相同，有的人权教育经费全部来自民间。如加拿大人权基金（1982—1983 年度的经费为 155750 加元，到 1987—1988 年度增至 35 万加元）；有的还接受政府的资助，如渥太华人权研究与教育中心的经费 1/4 来自学校（学校经费由政府负担），其余的由基金会和私人提供。

（3）加拿大人权教育的主要内容。

加拿大主要以《权利与自由宪章》及联邦和各省的有关人权保护的各项法律、法规为人权教育的基本内容，同时也根据不同的对象有所增减，渥太华大学人权研究与教育中心主任布莱克介绍说，渥太华大学的人权课不仅讲授人权的一般原理和各种理论问题，而且把人权融于各个不同的课程中，例如，教授英语或法语时，就可以解释对不同民族语言权利的看法。

1991年渥太华大学暑期培训班对官员和教师的培训内容包括：第一，人权强化培训项目的产生与发展；第二，人权法的理论与实践，包括在加拿大和其他国家人权法的一般理论及其实施的条件和方法；第三，探讨把人权教育与日常校园生活结合起来的可能性；第四，训练培训者如何在他们本地组织、领导和发展人权教育项目。1989年在爱德华王子岛省举办的暑期培训班开设了专题讲座，包括人权与国际法，人权与第三世界，国际人权法，美国权利法案，人权实现的发展趋势，灭绝种族的犯罪，人权的构成及哲学，加拿大《权利与自由宪章》，人权、援助与加拿大的外交政策，移民法、难民法与人权，人权与司法制度，加拿大联邦和各省的人权委员会，等等。加拿大行政司法管理研究所对司法人员的人权教育，除教授一般人权理论和加拿大人权立法等课程外，还帮助他们提高专业素质。

14. 加拿大推行人权外交政策的主要措施

20世纪80年代以来，加拿大政府强调其外交政策中的人权因素。加有关人士对此辩解说，这是因为政府外援的钱是纳税人提供的，纳税人向政府施加压力，要求政府关注受援国的人权状况，政府需要尊重纳税人的意见，对纳税人负责。政府为了尊重民意，必然把外交政策同人权联系起来。

加北南研究所人权与政府项目主任施密兹介绍说，人权与外交联系以后，引发了两个问题。一是人权如何与外交相联系并具有操作意义？加议会在一份报告中指出，广义的人权包括发展权，要把人权与另一个国家的发展联系起来，这样促进了人权，也就促进了社会发展，反之亦然。二是加在什么情况下采取哪种相应的人权外交政策，发生了什么事情可以作出反应并作出什么样的反应，都需要有可供操作的具体标准和措施。

为解决上述问题，加议会1988年专门通过决议，决定在蒙特利尔建立一个人权与民主发展中心，负责人权与外交政策等方面的对策性研究和宣传教育。此外，议会小组委员会还起草了一份报告，对政府如何实施人权外交政策提出了一些具体措施、标准和意见。与美国不同的是，美国国会要求政府每年依法向国会提供人权报告。加议会并未作出这种规定，只在相关的委员会研究这个问题。相关委员视不同情况向政府提出不同的方案以供选择。

以下是加议会提出并被政府采用的一些具体措施。这些措施分为建设性措施和制裁性措施两类。

（1）建设性措施：

① 向联合国的人权机构提供财政和专家援助；

② 以财政和专家支持地区性的人权组织，如美洲人权会议等；

③ 实施特别行为来促进人权，如向有关国家政府就如何解释和执行国际人权公约提出积极建议；

④ 通过加的非政府组织支持外国非政府人权组织促进人权的活动；

⑤ 在有良好人权记录或有改善人权记录的国家增加用于人权的发展方面的长期双边援助；

⑥ 以实际的或财政的方法支持受害者和难民；

⑦ 支持国际金融机构对较好保障人权和实行民主制度的国家的援助；

⑧ 一如既往地支持强化法治和推进民主制度的特别计划；

⑨ 减免为促进人权而作出努力的国家的双边债务；

⑩ 向努力改进劳动标准和工作条件的国家提供贸易优惠。

（2）制裁性措施：

① 在私下向有关政府提出抗议；

② 与其他国家联合提出抗议；

③ 在议会或其他机构公开表明对人权问题的关注；

④ 根据联合国人权委员会提出的要求进行调查；

⑤ 停止对存在人权问题的国家提供新的双边援助；

⑥ 对所有正在实施的项目进行人权方面的“政策过滤”；

⑦ 对违反受援目的的国家给予削减援助的警告；

⑧ 减少或逐步撤销非直接的援助项目，如支持平衡收支的援助；

⑨ 改变援助方向，从以援助政府为中心转变为以更多地援助科研项目为中心；

⑩ 保持已有的项目规模，但应以特别计划来帮助最贫穷的人民；

⑪ 减少或中止双边援助，但基本需要的援助除外；

⑫ 通过自愿组织开辟非正式的援助渠道；

⑬ 在国际金融机构投票反对向侵犯人权的国家提供经援；

⑭ 禁止军售，严格监督执行出口控制政策；

⑮ 进行贸易制裁，如取消关税特惠税率，限制企业对外发展的集资；

⑯ 减少或终止进出口贸易；

⑰ 降低外交机构规格，召回驻外人员；

⑱ 中断外交关系。

至于如何实施上述措施，加拿大主管援助项目的国际开发署认为应尽量使用建设性措施而非制裁性措施。施密兹强调说，当人权问题涉及双边关系时，加通常主张采用外援中的经济手段进行制裁。在涉及多边关系时，加主张要加强联合国的干预能力，一般应首先考虑使用外交的、经济的非军事手段，只有在用尽了其他手段的情况下，在国际法意义上的战争状态下并发生了大规模侵犯人权的情况时，才能由联合国考虑并决定使用军事手段进行干预。加近年愈来愈倾向于积极支持联合国或多边的人权干预，如支持海湾战争中的武装干预；在海地，不排除使用武力的可能。施密兹说，加政府认为军事干预是极端的做法，应尽可能避免使用。

15. 加拿大人士谈加拿大的人权观念

我们在加拿大考察期间，加拿大有关人士向我们介绍了该国具有代表性的人权观念。他们的介绍尽管有美化加拿大人权立法和人权制度的成分，但也反映了某些真实情况，对我们的研究有一定参考价值。

（1）关于人权的定义。

加拿大人士普遍认为，不应对人权作狭义的理解，即人权仅指个人的政治权利，而应从广义上来理解人权。他们认为，人权是根据国际公认的标准由法律确认的权利。人权既包括政治权利，也包括经济权利、社会权利和文化权利。40 多年前把具有集体主义的经济权利和社会权利写入《世界人权宣言》的就是加拿大的约翰·汉弗莱。加拿大北南研究所人权与政府项目主任施密兹强调，要把人权与国家的发展联系起来，因为促进了人权也就促进了社会发展，联合国开发计划署已确认了发展权是人权的重要内容，这就是一个把人权与国家的发展联系起来的广义的人权概念。加拿大国际人权与民主发展中心主席布罗德班特说：“有些国家对某些权利特别重视，我们加拿大对各种权利都予以重视”，“如果把一个人的面包抢走了，那就损害了他作为自然人维持生存的权利，如果把一个人的政治自由抢走了，同样也损害了他作为社会人存在的权利。可见，经济权利和政治自由是同等重要的”。他还认为，人权不仅指个人的权利，也指集体以及群体的权利，因为任何权利都有集体权利的内容，个人权利要得到社会环境的支持和国家法律的保护才能实现，个人作为社会群体的一分子不能游离于社会之外而要在完整的意义上实现权利。加拿大既重视个人权利也重视集体权利，是因为它有这个历史传统。1867 年，讲法语的加拿大人要求有自己的区域，建立自己的省，以保障他们讲法语的权利。如果没有这样的区域，而仅仅赋予他们讲法语的权利，他们早就被淹没了。由此就渐渐形成了重视集体权利的传统。1982 年的《权利与自由宪章》载入了土著人的集体权利和妇女、少数民族、老年人等的集体权利。

（2）对加拿大《权利与自由宪章》的评价。

加拿大人士认为：加拿大议会 1982 年通过的《权利与自由宪章》是加国内具有最高法律效力的保障人权与自由的“人权宪章”。这个宪章用根本法的形式集中体现了加拿大的主要人权理论观点。它规定，保障公民的基本自由、民主权利、法律地位、迁徙自由、合法权利、生活与就业的权利、平等权利、使用官方语言和接受少数民族语言教育的权利、多种文化的继承权、少数民族的权利等等。加拿大人权宪章实际上全盘接受了国际人权标准。渥太华大学人权研究与教育中心主任布莱克介绍说，加拿大在讨论起草人权宪章时，就特别强调要接受国际人权标准，要使加拿大的人权立法向国际人权公约靠拢，把加拿大的人权标准提高到国际水准。要根据《公民权利和政治权利国际公约》《经济、社会及文化权利国际公约》来起草人权宪章。魁北克人权委员会研究处法律顾问鲍塞甚至认为，加拿大人权宪章的许多用语，如关于平等和反对任何歧视的规定、司法权力及少数民族权利的规定等，几乎与《联合国宪章》的用语完全一样。

麦吉尔大学法学院宪法学教授柯蒂亚从宪法史的角度评价说，加拿大人权宪章突出了人权高于政府权力的思想。加拿大从 1867 年到 1982 年，宪法的重心是权力分配，即联邦与州的权力划分，而不是权利分配，政府的权力高于人民的权利。1982 年的人权宪章改变了这种状况，它第一次确认了人权高于政府权力的原则。

（3）关于人权的共同标准。

加拿大人士一般认为，人权在国际上是有共同标准的，这些标准由一系列国际人权文件所确立并为加拿大所接受。加拿大接受的国际人权文件主要有：《世界人权宣言》《公民权利和政治权利国际公约》《经济、社会及文化权利国际公约》《防止及惩办灭绝种族罪公约》《消除一切形式种族歧视国际公约》《消除对妇女一切形式歧视公约》《关于难民地位的议定书》《禁止酷刑和其他残忍、不人道或有辱人格的待遇或处罚公约》等。有些加拿大学者指出，人权的共同标准最终来自国家或民族内部，来自人民。人权的共同标准必须符合人民对什么是人权的基本理解，而不是一种强加的价值选择。

（4）关于国家主权与人权。

加拿大学者认为，主权是国际体系的组织原则。按照国际法确认的这一原则，主权在国内事务中是不受干涉的。由此逻辑得出两个基本结论：其一，国家是国际事务的主体；其二，干涉国内事务，损害主权独立，增加国际的不安全因素，都是非法的。施密兹说，不干涉内政是最重要的国际法原则。在世界范围内，存在着强国与弱国，强国为了发展或维护其国家利益，总是企图进行人权的国际干涉。

然而，多数加拿大学者认为，主权原则和不干涉内政原则受到了国际人权法和人道主义干预的挑战。他们强调，由《世界人权宣言》《公民权利和政治权利国际公约》《经济、社会及文化权利国际公约》等构成的国际人权法案是讨论一切人权问题的权威性依据。作为主权原则的例外，国际人权条约的成员国承诺了按照国际人权标准尊重或保障人权，因此负有在其国内履行这种承诺的义务。一个国家一旦签署了国际人权条约，就要接受条约的约束，而不能简单地以不侵害主权为借口来辩解。两国就人权问题交换看法或一国公众对另一国的人权状况进行批评，都不属于国际法禁止的干涉内政。

有个别学者（拉姆查兰）甚至主张，可按以下四个原则来解决人权与主权原则的冲突：第一，当为使人权免遭严重损害或为使人民免受巨大痛苦时，可以超越对主权的限制来进行干预；第二，不干涉内政原则不得适用于阻止国际社会对人权的合法保护；第三，在不干涉内政原则与人权国际保护原则不能两全时，应优先考虑后者；第四，国际社会负有采取措施维护人权、解除人民痛苦的义务。

关于用什么形式进行人权干预，学者们的倾向性意见是，任何主权国家不能进行单方面干预，只有在国际组织的允许下（如联合国的授权），才能进行人权干预，但这种干预不应是军事的。只有在国际法意义上的战争状态下并发生了大规模侵犯人权的情况时，才能由联合国考虑使用军事手段。此外，首先应当尽可能地使用非军事手段，只有在用尽了其他手段的情况下，联合国才能决定使用军事手段进行干预。

16. 加拿大《权利与自由宪章》及其人权保护的特点

人权的法律保护在各个不同的国家中有不同的特点。这是由各国政治制度、历史发展、经济条件、文化传统、民族结构等因素的差异所决定的。即使是在政治制度相同的国家，人权的法律保护体系和制度也不尽相同。加拿大的人权法律保护制度就有着许多不同于美国的特点。这也说明，人权的法律保护不可能只有一种模式。

加拿大在历史上长期作为英国的殖民地。在一定意义上可以说，在1982年以前，人权的法律保护问题在加拿大并未得到重视。虽然在1960年就通过了《人权法案》，这一法案从语言文字到内容都类似于美国的人权法案，但这一法案并不具有重要的现实意义，因为它是宣言性质的，不是宪法的一部分，各省对其实施不具有法律责任，所以对社会生活的实际作用很小。而宪法的主要内容是联邦与各省政府之间的权力分配和权力行使的程序，人权并不是宪法所关心的核心问题。

1982年加拿大制定了自己的新宪法。在制定宪法的过程中，对于要不要把人权作为专章列入宪法，有不同意见。有的人认为，加拿大已经有了《人权法案》，新宪法中没有必要再专门规定人权保护问题。但更多的人认为，人权的法律保护必须具有法律上的现实性，否则只能是一纸宣言。经过与英国的多方协商，加拿大《权利与自由宪章》终于作为宪法的一个重要部分颁布实行。

加拿大《权利与自由宪章》将人权的保护提到了宪法的高度。与其1960年颁布的《人权法案》不同，《权利与自由宪章》完全接受联合国《世界人权宣言》和其他人权公约的内容，有些内容甚至在文字上也完全照搬联合国的有关人权公约的规定。加拿大与美国不同，美国迄今为止尚未批准两个最重要的国际人权公约（即《公民权利和政治权利国际公约》《经济、社会及文化权利国际公约》），而且美国认为后一个公约与自己的人权观念不一致，因此并不准备批准。美国认为经济、社会与文化权利是吸收了社会主义国家和其他福利国家意识形态的产物，不符合美国所主张的人权基本上是政治权利和政治自由的观念。加拿大则完全接受经济、社会与文化权利为人权的观念。而且，加拿大特别强调国内立法要符合国际标准，并尽力按照这一标准去实行。因此，从我们考察的实际情况看，加拿大政府在保障人们的经济、社会与文化权利方面做了很大的努力，如全民享有医疗保险、以双语（英语和法语）为官方语言、为低收入者提供可以负担的住房，等等。在谈到这一方面的问题时，一位加拿大人权与民主发展中心的官员说，在社会保障方面，加拿大要比美国“先进 50 年”。

加拿大《权利与自由宪章》的制定与实施创建了加拿大新的人权保护机制，即以司法机关为核心的人权保护机制。1982 年以前，加拿大宪法是英国模式的，选举产生的议员是最高立法者，而任命产生的法官则只有解释法律的权力。在《权利与自由宪章》公布实施以后，最高法院获得了裁决某一立法是否违宪的权力。近年来在一系列有关就业方面的种族歧视、保护妇女及少数民族在社会各方面的民主权利、维护非政府组织提起有关人权问题诉讼的权利等案件中，最高法院都依据《权利与自由宪章》的原则和精神作出裁决，大大增强了司法机关在保护人权方面的作用。

在加拿大，很多人权保护机构是政府机构或是接受政府资助的半官方机构，这也是不同于美国的一个特点。在美国，人权保护机制中一个很重要的力量是非政府机构，如各种民权组织和基金会等。它们以不接受政府资助来保持自己的独立性。加拿大则不同。以加拿大人权委员会为例，这个委员会是一个政府机构，工作任务是反对并纠正联邦层面的各种歧视。这个机构在各省都设有分支机构以从事同样目的的工作。而在联邦政府层面上，人权委员会具有高于其他各部和各委员会的法律地位，甚至国防部也在其监督之下。这一机构受理个人申诉，进行案件调查和调解，调解达不成协议则以委员会的名义提交行政法院。这个委员会具有很高的权威性。当我们问到委员会在工作中如何处理与政府的关系时，他们说，因为他们的工作具有向政府挑战的性质，因此互相间的紧张是不可避免的。委员会官员强调：“我们的机构是根据加拿大《权利与自由宪章》设立的，我们尽量保持我们工作的独立性，只对宪法负责。”

当然，尽管加拿大人权保护的上述特点是值得肯定的，但并不意味着加拿大人权保护中不存在问题。同任何国家一样，加拿大也有很多人权问题，这一点他们自己并不讳言。最突出的问题之一是土著人的权利问题。

土著人是加拿大最早的主人，而在大批欧洲移民移入以后，土著人在社会生活的各方面都受到歧视，生活非常贫困，土著民族的文化遭到严重破坏。近年来，特别是1982年以来，政府和社会对这方面的问题有所认识，作了一些努力以改善土著人的状况，但这方面的工作是由政府的印第安人事务部控制的，而这个部的主要组成人员是白人，他们很难从土著人自身利益的角度来考虑土著人的权利要求。所以，现在土著人与政府之间的关系仍然很紧张，冲突时有发生。土著人要求自决权，要求独立，但他们所占有的资源不足以发展自己的经济和保护自己的文化。这是加拿大政府在人权保护方面所面临的一大难题。

17. 联合国秘书处人权中心纽约办公室主任斯塔玛图托洛女士谈人权和联合国的人权工作

1991年9月17日，我们在纽约同联合国秘书处人权中心纽约办公室主任斯塔玛图托洛女士等三位官员进行了座谈。斯塔玛图托洛介绍了对人权的看法和联合国的人权工作情况。

（1）斯塔玛图托洛谈到人权中心对人权的基本看法，主要包括以下几点。

第一，人权是一种推动国际社会发展的动力，是一种发展着的权利。人权现已进入第三代。第三代人权是一种个人人权与集体人权的统一，也是一种团结的人权，需要各国予以尊重。民族自决权在1948年的《世界人权宣言》中没有规定，但到20世纪60年代以后，民族自决权的概念被普遍接受并在国际人权中越来越占有重要地位。

第二，各国文化和传统不同，对人权的理解也不一样。但是，公民权利和政治权利与经济权利、社会权利都很重要，它们互相依存，不存在哪一方面权利比另一方面权利更重要的问题。

第三，关于人权与发展权。不发达国家强调发展权，而发达国家强调人权。经过十多年的讨论，认为发展权与人权是同等重要的。从理论上来说，发展首先是为了人。

第四，关于人权与主权的关系。主权不是抽象的，它在一定条件下要服从国际习惯法和国际条约。例如，希腊批准有关反对种族歧视的国际公约后，如在国内实行种族歧视的话，联合国就可以干预（斯塔玛图托洛是希腊人）。这是执行公约，而不是干涉内政。世界上已有100多个国家批准了《经济、社会及文化权利国际公约》和《公民权利和政治权利国际公约》。即使有些国家未批准《世界人权宣言》，该宣言也有其特殊的价值。《世界人权宣言》已属于国际习惯法，它对没有参加这个宣言的国家也有效力。例如，美国没有批准参加《世界人权宣言》，但美国如在其国土上实行种族虐待，联合国就可以出面干预。处理主权和人权的关系应从《联合国宪章》的规定出发，它既规定了不干涉内政的原则，也规定了要发展和保护人权。后者使联合国会员国的人权保护合法化。过去有些违反人权受到指责的国家，以干涉内政为借口拒绝别国指责，但当它们到联合国解释情况时，对干涉内政的问题却只字不提。

（2）斯塔玛图托洛介绍了联合国人权工作的概况。1945 年至今，联合国共完成了 70 多项人权立法。有关人权的立法工作大部分业已完成，只有少数立法仍在进行，如土著人权利的立法。中国也积极参与了这项立法工作。

她谈到，联合国在人权方面最重要的工作是监督人权条约的执行。主要由人权委员会和其他委员会负责此项工作。人权委员会的工作方式是：作出决议，对违反人权的国家进行谴责，也可派工作小组到有关国家了解人权情况；就专门问题，如滥用死刑、贩卖婴儿、种族虐待等特定问题派出特使进行专门调查；提供咨询性服务，如组织培训班培训警察等政府部门的官员，提供资料，派专家帮助某些国家进行人权立法工作。

（3）斯塔玛图托洛称，联合国今后的人权工作将向四个方面发展。第一，强化联合国的监督功能，监督各国政府切实保护人权；第二，努力创造一个普遍接受的人权文化，即统一的国际人权标准，使各国了解并接受这些标准；第三，在发展与人权关系的实践中形成一种切实可行的关系；第四，关注少数民族的人权问题，加强对少数民族人权的保护。她还谈到联合国拟于 1993 年召开世界人权大会，许多国家正为此而积极准备，并问中国的情况如何。我们告诉她，中国对国际人权保护一直是关心的，并为之做了许多工作，对 1993 年世界人权大会肯定会采取积极态度。

（4）斯塔玛图托洛谈到对中国人权的看法。她说，1989 年以后人权小组讨论过中国的人权状况，之后收集资料并写了报告。1990 年也写了报告。1991 年 8 月讨论了中国西藏的人权情况，要求秘书处搜集资料，以便 1992 年 2 月编写中国人权报告。中国在联合国人权小组、人权委员会中是积极分子，对于促进和保护国际人权都作出了努力。

18. 大赦国际领导人谈大赦国际在美国等西方国家的活动

大赦国际秘书长马丁和大赦国际驻华盛顿办公室主任奥戴等人与我们座谈时强调，大赦国际独立于任何政府、意识形态或宗教信仰，其工作主要是根据国际人权公约确定的原则维护囚犯的权利，他们不但批评社会主义国家，而且也批评西方国家破坏人权的行为。为保证其批评根据的可靠性，大赦国际规定其工作小组或成员不得从事调查搜集和研究分析有关本国人权状况的工作，还组成包括委内瑞拉、突尼斯、冰岛、秘鲁等发展中国家人士在内的国际委员会，负责确定大赦国际的大政方针，监督其秘书处的日常工作，为证实他们的客观、公正，马丁和奥戴具体介绍了大赦国际在美国等西方国家的活动。

（1）大赦国际在美国的活动。

第一，要求美国政府在外交政策中实行同样的人权标准。大赦国际认为美国政府对中东地区的一些国家，特别是以色列、伊拉克和科威特的人权问题实行的是双重标准。因此，近一年来他们动员了 8 万多人给美国政府和布什本人写信，批评美国政府没有把人权作为其外交政策的基石，呼吁布什根据国际公认的准则对各国执行同样的人权标准。

第二，敦促美国批准签署国际人权公约。他们对美国公众以及国会、国务院、白宫展开了广泛的宣传活动，还利用出席听证会、写请愿书等方式施加影响，并准备进一步动员舆论，敦促美国政府尽快批准签署国际人权公约。

第三，呼吁美国废除死刑。大赦国际认为美国有关死刑的法律过于严厉，已构成严重的人权问题。美国会正在审议的《犯罪综合法案》规定 47 种罪行可适用死刑。一些州的法律允许对不满 18 岁的少年实施死刑（目前世界上除美国外只有伊朗、伊拉克、巴基斯坦、孟加拉国、尼日利亚和巴巴多斯有如此严厉的死刑规定）。一些州甚至还允许对精神痴呆者执行死刑。近年来，美国立法、司法均趋于严厉，被处死刑的犯人愈来愈多。据大赦国际统计，1990 年美国共有 23 人被执行死刑，另外还有 2300 多名死刑犯人等候处决。为此，大赦国际在美国开展了一系列反对死刑的活动。他们动员舆论反对对青少年和精神痴呆者处以死刑，并且反对一些具体案例的死刑判决。他们还准备对国会展开游说活动，以阻止其通过《犯罪综合法案》。

第四，对警察暴力事件开展调查，要求政府约束警察以尊重囚犯的权利。洛杉矶白人警察毒打黑人嫌疑犯的事件发生后，大赦国际即派出以英国法学教授尼姆为首的调查组前去了解事实真相。当初步查清警察在此事件中的确滥施暴力之后，大赦国际准备通过与美国公民自由联盟的合作对洛杉矶全市警察的执法情况展开全面调查，以促使政府加强对执法部门的监督，要求他们尊重囚犯的权利。

第五，要求美国释放非法拘禁人员。美国军队在 1989 年 12 月入侵巴拿马后非法拘禁了几千人，直到 1990 年年初这些人仍处于美国军队的拘押之下，不能聘请律师，家属也不能探视。大赦国际动员公众舆论对美国军队的非法行为进行强烈批评，促使其中大多数人在被拘押几个月后得到释放。大赦国际还批评美国的边防警卫队任意关押和殴打非法入境的拉丁美洲人，呼吁美国政府制定相应法规，保护这些拉丁美洲人的权利。

（2）大赦国际在其他一些西方国家的活动。

大赦国际 1990 年以来对意大利、西班牙、葡萄牙、奥地利、丹麦、英国、加拿大和以色列等国一些有关警察、保安部队或监狱看守滥施暴力的事件进行了调查。

在意大利，大赦国际批评诺瓦拉高级安全监狱的 80 名看守使用高压水龙头驱赶停留在监狱场院里的犯人，并用警棍和铁棒殴打他们。

在西班牙，大赦国际批评巴塞罗那莫德洛监狱的看守在一次为囚犯调换监号的行动中殴打了 17 名犯人。大赦国际目前正在调查两起指控西班牙警察不必要地杀死嫌疑犯的事件。

在葡萄牙，利尼奥监狱的看守被指控殴打了 19 名犯人，大赦国际已派人对此事进行调查。

在奥地利，警察经常在没有拘捕证的情况下拘捕嫌疑犯，并对他们任意拷打。大赦国际在 1990 年发表的一份调查报告中对这种现象提出了批评。奥地利政府现已宣布采取一项临时措施，以制止警察虐待被拘留者的行为。

在丹麦，大赦国际批评丹麦监狱的看守把申请避难者同刑事犯关在一起，并使用捆绑、强光照射等手段对他们进行肉体折磨。目前，丹麦国会已通过一项法令，禁止把申请避难者同刑事犯关在一起。

在英国，大赦国际批评北爱尔兰保安部队杀死了10个人，其中有的是在不必要的情况下被枪杀的。

在加拿大，大赦国际批评莫霍克的警察在一次有关土地问题的争执中逮捕了几个印第安人，并对他们进行虐待。

在以色列，大赦国际批评以色列保安部队枪杀了包括儿童在内的120名巴勒斯坦人，其中许多人是无端遭到枪杀的。他们还批评以色列以发动起义为由关押了2.5万名巴勒斯坦人，其中有4000多人是在未经指控和审讯的情况下被拘押的，这些人在被拘押期间普遍受到刑讯逼供。

此外，大赦国际还批评法国、瑞士、奥地利、芬兰、挪威和西班牙仍存在关押良心犯的情况。

19. 大赦国际秘书长马丁谈大赦国际

访美期间，大赦国际秘书长马丁向我们介绍了大赦国际的基本情况。他的介绍虽然有不少宣传和美化，其中所谓客观和公正都是从资产阶级立场出发的，但是马丁较系统地谈了大赦国际的宗旨、任务、工作原则和它与联合国及其他国际人权组织的联系，对我们具有参考价值。

大赦国际是1961年在英国律师彼得·本南森倡议下成立的一个由世界各国关注人权的志愿人员组成的国际人权组织。它的秘书处设在伦敦，目前在60多个国家设有分部，在分部之下设有4000多个小组，共有会员110万人。

大赦国际是一个独立于任何政府、政治派别或宗教信仰的全球性组织。它的活动涉及150多个国家和地区，专门关注囚犯权利的国际保护，其任务主要侧重于以下三个方面。第一，为各地因个人信仰、肤色、性别、种族、语言或宗教的原因，没有使用或鼓吹暴力的良心囚犯寻求释放。第二，为所有政治犯争取公平和迅速的审判，并为未经指控或审判而被监禁的人进行呼吁。第三，毫无保留地反对对任何囚犯实施死刑或酷刑及其他残酷、不人道或侮辱性的虐待和惩罚。

大赦国际受理具体案例。当听到有良心犯或政治犯遭到拘禁，或有人受到酷刑、虐待或处死的威胁时，首先着重于动员其成员通过报纸杂志、政府公告、电视和电台广播、律师和人权组织，以及受害者的亲属和朋友搜集有关的资料。大赦国际还在必要时派遣调查团进行实地调查，并出席审判，会见囚犯和访问政府官员，以了解事实真相。大赦国际秘书处的调查研究部负责研究核对其成员和调查团搜集到的各种资料，并提出具体意见。然后其各级组织通过征集签名进行公开呼吁或以给有关政府写信的方式帮助受害人。大赦国际还出版一种《时事通讯》月刊，专门刊登其调查团的报告及有关良心犯、政治犯和虐待与处死情况的详细资料；此外，大赦国际还编撰出版有关各国人权状况的年度报告，其 1990 年人权状况报告涉及 141 个国家和地区。大赦国际的《时事通讯》月刊和年度报告有英文、法文、西班牙文和阿拉伯文四种文本，在动员公众舆论方面有十分广泛的影响力。

大赦国际的工作基于联合国《世界人权宣言》及所有国际人权公约确认的国际人权标准，特别是它们所规定的人人享有的生命、自由和人身安全的权利。它认为：维护人权是全人类的责任；各国政府都应在其国内法和国际实践中遵循人权的国际保护原则；无论哪国政府侵犯了人权，都不能以任何借口逃避外界的批评；国际人权问题不仅是政府之间的问题，各国的普通公民都应关心他国的人权。大赦国际在其人权观的支配下，主要通过提出批评建议、动员公众舆论，寻求按照国际人权标准改善囚犯的待遇。

马丁认为，国际组织，特别是联合国，在人权的国际保护方面具有极为重要的作用。联合国及其一些下属机构，如人权委员会、禁止酷刑委员会等，有权监督实施国际人权标准；国际人权公约的签约国有义务接受联合国机构对其国内人权状况的监督检查；联合国对于尚未接受某些人权标准的国家，在一定条件下也可运用特殊程序进行干预，如对用野蛮方式实施死刑的国家，可以使用联合国的 503 程序。鉴于以上情况，大赦国际同联合国经社理事会、联合国教科文组织、欧洲理事会、非洲统一组织和美洲国家组织等保持着良好的合作关系。

马丁还谈道，大赦国际认识到各国政府是改善其国内人权状况的关键，而大赦国际作为民间的国际人权组织，没有能力强制各国政府纠正其破坏人权的行为，所以最好的做法还是以保持政治独立性、进行公正客观的批评和提出建设性意见，来取得各国政府的理解与合作，促使它们改进本国人权状况。

因此，大赦国际十分重视其政治独立性，它强调在进行批评时，针对的只是政府侵犯囚犯权利的行为，并不反对任何政府，或其经济、政治和社会制度；它关注的只是维护囚犯权利，但并不支持他们的信仰或政治见解。此外，大赦国际特别注意尽量避免被某国政府或某个政治派别利用。为此，它在章程中规定，大赦国际的经费应来自其成员缴纳的会费和小额的个人捐款，不得接受任何政府的资助。

大赦国际还十分重视其工作的公正客观性。在发表批评意见前，要对其事实依据进行认真的调查研究和反复核查。有关资料公布后，一旦发现失误，则公开更正。此外，它的工作规则还特别规定：大赦国际的任何工作小组或成员均不得从事调查搜集和研究分析有关本国人权状况的工作。

近年来，大赦国际愈来愈重视同各国政府发展合作关系，进行建设性对话与交流。在得到有关侵犯人权情况的指控后，它首先注意说服有关政府同意派遣实地调查团组，以了解事实真相。在调查过程中，注意不作任何新闻报道，以免情况失实，造成不良影响。在充分调查研究的基础上，比较注意根据各国的社会特点提出批评意见，尽量避免进行过分的指责。同时，大赦国际还注意对有关国家的人权法律、司法程序和保护措施提出具体的改进建议。1990 年，大赦国际在有关政府的同意下派遣了 10 多个团组到这些国家对其人权状况进行实地调查和交流对话。目前，许多政府都承认大赦国际是个负责任的民间人权组织，并同它建立了较好的合作关系。它们有的对大赦国际的批评建议作出了积极的回应，有的甚至还主动邀请它派人前去考察人权状况。

据马丁介绍，联合国、各种国际机构以及愈来愈多的政府都认为大赦国际是世界上最有影响力的民间国际人权组织，并对它的工作给予了高度评价。1977 年，大赦国际因其“为自由，为正义，从而为世界和平奠定基础”所作出的贡献，获得诺贝尔和平奖。1978 年，在联合国《世界人权宣言》颁布 30 周年纪念之际，大赦国际因其“在维护人权上的卓越成就”而获得联合国人权奖。

二 关于英国、法国、瑞典人权问题考察系列专题报告

1. 英国、法国和瑞典的监狱

（1）英、法、瑞三国监狱概况。

英国监狱的最高管理机关是监狱署。监狱署隶属于内政部，受内政大

臣领导；通常还有一位国务大臣负责监狱事务。英国的监狱分四个管区：北区、中区、西南区和东南区，每个区都有不同种类的监狱，监管不同种类的犯人。英格兰和威尔士目前有 129 所监狱，其中男监 117 所，女监 12 所。每所监狱的管理人员由监狱长、管教人员和其他服务人员组成。另外，还设有检查和监督机构，负责检查和监督监狱的管理工作。在法国，监狱的最高管理机构是隶属司法部的监狱署，它下设四个处：判决执行处、整改处（负责教育、培训等）、人事处和社会联系处，每个处下设三个办公室。此外，还设有负责后勤、秘书、检查，以及通信、联系与国际关系等机构。法国每所监狱的管理人员由监狱长和其他管理服务人员组成。具有特色的是，每所监狱设一位监督法官，根据犯人的有关材料和表现决定对犯人的处置形式。在瑞典，监狱的最高管理机构是隶属司法部的瑞典全国监狱和缓刑管理局，下设矫正委员会和缓刑委员会。全国划分为 13 个矫正区。

英格兰和威尔士两地的监狱关押（1991 年 3 月统计）45106 人，其中 20% 是关押在拘留所中等待判决的人犯。在服刑犯人中，多数人的刑期是 6 个月至 18 个月。英国监狱根据被关押人员是否被判决分为拘留所和普通监狱。在普通监狱中，根据犯人是否成年分为成年监狱和少年监狱，根据犯人危险程度特别是越狱的可能性分为四级，最高级为 A 级，关押的是犯罪严重、服刑期长且越狱可能性最大的犯人，最低级为 D 级。此外还分为地方监狱和中央监狱。在法国，根据 1990 年的统计，监狱犯人人数为 45420 人，其中妇女占 4.4%，等待判决者占 45.3%。法国监狱通常分为三种：第一，拘留所；第二，监狱，其中又分为具有严密防范设施的监狱和备有一般防范设施的监狱；第三，半自由中心，有 117 个这类中心，在这里服刑的人，刑期一般在 6 个月以下，犯人白天可以外出参加工作和活动，假期和夜间必须返回。在瑞典，目前有 25 个拘留所，1300 多个拘留处；地方性监狱，有 60 所，2000 个关押处；全国性监狱，19 所，1800 个关押处；缓刑机构有 61 个。

在这三个国家中，都准许犯人的亲友定期探视。犯人在狱中可以看电视。在法国，犯人有权拥有自己的收音机、电视机和穿着自己的衣服，甚至有权装饰牢房。在英国，未决犯可穿自己的衣服，女犯人可拥有三套自己的衣服，但服刑的男犯人必须穿囚服。犯人可以定期与外界通信或通电话；可以使用由监狱提供的图书馆；监狱还为犯人提供教育，在英国和法国，这种教育包括从初级教育到大学教育，目前在英国有350名犯人正在攻读大学的本科学位；犯人还可从事体育和文化活动；监狱还为犯人提供医疗卫生条件，监狱通常设有医院，有些疾病可到狱外就医。另外，犯人在监狱还参加一定量的工作，但不论参加工作与否都可领取一笔零用钱，在英国，每人平均每周可领得1.95英镑，参加工作者可领取一定数量的工资。这些收入通常用于支付邮资、电话费和购买某些小物品。犯人表现好的，经过一定服刑期，可以请求减刑和提前释放等。

（2）欧洲人权委员会关于访问英国监狱的报告及英国政府的答复。

欧洲人权委员会的“欧洲反刑讯、虐待和酷刑委员会代表团”（以下简称代表团）于1990年7月29日至8月10日走访了英国的五所监狱和五个警察局。这次访问的重点对象是地方男监狱，调查的问题十分广泛。代表团根据调查，向英国政府提交了一份报告——《欧洲反刑讯、虐待和酷刑委员会就访问英国对英国政府的报告》（以下简称《报告》）。这份报告长达81页，反映了代表团所了解到的情况，并对存在的问题提出了改进的要求和建议。针对代表团这份报告，英国政府作了长达55页的《答复》。1991年11月26日，《报告》和《答复》被一起公布。

① 监狱情况。代表团重点访问了三所男监狱：布里克斯顿监狱、利兹监狱和温兹沃斯监狱。这三所地方监狱关押的是等待判决的未决犯和准备转移到其他监狱的犯人。访问期间，有人向代表团反映，殴打被关押者的事件时有发生，监狱警察有时对犯人使用超过合理限度的制裁措施。代表团发现，这三所监狱不同程度地存在以下三个问题。

一是关押人数超负荷，过分拥挤。例如，温兹沃斯监狱可容纳1275人，但实际关押1556人；布里克斯顿监狱可容纳729人，而实际关押1005人；利兹监狱可容纳627人，而实际关押竟达1205人。牢房窄小，在利兹监狱，常常是三人挤在一个单人牢房里。由于居住过分拥挤，带来许多问题，如影响了被关押者之间正常的关系，并成为犯人自杀和自残的潜在因素之一。

二是环境卫生差。几乎所有牢房都没有厕所，被关押者大部分时间使用马桶，定时提出去冲洗，窄小的牢房内气味难闻。往外提马桶者常常在路上与送饭者相遇，极不卫生。此外，牢房内没有自来水，犯人存在着洗衣服难和洗澡难等问题。

三是各种文体设施差，犯人生活单调、乏味。代表团认为，这些问题的存在，对被关押者构成人格侮辱，因此是不人道的，是变相对他们实施虐待。此外，代表团还发现了其他问题，如狱政人员与被关押者的关系不够融洽、狱政人员缺乏培训、被关押者与外界的联系少，以及医疗条件差等。代表团要求英国政府予以改进，并就如何改进提出了具体建议。

② 英国政府的答复。针对代表团提出的各种问题和改进要求与建议，英国政府一一进行详细的答复。英国政府对代表团在访问期间没有发现虐待被拘留者的证据这一点感到满意。但同时指出，代表团重点批评的三所男监狱条件虽然确实较差，但并没差到“不人道和侮辱人格的”程度。因此，在这一点上不同意代表团的评断。

关于过分拥挤问题，《答复》中指出，一些新的监狱正在建设之中，到 1992 年年底，将有九所新的地方监狱投入使用，将大大改善被关押者的居住条件。在利兹监狱三个人关在一间牢房的状况，已经有所改变。

在环境卫生方面，英国政府正在抓紧解决存在的问题，1991 年 2 月政府宣布了一项计划：结束原来使用马桶的做法，采取保持环境卫生的新措施。这项计划将于 1994 年完成。关于代表团提出的其他问题和建议，《答复》中也作了十分详细的解答。

从这份《答复》的内容看，英国政府对访英代表团的《报告》十分重视，态度诚恳。基本上接受《报告》中的批评和建议，进而制订了新的计划，准备采取新的措施，解决存在的问题。对某些持有异议的问题，英国政府根据具体情况也作了详细的解释，以求得到代表团的谅解。

（3）英国囚犯在监狱中的工作。

英国、法国和瑞典的已决犯在服刑期间必须工作，不称劳动改造或强迫劳动。英国监狱规则规定：“服刑的犯人每天应进行不超过 10 小时的工作。未决犯可以选择工作。”欧洲议会所通过的监狱规则也规定：“应为犯人提供有用的工作和其他有意义的活动，以使他们积极地利用正常的工作日。”

根据 1989 年 3 月的统计数据，英国共有 15990 个犯人工作点，其中工业车间 12713 处，农场和园艺种植处 3817 个，34 个监狱有自办的农场，为监狱提供蔬菜。犯人也帮助修整监狱的花园、体育场地等。犯人除了参加工农业方面的工作，还从事为监狱办伙食、维修建筑物、清洁工作和其他杂务。在车间工作者，平均每周工作 20.8 小时，在农场和花园工作者，平均每周工作 25 小时。1988—1989 年度提供工业产值 2000 万英镑，农业产值为 2 亿 5000 万英镑。每个工作的犯人创造利润 755 英镑。1990—1991 年度，每个工作的犯人创造利润 93.4 英镑。1989—1990 年，工作犯人的平均工资为 2.65 英镑，根据是否被判刑、工种、工作时数及工作熟练程度等，工资有所区别，最高每周不超过 6 英镑。犯人常抱怨工资太低和各工种支付工资的比例不合理。监狱管理当局和有关人士也就此向上级反映，并向议会提出有关方面的报告。一般认为，犯人工作的工资虽应适当提高，但不应按照普通劳动市场的工资标准来衡量。

自 20 世纪 70 年代以来，犯人的工作机会有所增加，监狱委员会的目标是每周为犯人提供 30 小时的工作。犯人生产的产品和提供的服务主要用于监狱本身和公共市场，1990—1991 年度，这种产品 88% 由内部市场消耗。

2. 英国、瑞典外交部官员谈人权外交政策

（1）英国外交部官员谈人权外交政策。

第一，人权是英国外交政策的重要一环。英国外交部远东司司长赫·戴维斯说，人权是英国外交政策的重要一环。英国认为，民主和人权是不可分割的，人权在《联合国宪章》《世界人权宣言》《欧洲人权公约》中都得到了充分的尊重。实际上，人权对一个国家的政治发展也有很大的作用，人权得到保障，政治才会均衡发展，而国家内部的平衡也有助于国际安全。

第二，对他国人权的关注不是干涉内政。戴维斯说，英国政府认为，关注他国的人权状况并不是干涉内政，也不涉及主权问题。因为这种关注的基础是《联合国宪章》和《世界人权宣言》中关于尊重基本人权和自由的规定，地区性人权公约也鼓励对人权的尊重。不尊重人权就会引起国内的和国际的反抗。他还说，第三世界和东欧国家都要有自己的良好的人权记录，英国用 5000 万英镑帮助第三世界国家建设自己的人权制度，包括法治。在人权问题上，英国政府认为，人民有权参与决策，但不一定实行议会民主。人权课题本身就是政治课题。在人权方面，英联邦国家的记录很糟糕，它们过去的宣言都是纸面上的，没有付诸实践，1991 年在非洲的宣

言可能产生积极的作用，使它们的人权状况进入一个新的阶段。

第三，关注不是施加压力而是对话。戴维斯说，英国不希望对别国施加压力，而欢迎就人权问题进行对话。人权问题不单是哪一个国家的问题，而是加强合作以促进人权全面实现的问题。在欧洲，由于有了《欧洲人权公约》，如果哪个缔约国在人权方面没有达到公约规定的标准，英国政府可以发表意见，别国政府也可以发表意见。目前，对欧洲稳定的最大威胁不是武装干涉和武装冲突，而是民族问题，它造成国与国之间关系紧张。欧洲各国同意合作以研究民族问题，今后几年，这会是一个重要的课题。

第四，英国人权外交政策的制定和关注人权的方式。戴维斯说，英国在制定人权政策时，主要依靠以下信息来源：①驻外使馆提供的信息；②非政府组织提供的信息；③国际民间组织提供的信息；④报刊（包括所在国报刊）提供的信息。

英国关注别国人权采取的方式，一般有三种：①通过外交渠道转达英国政府在这个问题上的立场和态度，进行直接或间接的非对抗性对话，这是通常采用的方式。②实行经济制裁。在这种情况下，英国不会自行其是，要同欧共体采取共同行动，否则不会被人理睬。③减少或停止政府间的高层接触。

第五，英国和《欧洲人权公约》。戴维斯说，《欧洲人权公约》现有35个签约国，英国是该公约的创始国之一。经过十多年的努力，欧洲人权状况有了改进。最近38个欧洲国家在莫斯科聚会，都表示了对人权的关切，因为人权不是一个国家的问题。《欧洲人权公约》是保障欧洲人权的重要方式，签约国公民可以就人权问题向欧洲人权法院控告自己的政府，一个签约国政府也可就人权问题向欧洲人权法院控告另一个签约国政府。如果英国政府被控告，并在欧洲人权法院败诉，英国要服从欧洲人权法院的判决，并相应修改本国的法律。

（2）瑞典外交部官员谈人权政策。

第一，瑞典人权外交的基本原则。瑞典外交部条法领事司司长汉·柯芮尔说，在人权问题上，瑞典政府坚持两项基本原则：其一，任何国家都不能摆脱国际社会对其人权状况的关注；其二，一个国家对另一个主权国家人权状况的关切，不能认为是对该国内政的干涉，如臭氧层问题就是如此。以上原则，同样也适用于瑞典政府。

第二，人权和主权的关系。柯芮尔说，当今人权概念已发生重大变化，从早期的绝对国家主权发展到把部分主权转让给国际社会，即从长期的发展观念而言，国家的部分主权要受到国际社会的约束。虽然人权是由主权国家保障的，主权国家在保护该国人权的同时，也要考虑到国际社会的愿望。例如，瑞典签署《欧洲人权公约》，这是瑞典行使国家主权的行为，即在瑞典国家主权的范围内承认国际人权公约，签署《欧洲人权公约》就意味着：①本国法律是符合国际公约的；②本国法律的施行应当符合国际人权公约的要求；③本国公民有权到欧洲人权法院控告自己的政府；④如果本国政府在欧洲人权法院败诉，则应当服从判决，并修改自己的法律。

至于这样做是履行签约后的国际义务还是出让主权，柯芮尔认为，两者都是，两种含义都有。签约是行使主权，同时因为签约符合国内法，也是出让主权。国际人权公约，可以参加，也可以不参加，参加了也可以退出。

柯芮尔还说，自从联合国成立以来，世界就有了共同的价值准则，在人们之间有了共同的权利，一旦加入了联合国，就要遵守《联合国宪章》关于尊重基本人权的规定，这就是基本准则。尊重人权是国际义务的一部分，这些义务在《世界人权宣言》中已有记载，即使没有参加《公民权利和政治权利国际公约》和《经济、社会及文化权利国际公约》，也要承担相应的国际义务。

第三，关于人道主义干涉。柯芮尔说，谈到国际上的人道主义干涉，首先要强调的是法治原则，必须按照法治原则行事。如果人权遭受破坏严重到这样的程度，以致人道主义干涉成为必要，国际干涉会对主权产生影响。从历史上看，人道主义干涉往往被错误地利用，打着人道主义干涉的幌子去侵犯别国，而国际社会则袖手旁观。瑞典政府的看法是，人道主义干涉必须在联合国范围内，特别是安理会范围内进行。

第四，关于保障人权和维护公共安全的关系。柯芮尔说，这是一个传统的问题。要达到二者的平衡，需要有多种因素的相互配合和制约。他说，在各种问题之间寻求平衡，是立法者的责任，立法者应当在立法过程中找到这种平衡点。他举例说，《欧洲人权公约》第一章第九条规定，人人有思想、良心以及宗教自由的权利。但同时也规定，“个人的宗教信仰自由受法律规定的限制，以及在民主社会中为了公共安全的利益，为了维护公共秩序、健康或道德，或为了保护他人的权利和自由所必需的限制”。这说明，权利不是没有限制的，但这种限制必须经过法律程序，由法律规定。

柯芮尔说，瑞典对人权也有限制，但这种限制很少。任何瑞典人都有权向政府索取他所需要的不涉及国防机密的一切文件；一个官员即使被怀疑是外国间谍，也要依照法律程序审理，并有律师帮助；瑞典人要离开自己的国家，不仅不会有任何障碍，而且会受到保护。瑞典的原则是：没有发生的不予过问，已经发生的必然追究。

第五，关于人权的渐进发展过程。柯芮尔说，人权、民主、自由都不可能尽善尽美，需要有一个不断发展的过程。这是一个哲学问题，也是国家的作用问题。在瑞典，法治原则是经过几十年的努力才得到发展的。国家的重要职责之一就是维护每个人的权利，如果国家不能维护他们的权利，他们就会不满，就会侵犯法律。

柯芮尔还说，在他们看来，重要的有两点：一是要依照法律程序办事，即使犯了罪的人，也要依照法律程序审理：二是法治社会的基本原则是人人都能参与政治，如果不能参与政治，那是很危险的。要有不断的政治对话，要与不同观点的人磋商，要在国会中进行讨论。

第六，瑞典与欧洲人权法院。柯芮尔说，瑞典是《欧洲人权公约》的签署国，本国公民有权向欧洲人权法院控告自己的政府，迄今为止，瑞典公民向欧洲人权法院控告本国政府的案件为数甚多，欧洲人权法院已经作出了 24 个判决，其中近 20 个判决是政府败诉。瑞典政府确认国际人权法高于国内法的原则，凡政府败诉，瑞典要依据欧洲人权法院的判决修改本国的法律，而不管瑞典法院适用法律是否正确。

瑞典公民有权向欧洲人权法院控告本国政府是一件好事，因为瑞典公民只有穷尽了国内法律程序并且有了瑞典最高法院的判决之后，才能到欧洲人权法院控告，这样就会使瑞典国会和有关当局更加清楚地看到国内人权立法的缺陷，从而使之趋于完善。

3. 法国的宪法委员会和瑞典的监察官制度

（1）法国宪法委员会的组织与职权。

在西方，除美国之外，法国的宪法历史最长，宪法实践也最为丰富，但对国会立法没有宪法审查制度，这是一大缺陷。尤其是第三和第四共和国，国会权力过大，问题更多。在戴高乐总统的推动下，法国在 1958 年成立了宪法委员会。这个委员会由九人组成，其中三名由总统任命，三名由参议院任命，三名由国民议会任命。每三年更换三名宪法委员会委员，每人任职九年，不得连任。这些人一般是政界人士、学界人士、法律界人士与社会名流。法国认为，宪法是政治性的法律，主要靠公民意识和政治意识解决宪法问题。

① 法国宪法委员会审查法律的合宪性的主要根据。其一，1789 年《人权宣言》所确立的各项原则。这个宣言为法国历届宪法所确认，在法国有至高无上的地位。其二，宪法的基本原则，即法兰西五部宪法所确认的共同基本原则。其三，第二次世界大战后新确认的宪法权利，如经济、文化和社会权利等。其四，宪法委员会认定的宪法基本精神，例如，宪法的连续性、稳定性。其五，政治多元原则：要允许各方面都有代表权。

② 法国宪法委员会审查法律的合宪性是事先审查。国会两院通过法律后，总统正式签署公布前，由总统、总理、国民议会议长、参议院议长、国民议会 60 名议员或参议院 60 名议员要求，宪法委员会应对提交的法律进行宪法审查，并必须在一个月内作出裁决。但如有紧急情况，根据政府的要求，此期限须缩短为八日。

③ 宪法委员会一旦受理宪法审查要求，即暂时中止关于公布法律的期限。如认定被审查的法律违反宪法规定，则不得予以公布，也不能施行。对宪法委员会的裁决不得上诉，这无疑可以阻止某些有碍公民基本自由和权利的法律公布施行。但是，如果某些法律未提交宪法委员会审查，在颁布施行后发现违宪，即使严重侵犯人的基本自由和权利，在议会将其废止前，法院必须依此办案。

④ 法国宪法委员会在实践中也可能根据总统、总理、国民议会议长、参议院议长、60 名国民议会议员或 60 名参议院议员的要求，对尚未通过、有争议的法律进行宪法审查。这是一种咨询性审议，只提出一个报告，表明自己的看法，说明法律案的哪些规定与宪法有抵触。国会和总统可以采纳宪法委员会的意见，也可以置之不理，但在实践中，法国宪法委员会的权威很高，国会和总统都比较重视它的意见。这种提前介入的实践，有利于国会立法。

⑤ 法国宪法委员会的审查秘密进行，一概不公开。据说，这有利于社会的稳定。由此可见，法国的宪法审查制度并不完备，作用有限。美国法律学家对此颇有微词，因为美国法院负责审查法律的合宪性。美国国会两院通过的法律经总统签署生效后，法院才开始审查其合宪性，一旦发现有不符合宪法之处，即可撤消该法，而且审查是公开进行的。

（2）瑞典的监察官制度。

① 议会监察官。议会监察官始设于 1809 年，其目的是使议会能监督所有法官、文官和军官遵守法律和法令。监察官的监督范围包括中央和地方的所有机关、团体和其工作人员，以及其他行使公共权力的人，但不能监督内阁成员、瑞典议会和地方议会的议员。这种监察官有四名，每个监察官有各自的监督领域。

任何觉得受到冤屈的公民均可向议会监察官提交书面控告，每年要受理这类案件约 3500 件。瑞典议会授权监察官自行决定哪些案件应予调查，同时监察官也有权委托更合适的其他机构或政府机关进行调查。经常检查官方机构，是议会监察官的职责。近年，他们对中央政府机构、县政府、法院、监狱、军队等进行了经常性检查。议会监察官也对法律及其执行情况进行审查。在违反公务员职责的案件中，议会监察官是特别起诉人，并有权对这类公务员采取纪律检查措施。

议会无权对监察官发布指令，但是监察官的正式报告须经议会的一个常设委员会审查。该委员会在抽查的基础上，对该报告的要旨进行审查，并向议会陈述审查意见。新闻媒介也可对监察官进行监督，就有争议的问题进行辩论。

② 政府任命的监察官。

竞争监察官。竞争监察官开始有 1 名，设于 1954 年。现有工作人员约 30 名。竞争监察官依据 1982 年《竞争法》进行活动。该法宗旨是保护合乎公共利益的经济竞争。在瑞典，有两种商事行为要受刑罚制裁，即固定再销售价格和串通投标。瑞典的反垄断法规允许以消除损害后果的谈判协商替代刑事制裁。

许多必要的调查由竞争监察官办公室的工作人员进行，但是，大量的调查是由国家价格和竞争委员会和财政监督委员会根据竞争监察官的要求进行的。

绝大多数案件经由竞争监察官和企业间的谈判得到解决。监察官经努力未能解决的案件，可送市场法院处理。市场法院是由律师、经济专家和商业界及消费者代表组成的特别法庭。竞争监察官还可对非法兼并，以及其他不正当的妨碍竞争的非法行为进行调查，并采取行动。

消费者监察官。消费者监察官有 1 名，设于 1971 年，负责《销售法》和《不公平契约条款法》两个保护消费者的法律的贯彻执行。消费者监察官对违反上述法律的行为进行调查，并通过与有关责任人协商，使其自动改正，如不改正，则由消费者监察官书记处向市场法院提起诉讼。

公平机会监察官。公平机会监察官设于 1980 年，同年《男女公平工作法》生效。监察官的任务是保障该法的执行和参与争取劳动生活趋于公平的普遍努力。该法禁止性别歧视，要求在工作场所采取促进公平的措施。通过该法促进男女在工作条件和工作发展潜力方面实现权利平等。

该监察官的工作主要是提供信息资料，促成公众舆论的公平和处理个人歧视案件。监察官每年收到报案 150～200 件，其中约 70 件是关于性别歧视的控告，大多涉及工作任用问题。监察官可主动进行调查，如果监察官不能同雇主协商解决歧视案件，该案则移交劳动法院处理；如果监察官不能成功地劝说雇主采取促进公平的积极措施，可以向“公平机会委员会”提交申请，要求直接命令该雇主采取适当措施。

反种族歧视监察官。反种族歧视监察官有 1 名，设于 1986 年，根据《反种族歧视法》，建立反种族歧视监察官办公室。该法对于种族、肤色、民族、血统和宗教的歧视，均作出了界定。监察官的任务是消除社会中的种族歧视，尤其是在工作场所，但不涉及私生活。

该监察官通过提供专家建议和资料帮助，使受歧视的个人保护他们的权利；通过参加公开辩论，影响舆论，提出立法建议和有关措施，同种族歧视作斗争。

③ 公众新闻监察官。公众新闻监察官有 1 名，设于 1969 年，由新闻监察官办公室负责人、议会监察官、瑞典律师协会及新闻俱乐部的主席共同组成的一个特别委员会任命。

公众新闻监察官负责受理关于违反良好报业惯例的控告，有权主动处理有关事务。任何人都可以就他认为违犯健康新闻道德的报纸，向监察官提出异议。监察官接到控告时，其任务是确定是否可能在报纸上作出公开答复或改正，并由报社采取相应行动。当事情不能以这种方式解决时，他可进行调查，首先从询问报社总编开始。

调查结束时，监察官有三种抉择：第一，不认为有关事项可成为指责报纸的根据；第二，所获的证据足以构成新闻委员会进行审查的依据；第三，对良好报业惯例的轻微违犯行为可由他予以训斥，无须求助于新闻委员会。控告人在监察官和新闻委员会审查有关事项后，仍可向普通法院提起诉讼。

近年，每年登记的控告案有300~400起，多数涉及刑事诉讼和侵扰个人私生活的新闻报道。约30%的控告由新闻委员会裁决，约20%的控告由监察官或新闻委员会对报社进行训斥。这是一种自我纪律惩戒制度，其费用全部由三个新闻组织资助。

4. 英国人谈英国人权观念和人权保障

（1）英国的人权观念。

① 基本人权。生存权和发展权。英联邦秘书处的恩·施莱德说，人权的起点是人，重点是权利。人的基本权利首先是生存权，而不只是生存权。生存权就是有尊严地生存，不仅有吃饭、住房和保健的权利，而且有发展自治的权利、自由交流意见的权利、思想言论自由的权利等。有了这些权利，也就产生了相应的义务，即尊重他人的权利。例如，言论自由不应造成暴力行动，否则就会遭到禁止，武装推翻政府是不允许的。新纳粹党都是非法的，因为他们的言论会引发暴力。

诺丁汉大学教授哈利斯说，生存权和发展权均属基本人权。生存权包括三项内容：生命安全不受侵害；基本生活条件要有保证；维护个人尊严。发展权不单是集体的权利，也包括个人的发展。

社会经济权利。哈利斯说，公民政治权是第一代人权，社会经济权利是第二代人权。第二代人权是20世纪历史发展的产物，来源于社会主义概念，特别是国际劳工组织。西方对社会经济权利是否属于人权范畴持怀疑态度，有的国家甚至拒绝接受。他认为，两代人权是一致的，只有时空上的差别。但是，社会经济权利和公民政治权利不同，它是渐进的权利，不是绝对的权利，依赖于国家的社会经济发展水平。

哈利斯还说，人人都共同的价值和尊严，一个人如果生活在贫困线以下，就没有什么尊严可言。在英国，社会经济权利的实现是国家的法定义务，不是传统的人权语言。他批评美国和联合国人权委员会把公民政治权利置于社会经济权利之上，认为这种做法是不妥当的。

② 人权和第三世界。伦敦大学亚非学院教授安德森说，发展中国家适用人权的方法和西方不同。西方国家的人权状况不是绝对的好，第三世界的人权状况不是绝对的坏。英国批评肯尼亚的工会法，但英国的工会法并不比肯尼亚的好，西方也应向发展中国家学习。

安德森说，目前越来越多的人谈论人权问题，展开争论，他的学生中也有两种对立的观点。第一，关于人权是否只是西方的观念。有的人对人权持批评态度，认为它是西方观念，只适用于一切西方国家；另一些人认为，人权是普遍的观念，适用于一切国家。他认为，这涉及人权的国际标准问题，人权的国际标准不单是西方的标准，而是统一的标准。例如联合国《儿童权利宣言》就受拉美国家和伊斯兰国家的影响，是西方国家不能接受的。问题是，发展中国家搞集权的多于西方国家，实行国际标准有困难。第二，关于人权和经济发展的关系。有些人主张尊重人权以发展经济，另一些人主张限制人权以发展经济。这个问题的实质仍然是人权能否适用于一切国家，他认为，只有尊重人权才能更好地发展经济。

安德森认为，对发展中国家来说，第一，接受国际人权公约对自己的国家有利，例如《国际劳工公约》等。第二，树立人权意识很重要。人权意识的主要内容包括：人权不是政府赐予的，政府是为人民而存在的；每个人都知道自己有哪些权利和如何行使、维护自己的权利。第三，要把个人权利和民族自决权联系起来。第四，人权不能与宪法保障分开。此外，司法也居于重要位置。人权保障不单是法律问题，也是政治问题。

③ 如何评价一个国家的人权状况？英联邦秘书处的恩·施莱德说，在英联邦，有些发展中国家有很好的人权记录，可见人权和社会经济发展水平没有直接关系。哈利斯和安德森也持同样或相似的观点。

恩·施莱德说，即使在发展中国家，人的各项权利也不应有先后主次之分，充分享有政治权利，才会推动国家社会经济的发展。评价一个国家的人权状况，必须有国际标准，其次要看它的人权状况是否在逐步改进和完善之中。

（2）英国人权的保障。

① 英国和美国在人权保障方面的不同点。英国内政部国际人权组织的

姆·莱特说，人权是人的不容剥夺和不容侵害的权利，这是美国和英国的共识，但英国有不同于美国的人权保障方法：第一，英国没有宪法，人权是由判例和不成文法保障的；第二，英国也没有美国那样的民权法案，人民享有充分人权，除非议会认为某种权利和自由应当受到限制；第三，参加和尊重国际人权公约，特别是《欧洲人权公约》，接受欧洲人权法院的裁判；第四，确保人权不受政府侵害；第五，实行分权制，政府行使议会授予的权力，对议会负责，法院独立于议会和政府。

在人权对外政策方面，英国外交部远东司司长戴维斯说，凡涉及制裁问题，英国不会自行其是，要和欧共体共同行动。

② 英国人权保障的问题。英国朝野一致承认英国人权缺乏宪法保障，而只能求助于国际人权公约和欧洲人权法院。英国自由组织秘书长安·普德海特说，英国没有成文宪法，没有民权法案，人民的权利被政府剥夺而得不到保障。例如，审判过程中被告人的沉默权虽然久已存在，但有人要求废除，因为它不是宪法权利。他还说，人权应由各国政府加以保障，有些国家只关注别国的人权状况，它们大都带有政治色彩和政治目的。如果要了解英国的人权，就要找英国的人权组织，而不是找英国政府。

关于种族歧视问题，彼特曼律师说，英国的种族歧视涉及面广，主要有以下几个方面。雇用歧视：有色人种失业率比白人高一倍；晋升歧视：有色人种不可能晋升到高级职务，有色人种雇员受雇主和白人同事性骚扰的情况普遍存在；任职歧视：在政府高级官员中几乎没有少数民族，在议会数百名议员中只有五名少数民族议员，最高法院没有少数民族法官，在全国各郡和王座法庭中少数民族法官只有两位；教育歧视：在1991年考试合格的律师中，只有一名黑人，过去黑人律师总共只有三人，因为他们很少有机会接受高等教育；经济歧视：不同工同酬，银行也不愿借贷给少数民族；宗教信仰歧视：在北爱尔兰，天主教徒失业率比基督徒高两倍，宗教信仰成为雇用的主要条件。

（3）英国人权司法保障的问题及改革方向。

英国皇家法律顾问赫·肯尼迪比较全面地谈到了英国在人权司法保障方面存在的问题，并认为必须进行改革。

① 律师介入案件过迟，警察讯问嫌疑犯时没有律师在场。肯尼迪认为，警察讯问嫌疑犯时必须有律师在场，这是嫌疑犯的绝对权利。警察在

没有律师在场的情况下获取的口供，法官不应接受，不能作为证据看待，这是制约警察滥用权力的有效方式。

② 英国法官有较多的自由裁量权，这是好事，但涉及爱尔兰共和军的案件均以本人口供为主要依据，而且陪审团不参加审判，这就要求嫌疑犯的供述必须有充分的保障。

③ 警察对嫌疑犯的讯问，往往使案情更加严重。在北爱尔兰，警察讯问嫌疑人有时用录音，有时不用，这就使警察有机可乘，滥用职权，甚至对人犯施加酷刑。经静电分析查明有些讯问笔录被警察篡改，有的笔录被抽走。她认为，在讯问时，最好用录像代替录音和笔录。

④ 法医归属警方的体制必须改变。有人建议，法医要完全独立，以使其能够公正地帮助控方和辩方。由于法医属于警方，因此他总是站在警方的立场上说话，法医只有和警方分离，才会具有崇高的职业道德。

⑤ 争取制定成文宪法。制定成文宪法，包括人权法案，是我们的目标。保守党反对制定民权法案，工党支持制定单行人权法案，我们要求制定总的人权法案。

⑥ 法官的任命制度要修改。英国的法官都是任命的，没有公开选举制度，法官来自上层阶级，来自中下层的很少。最高法院只有三名妇女，没有黑人和其他有色人种，因此保护少数民族和穷人的记录很差，因为法官认为上层人士不应与政府“作对”。

5. 英国警察概况

（1）警察组织。

① 警察部队。英格兰和威尔士有 43 支警察部队，每支部队控制一个或几个郡。此外，还有都市警察，控制城镇。

警察经由警察局长、治安当局和内政大臣组成的一种三方结构进行管理。警察局长由地方议会议员和地方治安法官组成的地方治安当局任命，并向其汇报工作。内务大臣是都市警察部队的治安当局，拥有影响全国性行动的权力，如参与高级警察官员的任命、发布治安政策性文件等等。1990 年至 1991 年，共向警察拨款 44 亿英镑。

② 警员的配备。到 1991 年 2 月 28 日，英国共有 127412 名警务人员。大约每 400 人有一名警员。11% 的警员是妇女，新征募的警员中 1/5 是妇女。1466 名警员出身于少数民族。

（2）警察的职责。

① 维护公共秩序。维护范围包括日常街道治安、对足球观众和示威者的控制等。巡警占警察人数的60%，他们按照常规路线巡逻管理街道治安。警察后援部队来自各部门，他们经过特殊训练，具有精良装备，经常处于一等战斗准备状态，以应付任何突发事件或可能的骚乱。都市警察部队也有特区支援队和乘车在街道巡逻的快速反应队。

自从1981年骚乱以来，警察被赋予较多的权力和设备，以处置骚乱。1986年的《公共秩序法》授权警察管制公众列队游行和集会，强化了反对煽动种族仇恨的法律，规定了处置足球流氓行为的权力，还创立了一个与构成骚乱或引起伤害、恐慌有关的新罪名，即“骚乱性行动罪”。

都市警察部队设立了一个公共秩序训练中心，在那里，警员学习如何处置骚乱，强调骚乱的早期处理。

② 预防犯罪。在警察部队中，预防犯罪是巡警的主要职责之一。除此之外，警察部队雇用专职犯罪预防警员。这些警员对各有关场所进行安全观察，并提出适当的保安建议，散发预防犯罪的宣传材料。

到1989年年底，警察还帮助建立了8.1万个邻里守望计划，涉及450万居民。这些计划包括邻居们对行动可疑者进行监视，有些还包括守护财产。在船舶、出租车、商队、幼儿园、农场、医院、酒店、中小学校园和商店等也建立了守望计划。

③ 侦查犯罪。较轻的犯罪由穿制服的巡警进行调查，较复杂的和严重的犯罪由着装警员做初期分析后交由犯罪侦查局的便衣警察进行调查。有15%的警员是侦查员。警察部门设有盗车侦缉队、商业诈骗侦缉队、“特别分队”（处置威胁公共秩序行为、间谍、破坏、颠覆活动、移民、人物保护等）、抢劫侦缉队、毒品侦缉队、严重犯罪侦缉队、支票侦缉队、跨地区犯罪侦缉队等。

1990年，警察记录在案的犯罪有450万件，比1980增加69%，但实际犯罪数量是警察记录犯罪的4倍。

④ 帮助被害人。警察在为被害人消除疑虑和提供忠告方面扮演重要角色。诸如人身安全、预防措施、法院程序、获取刑事损害赔偿，以及被害人援助计划的具体情况等。

（3）警察的权力与行为。

① 拦截和搜查。1987 年至 1988 年的 14 个月内，被警察拦截的人占英格兰和威尔士人口的 15%。被拦截的人大多数是青少年、单身汉、失业者，以及来自非洲、加勒比地区的男性。警察拦截并搜查他人，必须有怀疑他人携带毒品、赃物、武器、假信用卡等违禁品的“合理根据”。1989 年被警察拦截并搜查的人数为 202800 人，其中 16% 的人被逮捕。

② 逮捕。警察可持逮捕证逮捕下列人：犯可逮捕的罪；姓名、住址不详的犯罪嫌疑人；不遵从传唤出庭的人；不按保释要求返回警察署的人。

警察可对以下人实施无逮捕证：犯可逮捕之重罪（即可判处至少 5 年监禁罪的）；警察拥有制定法逮捕权的场合；嫌疑犯姓名不详或相信其使用假名；拥有被定罪人的指纹印等。

③ 拘留。根据 1984 年《警察与犯罪证据法》规定，警察可将被逮捕但未受起诉的人拘留不超过 24 小时，24 小时后，必须起诉或释放，但对犯有可逮捕重罪的未起诉的人犯，可拘留不超过 36 小时；36 小时后，警察只能根据治安法院的准许对人犯再拘留 36 小时；72 小时后，警察必须申请延长 24 小时拘留的准许令；96 小时后，被拘留人必须被起诉或释放（根据《反恐怖主义法》拘留的除外）。

看守员应告知被拘留人他所拥有的权利：就逮捕之事通知某人；向初级律师咨询；了解警察“行为准则”的规定。是未成年人的，应立即将逮捕之事告知其父母或监护人。根据 1989 年内政部的研究报告，25% 的嫌疑犯要求法律咨询，其中 21% 的人得到满足，但只有 17.5% 的嫌疑犯在被起诉前获得法律咨询。

④ 起诉决定。一旦警察觉得有足够的控诉证据，他们可决定起诉，也可推迟决定并要求被保释的人犯在指定日期返回警署。在延迟决定期间，警察可选择决定：提起诉讼；以警告代替起诉；起诉并将人犯提交法院；起诉但允许有条件保释；发出传票。

⑤ 受理控告。对警察的控告可由一名高级警官在控告人和被控告的警员之间进行调查和调解；如果调解不成，将指定另一名警官正式处理该项控告。“警察控告局”必须对非常严重的控告所做的调查进行监督。

6. 英国的法院和刑事判决

（1）法院组织。

① 治安法院。英格兰和威尔士共有 566 个治安法院，所有刑事起诉首

先由治安法院受理。据统计，94%的案件（大多是较轻的犯罪）由治安法院审判，6%的案件（较严重的犯罪）由治安法院预审后交由刑事法院审判。

治安法院法官（也称“治安法官”）对下列事项负责：当被告人不认罪时，经过简易审理，作出定罪或宣告无罪的裁决；对认罪或被裁定犯有即决罪的人课刑。将可起诉的罪案送交刑事法院审理。有些罪案既可由治安法院即决审判，也可在刑事法院起诉审判。

1987年，184.3万名被告人在治安法院被起诉，其中26%为可起诉罪，46%为驾车违章即决罪，27%为其他即决罪。在这些案件中，14%的案件被中止、撤销、撤回或不予受理；80%的案件裁定有罪。裁定有罪的案件中有6595件被提交刑事法院判刑。被送交刑事法院的103457名被告人中，83%被认定有罪，8%的被告人是妇女和少女。治安法院也处理某些民事诉讼（如容留赌博、酒类经营许可、儿童收养和婚姻等方面）案件。

② 刑事法院。在英格兰和威尔士，大约有90个刑事法院。它们负责：审判被告人不认罪的可起诉罪案；对由治安法院提交的或被刑事法院定罪的且被告人也认罪的案件作出课刑判决；对不服治安法院定罪或判刑的上诉作出裁定。在刑事法院，由独任法官决定课刑。由一名法官和二至四名治安法官一起对上诉案件作出决定，作决定时，可以加重地方法院的判决。

③ 高等法院。高等法院有三个部门：大法官厅、王座法庭和家庭法庭。王座法庭的法官通常在刑事法院办公。

④ 上诉法院。上诉法院（刑事庭）是刑事法院裁决的上诉法院。1987年，不服定罪上诉的13%被上诉法院受理。上诉法院也向下级法院发出判刑指导意见。上诉法院不得加重刑事法院的判决。但《刑事审判法》授权总检察长向上诉法院提交他认为是“过分宽大的”判决。

⑤ 上议院。上议院是最高法院。它是上诉法院裁决的上诉法院，也是上诉的终审法院，由执掌司法的议员组成。只有当涉及全体公众的重要法律时，才允许审理向上议院提出的上诉。

（2）刑事判决。

在判刑方面，法院有任意裁判权。治安法院的权力比刑事法院的权力受更多的限制：对犯罪所能课处的最高刑罚是6个月的监禁（对犯数罪的被告人，最高刑期为 12 个月）和 2000 英镑罚金。如果需要判处较长刑期，则要移送巡回刑事法院审理。

有多种判决可供法院选择。主要的判决，按其严厉轻重程度依次为：

无条件释放：被告人被裁定有罪或本人认罪，但没有任何刑罚可以适用。

假释：假释期通常为 1 年，但可定为 3 年。如果被告人在特定期限内再犯罪，则可对原罪重新判刑。

罚金：罚金最高数额限定在 5 位数范围之内，允许分期支付。少年犯的罚金通常由其家长支付。不支付罚金者关进监狱。

付款监督令：一种罚金刑，其交付由缓刑监督官进行监督。

缓刑令：罪犯（17 岁以上）在不超过 3 年的特定期间，由缓刑监督官予以监督。该命令可附加另外要求，如居住、医疗、日间训练等。犯人必须遵从该命令。

社区服务令：罪犯（16 岁以上）在缓刑监督机构的监督下，从事社区公益义务劳动 40 至 240 小时（少年犯为 120 小时）。

暂缓执行监禁刑：暂缓短期监禁（21 岁以上犯人），暂缓期为 2 年以下一定时期。如果被告人在缓刑期内再犯罪，则撤销缓刑，开始服刑。

缓刑监督令：罪犯在缓刑期间由缓刑监督官进行监督。

部分缓服监禁刑：在监狱中服完第一部分刑（21 岁以上罪犯），第二部分刑暂缓，但若被判刑人再犯罪，得再服完这部分刑。

监禁：对不同犯罪（犯罪年龄在 21 岁以上）可适用不同的定期监禁刑（终身监禁除外）。

下列命令也是法院可适用的判决。

补偿或赔偿令：作为另一刑罚的附加刑或替代刑。罪犯通过法院向被害人付款。

监护令：将精神错乱的犯罪人置于地方当局或其指定的个人的监护之下。

住院令：要求犯罪接受住院治疗，这仅限于某些人，并要求安全条件。只有经内政部或精神卫生法庭同意才能撤销。

暂缓判刑：法院可延迟最多 6 个月再对犯罪判决，以使法院能够在判刑时考虑犯罪人被定罪后的表现或其情况的任何变化。

此外，有些命令只适用于不满 21 岁的青少年犯。

出席管教中心令：只适用于可判监禁的犯罪。通常需要 12 小时，最多不超过36小时。可以分期执行，每星期六下午2至3点。主要由警察来监督。

监督令：少年犯受缓刑监督官或社会工作者监督最多不超过3年期限。可附加要求，如接受治疗或监督行动。

观护令：将少年犯提交地方当局观护，接管其父母的权利和责任。

居住观护令：适用于在观护令期间的少年又犯可监禁罪的情况。

拘留在少年犯管教所：适用于14至20岁的男孩和15至20岁的女孩。

1987年，英国有1554800人被法院判刑，其中386800人因可起诉罪被判刑，69800人被监禁等地方，148900人被处罚金，18700人因拖欠罚金而入狱，43800人被判缓刑或监督，对31100人判处社区服务令，对8600人判处出席管教中心令，对700人判观护令，至少25800人暂缓判刑，53100人被无条件释放或假释。

7. 法国儒贝尔和里维罗教授谈人权与主权、人权与自由

（1）人权概念。

里昂第二大学教授、政治学家儒贝尔认为，人权是人的起码的权利，或起始的权利。世界保护人权的进程刚刚开始，不能估计过高，说得太满。目前，世界对人权还没有普遍的认同和一致的理解。国家是政治实体，它参加人权公约是以该国的认可为前提的，从而促进了人权的发展。过去对人权的保护以民族国家为单位，现在正朝着国际保护方向发展。这一进步的世界潮流，必然导致人权概念的扩大、人权内容的丰富、人权观念认同上的深刻变化。

儒贝尔认为，人权是个泛世界的概念。尽管人权制度的发展会引起认同方面的进步，但要普遍接受这个泛世界观念还很困难，因为这需要从一个认识系统进入另一个认识系统，这个过程是漫长的，需要经过几代人。

法国著名学者让·里维罗教授认为人权概念有三方面的含义：第一，人权具有普遍性和世界性，是不分性别、年龄、肤色、种族、阶级的人的权利，是不容侵犯的权利；第二，人权作为人的权利，是不断发展的权利，是在不断发展中被强调的权利；第三，人权首先是权利，国际法和国内法都要尊重这种权利。

（2）人权与主权。

儒贝尔主张人权高于主权，但反对以人权为借口干涉别国内政。他认为，当今世界正在经历两种过程：一是新的民族国家的建立，如苏联解体

之后新成立的一批民族国家；二是已有民族国家正在削弱、消亡，传统意义的主权将不复存在，以某个民族为主体的国家只是过渡的形态。人类保护人权已经有了很大进步，联合国已经是超国家组织，《联合国宪章》和国际人权公约使个人权利超过国家利益，即使在维护公共秩序的情况下，个人利益也高于国家利益。

儒贝尔说，人类正朝着世界大同前进，放弃主权是不可避免的，即使是局部放弃。地区性联盟，如欧洲理事会、欧洲人权法院之类超国家组织的形成过程，也就是民族国家逐步消失的过程。在经济等一些领域，实际上已经开始这样做了，但一时还难以全面实现。民族国家的政治性与文化性正在分解，政治方面将由超国家组织取代，但文化部分仍将保留。目前欧洲已步入世界大同大潮的潮头，是世界保护人权的先进地区。现在还强调国家主权的只是新纳粹党的国家主义分子或者戴高乐主义者。

（3）人权与自由。

里维罗说，自由是法国《人权与公民权宣言》的核心，自由的内容包括以下三个方面。第一，人身自由。如警察专横就会造成对人身自由的侵害。此外，人身自由还包括：往来自由，每个人都可以自由地离开或返回自己的国家；人身安全，未经合法程序批准不受逮捕；等等。第二，思想自由、表达自由、信仰自由、结社自由、游行自由和新闻自由等等。第三，选择职业的自由、拥有私有财产和经营的自由以及进行商业活动的自由等等，但这种自由权的行使不得侵害他人的自由。

（4）法国保障人权的措施。

里维罗说，法国保障人权的措施可以分为三大类。

第一，政治保障。1789 年法国《人权与公民权宣言》不单是人权宣言，也是公民权宣言。人权和公民权是有区别的，人权是指一切人的权利，公民权是具体的权利，自 18 岁（1976 年以前是 21 岁）拥有选举权开始。人权对政府的权力产生影响，公民权的实现是对人权的保障，这种保障是多元的、政治性的。

第二，法律保障。宪法和法律都要保障人权的实现，法官在保障人权方面占有主导地位，行政法院的法官要保证政府行为的合法性。只要侵害了人权，不论政府还是个人，都要受到制裁。

第三，国际保障。这是指《联合国宪章》、《世界人权宣言》和《欧洲人权公约》，特别是后者，对法国人权立法和人权司法所起的作用是不容低估的。

如何使人权得到进一步完善，儒贝尔认为，要从三个方面努力。第一，在诉讼程序方面，要使个人享有充分的申诉权。欧洲比其他地区先进，因为欧洲有人权委员会和欧洲人权法院。第二，各国要认真履行签署的国际人权公约，争取在本国直接引用国际公约的条款，以保护本国公民的利益。第三，坚持不干涉内政的原则，只有当某国成为危险的实体时，干涉才是不可避免的，否则更多的国家会拥有核武器。

8. 欧洲理事会的政治与人权

欧洲理事会于 1949 年正式成立，是松散的政治联盟组织，要成为欧共体成员必须首先加入欧洲理事会。起初该会的成员国有英国、法国、比利时、丹麦、爱尔兰、意大利、卢森堡、荷兰、挪威、瑞典等 10 个国家。后来，希腊、冰岛、土耳其、联邦德国、奥地利、塞浦路斯、瑞士、马耳他、葡萄牙、西班牙、列支敦士登、芬兰、捷克、匈牙利等国先后加入，现共有成员国 25 个俄罗斯及其他东欧国家纷纷提出申请，要求加入欧洲理事会。

欧洲理事会由欧洲委员会秘书处负责日常工作。它作为一个政治联盟下设两个机构。其一，部长委员会，由各成员国外交部长组成，它是决策机构。其二，议会，按国家大小分配代表名额，各国的代表必须是各国的议员。它是议事机构，它的一切决议都作为建议，提交部长委员会讨论决定。

欧洲理事会声称有三大政治原则和目标。其一，多元民主。定期通过秘密投票，举行全民选举，组成由多党代表参加的国家权力机关。其二，保护人权。各成员国在其本国内保障基本人权，并由成员国共同监督人权的保护状况。其三，法治原则。政府的一切行为必须合法，各成员国要有良好的司法制度，要有请求法院救济的渠道，保障审判的公平和公开，保障法官独立和处罚适度。实际上，人权问题成了欧洲理事会所有工作的基本问题。其原因，一是冷战时期，人权越来越成为西方的重要武器；二是第二次世界大战期间法西斯分子践踏人权，引起了欧洲人民对人权的普遍关注。

1950 年欧洲理事会成员国通过了《欧洲人权公约》。根据此公约，设立了欧洲人权委员会和欧洲人权法院两个人权机构。

欧洲人权委员会由每个成员国推出一名具有高级法官资格的或相当于

高级法官的人选组成，现有23名成员。但人权委员会的委员并不代表他的国籍国工作，而是以独立的个人资格工作。人权委员会可以直接管理两种诉讼案：一是由一个成员国提出的控告另一个成员国违反人权公约义务的案件；二是由成员国的公民个人提出的控告成员国政府侵犯其人权的案件。人权委员会对控告案作初步审查，如它认为控告案确有违反人权问题存在可以立案，并将此案的初步审理结果呈送人权法院作正式司法判决。现在向人权委员会提出的控告逐年增多，截至1991年4月30日人权委员会共受理15500件控告案。人权委员会审查后，确定立案移送人权法院审判的案件累计有885件。

欧洲人权法院由各成员国推荐一名具有高级法官资格或相当资格的法学家出任人权法院法官，现在人权法院共有23名法官。他们也和人权委员会成员一样，以独立的个人身份充当法官，而不代表他的国籍国政府。人权法院只受理人权委员会移送的案件，不直接受理个人诉讼案或成员国政府提出的诉讼案。人权委员会和人权法院都设在法国的斯特拉斯堡。人权法院通常公开审理案件，其程序与欧洲国内法院的程序大致相同，它没有陪审团，由当事人的律师出庭辩护，被告成员国代表也出庭为其政府辩护，双方可以辩论，最后由法院投票表决，以多数法官意见作为人权法院的判决。判决是终审，不可以上诉。判决包括事实与理由以及结论，通常还要确定赔偿额和诉讼费的承担。公民个人到人权委员会和人权法院控告成员国政府侵犯人权的前提是，他在本国内已经穷尽全部司法救济。如果他通过本国的司法途径仍可以获得救济，他必须先在国内寻求救济。因此，通常到欧洲人权法院控告的案件，都是各国最高法院的判决或最高行政机关的决定。由于人权委员会预先审理了案件，移送到人权法院的案件大多比较成熟，大约有50%的案件是原告胜诉。

欧洲人权法院并没有执行庭，它没有强制执行手段。它的判决由有关成员国政府自觉执行。因为，这些成员国本身都自愿参加了公约，自愿接受人权法院的裁判。换句话说，执行人权法院的判决就是履行公约所规定的义务。有关国家一般都很重视人权法院的判决，都能认真执行。

部长委员会有权监督人权法院判决的执行，有关国家要向部长委员会报告执行人权法院判决的情况。如部长委员会认为，判决已得到执行，可以通过决议完结此案。如部长委员会认为，人权法院的判决没有得到执行，它可以通过决议批评有关成员国的政府，要求其履行执行义务。此外，有些非由公民提出的控告案，人权委员会审理后，可以作出报告，交部长委员会讨论，部长委员会可以提出相关决议，处理有关事件。

《欧洲人权公约》成员国的公民对欧洲人权法院的活动越来越熟悉，因而诉讼案也越来越多，涉及的问题也越来越广泛。

目前，由公民个人提出的诉讼案主要涉及：对于民事纠纷，要求有向法院诉讼的权利，而不能只由行政当局作最终决定；控告诉讼程序过长；控告对精神病人、流浪者、恐怖主义者的非法拘留；有关刑诉程序非法；对电话的非法窃听和对通信的非法检查；对同性恋者的不当惩罚；社会保险；非婚生子女的权利问题；对移民的遣返和驱逐问题；改变性别的权利问题；表达自由的问题；引渡问题；财产权问题；个人资料的保密问题。

欧洲理事会的人权活动对成员国的人权产生了重要影响。人权法院的一个具体判决，往往会导致相关国家修改法律。因为一个成员国公民的诉讼在他本国往往是一个问题的代表，人权法院的判决对这类行政问题都要发生作用，否则就会不断产生同类诉讼。例如，瑞典公民的许多财产是由行政当局最后裁定，公民不服行政裁定时，无法向法院申诉。后来，人权法院判决了一个瑞典公民提起的要求法院复审行政决定的案子，得到人权法院的支持，瑞典不得不改变国内法律，允许公民就此类问题向法院起诉。又如，英国监狱的某些监房里没有卫生设施，有人告到欧洲理事会，欧洲理事会认为这违反人权，因此，英国不得不改善监狱设施。欧洲理事会的人权活动客观上对违反人权的行为形成一个制约机制，对欧洲人权状况的改善起到了一定的作用。欧洲理事会的人权活动使欧洲人权的实践逐步趋同。

欧洲理事会的人权理论和实践在国际上产生了很大影响，《美洲人权公约》和《非洲人权和民族权宪章》等都受到《欧洲人权公约》的影响。

9. 大赦国际对英国、法国人权问题的批评

（1）法国的人权问题。

大赦国际于1991年11月公布了《关于欧洲人权状况的报告》，它记录了1991年5月至10月欧洲国家出现的人权问题。现将报告中所涉及的法国的人权问题概述如下。

关于拒服兵役的规定不合理。在法国，拒服兵役者可能受到监禁的惩

罚。根据 1983 年的一项法律规定，基于宗教或道德原因拒报兵役，可通过履行其他公益性义务代替，但根据 1991 年 10 月 3 日讨论的一项新法案，履行后一种义务的期限是兵役期的两倍；新法案同时规定，以这种理由拒服兵役的请求只能在限定的时间提出。大赦国际认为，这种强制性的规定是对以宗教或道德为由拒服兵役者的一种惩罚，致使有些人宁可坐牢也不愿履行其他义务代替服兵役。另外，大赦国际认为，以宗教和道德为由拒服兵役是公民的一项基本权利，像其他权利一样，公民可以在任何时候行使，法国对行使这种权利期限的限定，是违反国际人权准则的。法国这方面的规定，致使每年有 500 至 600 人被处监禁。

警察殴打、虐待被捕者和其他公民。报告列举了一些案例，例如，1991 年 5 月 25 日，法国警察以参加攻击车辆和向警察扔石头为由，将 18 岁的中学生伊奇逮捕。逮捕中，警察将他打成轻伤。在拘留期间，他说患有哮喘病，要求提供药物，但警察拒绝他的要求。在拘留 36 小时之后，伊奇气绝身亡。对此，死者的家属对警察提起诉讼。初步调查认为，死者的死亡是由哮喘病所致，但其家属要求调查他被打伤、被剥夺用药的权利与哮喘病的加重进而导致死亡是否有联系。大赦国际敦促法国政府责令有关机构进一步调查。

（2）英国的人权问题。

大赦国际于 1991 年 7 月公布了关于英国人权状况的专题报告。现将其要点概述如下。

① 警察虐待被拘留者。报告说，英国警方虐待被拘留者的事件层出不穷，特别是在北爱尔兰地区。在那里，警方经常以反恐怖主义为借口逮捕一些人，把他们关在特殊牢房，进行特殊审问，并施以酷刑。如 1987 年投诉警察虐待被拘留者的案件多达 612 起。1987 年以反恐怖主义为借口拘捕的 286 名北爱尔兰人中，227 人受警察虐待。此外，还有大量无法证实的虐待案件，如在 1989 的 319 起投诉案件中，有 238 起由于各种原因而无法进行调查。

报告援引丹尼斯・弗尔神父的话说，在他受投诉人的委托而对警察上千起虐待事件进行的投诉中，没有一件被起诉，因为英国政府袒护警察暴行，即使警察本人交代了虐待行为，也很少受到处分。

近年来，警察暴行的受害者开始经由民事诉讼程序追究警察当局的责任。如 1989 年由法庭审理的 47 起这类案件中，有 25 起是伦敦警方败诉；还有 40 起案件在庭外解决。但是，在所有这些案件中，没有一个警察对其本人实施的暴行承担任何具体责任。

② 审判不公正。“吉尔福特四人帮案”和“伯明翰六人帮案”是英国不公正审判的典型事例，这两大错案中涉及的 10 人分别被关押了 15 年和 17 年，才得以平反获释。报告说，警察对两案被告人施以酷刑，在法庭上提供伪证，而法庭只靠警察伪证和被告人在酷刑下所作的口供定罪判刑，在预审中，两案被告人也没有得到律师的帮助。虽然在审理过程中有律师出庭，但警方却隐瞒了部分事实，撤去了关键材料，从而使案件错判。

③ 治安军开枪杀人问题。在北爱尔兰地区，英国治安军经常开枪，致使一些无辜平民伤亡。在过去 20 年中，有 28500 人死于治安军的枪口之下，这主要发生在爱尔兰共和军与新教武装组织对抗的情况下。

出于政治原因，英国当局对治安军枪杀无辜平民的事件十分敏感，司法部门至今很少对这类杀人案件进行审判，而往往只是被迫进行一些所谓的调查，调查结果也秘而不宣。

④ 治安部队和警察当局泄露“可疑分子”名单问题。报告指出，英国治安部队曾将爱尔兰共和军“可疑分子”名单递交给忠于政府的新教武装组织，以便这些武装组织对被怀疑是爱尔兰共和军的人进行袭击。警察当局和治安部门在 1989 年 8 月至 9 月，把 250 人的“可疑分子”名单泄露给新闻界，使这些人随时有惨遭不测的危险。

⑤ 以维护国家安全为由拘捕外国人。报告公布了英国政府近年来滥用拘捕外国人权力的一些案例，如在西方国家宣布与伊拉克开战后，英国政府于 1991 年 1 月下令将居住在英国的 90 名阿拉伯人逮捕，其中大多数是伊拉克人，有 32 人是在英国学习的研究生。但英国政府将这些研究生宣布为战争罪犯，像俘虏一样对待他们。这 90 人被监禁长达 6 至 7 周，最后因无证据才将他们全部无条件释放。

根据英国有关法律，在以维护国家安全为由拘捕和驱逐境内的外国人时，不须详细说明理由，也无须进行公开审理。被拘捕和被驱逐者无权向司法机关提出诉讼。

大赦国际认为，近年来英国拘捕和驱逐的外国人，大都是无辜的；英国政府的有关法律和不加区分地拘捕和驱逐外国人的做法，是侵犯人权的行为，是违背有关国际公约和国际准则的。

⑥ 违背国际公约。《欧洲人权公约》和《公民权利和政治权利国际公约》规定，对被拘捕的犯罪嫌疑人应迅速处理，不得拘留过长的时间。但英国《防止恐怖主义法》却规定，可对依该法逮捕的人拘留 4 天 6 小时至 6 天 16 小时。

1988 年 11 月 29 日，欧洲人权法院在一项判决中宣布英国的《防止恐怖主义法》有关拘留期的规定，违反了《欧洲人权公约》的有关规定，应予修改。大赦国际也致函英国内务部表示对该问题的关注。但英国政府在 1989 年 11 月的一项声明中宣布，根据有关公约，英国政府可以在某种情况下不遵守《欧洲人权公约》的有关规定。

对此，欧洲人权委员会和大赦国际认为，成员国只有在处于紧急状态期间，才可暂时不受有关公约规定的限制，不应对此种例外的规定作扩大解释。但英国政府仍在某种程度上坚持己见。大赦国际对英国在此问题上的态度表示遗憾。

⑦ 限制给予庇护权。大赦国际要求，对回国后可能会受到迫害的无辜难民，各国要给予庇护。但英国政府自 1987 年以来，对庇护政策作了重要修改，对寻求庇护者给予种种限制，包括限制请求庇护者接触法律顾问和代理人，限制议会议员对个别案件的干预权，在审查请求之前将请求庇护者拘留，以及在签证方面施加限制等。因此许多请求庇护的人受到责难，有的在审查前就被粗暴地驱逐出境。据大赦国际的调查，1989 年有 3000 名土耳其人请求英国给予庇护，但至少有 100 人在请求被审查前就遭驱逐。

三　关于印度、斯里兰卡、新加坡人权问题考察系列专题报告

1. 印度、斯里兰卡、新加坡三国对 1993 年世界人权大会的立场

1993 年世界人权大会是继德黑兰人权大会之后又一次重要的人权会议。它为联合国和各国政府所关注。我们在印度、斯里兰卡、新加坡三国考察中，向有关官员询问了三国政府对这次会议的立场、政策和准备情况。

（1）印度外交部联合国司司长玛尔霍特拉说：1993 年世界人权大会所要讨论的问题是广泛的，不涉及某一国的具体问题和某两国的双边关系问

题，如印度和巴基斯坦两国之间的纠纷。日常的具体问题有人权委员会在处理。印度政府认为，下列问题无论是从学术上还是从实质上考虑，都应当予以关注。

① 恐怖主义问题。恐怖活动已对世界秩序构成了很大威胁。它严重侵害了人们的生命权。所以，不管从学术上看还是从现实生活上看，大会对此都不能不予以关注。

② 环境问题。环境问题应当从生命和健康的角度加以讨论，也是发展所需要考虑的。如在海洋领域，西方国家造成了污染，但它们却千方百计迫使第三世界国家承担义务，作出牺牲。我们希望将环境问题纳入会议议程。

③ 关于发展权。应当将发展权作为基本人权。印度的公民、政治权利保障是好的，经济、社会、文化权利保障存在问题。在民主与发展的关系的讨论中，西方国家认为民主是基础，有些发展中国家认为发展是基础。我们认为民主与发展同等重要，人权概念是不可分割的。

（2）斯里兰卡总统顾问维拉库恩说：关于 1993 年世界人权大会，我们在提出问题前将先与东南亚区域性组织协商，要先将这些国家的不同观点理出来，然后找出共同点，找到共同的立场。外交部人权司司长维克里马辛哈说：斯里兰卡的具体处境不同于别的国家，对我们来说与次区域合作组织协商是非常重要的。他们在会上拟提出以下问题。

① 关于公民、政治权利与经济、社会权利的关系，或者民主与发展的关系。维拉库恩说：世界人权大会要以十分明确的语言告诉西方国家，只强调公民、政治权利重要，认为经济、社会、文化权利不重要，是不行的。对于这种观点，许多国家不同意。政治权利与经济权利的关系，从一定角度说就是民主与发展的关系。维克里马辛哈说：西方国家认为，在发展中应首先考虑人的权利。第三世界许多人认为，只有通过发展，才能使人获得发展，人权才能得到保障。人权、民主与发展问题，必须从历史角度看。从中世纪到现在，15 世纪发现新大陆是个转折点。新大陆发现有近 500 年的历史，西方国家有资本谈论民主是建立在对其他国家残酷剥削基础之上的。中国也深受其苦。是我们这些国家为西方国家的发展提供了条件。西方国家从我们（包括斯里兰卡）这里掠走了大量财富，至今我们还以低价出口原料，高价进口成品。在这种情况下，它们却把经济援助作为

达到政治目标的手段，是不公平的。

② 恐怖主义、毒品和自决权问题。维克里马辛哈说：恐怖主义问题在斯里兰卡是与民族冲突分不开的。为了对付恐怖主义与毒品，我们在南亚区域性合作基础上创立了一个合作机制。从南亚区域合作联盟（SAARC）成员国的切身经历中发觉，一些领土被利用来从事恐怖活动，影响了国家关系，如印度与巴基斯坦、印度与斯里兰卡的关系。

在自决权问题上，斯里兰卡支持世界上所有国家的民族独立和解放。这已为斯里兰卡独立以来的历史所证实。泰米尔猛虎组织将他们搞分裂说成是自决和民族解放运动，要求从斯里兰卡独立出去。他们还试图挤进1993 年世界人权大会提出自决问题。这是斯里兰卡政府决不允许的。世界各国对斯里兰卡政府的立场是理解的。目前没有一个国家和组织承认泰米尔猛虎组织进行的是民族解放运动。中国一向站在斯里兰卡一边。1989 年斯里兰卡总统特使去北京向中国政府说明国内局势，得到了中国的理解。斯里兰卡派往世界人权会议的代表团，在会上将与中国代表团磋商。

③ 环境问题。维克里马辛哈说：1992 年 6 月斯里兰卡曾派环境部长出席了联合国召开的世界环境与发展大会。他代表斯里兰卡政府签署了保护环境的公约。现在政府已制定了保护环境的规划。斯里兰卡还是马尔代夫环境宣言的参加国。这是个区域性的宣言。1989 年联合国大会也曾作出决议，呼吁各国关心马尔代夫的环境恶化问题，其中专门提到了维护小国环境方面的权益。马尔代夫是个岛国，海平面升高可能会把它淹掉。马尔代夫所面临的问题也是其他岛国和各国小岛所面临的问题。事实上南极冰川溶化也将使斯里兰卡和印度这样的国家受到影响。

④ 不冒险提出区域性人权宪章问题。维克里马辛哈说：亚洲国家的国情不同，制度多元化，各国发展程度不同，区域发展也不平衡，提出起草和签署人权宪章的条件还不成熟。

（3）新加坡外交部国际组织司副司长梅农女士说：我国关注这方面工作的进展。据说印度拟提出恐怖活动问题，但巴基斯坦不同意。我们无特殊问题要提请会议讨论。不过作为亚洲国家，我们同意亚洲会议的文件，也希望其他国家接受它。

尽管梅农说对世界人权大会还没着手具体准备，但新加坡参加联合国有关人权会议的代表曾说：“我们珍视民主体制，因为它有着明显的优点：

自由表达观点；通过投票箱进行和平变革；一切向人民负责；通过制度化、有秩序地改变政府以保持政治稳定；在尊重少数人权利和观点的同时表达多数人的意愿；以制度化的限制与平衡措施对付压迫、专制、恐惧和腐败。”新加坡代表还指出，“尽管民主和人权是必要的，本身具有积极性，但是它们还不足以保证（经济的）迅速发展”，“经济起飞需要纪律”。发展中国家发展的“基本条件是稳定、一致与合作。没有这些，就没有足够的时间进行改革，也没有合适的环境供改革生根、结果”。这就是说，新加坡珍视民主，同时也强调纪律、稳定、一致与合作。其目的是发展。由此可以估计，新加坡在民主与发展的关系上会持二者同等重要、不可分割以及一定程度上会强调发展的观点。

2. 印度、斯里兰卡、新加坡三国有关人士对中国人权保障提出的若干问题

在国际人权保护方面，斯里兰卡总统顾问和司法、外交部负责人都表示，中国是他们可信赖的、最可靠的朋友。印度和新加坡有关人士对中国经济发展，对中国社会权利的保障和妇女地位的提高等印象深刻，颇多赞赏。印度、斯里兰卡以极大的兴趣密切注意中国改革开放和实行社会主义市场经济的经验，以推动本国的变革和新经济政策的实施。同时，有些人士对中国的人权保障并非全无好意地提出了一些问题。

（1）中国改革开放、发展市场经济是否会扩大公民收入的差距，加深社会两极分化？印度一些学者提出，印度1947年独立后，实行公有经济与私营经济结合的经济制度。印度、斯里兰卡两国20世纪50年代至70年代都曾学习苏联模式，实行计划经济。随着经济的发展，这种体制逐渐暴露了种种弊病。70年代末80年代初两国先后实行改革。斯里兰卡称市场经济，印度称新经济政策。主要内容是扩大私营经济，提高外资比例和刺激出口等。由于制度和措施不当等原因，改革未取得预期效果。印度经济平均年增长率1991年至1992年仅为2%。印度学者介绍说，约40%的人口生活在贫困线之下（联合国开发计划署1992年4月发表的报告说，印度生活在贫困线以下的人为48%，即4.3亿人）。居住在孟买、加尔各答等大城市的贫民窟的人，1981年之后10年增加了50%，首都新德里10年来则增加了77%，现已达320万人。他们成为印度社会不稳定的重要因素。为了推行市场经济，斯里兰卡1978年变议会制为总统制，以加强中央权力。

十多年来，国内社会矛盾与民族矛盾日趋尖锐，至今与泰米尔猛虎组织仍处于内战之中。印度、斯里兰卡两国不少人士密切注意中国改革的进程，希望从中学到既发展经济，又搞好社会保障，不加深两极分化，使所有人的生活水平都能在发展中得到提高的经验。

（2）中国经济体制改革成果巨大，举世瞩目，但相比之下政治体制改革显然落后了。新德里一位社会学家说，中国经济体制改革取得的成就是巨大的，再过50年印度也赶不上中国。但印度的民主政治是先进的，1947年独立以来的40多年，历届政府都是按照宪法和法律程序更迭的。中国在民主政治方面落后于印度。新德里高等法院的一位地位重要的法官居然问中国有没有宪法，中国公民的基本权利是否能得到宪法和法律的切实保障。产生这样的看法，有的是基于不同制度的偏见；有的是由于对中国改革和改革步骤知之甚少；此外还表明我们关于中国基本制度和现实情况的对外宣传亟待进一步加强。据了解，由于看不到材料，国外某些希望客观了解中国情况的人，往往受外国某些怀有偏见的宣传媒体的影响而对中国产生了不准确看法。

（3）中国是否有许多人不经法院审判而被关进监狱或劳改营？此类问题主要是一些印度学者和法律界人士提出的。我们告诉他们，中国监狱和劳改场所的罪犯都是经人民法院依法定罪判刑后在那里接受教育改造的，不存在不经法院审判将公民送往监狱或劳改场所的事实。

（4）不少律师问及中国目前律师的数量、律师机构的体制和律师作为刑事被告的辩护人介入刑事案件的时间等。关于中国律师在刑事案件中担任辩护人时介入案件的时间，按照《刑事诉讼法》的规定，是从法院决定立案并将起诉书送达被告人之日开始，即大约是法院可以开庭审判的七天之前。一些律师对中国的律师在担任刑事案件被告辩护人时介入案件如此之晚感到诧异。

（5）对中国政府在《中国的人权状况》白皮书中提出的“生存权是首要人权”不理解。他们提出，“生存权”具体含义是什么，为什么把生存权提到这么高。

对于印度、斯里兰卡、新加坡三国有关人士提出的上述问题，我们尽可能按照我国的法律和政策作了回答。他们提出这些问题并非都出于偏见和误解，也说明我们的宣传工作和某些具体制度确有很多应改进和完善的余地。

（1）我国各有关单位，包括业务部门、学术和宣传机构应采取多种方式有计划地加强对我国基本制度的对外宣传和介绍，加强对我国改革开放、发展社会主义市场经济及其取得的伟大成就的宣传，向我国有关驻外机构提供足够的宣传材料，力争消除国外人士在一些最基本问题上的误解。

（2）在国际交往中，某一重要口号或主张（如白皮书中的“生存权”）一经提出，就要尽快作出解释，并在研究的基础上使其内容不断丰富，进而加强对外宣传，以使广为理解和接受，达到预期目的。

（3）我国的律师队伍和律师机构在数量和质量上都应有一个大的发展。律师担任刑事案件辩护人时介入刑事案件的时间应当提前，《刑事诉讼法》的有关规定应加以修改。

3. 印度、斯里兰卡将成立权威的全国人权委员会

（1）据印度政府官员介绍，1992 年 9 月 14 日，在印度新德里召开了联邦部长和各邦首席部长联席会议，讨论了印度政府提出的关于建立全国性人权委员会的建议，一致通过一项决议，同意建立全国人权委员会。规定该委员会将负责审议人权的各类问题：承担起增强人民对于政府及整个社会致力于人权事业的信心这一长期的任务。会议同时建议印度政府根据各邦政府的意见采取必要措施，以制定一项关于建立人权委员会的联邦立法。根据会议决议，印度目前已成立了一个由有关的联邦部长和五位邦首席部长组成的七人委员会（印共总书记、西孟加拉邦首席部长巴苏为成员之一），负责起草人权委员会的具体规定和立法议案。

印度政府建议成立人权委员会的目的在于：第一，突出政府在人权方面承担的责任和义务，加强并进一步扩大已作出的种种努力以完善国内人权制度；第二，向国际社会宣传印度的人权保障以改进其人权形象；第三，纠正国内某些民权组织的片面偏激的看法和做法，反击国际上出于政治动机的抨击。

人权委员会的权限、法律地位、委员会与其他国内人权机构的关系、成员的构成及资格、定期报告和经费来源等问题如下所述。

第一，权限。人权委员会的审议范围应包括宪法保障的所有权利及其他法定权利、邦和联邦立法保障的权利，以及邦及联邦政府在人权领域的

活动。

第二，职能。调查个人或非政府组织提出的侵犯人权的申诉；在控方对补救措施不满时，可将申诉提交法院审理；向公众调查具体问题或一般的人权状况；为各级政府提供有效地实施人权保障和人权立法的咨询意见；监督、审查人权法的实施；普及和促进人权意识。

第三，法律地位。考虑到人权委员会的职能作用，没有必要成立一个作为宪法机构的委员会，通过议会立法，成为法定机构即可。

第四，和其他人权机构的关系。印度在人权领域已设立的三个全国性委员会，分别审议处理各自关注的人权问题。而该人权委员会的职权范围是最广泛的，其管辖范围在某些方面与三个委员会相重叠。但人权委员会的主要职能在于调查侵犯人权的各类事实，权限重叠可通过具体方法解决。

第五，成员的构成和资格。人权委员会成员应具有广泛代表性。建议成员为五人，其中一人为主席。成员全部由议会任命，任期为五年，不得连任。成员应是印度社会上的知名人士，应在法律、行政管理、新闻和公共事务方面经验丰富。

第六，经费来源。为保障其独立性，应直接从印度统一银行取得足够的预算经费。

第七，定期报告。人权委员会应每年向议会提交年度报告并定期公开发表。此外，委员会在立法、调查申诉方面的意见和报告亦应公开发表。

印度有关人士普遍认为人权委员会将有利于促进改善印度国内的人权状况，主要在于：第一，独立的人权委员会可跨越印度已有的人权机构，更广泛和全面地行使权力；第二，通过对人权问题与人权事件的独立的有权威性的调查，有利于正确处理、解决人权问题；第三，委员会为政府机构提供人权方面的咨询意见，为政府在人权立法上提供咨询，可在监督实施人权法方面发挥极为重要的作用；第四，委员会可用印度的各种语言宣传国际人权文书的内容和组织研讨会及各类活动，以促进印度的人权保障。

一些人士认为，有关人权委员会的职权有待进一步考虑的问题包括：第一，人权的范围极为广泛，人权委员会的权限是否应限于特定类别的权利还是涵盖所有的权利？第二，人权委员会仅仅审议政府机构侵犯人权的问题还是也审议诸如社会上的权势阶层、恐怖组织、军队和准军事力量等破坏人权的问题？第三，人权委员会是否享有判决权？考虑到印度宪法规定只有法院才是个人的宪法权利、基本权利和其他权利的“监督受托”机构，一般认为，人权委员会无司法审判权，它不能代替法院行使审判权。第四，人权委员会是否有权审查已有的及建议中的人权立法？第五，委员会是否应监督并通报印度遵守国际人权公约的情况？

（2）在人权问题上，斯里兰卡执政党和政府在国内和国际上都遭受了很大的舆论的和政治的压力。为了改变自己在人权问题上的国际形象和满足国内人民的愿望，执政党和政府近年来作出了两个重大决定：一是全面修改宪法关于公民基本权利一章，对生命权、人身自由与安全权、信息权、迁徙自由、隐私权和公正审判权等作出明确、具体的保障；二是成立一个新的、有权威的人权委员会，以加强对人权的保护。

据斯里兰卡司法、高等教育部长哈米德介绍，拟议成立的新的人权委员会，其性质、产生、组织、职权大致如下。

人权委员会的成员由各执政党协商遴选，经议会同意，由总统任命，有一定任期。如果总统想罢免未满任期的成员，必须经过议会的同意。人权委员会成员从全国各地的知名人士中挑选，要求候选人具备有影响、有威望、办事公正、敢于负责的品质。任何已担任政府职务的人士都不参加。某些委员可以是某一政党的成员，但他不代表该政党进行活动。人权委员会既不是政府的一个机构，也不是议会的一个机构，而是一个完全独立的组织。人权委员会有自己的组织机构和调查队伍，国家人权委员会有权任命地方人权委员会的成员。

人权委员会的职权主要有三个方面。一是调查。它有权就自己认为需要了解、掌握的人权事件、人权问题、人权状况开展调查，得出自己的结论，并提交有关部门具体解决和处理。此外，人权委员会每年还要撰写一个人权报告，向议会提出，议会可就此报告采取必要的措施。二是调解。如果当事人双方不接受调解，可再向最高法院起诉。最高法院也可派人去听取意见。但是，人权委员会无审判权与惩罚权。斯里兰卡宪法规定，最高法院是司法最高权力机关，只有它才有权审理某人或某组织的行为是否侵犯了基本人权。人权委员会不能和最高法院相冲突，不能减少最高法院的职权。三是监督。它有权了解和检查警方和司法部门拘禁或监禁犯罪嫌疑人和罪犯的理由以及拘禁与监禁的条件和待遇。如发现有侵犯人权的现象，有权提出意见、建议和批评。

据哈米德讲，成立人权委员会的上述方案，有望不久由内阁讨论决定，并提交议会讨论通过。

4. 印度、斯里兰卡面临发展市场经济与维护社会平等的矛盾与冲突

（1）印度

为了发展经济，消除贫困，印度从20世纪80年代初实行新经济政策。这一新经济政策的主要内容是：变过去高度集中的计划经济为市场经济；变公有制经济成分为私有（印度现在的公有经济比例约占25%；在公有经济中，除钢铁企业外，大多数企业都赔本）、引进外资，对外开放。大多数人对这一政策是拥护的，认为这是世界大势所趋，是印度强国的必由之路。但是，也有很多人反对这一政策或对这一政策表示怀疑。理由是它导致分配不公和社会两极分化、失业人数增多、妇女与儿童的处境下降等。

为了解决这一矛盾，政府正在采取一些措施，有关专家和组织也提出了一些建议。据全印劳动协会主席山克兰介绍，他们正在起草劳动法典，其中有一建议：劳动平等权应适用于城乡所有劳动者。过去，平等权只适用于有组织的雇员，包括政府雇员、国营与私有企业雇员。而印度有三亿劳动力是个体劳动者；在渔业、盐业中也有不少单干户，后者不适用劳动平等权。他们的建议在劳动权利平等上进了一步。此外，按现行宪法规定，劳动权不是基本权利，这方面的案件不能上诉到法院，邦政府也无保障这一权利的义务。现在想把这一权利视为基本权利，规定法院可以受理这方面的案件。国家已开始建立和推行公积金制度，它要求雇主支付相当于雇员工资的20%作为公积金，雇员调换工作时可以带走，退休时可以提取。

前计划委员会主席詹姆博士认为，仅仅依靠政府的社会救济手段，不可能根本解决失业和就业问题。他领导前国家计划委员会时曾经提出一个根本解决这一问题的战略性计划。他介绍说，过去十年里，印度的经济增长率为3.5%至5.5%，而就业增长率仅为1.3%至2.8%；失业增长率则为2.5%。解决失业的根本出路在增加工作机会。印度农业人口占全国人口70%以上，而农业的就业增长率仅为0.5%。现在大约有3/4的农村地区农业不发达，很有发展潜力。如果扩大农业生产的规模与范围，就有望

解决就业问题。在印度，阻碍工业发展的主要因素，是缺少农业原料和市场，农业发展了，就可刺激工业的发展。况且，工业中有很多部门要求高技术，也不可能更多地吸收劳动力。如果在全国50万个村庄中，对土地、水源、植被等加以科学利用，农业翻番是可能的。实现这一目标，除了增加政府投资外，实行权力下放、扩大农村的自治权，也是根本办法之一。他们原计划在1991年8月开始执行，但当年11月辛格政府下台，计划委员会被解散，计划被搁置起来。但他相信，这一战略方针和计划总有一天会被政府采纳。

据社会科学研究所所长马休等介绍，权力下放是现政府正在实行的一项重要政策。1977年，新政府曾成立地方自治委员会并提出一份报告，建议扩大地方自治权力即扩大村政权的自治权。不仅要扩大政治权力，而且要扩大广大人民的经济参与权。1992年，现政府又提出了地方自治方案，并将方案提交"联合审查委员会"审议。过去，权力集中在中央和邦，权力和财富集中在少数人手里。实行权力下放的目的在于改变这一状况，以扩大广大人民的政治参与和经济分享的权力。同时，政府还想通过权力下放，使政府能更好地了解广大人民的各种需求和意见。目前，印度各界人士都在关注这一工作的进展。

（2）斯里兰卡

斯里兰卡自称是一个"福利国家"。司法及高等教育部长哈米德介绍说："我们社会福利保障系统很好。如实行免费教育制度；大学生每月都有生活补贴；1993年1月开始，国家给每个大学生每年免费提供两套衣服；1967年以前还免费吃饭。此外，还有扶贫项目：对贫困户，每个家庭一个月可得到15美元生活补贴，政府还提供救济粮以保证基本营养需求。这样的家庭，在两年内可得到750美元的资助，用以从事各种生产经营活动。"社会发展研究所所长介绍说："斯里兰卡已经完成土地改革，粮食已自足，劳动力已开始从农村向城市转移。现在斯里兰卡人的平均寿命是70岁；儿童死亡率为17%；教育普及率为87%；人均收入已达到500美元，在南亚地区仅低于马来西亚。斯里兰卡的社会福利是搞得比较好的，它使400万人接受免费教育，使40%的穷人成为社会福利政策的受益者。"

但是，斯里兰卡社会经济的发展也存在不少问题。发展研究所所长古纳蒂里克说，现在斯里兰卡有30%的人仍然处在贫困线以下，儿童中营养不良的还有很多。20 世纪 50 年代，斯里兰卡的经济发展速度和发展水平同韩国大体相同，现在已远远落后了。为了改变这种状况，斯里兰卡在 15 年以前开始实行新的经济政策（又称结构政策），其内容主要有：第一，实行私有化。除铁路坚持国营外，其他方面都在逐步实行这一政策，不受限制；在税收政策等方面对私营企业予以照顾。但是，现在公有比例仍然不低，1992 年固定资产公有为 40%，私有占 60%。第二，改进国营企业的低效率。如聘请私有企业的管理人员去管理公有企业，变大公司为小公司，以加强竞争机制。第三，鼓励国外资本投资办厂。第四，实行进口自由化政策，市场开放，贸易开放。第五，逐步取消外汇管制。第六，接受外援，包括接受世界银行和挪威、瑞士、荷兰等国的各种贷款与其他形式的援助。

对于这一新经济政策，社会各界反应不一。经济学家认为，斯里兰卡只要朝市场经济方向发展，前途就会是好的。只有经济发展了，社会才能全面发展，才能为人民全面享有人权创造条件。但是在社会学家、社会活动家包括一些民间组织中也有不少人认为，经济虽然发展了，但多数钱进了外国人的腰包，引起社会分配不公，两极分化加剧。在这个问题上，执政党和反对党的基本立场是一致的，即强调两个方面都重要。因为不实行新经济政策，不发展经济，就难以得到选民的支持。政府的基本态度是，努力保持两者之间的平衡。对此，经济学家抱怨说，政府想搞私有化，想改变公有制企业的低效率，但又怕影响社会福利总额下降，政府是经常处于这种两难境地，因而放不开手脚。也有人抱怨，政府没有在发展经济的同时，给利益受损的人以应有的补偿。

5. 印度外交部联合国司司长谈印度在国际人权保护问题上的基本立场

印度外交部联合国司司长玛尔霍特拉谈印度政府在国际人权保护问题上的基本立场和印度参加国际人权公约的情况时，主要谈了以下几方面问题。

（1）人权是不可分的，民主与发展是不可分的。人权包括公民权利、政治权利、经济权利、社会权利和文化权利。印度认为，所有这些人权是不可分的，它们相互之间有着密切的联系。把人权分成几类，予以不同的对待，就不能达到人们充分享有人权的目的。（指西方国家中有人把人权分成两类，认为公民和政治权利是绝对权利，国家有义务保证其立即实现；而经济、社会和文化权利则是受限制的权利，它们需要通过经济发展逐渐得到实现。）出于这一原因，印度政府认为，1986 年联合国大会通过的《发展权利宣言》很重要，给发展权以很大的重视，主张全面享有所有的人权。对于 1993 年的世界人权大会，印度感兴趣的一个问题是将发展权规定为基本人权。在民主与发展的关系问题的讨论中，有一些建议我们是反对的。如西方国家认为民主是发展的前提，有些发展中国家认为发展是民主的前提，我们认为两者都是同等重要的，各类人权是不可分的。

（2）在自决权问题上的立场。印度政府的观点是，自决权仅仅适用于殖民主义和外国统治下的民族，而不适用于一个国家内部的问题。因这涉及一个国家的完整性。印度在 1947 年取得了独立，已经行使了自决权，问题已经解决。印度国内的民族不享有自决权。德里或者其他地方的人是不能要求行使自决权的，如同西藏是中国的一部分，他们不能要求自决一样。我们支持中国关于西藏是中国的一部分的立场。

（3）国际上有人权的普遍标准，但不存在统一标准。印度是一个有悠久文明的民主国家，支持各国应有定期选举的观点，但是，我们认为，世界上并没有一个适用于所有国家的统一的民主模式。如果只有一个统一的模式，就不应当有联合国了，就不需要各国在一起讨论问题了。世界应当是多样化的。国际人权两公约第一条为我们提供了标准，规定所有人民都有自决权，自由决定他们的政治地位，并自由谋求他们的经济、社会和文化的发展。这条规定恰恰从相反方面说明，各国的民主制度应由各国人民去选择。在国际人权领域不存在统一的准则或标准。各国的情况不同，它们应根据本国的情况，设定自己的人权标准。国际上可以有普遍标准，即来自各国的共同讨论，为大家所普遍接受的标准，例如，经过大家讨论，达成协议的各项人权公约。但是，它不是单方面的、统一的标准，例如，某个国家不进口印度的地毯，说它是童工做的，这就是单方面的标准，把那个国家的标准强加给印度。

（4）不能把人权作为发展国家之间关系的条件。我们认为，不能把人权作为条件来利用，因此西方国家不能以自己国家的情况来看其他国家。这涉及国家主权问题。一个国家不能以人权为借口来干涉别国的事务。在国与国之间的关系上，印度欢迎促进人权保护方面的变化；但是，一般地讲，人权不能作为借口或条件来发展国与国之间的关系。各国都有选择的自由，不能由一个国家来决定另一个国家应当怎样做。在人权问题上，各国应持积极合作的态度，而不能用指责、使别的国家感到尴尬的方式，这样做就是对别国内政的干涉。

(5) 印度参加国际人权公约的情况。印度是《经济、社会及文化权利国际公约》和《公民权利和政治权利国际公约》的缔约国。这两项公约是在1979年同一天批准的。此外，印度还批准了《消除一切形式种族歧视国际公约》《防止及惩办灭绝种族罪公约》《禁止并惩治种族隔离罪行国际公约》。现正在研究参加《消除对妇女一切形式歧视公约》和《儿童权利公约》的问题。印度不准备参加《〈公民权利和政治权利国际公约〉任择议定书》，不认为印度公民的人权问题应由联合国的人权委员会去处理。印度也不准备参加关于死刑问题的另一议定书。

印度在批准加入《经济、社会及文化权利国际公约》和《公民权利和政治权利国际公约》时发表有一个声明，共五点内容。第一，关于《经济、社会及文化权利国际公约》第1条中所出现的自决权一词，声明其“仅适用于处在外国统治下的人民，而不适用于主权独立国家，或作为一个民族整体的实体的人民或民族的一部分”。第二，关于《公民权利和政治权利国际公约》第9条有关人身自由和安全的规定，印度政府的立场是，“该条规定的适用应与印度《宪法》第22条第3款至第7款的规定保持一致，且在印度法律制度下，声称被非法逮捕或拘留的人，要求国家给予赔偿的权利是不能行使的。”在印度的《宪法》中没有给予赔偿的规定。在联邦和邦的法院有这方面的实践，对于遭受非法拘留的人，由法院作出裁决，决定是否应予赔偿。第三，关于《公民权利和政治权利国际公约》第13条有关驱逐外侨的规定，声明保留将印度法律适用于外国人的权利。第四，关于《经济、社会及文化权利国际公约》第4、8条有关组织工会、举行罢工等项自由及对有关自由进行限制的规定，声明这两条规定的适用应符合印度《宪法》第19条的规定。第五，关于《经济、社会及文化权利国际公约》第7条（丙）项有关工作人员提级的规定，声明该条的适用应符合印度《宪法》第16条第4款的规定。玛尔霍特拉说，印度是个发展中国家，《经济、社会及文化权利国际公约》中这些规定的实施应符合印度的条件。只有随着经济、社会的逐渐发展，人民的各方面的要求才能得到满足。我们不想让别的国家批评我国，说印度批准了公约，而又不满足人民的这些权利要求。

6. 印度学者有关人权理论的一些观点

(1) 什么是人权。印度国立法学院院长梅农说："人权来自人的尊严。人权是全人类都应当享有的权利"，"人权不是自然的，首先是一种应有权利，宪法不过是用法律手段来保护人的这种应有权利"，"人的基本权利是与生俱来的，不是不能剥夺的"。印度法学研究所所长巴希克说："人权有三个基本原则：最重要的是自由，其次是平等，最后是公正——社会的、经济的和政治的公正。这也是一切民主宪法包括印度宪法在内的基本原则和理想。生命权和个人自由权是最重要的人权。宪法通过保障公民的基本权利来实现上述人权理想。"

(2) 人权与法治。一些学者认为，为了充分实现人权，必须建立法治社会。印度大学协会秘书阿格沃尔博士认为，现代意义上的法治，有三个基本含义。一是依法而治，不能独裁。法律应当通过正当的立法程序制定，不能某个人说的话就是法律；国家机关的工作人员必须依照法律来行使自己的权力。二是法律要公正。法律面前人人平等；政府与人民发生争执，政府无特权。三是切实保障人的生命、自由和财产等基本人权。这些权利只有法律能作合理限制，非依正当的法律程序不能被剥夺。

(3) 经济权利与政治权利的关系。多数学者强调两者都重要，一些学者认为，对第三世界国家来说，需要优先解决的是经济权利。雷迪教授认为，人权的观念与制度在历史上是反封建社会的产物。在西方，人权就是意味着保障个人的民主与自由。因此在反封建斗争中，个人自由远远比其他权利更重要。但讲人权，不能不重视经济社会权利。对于那些无家可归者，政治权利有多大用处？对于文盲来说，言论自由有什么意义？自由不是一个空洞的抽象概念，它只能在整个社会的进步中逐步得到充分实现。现在西方发达国家片面强调政治权利，一个重要原因是，在它们那里已经解决了人民的基本生活权利，它们的生活需求更高了。我们并非不重视政治权利，只是认为不应单纯强调其中的一个方面。巴布教授认为："实现人权的总目标应是满足人民的各种需求，西方没有重视从这个角度看问题。印度的民主已经达到允许有共产党领导的邦政府存在、历届政府的更迭都是通过和平的方式实现的。但是，现在印度总人口的半数正生活在贫困线以下，失业人数也令人吃惊，还有大量童工和妇女受歧视，这些都是人权问题。因此，印度在人权问题上的优先选择会有不同。现在人们在争论保障什么样的人权是主要的。我的意见是，一个国家选择什么样的人权模式，这本身就是一个人权问题。”国家前任副检察长索拉布基博士认为：“经济权利与政治权利都是重要的，例如，言论表达自由就是人人都渴望得到的。言论表达自由是人民监督政府不做坏事错事的重要手段。”

（4）维护社会安全与保障个人权利的关系。一些学者提出，应当重视在这两方面保持一致和平衡；印度的主要错误倾向是，对保障个人权利重视不够。西孟加拉邦议会议长哈希姆·阿布杜尔·哈林就此指出：“印度的问题是，与其让许多人受害，毋宁使一人受枉。”在这种情况下，社会出现种种问题，如警察施暴、重视证据不够、案子久拖不决、不重视被告和犯罪嫌疑人的权利保障。因此，他认为，注意保持社会安全与个人权利之间平衡是一个十分重要的问题。据他介绍，针对这方面存在的问题，印度政府近几年已经采取了一些措施。如规定并强调单纯自首不能作为证据，还要有足够的人证物证；治安官要确信被告自首不是警察施暴和诱供所致，如有刑讯逼供，就无权提起刑事诉讼；法院如怀疑指控可能有虚假，就不轻易传讯被告人，可允许其交一笔保证金，并为其保密；拘留、逮捕三个月如无足够证据，法院有权命令放人或由保释人具保释放；严格执行预防性拘捕法，保障被拘留者有权向顾问委员会（由若干退休法官和一些社会知名人士组成）上诉；建立人民法庭（类似中国的人民调解委员会）以解决积案过多的问题；等等。

7. 印度最高法院对《宪法》规定的“生命权”的解释与发展

印度大学协会秘书阿格沃尔博士和前印度最高法院首席法官巴格沃蒂会见考察团时，谈了印度《宪法》关于“生命权”的规定和印度最高法院通过一系列案例对于“生命权”的解释与发展。

印度《宪法》第21条规定：“任何人不得被剥夺生命或个人自由，除非依照法律规定的程序。”自20世纪70年代以来，印度最高法院通过一系列案例，对保障“生命权”的规定作了扩大解释，从而发展了这一概念。印度是判例法国家，最高法院的判例和解释具有法律效力。根据最高法院关于“生命权”的判例和解释，“生命权”不仅是指承认人的物质存在，而且含有人必须有尊严地活着，享有保障生命所必需的物质条件以及受到应有的教育等内容。具体讲，它包括隐私权、受到公平和公正对待权、交通权、住房权、享有退休金权、有益于健康的环境权、自然资源权、受教育权等。印度最高法院关于“生命权”的解释同我国对于“生存权”的国内方面的解释相近，值得注意。

（1）1978 年印度最高法院在“苏尼尔·巴特拉诉德里市府”一案中，提出了是否可将等待死刑判决的犯人单独监禁的问题。埃耶法官论述说，《宪法》第 21 条规定，除依照法律规定的程序外，不得剥夺任何人的生命和个人自由。其中所说的“法律规定的程序”意味着程序必须合理、公正和公平。单独监禁是残忍的惩罚，对等待死刑判决的犯人加以单独监禁，势必与《宪法》第 21 条保障“生命权”的规定相抵触。由此可以看出，“生命权”应包含有生命须依公平、公正的程序予以保障的内容。

（2）1980 年至 1983 年，印度最高法院合并审理了“马修诉旁遮普邦”等刑事上诉案。在这些案件中，上诉方一致对印度《刑法典》第 303 条的合宪性提出了质疑。该条规定，对被判终身监禁后又犯谋杀罪的任何人将处以死刑。原来印度《刑法典》是 1860 年通过的，当时的监狱官多数为英国殖民主义者。《刑法典》第 303 条的目的在于严禁当地人袭击和谋杀白人监狱官员。

印度最高法院认为，印度《刑法典》第 303 条对被判处无期徒刑后犯谋杀罪的被告处以死刑的规定是任意强制性的，它丝毫没有考虑每一个特定案子的实情和具体情况；剥夺了被判处无期徒刑者依刑诉法应享有的申诉理由的机会；取消法院陈述处以死刑的特殊原因的责任和法院的司法酌处权。任何规定了死刑却剥夺被告和法院的有关法定权利的法律都是任意和不公正的，都无异于侵犯了《宪法》第 21 条所保障的“生命权”。有鉴于此，印度最高法院同意该案上诉方的意见，认定《刑法典》第 303 条违反《宪法》第 14 条规定的平等原则和第 21 条赋予的“生命权”，判决第 303 条违宪并宣布无效。最高法院还规定，今后对于谋杀罪不得不分青红皂白一概处以死刑。

该案例从“平等、公平”地对待各类犯人，死刑犯应享有申诉辩护权，以及法院不应适用任意规定死刑的法律，而应享有对死刑作出司法裁决和解释的权利这三个方面解释了“生命权”。这就是说，“生命权”并非孤立存在，应含有其他原则，例如，平等原则和司法裁决原则等。由此案引申出的对基本人权的理解是，《宪法》所载的各项基本权利应同时得到保障，各类权利相辅相成、不可分割。只有这样才可真正实现毫无偏袒的公正、自由和平等，才能保障“生命权”的全面完整性。

（3）1987 年的“M. K. 沙乌诉巴瑞特电子有限公司”案中，印度最高法院进一步扩大了“生命权”的内涵。被告的工厂制造国防设施使用的尖端雷达设备。原告（在工厂发射机组装车间工作的雇员）声称，特殊的工作环境使其长期暴露于 X 射线的有害影响之下；厂方未遵守有关法律规定，而且从未考虑和重视过在如此敏感的地方工作的雇员的安全和保障问题。由于被告未能提供充分的保障，没有采取安全措施而造成雇员的基本权利受到侵犯，因此后者有权要求赔偿。

印度最高法院在此案中认为，印度《宪法》第 21 条保障的“生命权”不仅指人物质存在的权利，还包含适当的工作条件，这样才可保证人们享有“生命权”。法院裁决被告应严格遵循有关的法律规定，并确保采取预防措施，提供适当的工作条件，以保障雇员享有“生命权”。出于同样的保障《宪法》第 21 条的基本权利的目的，法院命令被告厂方为在工厂敏感的地方工作的雇员提供高于一般水准的保险，全部保险金由被告方承担。

在另一工人控告采石场让工人在不卫生和不人道的条件下工作的案件中，印度最高法院对“生命权”作了与前案同样的解释，而在内容上又有新扩大。法院论述道，印度《宪法》第 21 条保障的“生命权”不仅意味着人的物质存在的权利，而且意味着享有适于生存的条件的权利，还意味着享有有尊严地活着的权利，包括有足够的食物、衣着和住房。法院的裁决命令被告确保工人们得到干净的饮用水和适当的医疗条件，并给碎石机安装能够防止有害尘土飞扬的装置。

（4）阿格沃尔博士介绍，在不到半年以前的一个案例中，印度最高法院又扩大了对于“生命权”的解释，指出，“生命权”不仅意味着有尊严地活着，而且意味着受到适当教育的权利。最高法院的这一解释是针对印度政府的下述规定提出的：学校入学学生名额的 50% 按学生的考分分配，其余的 50% 留给付学费的学生。法院认为，这一规定，等于排除了穷人根据分数入学的平等权利，因而是违宪的。

印度最高法院在上述一系列判例中对“生命权”的解释，大大发展了《宪法》第 21 条关于“生命权”的规定。印度学校对最高法院关于“生命权”的解释与发展表示欢迎，普遍认为它适应了形势的需要，有利于更有效地保障人们更充分地享有人权。

8. 印度有关人士谈土著人问题和《世界土著人民权利宣言》草案

土著人问题是整个人权问题的一个重要方面，历来为联合国所关注，更为发展中国家所重视。印度社会科学院少数民族研究所所长、印度政府少数民族委员会前主任 R. 波曼博士和印度外交部联合国司司长玛尔霍特拉先生在同考察团座谈时说，联合国的土著人工作组及其起草的《世界土著人民权利宣言》草案存在许多问题。这些问题既涉及印度的部落人，也涉及泰国的部落人和中国的少数民族。在西方国家的操纵下，宣言草案把居住在这些国家广大地区的少数民族别有用心地列为“土著人”，赋予其以“自决权”。他们主张，亚洲人应联合起来，共同对抗西方国家对于土著人问题的讨论的控制。印度学者和官员所介绍的情况和发表的观点，对于我国参加联合国人权领域的活动有一定参考价值。其主要内容如下。

（1）目前国际上有两份专门关于土著人和部落人的国际文书，即 1957 年国际劳工组织第 107 号公约和 1989 年国际劳工组织第 169 号公约。后一公约在一些方面比前一公约有所改进，但它仍然是同强权政治利益妥协的产物。这两份公约均承认，部落人和土著人尽管相似，却属于不同的社会历史范畴。“部落人”一词是在更为广泛的意义上使用的，土著人也被包括在内。在 1989 年公约中，对部落人正确地使用了“人民”（peoples）一词，因而可以把部落人承认为一个法律、政治和社会实体。然而，对于殖民者入侵前的土著人，公约不是使用“人民”，而是使用了“人口”（populations）一词，这显然是错误的。它保护了欧洲入侵者的利益。土著人也应当被称为“人民”，因为在许多情况下，入侵者不得不同土著人的政治当局缔结正式条约，这件事本身就是土著人也是“人民”的证明。如果土著人被承认为“人民”，居住在土著人已大大减少的国家里的欧洲入侵者，就不能援引“无主地”概念去为所欲为地侵占这些国家的土地了。

（2）1982 年 5 月，联合国经社理事会授权人权委员会每年设立土著人工作组以审议土著人的人权和基本自由问题。工作组由来自非洲、亚洲、东欧、拉美和西欧及其他国家的各一名代表组成。占世界土著和部落人口 80% 的亚洲在工作组中只有一名代表。最初是一位中国人，现在是一位日本人，他们都不是土著人或部落人。工作组实际上处在祖籍欧洲的人士的支配之下。

（3）1988 年，土著人工作组起草了一份《世界土著人民权利宣言》草案。这份草案在 1991 年作了重大修改，目前正为进一步修改而进行讨论。联合国过去对土著人下的定义是："土著人由来自世界其他地方不同文化或种族起源的人来到这里时，战胜之并通过征服、定居或其他手段使其处于被统治或殖民状态下的全部或部分居住在一国目前领土上的人民的现存后裔所组成。"1991 年草案虽然没有对"土著人"下一定义，但它还是将印度土著与部落人民理事会等特定组织视作土著人的组织，并任意地对土著人作了分类。草案在这方面有许多不适当之处，采用了双重标准。据国际人道主义问题独立委员会报道，欧洲的巴斯克人、加泰隆人、吉普赛人等都没有被视为土著人，借口是欧洲没有经历过殖民统治；而与此同时，同样没有受过殖民统治的泰国的部落人、中国的少数民族却被视为土著人。斯里兰卡的泰米尔人因其尚未在政治上被同化而被列为土著人，但同样没有被同化的英国的威尔士人或法国的布里顿人却不被看作土著人。

（4）1991 年修改后的《世界土著人民权利宣言》草案的另一引人注目的地方是谈到了土著人的自决权。这是同土著人工作组现任主席过去的多次声明相左的。他自 1984 年就任该职以来，曾在各种不同的论坛上排除了土著人的分离权，并在内部自决和外部自决之间作了区别：自决权应当仅仅意味着内部自决，也就是自治。

（5）目前、部落和土著人民的权利受到世界银行、世界知识产权组织等国际机构的巨大影响。除非《世界土著人民权利宣言》对这些国际机构的作用专门加以限制并对监督它们行动的程序作出规定，否则土著人民获得国际援助的权利，至多只能促进幼稚的资本主义的成长和对自然环境带来损害，而在最坏的情况下，则将破坏有关社区的内部自我管理机制，并使自决权成为毫无内容的幻影。

（6）印度政府的态度是，土著人乃指殖民统治之前居住在当地的人。所有的印度人，在殖民者来到这里之前一直住在这里。我们不能说居住了三千年的是土著人，还是居住了四千年的是土著人。他们及其后代全都是土著人。几百年来，从英国来了许多人，大约有一百多万，世世代代居住在这里。他们也是印度人。

（7）不反对霸权主义，就不能解决土著人问题。印度人、中国人、其他亚洲人，应当联合起来，坐在一起友好地讨论这个问题，不能让它受西方国家的控制。

9. 斯里兰卡总统顾问维拉库恩等谈斯里兰卡在国际人权领域的立场和态度

斯里兰卡总统顾问维拉库恩、外交部国务秘书范德格特和外交部人权司司长维克里马辛哈比较全面地阐述了斯里兰卡政府在国际人权领域的立场和态度，谈话的主要内容如下。

（1）斯里兰卡在国际社会的人权形象有了改善：近十年来，斯里兰卡南方和北方先后发生了动乱，国内情况恶化。斯里兰卡在达到国际人权公约标准方面面临挑战，人权成为国家对外关系中的一个重要问题。泰米尔人中的部分人企图把斯里兰卡北部和东部分裂出去。为了得到国际上的帮助，他们指控斯里兰卡政府进行镇压，剥夺他们的人权，甚至说政府走上了灭绝泰米尔人的道路。最初，世界上有一股反对斯里兰卡的潮流，现在国际社会对斯里兰卡的情况有了较好的了解。其原因是，政府在国内进行了法律改革，人民比较满意，现已能同非政府组织进行合作。在国际上，政府采取了行动，使国际社会相信，我们在采取行动改善人权。有人说，采取这些措施是由于外来压力，是为了得到外援。我们说，没有这种压力我们也会这样做，因为这是使宪法规定的基本权利得到更好的实施所需要的。

（2）关于经济、社会和文化权利与公民和政治权利之间的关系。外交部人权司司长维克里马辛哈说，1966 年联合国通过了《经济、社会及文化权利国际公约》及《公民权利和政治权利国际公约》。前一公约涉及的主要是群体、社会和国家的权利，是整个社会的福利，它代表了当时以苏联为首的社会主义国家的概念。后一公约以个人为基础，代表了西方的概念。斯里兰卡参加了两个公约。政府的态度是，只有通过个人的发展才能达到社会的发展，我们的社会是以个人为基础的。总统顾问维拉库恩说，西方国家单方面强调公民和政治权利，认为公民和政治权利重要，而经济、社会和文化权利不重要。我们认为这两组权利同等重要。在这一问题上，东南亚国家是一致的。

（3）对发展权的看法。事实上，发展权就是经济发展权，它所提出的要求是使人民向更好的经济状况，向更和谐的方向发展。这不仅是个人的问题，而且是国家的问题。提出发展权，就是要迫使发达国家帮助不发达国家，使后者在经济社会上得到发展。在斯里兰卡，已经把联合国通过的《发展权利宣言》转化为行动，把发展权这个概念“镶嵌”在我们的扶贫计划中。西方有一种观点认为，在发展中要考虑人的权利。发展中国家认为，只有通过发展，人权才能得到保障。对于人权、民主与发展的关系问题，必须从历史的角度分析人类的发展史。西方国家今天有资本谈论民主，是以残酷剥削其他国家为其基础的，西方的自由、平等是建立在剥削殖民地的基础之上的。亚非拉国家一直处于被剥削受压迫的状态下，之所以没有像西方国家那样发展，正是因为五百年来一直受到剥削。它们大讲民主、自由、平等、国际标准，我们承认，这些内容是高尚的；但是，如果没有我们的被奴役，它们也就无法谈论这些。对于贫寒交迫的人来说，讲自由、平等是没有意义的。我们签署了人权公约，这是我们要达到的目标。但是，首先要有系统的经济发展，这是我们赖以生存的手段，是达到人权崇高目标的手段。

（4）对自决权的看法。《经济、社会及文化权利国际公约》及《公民权利和政治权利国际公约》第 1 条均承认自决权。自决权是个复杂的权利，必须放在复杂的背景下去理解它。我们讲自决权，是站在最前线反对殖民主义。与此同时，我们不能把自决权的概念发展得太远，使自己处于危险的境地，以致村子里的每一个人都可以讲独立。在一个国家获得独立以后再讲自决权，就可能使国家陷于混乱。因此，对独立后的国家来说，就应当对自决权加以限制。在谈论自决权时，首先要问，对谁适用自决权？谁有权要求自决？自决是否能适用于一国国内的少数民族？我们的观点是，自决权只对处于殖民主义和外国统治下的民族才适用。在自决权问题上，斯里兰卡政府支持所有国家、民族的独立运动。

（5）关于人权与主权的关系。现在西方有一种企图，即把人权推向世界，使之超越国界，超越国家的管辖范围，说什么在人权问题上不应当有国与国之间的疆界，一个国家应当欢迎其他国家对它的人权状况进行检查。这种鼓吹人权无国界的想法和做法是不现实的，在目前世界局势下是不可取的，是对一个国家内政的干预。讲可以干预一个国家的人权，就是允许侵犯一国的主权。斯里兰卡在主权问题上的立场是众所周知的。有的国家利用人权问题，对它们认为侵犯了人权的国家施加压力，把人权问题同援助联系起来，对此我们是反对的。西方国家还在人权问题上使用双重标准，对本国是一个标准，对他国则使用另一标准，这是不公正的、虚伪的。

10. 斯里兰卡将对《宪法》作重大修改

斯里兰卡司法及高等教育部长哈米德（曾担任外交部长，是执政党内的重要人物）和总统顾问维拉库恩等政府领导人和其他一些人士详细介绍了斯里兰卡为加强人权保障，准备对《宪法》作重大修改的一些情况。这次修改主要涉及现行《宪法》第三章“基本权利”部分和其他一些条款，被称为《宪法第十七修正案》，也有人称之为新的“人权法案”。

修改宪法的背景。1983 年至 1985 年，斯里兰卡发生了北方的民族冲突事件，至今仍处在内战中；1987 年至 1989 年，南方又发生了严重的社会冲突，被捕的有 5000 人，失踪的有 6000 人。对于这两次事件，国内和国际反映强烈，执政党决定对政策作重大调整：允许和政府观点不一致的民间组织存在和活动，欢迎联合国有关机构和国际上的一些人权组织在国内进行调查，决定成立具有很大权威的人权委员会并准备对《宪法》的人权内容作重大补充和修改。总统顾问说，“最近的这些改革有两个目的：一是让人民满意，以公开、透明的方式使国内人民相信，政府决心改善国内的人权状况；二是满足国际社会的要求。有人认为，这完全是屈服于国际压力。我不这样想，因为，我们这样做，首先是要向国内人民有所交代。”司法及高等教育部长哈米德说：“要努力争取《宪法第十七修正案》的修改同国际人权标准相吻合、相一致。我们既然签署了国际人权两公约就要尊重它们。”

现在修正案已经草拟出来，准备提交内阁讨论，俟各方面协商后意见比较一致时，就提交议会正式讨论。草案的具体内容如下。

① 生命权。现行《宪法》没有这方面的规定，准备在《宪法》第 13 条中作如下规定：“任何人拥有与生俱来的生命权。任何人的生命权都不受任意剥夺。”

② 人身自由和人身安全权。现行《宪法》规定不明确，准备在《宪法》第 13 条中作如下规定：“任何人拥有人身自由和人身安全权。除非依同样的理由和法律规定的程序，任何人的这种权利不受剥夺。”

③ 平等权。现行《宪法》第 12 条规定中有关于法律面前人人平等的权利。现准备在这一条里加进一个内容，即任何人受到歧视都可诉诸法

院。（实践中，主要是为了保障种族平等和男女平等）

④ 公正审判权。有四处重要修改补充：第一，现行《宪法》第 13 条规定，任何人遭受逮捕时有权获知“拘捕他的理由”。现准备增补以下内容：被拘捕的人有“保持沉默的权利”和“通知他们选择的任何人和咨询、聘请律师的权利”。第二，在现行《宪法》第 13 条中补充以下规定：“除非由具有适当权能的法院依据法律规定的程序作出裁定，任何人都不受监禁和处罚。处于调查或审判期间的拘押、监禁、扣留或其他形式对某人人身自由的剥夺，不构成处罚。”第三，现行《宪法》第 17 条规定，任何人的基本权利受到执行机关或行政机关行为的侵犯，均有权按第 126 条的规定向最高法院起诉。而第 126 条只规定个人或他们聘请的律师有权提起诉讼。现准备增补以下内容：“由于身体、社会或经济上的无能力或其他相似原因而使受侵害人无法依第 126 条之规定诉诸最高法院的，这一诉讼可由以下人员依第 126 条代表他提起：（a）经他对诉讼同意的任何亲属和朋友；（b）诉讼请求是一种公共利益时，经他对诉讼同意的一个团体。”第四，现行《宪法》第 126 条规定：“凡是指控基本权利或语言权利因行政行为受到侵犯或即将受到侵犯的任何个人，可在提出指控后的一个月内由他本人或其委托律师依照现行法院规则向最高法院递交申诉书，请求予以纠正或赔偿损害。”现准备将这一提出申诉的期限，由 1 个月改为 4 个月。

⑤ 迁徙自由。现行《宪法》第 14 条关于迁徙自由规定，有“回归”斯里兰卡的自由，现准备补充规定，公民还有“离去”的自由。

⑥ 信息权。现行《宪法》第 14 条规定公民有言论自由和表达自由。现准备在这一条中增补公民享受信息权，并明确肯定这是一项基本权利。

⑦ 隐私权。现行《宪法》没有这方面的规定，准备在第 15 条中肯定这是一项基本权利。

此外，是否限制和如何限制紧急状态法的内容及其实施，也是这次《宪法》修改的一个极其重要的问题。斯里兰卡实行紧急状态法已有 11 年之久，时至今日尚在实行。对此，执政党和在野党、人民和政府之间，存在严重的意见分歧。斯里兰卡司法及高等教育部长哈米德说，现在政府每个月都要到议会去要求同意批准延长实施紧急状态法，议会常常整天讨论这个问题，反对党常常批评政府滥用权力，我们正确保这一要求在议会每个月都能获得通过。这不是简单地审查一下，要确保议会不被解散，使民主能继续前进，政府遭遇的困难是很大的。

依照斯里兰卡《宪法》的规定，修改《宪法》要议会 2/3 的多数同意才能通过。而现在执政党在议会的议席没有超过半数。因此，《宪法第十七修正案》要获得通过，还有不少工作要做。但是，据各界人士的普遍反映，对《宪法》的修改势在必行。

11. 斯里兰卡学者有关人权理论的若干观点

（1）关于个人人权与集体人权的相互关系。斯里兰卡前驻菲律宾大使说："西方强调个人人权、个人自由；共产主义则强调集体人权、社会和谐；二者都有片面性。西方的人权观念是绝对化了，把个人与社会完全对立起来。自由与平等是人们所追求的两个最高的人权价值。但是，自由与平等彼此又存在着矛盾，要注意两者的协调统一。人们不仅需要个人自由，而且要求社会和谐。共产主义强调社会和谐在西方是有影响的。同样，共产主义的人权模式和人权观念也在发生深刻变化，因为，现在的社会是一种多元化社会，个人之间矛盾冲突很多，正是这种冲突性推动着社会前进。现在推动西方的和共产主义的人权模式和人权观念变化的动力是：人民强烈要求参与、要求分享、要求民主。"

科伦坡大学副校长皮瑞斯说："在人权问题上要注意保持微妙的平衡，公共利益与个人自由两个方面都重要。但在一个时期里，是可以有重点的。例如，斯里兰卡实行紧急状态法已经 11 年，人们对真枪实弹已经麻木。我们现在的问题是如何保证社会生活和社会秩序走向正常化，因此强调维护个人自由是主要的。"

（2）关于政治权利与经济、社会权利的相互关系。斯里兰卡外交部人权司司长说：经济、社会权利是一种群体权利，政治权利则是以个人为基础。1966 年通过国际人权两公约（《经济、社会及文化权利国际公约》和《公民权利和政治权利国际公约》）时，就反映了西方资本主义与东方共产主义两个极端制度的矛盾和不同价值取向。现在这个问题也在南北冲突中反映了出来。北方认为，社会的发展要以民主为前提；南方则强调，只有经济得到发展，才能有民主和人权。这是一个世界性问题。在人权问题上，无论东西南北，都要从历史上进行考察。西方的发展，是建立在剥削殖民地人民的血汗上的。现在南方与北方不能一起发展，就是因为还存在不合理的世界经济秩序。我们没有钱，迫使我们向西方压低价格出售原料。西方的援助是有附加条件的援助，这是不公平的。对于生活毫无保障的人来说，言论自由是没有任何意义的。斯里兰卡签署了国际人权两公约，但我们首先关心全面发展、关心发展经济。发展是手段，是达到保障人权目的的手段。科伦坡大学副校长皮瑞斯说："第三世界国家不仅要关心人权的经济方面，而且要关心政治权利的保障。现在第三世界国家在保障政治权利方面受到了西方的压力。亚非拉国家对人权的解释要注意这一点。"经济学家赫塞德说，经济与政治相互影响，但又彼此独立。斯里兰卡实行新经济政策已经15年，国民生产总值的增长速度一直同内政有关，1983年以前，经济增长速度相当快，后来发生了1983—1985年的北方"暴乱"和1985—1989年的南方"动乱"，这期间的经济增长率只有2%，但是，经济增长快并不意味着政治问题、人权问题就能解决得好。斯里兰卡经济一度发展迅速，但后来还是发生了严重的人权问题。甚至经济的发展还会刺激新的需要、新的冲突，所以发展经济并不是解决人权问题的唯一因素。我国主张经济发展、政治民主、社会平等。这在斯里兰卡已经成为越来越多的人的共识。

（3）关于人权的国际保护。斯里兰卡南方的阶级冲突和北方的民族冲突，曾引起国际社会的极大关注。开始，斯里兰卡政府拒绝外界的干预。后来允许一些民间组织的成立、存在和活动，允许联合国一些机构和国际上的一些人权组织进行调查，签署了几个国际人权公约，以使国内民主同国际人权相衔接，并积极准备修改宪法和成立有权威的人权委员会，加强对人权的保障。此后，斯在国际上的人权"形象"有了很大改善。对于外界的干预，政府的一些官员和某些学者认为这是干涉内政，而一些民间组织和另一些学者则认为，这是完全正确的、必要的，外界的压力大大促进了斯里兰卡人权状况的改善。一些官员（如人权司司长）强调，人权纯属国内管辖事项，人权无共同标准；另一些学者（如科伦坡人权中心主任）则强调人权的国内标准和国际标准要一致，强调人权的国际监督的必要性、重要性和监督内容的广泛性。

12. 斯里兰卡的开放性监狱

斯里兰卡国家监狱改革部部长和监狱总监向法学考察团详细介绍了该国的监狱制度特别是正在试验的开放性监狱的一些做法，并安排考察团实地参观了设在康提的一所开放性监狱。我们认为，这一试验基本上是成功的，其经验可资借鉴。

斯里兰卡现有在押人员 13000 人，其中已决犯 5000 人，未决犯 8000 人（由于斯里兰卡目前处于非常时期，监狱中未决犯数量较大）。在已决犯中，吸毒犯占有很大比例，1984 年为 13%，到 1990 年已占 40%（主要是不能支付巨额罚款）。关押已决犯的监狱共有 13 个，其中开放性监狱有 6 个，人数在 1000 人左右。

开放性监狱也叫开放性劳改营。监狱周围无警戒，只圈篱笆，内部管理主要依靠犯人自己组织。开放性监狱主要收押两类人：一类是初次犯罪，刑期在 2 年以内的罪犯；另一类是刑期长但已服满 2/3 以上刑期而又表现比较好的罪犯。

斯监管当局认为，这种制度和做法的好处是：在一个相对自由、宽松的环境中服刑，有利于罪犯接受改造；与重犯严格隔离开来，能够防止“感染”；可以更多地学到农牧等方面的技术知识和经验，为罪犯重返社会就业创造有利条件；开放性监狱的劳动强度相对要大，加上积极性高，可以为社会生产更多的物质财富；监管人员相对少些，可以为国家节省财政支出。斯里兰卡实行这种制度已有八九年，实践证明各方面效果是好的，没有发生过一起从开放性监狱逃跑的事件。

监狱管理部门的官员告诉考察团，他们之所以敢于这样做，主要是基于这样的考虑：刑期短的人宁愿在开放性监狱老老实实地接受改造，而不愿在逃跑后被抓回来加重处罚。刑期长的人既已服满大部分刑期，也害怕逃跑后被抓回来而前功尽弃。斯里兰卡是个岛国，罪犯在事实上也很难逃跑，这也是一个重要的客观条件。

斯里兰卡监管当局认为，开放性监狱之所以能够取得比较好的成效，还同在罪犯改造方面实行的某些制度和政策有关。

（1）监管当局比较重视满足与保障罪犯在物质生活和精神生活方面的基本需求。我们参观了开放性监狱的食堂，其主副食数量与质量都不错。从众多罪犯的气色上也可看出其营养状况是良好的。信仰佛教、印度教等宗教的罪犯可以按照习惯进行一些宗教仪式和活动，劳改营里建有多座进行宗教活动的建筑物。当局认为，宗教可以净化人们的灵魂，有利于罪犯改恶从善。

（2）监管当局比较注意尊重罪犯的人格。法律严禁虐待犯人，并且执行较好。1990—1991 年就有 24 名虐待犯人的监狱看管人员受处罚。被虐待的罪犯有权向最高法院提出控告，但由于这方面的工作做得比较好，多年来，犯人向最高法院提起诉讼的只有 2 起。

（3）建立罪犯探亲制度和假释制度。在狱中表现较好的，可以享有一星期的探亲假。事先，监狱当局要到罪犯的家里征求家属的意见并了解邻里的情况。其中表现比较突出的，每一个半月可以回家一次。假释由假释委员会负责审批。该委员会由一退休法官负责，成员有监狱、警界和律师界人士。

（4）全社会比较重视劳改释放犯的安置工作。这一工作有专门机构负责安排和监督管理。已有 14 人被国际会议中心雇用清理草坪。

斯里兰卡尚未制定开放性监狱的专门法律，其准备进一步发展与完善这种罪犯改造形式。

13. 新加坡是怎样有效地反对贪污实现廉政的？

有效地反对贪污，实现廉政，是新加坡经济腾飞、建设成功的重要因素。新加坡贪污调查局局长杨温明、副局长杨世雄、陈亚礼等有关官员和学者介绍了新加坡的做法和经验。

（1）执政党和政府领导人重视廉政，以身作则。新加坡执政党人民行动党和政府领导人认为，有效地反对贪污和保持廉洁对于经济发展和政治稳定都是必要的。从国际影响说，新加坡的经济依靠国际贸易，一天外汇交易高达 700 亿美元。要更多地吸引外资，就要造成良好的投资环境，就要建设一个廉洁的政府和在其管理下的公平有序的市场。如此，才能取得国际工商企业界的信任。从国内说，为了有效地实行管理，必须获得广大公民的信任和支持。否则人民行动党和政府将没有牢固的基础，失去其合法性，也就无法对付反对派。他们对党的干部和政府官员要求极其严格，一再号召党的干部和政府官员保持廉洁，提倡献身精神。李光耀曾说："要当一名公务员，就必须有奉献精神。谁要想赚钱，就去经商。谁不听劝告，败坏我们党，就要给以惩罚，否则我们党会因此毁掉。"他本人严于律己，一生清廉，不仅在一般群众中家喻户晓，就连反对派对其也难以挑剔。领导人重视廉政和以身作则，对官员和公民具有深刻影响。

（2）严密和严厉的惩治贪污法律。新加坡的《防止贪污法》是经长期演变完备的。起初惩治贪污的规定只见诸《刑法典》，属《刑法典》的一部分。其适用范围只限于公职人员。1937 年制定了第一部《防止贪污法》。现行《防止贪污法》制定于 1960 年，至 1989 年曾经五次修改。1989 年新加坡还制定了《没收非法利益条例》。这些法律对防止和惩治贪污作了严密和严厉规定。

①《防止贪污法》不仅适用于政府官员和公职人员，而且广泛地适用于全体新加坡公民。

② 公务员必须每年呈报自己和配偶的全部财产情况。包括动产、不动产、贵重首饰、银行存款、股票、证券等。如有增长必须说明原因。凡不能作出令人信服的解释的，法院可以以之作为该官员贪污的确凿证据。

③ 公务员可以接受没有商业价值的纪念品，但不准收受礼品。凡有商业价值又无法推辞的礼品，收下后必须向本单位领导报告上缴国库，也可以由财政部对该礼品估价，由本人购下。《防止贪污法》对于非法所得未规定最低数额。从理论上说，甚至一杯咖啡也可以视为“非法所得”构成贪污。在实践中，两元钱的非法所得也有被起诉至法院的。

④ 官员不能向下属借款。向亲友借款不得超过本人三个月的工资总额，以免借债过多而产生贪污意念。

⑤ 官员购买股票要经所在单位领导批准。购买与本单位有业务来往的公司的股票受严格限制。即使新闻单位，也禁止其雇员接受任何与之有来往的机构、公司和个人的一切恩惠或优待。

新加坡《防止贪污法》对贪污罪的罚款可以从与贪污相等的数额到 10 万新加坡元，徒刑期最高可达 7 年。

（3）建立执行《防止贪污法》的坚强的机构。新加坡 1952 年建立了贪污调查局，当时的工作人员是警官。1960 年开始改由民事官员担任。1970 年划归总理领导。该局局长由总统任命，在局长、副局长之下有 49 位调查员和 26 位文职人员，具体分为行动组和资讯管理及支援组两个部分。凡进入贪污调查局任职的在正式工作之前须经 6 个月培训。

贪污调查局的职责是：第一，调查违犯《防止贪污法》罪案的指控和嫌疑；第二，调查被揭发的可逮捕的罪案；第三，调查公务员舞弊和涉贪污的不检行为，如发现有其他犯罪行为亦可一并调查；第四，研究贪污案例，向有关部门首长提供防范措施。

为了有效地履行职责，法律赋予贪污调查局广泛权力。贪污调查局接受公民匿名和署名举报，每年平均约1200件；每年调查案件约700件，占举报总数50%以上。贪污调查局对总理负责，直辖于总理办公室，对政府各部门的官员包括内阁部长的贪污行为调查不受限制。依照法律，贪污调查局可以使用警察拥有的一切调查手段，某些环节上甚至超过警察。如局长有权签发搜查令，握有不需逮捕证即可捕人和查看被调查人的银行账户及保险柜甚至窃听电话等特别权力。除国家总统之外任何人无权命令中止案件的调查。每案的调查结果要向局长提出报告，如果证据确凿，局长便向检察长提出逮捕，由检察长决定是否起诉。只是涉及部长的案件，在提交检察长之前须报请总理同意和批准。一旦证明贪污，即使轻微的贪污行为和有贪污意图，也按贪污加以惩治。有一个狱吏为犯人代买香烟而收受犯人15新加坡元，便被处以刑罚。商业部一位局长，几年中曾屡破大案，工作成绩优异，但因被指控有轻微欺诈属实，终被法院定罪判处坐牢一天，开除公职，没收其全部公积金。

（4）注意以俸养廉。新加坡提倡一切公职人员要有奉献精神，在国家机关、企事业单位和全社会培养廉洁风气，但同时也注意以俸养廉。他们采取各种措施让官员和其他所有公职人员得到适当的薪酬，过上合理的体面的生活。在发展生产的前提下，公职人员的薪金与他们担任的相应职务挂钩并定期调整。目前公职人员的薪金比体力劳动者高许多。文官薪金每月10000至12000新加坡元，部长薪金每月至少30000新加坡元，总理每月50000新加坡元。此外，新加坡还建立了全民公积金制度。每个公务员每月必须拿出薪金的22%，所在单位再加18%，共相当于其薪金的40%作为公积金存入，作为退休后的养老金（如死亡和永久性出国可将公积金全部取出），以使公职人员生活得到保障，无后顾之忧。这样，尽管公务员和与之同等条件而在工商企业工作的职员相比收入还低很多，但许多人基于生活有保障和荣誉感，仍愿意在政府机关工作。

新加坡贪污调查局的局长和副局长以及其他有关人士向我们介绍情况时一再说明，与幅员辽阔、人口众多的中国不同，新加坡是个小国、城市国家，在新加坡成功的经验，不一定都适用于中国，中国不可照搬。新加坡《防止贪污法》中的某些规定和实践中的一些做法，也的确存在问题，但就其为了发展经济、保持国家稳定而严密防范和严厉惩治贪污，实现廉政的基本精神和实践中的许多经验，却是可资借鉴的。

14. 新加坡内政部长贾亚库马等谈国际人权保护

新加坡内政部长贾亚库马教授和外交部国际组织司副司长梅农女士分别向我国法学考察团谈了新加坡在国际人权保护方面的立场和观点。其主要内容如下。

（1）在国际人权保护方面要找到一种平衡。贾亚库马教授说，在国际人权保护问题上存在两种极端。一种极端认为，凡是一个国家的国内事务，其他国家都不能过问；另一种极端是把人权问题作为口实去干涉别国内政，将自己的制度强加于人。这两种做法都是不可取的，关键是要在这两种极端之间找到一种平衡。梅农女士说，在处理国际人权保护中的个人权利与集体权利的关系时，过分强调个人权利，就会损害集体权利；过分强调集体权利，就会损害个人权利。正确的做法是在个人权利与集体权利之间找出一种平衡。

（2）一个国家的人权政策应由该国政府自己决定。梅农女士认为，不能抛开一个国家的社会历史传统和物质文化条件谈人权。这是新加坡对国际人权保护的基本立场。贾亚库马教授说，一个国家的政策，应由该国政府自己决定，不受外来的干涉。但是，如果有正当理由，国际社会则是可以干预的。例如，如果新加坡发生把印度族人都投入监狱，或者不经审判就予以枪决的事，国际社会就可以过问，就可以表示关注。这是由于一个国家发生这种现象，对其他国家可能造成动荡，产生国际影响，国际关注是必然的。

（3）关于发展与人权的关系。梅农女士说，我们支持中国的看法。一个国家如不发展，经济上不去，就不能满足人民的基本需求，也就谈不上民主和人权。李光耀先生最近阐明了对这一问题的全面看法。他 1992 年 11 月 17 日在菲律宾总统拉莫斯举行的宴会上说：“菲律宾的宪制与民主程序已经重新肯定，并和平转移了政权。不过，自由、人权、民主并不能满足人民的基本需要，特别是当人挨饿的时候。”

（4）关于美国等西方国家的人权外交。贾亚库马教授说：“西方打着人权的旗帜，将其民主观强加于人。新加坡议会中绝大多数议员是人民行动党党员，西方有人对此不满意。”我们说：“这是新加坡人民自己的选择，西方不能干涉。”梅农女士说：“美国等西方国家的人权外交，其内容是将贸易、援助与人权连在一起，以此为武器对待发展中国家。应当了解，发展中国家面临的问题与发达国家不一样，对这些国家的人权状况不能仅用一个标准来衡量。”

15. 新加坡的公积金制度

注意提高效率和高速发展经济，又注意建立完善的社会保障体系，有效地保障人民的社会、经济、文化权利，使人民安居乐业，是新加坡成功的关键之一。在其社会保障体系中，中央公积金制度具有重要作用。对此，新加坡中央公积金局梅竞周先生作了较系统介绍。

新加坡中央公积金制度，是一种由国家通过法律加以规定，劳资双方共同缴付款项，政府作保证，以向劳动者提供物质保障为宗旨的强制储蓄制度。这项制度自1955年设立中央公积金局以后开始实行。开始时，公积金主要用于向退休者或无法再工作的雇员提供养老金。20世纪60年代末以来，逐渐增加了帮助参加公积金的会员购买住房、向他们提供保健服务和意外事故保险等内容。会员还可将公积金用于教育、投资等活动。

公积金由雇员和雇主每月按工资的一定比例缴付的款项构成。对于不同年龄段的雇员依工资规定了不同的缴付比例。自1992年7月1日起，55岁以下的雇员应缴付工资的40%，其中的22%由雇员缴付，18%由雇主缴付。长远的目标是，雇员和雇主各缴付一半。为了鼓励退休者继续工作，对55岁以上的雇员规定了较低的缴付比例：55岁至59岁的为25%，60岁至64岁的为15%，65岁以上的为10%。他们缴付的款项分别存入三个户头：普通户头、保健储蓄户头和特别户头。就55岁以下的雇员来说，在雇员和雇主缴付的工资的40%中，30%存入用于退休、购买住屋及各项公积金计划的普通户头；6%存入用于支付医疗费及公积金医疗保险费的保健储蓄户头；其余的4%存入用于应付老年需要及意外事故的特别户头。

缴付公积金的会员对于存入各项户头的存款，可按当地银行的平均利率领取免税利息。会员满55岁时，除保留用于养老的最低存款外，可将存入三个户头的所有剩余款项提出。会员在决定移民外国，永久离开新加坡时，可将全部存款提出。法律规定，政府承担确保向会员偿付存款和利息的责任。

公积金由中央公积金局经管，受新加坡劳工局管辖。中央公积金局的决策机构是董事会。董事会由两名政府代表、两名雇主代表、两名雇员代表和四名专家组成。总经理负责日常行政事务，下设会员服务、雇主服务、人事、企业事务、电脑、财务等职能部门。中央公积金局不单纯是一个公积金的行政管理部门，它还从事企业行为，将公积金用于机场、海港、医院等基础设施的建设和国外投资，以赚取的利润增加公积金总量，满足为劳动者提供社会保障的需要。目前，公积金节余达450亿新加坡元，能够保证向会员偿付存款与利息，而不需要政府津贴。

新加坡实行公积金制度以来取得了很大的社会和经济效益。在社会效益方面：①鼓励全社会节约风气的形成，减弱了人们对于国家的依赖心理；②促进家庭内部的互助精神，增强了社会和家庭的凝聚力；③帮助个人购买住屋，促进了居者有其屋计划的实现，现在，新加坡90%的居民已经有了自己的住屋；④鼓励人们积极工作，提高了社会生产力和技能水平；⑤促进了医疗保健、退休养老及终身残疾人员的社会保障事业。

在经济效益方面：①由于人们工作态度的改善，社会生产得到了发展；②公积金形成大宗资金，支援了机场、海港、医院等大批基础设施的建设；③使社会上货币流通量大大减少，抑制了通货膨胀，目前的通货膨胀率在2%到3%；④在经济不景气的情况下，通过降低公积金的缴付率，促进了经济复苏。

新加坡的公积金制度在推行过程中仍然存在一些问题。主要有：①由于每个雇员都必须按照工资的一定比例缴付公积金，一些低收入的人的生活水平受到了影响；②公积金的利息比较低，在通货膨胀的影响下，公积金不断贬值；③一些小企业采取各种办法规避公积金的缴付；④存在要求放宽提款的压力；⑤有些人对中央公积金局偿付公积金存款的能力存有疑虑。

尽管上述问题一定程度上影响了公积金制度的推行，但它对新加坡人民社会权利的保障、对新加坡的稳定与发展所起的作用是巨大的。

第四部分　其他相关信息资料

一　中国人权立法[①]

中华人民共和国历来重视人权立法。新中国成立40多年来，中国制定了宪法、法律、行政法规、地方性法规3181件。仅1979年至1992年，全国人大及其常委会就制定法律123件，修改补充法律19件，发布有关法律问题的决定62件；国务院制定行政法规617件；地方人大及其常委会制定地方性法规2360余件；此外，国务院各部委和省、市人民政府制定行政规章13000余件。其中相当部分对中国的人权保障作了较为完备的规定。

（一）政治权利立法

政治权利是最基本的人权之一。中国立法把保障政治权利置于重要地位。有关这方面的重要法律、法规达20余件。

1. 当家作主权利

《宪法》规定：中华人民共和国一切权力属于人民。人民行使国家权力的机关是全国人民代表大会和地方各级人民代表大会。全国人民代表大会和地方各级人民代表大会都由民主选举产生，对人民负责，受人民监督。国家行政机关、审判机关、检察机关都由人民代表大会产生，对它负责，受它监督（第2条、第3条）。

---

① 本文系为《中国的人权状况》白皮书起草提供的立法材料，编者根据1993年宪法修正案对有关部分作了相应修改。

2. 生存和发展权

中国的独立，民族的解放，剥削制度的消灭，使中国人生存和发展得到了保障。《宪法》规定：国家的根本任务是，根据建设有中国特色社会主义的理论，集中力量进行社会主义现代化建设。

3. 选举权、被选举权

《宪法》规定：中华人民共和国年满18周岁的公民，除依法被剥夺政治权利的人外，不分民族、种族、性别、职业、家庭出身、宗教信仰、教育程度、财产状况、居住期限，都有选举权和被选举权；但是依照法律被剥夺政治权利的人除外（第34条）。《选举法》规定：选民对选举资格发生争议，可以向选举委员会提出申诉。申诉人如果对处理决定不服，可以向人民法院起诉。全国和地方各级人民代表大会的代表，受选民和原选举单位的监督。选民或者原选举单位有权罢免自己选出的代表（《选举法》第25条、第40条）。《宪法》和《全国人民代表大会组织法》规定：全国人民代表大会代表应当同原选举单位和人民保持密切联系，听取和反映人民的意见和要求，努力为人民服务。全国人民代表大会代表在全国人民代表大会和全国人民代表大会常务委员会各种会议上的发言和表决，不受法律追究。全国人民代表大会代表非经全国人民代表大会主席团许可，在全国人民代表大会闭会期间非经全国人民代表大会常务委员会许可，不受逮捕或者刑事审判（《宪法》第76条、第75条，《全国人民代表大会组织法》第41条、第43条、第44条）。

4. 参与经济事务管理权

《宪法》规定：国有企业在法律规定的范围内有权自主经营。国有企业依照法律规定，通过职工代表大会和其他形式，实行民主管理（第16条）。《全民所有制工业企业法》规定：职工代表大会有权审议企业的经营方针、长远规划、工资调整方案、劳动保护措施、职工福利基金使用方案，提出奖惩、任免企业各级领导干部的建议（第52条）。集体经济组织在遵守有关法律的前提下，有独立进行经济活动的自主权，集体经济组织实行民主管理，依照法律规定选举和罢免管理人员，决定经营管理的重大问题（《宪法》第17条第2款）。

5. 言论、出版自由

《宪法》规定：中华人民共和国公民有言论、出版自由（第35条）。

著作权法规定：公民依法享有著作权。著作权人有发表权，即作品是否公之于众的权利。使用出版他人的作品应当同著作权人订立合同或者取得许可（第2条、第10条、第23条、第29条）。

6. 集会、游行、示威自由

《宪法》规定：中华人民共和国公民有集会、游行、示威的自由（第35条）。《集会游行示威法》规定：国家保障公民依法行使集会、游行、示威的权利（第1条）。依法举行的集会、游行、示威，任何人不得以暴力、胁迫或其他非法手段进行扰乱、冲击和破坏（第19条）。为了保障依法举行的游行的进行，负责维持交通秩序的人民警察可以临时变通执行交通规则的有关规定（第20条）。公民行使集会、游行、示威的权利，各级人民政府应当依法予以保障（第3条）。

7. 结社自由

《宪法》规定：中华人民共和国公民有结社自由（第35条）。《社团登记管理条例》规定：国家保障公民的结社自由，保障社会团体的合法权利（第1条）。国家保护社会团体依照其登记的章程进行活动，其他任何组织和个人不得非法干涉（第5条）。

8. 基层社会生活自治权

《宪法》规定：城市和农村按居民居住地区设立的居民委员会或者村民委员会是基层群众性自治组织。居民委员会、村民委员会的主任、副主任和委员由居民选举（第111条）。居民委员会和村民委员会在其自治范围内，办理公共事务和公益事业，调解民间纠纷，协助维护社会治安，向人民政府反映意见要求和提出建议（《居民委员会组织法》第3条，《村民委员会组织法》第2条）。

9. 控告申诉权

《宪法》规定：中华人民共和国公民对于任何国家机关和国家工作人员违法失职行为，有向有关国家机关提出申诉、控告或者检举的权利。对于公民的申诉、控告或者检举，有关国家机关必须查清事实，负责处理，任何人不得压制和打击报复（第41条）。《刑法》规定：国家工作人员滥用职权，假公济私，对控告人、申诉人、批评人实行报复陷害的，处2年以下有期徒刑或者拘役；情节严重的处2年以上7年以下有期徒刑（第146条）。

10. 请求赔偿权

《宪法》规定：由于国家机关和国家机关工作人员侵犯公民权利而受到损失的人，有依照法律规定取得赔偿的权利。（第41条）《民法通则》规定：国家机关或者国家机关工作人员在执行职务中，侵犯公民、法人的合法权益造成损害的，应当承担民事责任（第121条）。《行政诉讼法》规定：公民认为行政机关和行政机关工作人员的具体行政行为侵犯其合法权益，有权依法向人民法院提起诉讼（第3条）。公民、法人或者其他组织的合法权益受到行政机关或者行政机关工作人员作出的具体行政行为侵犯造成损害的，有权请求赔偿（第67条）。

（二）人身权利立法

人身权是人权的重要组成部分。中国对人身权的保障十分重视，有关这方面的法律、法规达60余件。

1. 人身自由权

《宪法》规定：中华人民共和国公民人身自由不受侵犯。任何公民，非经人民检察院批准或者决定或者人民法院决定，并由公安机关执行，不受逮捕。禁止非法拘禁和以其他方法非法剥夺或者限制公民的人身自由；禁止非法搜查公民身体（第37条）。《刑法》规定：严禁非法拘禁他人，或者以其他方法非法剥夺他人人身自由，违者处3年以下有期徒刑、拘役或者剥夺政治权利。具有殴打、侮辱情节的从重处罚（第143条）。非法管制他人，或者非法搜查他人身体，处3年以下有期徒刑或者拘役（第144条）。

2. 生命健康权

《民法通则》规定：公民享有生命健康权（第98条）；侵害公民身体造成伤害的，应当赔偿医疗费、因误工减少的收入、残废者生活补助费等费用；造成死亡的，并应当支付丧葬费、死者生前扶养的人必要的生活费等费用（第119条）。《刑法》规定：由刑事犯罪（杀人罪、伤害罪等）造成公民死亡、伤害的，依法给予惩罚，包括判处有期徒刑、无期徒刑甚至死刑（刑法第132条、第133条、第134条、第135条）。

3. 名誉权

《宪法》规定：中华人民共和国公民的人格尊严不受侵犯。禁止用任何方法对公民进行侮辱、诽谤和诬告陷害（第38条）。《民法通则》规定：公民享有名誉权，公民的人格尊严受法律保护，禁止用侮辱、诽谤等方式，损害公民的名誉（第101条）。公民的名誉权受到民事侵权行为侵害的，有权要求停止侵害，恢复名誉，消除影响，赔礼道歉，并可以要求赔偿损失（第120条）。《刑法》规定：以刑事犯罪行为侵害公民名誉权的，依法处以拘役、有期徒刑或者剥夺政治权利（第138条、第145条）。

4. 姓名权

《民法通则》规定：公民享有姓名权，有权决定、使用和依照规定改变自己的姓名，禁止他人干涉、盗用、假冒（第99条），公民的姓名权受到侵害的，有权要求停止侵害，恢复名誉，消除影响，赔礼道歉，并可以要求赔偿损失（第120条）。

5. 肖像权

《民法通则》规定：公民有肖像权，未经本人同意，不得以营利为目的使用公民的肖像（第100条）。公民的肖像权受到侵害的，有权要求停止侵害，恢复名誉，消除影响，赔礼道歉，并可以要求赔偿损失（第120条）。

6. 荣誉权

《民法通则》规定，公民享有荣誉权，禁止非法剥夺公民的荣誉称号（第102条）。公民的荣誉权受到侵害的，有权要求停止侵害，恢复名誉，消除影响，赔礼道歉，并可以要求赔偿损失（第120条）。

7. 住宅不受侵犯权

《宪法》规定：中华人民共和国公民的住宅不受侵犯。禁止非法搜查或者非法侵入公民的住宅（第39条）。《刑法》规定：非法搜查他人住宅，或者非法侵入他人住宅的，处3年以下有期徒刑或者拘役（第144条）。

8. 通信自由、通信秘密权

《宪法》规定：中华人民共和国公民的通信自由和通信秘密受法律保护。除因国家安全或者追查刑事犯罪的需要，由公安机关或者检察机关依照法律规定的程序对通信进行检查外，任何组织或者个人不得以任何理由侵犯公民的通信自由和通信秘密（第40条）。邮政法规定：用户交寄的邮件、交汇的汇款和储蓄的存款受法律保护，除法律另有规定外，任何组织和个人不得检查、拘留（第5条）。《刑法》规定：隐匿、毁弃或非法开拆他人信件，侵犯公民通信自由权利，情节严重的，处1年以下有期徒刑或者拘役（第149条）。

9. 知识产权

《民法通则》规定：公民享有著作权、专利权、商标专用权、发现权、发明权、科技成果权等知识产权。非法侵害公民知识产权的，将依著作权法、专利法、商标法等法律的规定，受到民事的、行政的或刑事的制裁。

10. 环境权

《宪法》规定：国家保护和改善生活环境和生态环境，防止污染和其他公害（第26条）。《环境保护法》规定，对违反环境保护法规定，污染和破坏环境，危害人民健康的单位，依法予以批评、警告、罚款或者责令赔偿损失、停产治理。对严重污染和破坏环境，引起人员伤亡或者造成农、林、牧、副、渔业重大损失的领导人员、直接责任人员或者其他公民，要追究行政的、民事的直至刑事的责任（第32条）。《民法通则》规定，违反国家保护环境防止污染的规定，污染环境造成他人损害的，应当依法承担民事责任（第124条）。

（三）经济财产权利立法

经济财产权是基本人权之一，中国有关经济财产权方面的重要法律、法规有400余件。

1. 经济平等权

《宪法》规定：中华人民共和国社会主义经济制度的基础是生产资料的社会主义公有制即全民所有制和劳动群众集体所有制（第6条）。城乡劳动者的个体经济和私营经济是社会主义公有制经济的补充（第11条）。《宪法》还规定：社会主义公有制消灭人剥夺人的制度，实行各尽所能、按劳分配的原则（第6条）。国家保护公民的合法收入（第13条）。这就从根本法的高度确立了人的基本经济平等权。

2. 财产所有权

《民法通则》规定：财产所有权是指所有人依法对自己的财产享有占有、使用、收益和处分的权利（第71条）。国家财产属全民所有，国家财产神圣不可侵犯，禁止任何组织或者个人侵占、哄抢、私分、破坏（第73条）。劳动群众集体组织的财产属于劳动集体所有。集体所有的财产受法律保护，禁止任何组织或者个人侵占、哄抢、私分、破坏或者非法查封、扣押、冻结、没收（第74条）。《宪法》规定：国家保护公民的合法收入、储蓄、房屋和其他合法财产的所有权（第13条）。《民法通则》规定：公民的个人财产，包括公民的合法的收入、房屋、储蓄、生活用品、文物、图书资料、林木、牲畜和法律允许公民所有的生产资料以及其他合法财产受法律保护。禁止任何组织或者个人侵占、哄抢、破坏或者非法查封、扣押、冻结、没收（第75条）。侵占国家的、集体的财产或者他人财产的，应当返还财产，不能返还财产的，应当折价赔偿。损害国家的、集体的财产或者他人财产的，应当恢复原状或者折价赔偿。受害人因此遭受其他重大损失的，侵害人并应当赔偿损失（第117条）。《私营企业暂行条例》规定：私营企业投资者对其财产依法享有所有权（第20条）。《刑法》规定：由于刑事犯罪行为侵犯财产所有权的，要依法追究刑事责任（第150条至第156条）。

3. 经营权

《民法通则》规定：全民所有制企业对国家授予它经营管理的财产依法享有经营权，受法律保护（第82条）。

4. 使用权

《民法通则》规定：全民所有制单位、集体所有制单位和公民个人，依法取得的对国有土地、森林、山岭、草原、荒地、滩涂、水面的使用权，受法律保护（第80条、第81条）。

5. 承包经营权

《民法通则》规定：公民、集体依法对集体所有或国家所有由集体使用的土地、森林、山岭、荒地、滩涂、水面的承包经营权，受法律保护（第81条）。

6. 继承权

《宪法》规定：国家依照法律规定保护公民的私有财产的继承权（第13条）。《民法通则》规定：公民依法享有财产继承权（第70条）。《继承法》规定：公民依法继承的财产包括：公民的收入，公民的房屋、储蓄和生活用品，公民的林木、牲畜和家禽，公民的文物、图书资料，法律允许公民所有的生产资料，公民的著作权、专利权中的财产权利，公民个人承包应得的收益，公民其他合法财产（第3条、第4条）。《私营企业暂行条例》规定，私营企业投资者的财产可以依法继承（第20条）。《继承法》规定：继承开始后，按法定继承办理；有遗嘱的，按遗嘱继承或遗赠办理；有遗赠扶养协议的，按协议办理（第5条）。

（四）劳动和社会权利立法

中国重视公民的劳动、社会权利的保障，有关这方面的法律和法规约70件。

1. 劳动权

《宪法》规定：中华人民共和国公民有劳动的权利。国家通过各种途径，创造劳动就业条件，加强劳动保护，改善劳动条件，并在发展生产的基础上提高劳动报酬和福利待遇。国家对就业前的公民进行必要的劳动就业训练（第42条）。公民除由国家安排就业外，国务院规定实行劳动部门介绍就业、待业人员自愿组织起来就业和自谋职业相结合的就业方针。为广开就业门路，国务院还发布了《关于做好劳动就业工作的通知》和《劳动就业服务企业管理规定》。

2. 安全和健康保障权

《全民所有制工业企业法》规定：企业必须贯彻安全生产制度，改善劳动条件，做好劳动保护和环境保护工作。做到安全生产和文明生产。我国还制定了几十个重要的专门关于劳动保护或者包含劳动保护条款的法律、法规和规章，建立了各种安全监督制度。

3. 休息权

《宪法》规定：劳动者有休息的权利（第43条）。国家发展劳动者休息和休养的设施，规定职工的工作时间和休假制度。依照《国务院关于职工探亲待遇的规定》，职工探望配偶的，每年给予一方探亲假一次，假期为30天，未婚职工探望父母，原则上每年给假一次，假期为20天，已婚职工探望父母的，每4年给假一次，假期为20（第3条），往返路费由所在单位负担（第5条）。

4. 组织工会和参加工会活动权

《工会法》规定，凡在中国境内的一切职工，均有组织工会之权；工会是职工自愿结合的群众组织；工会组织有代表和维护职工利益、参加生产管理、与行政或资方签订集体合同等权利。《全民所有制工业企业法》

规定，企业工会依法独立自主地开展工作。法律保护私营企业中职工组织工会的权利。

5. 获得物质帮助权

《宪法》规定：中华人民共和国公民在年老、疾病或丧失劳动能力的情况下，有从国家和社会获得物质帮助的权利。国家发展为公民享受这些权利所需要的社会保险、社会救济和医疗卫生事业（第 45 条）。《劳动保险条例》规定，职工因工负伤，其全部诊疗费、药费、住院费、住院时的膳费与就医路费，均由所在单位负担。在医疗期间，工资照发。职工因工负伤确定为残废的，由劳动保险基金项下按月付给因工残废抚恤费或因工残废补助费（第 12 条）。

6. 残疾人权利

《宪法》规定，国家和社会帮助安排盲、聋、哑和其他残疾的公民的劳动、生活和教育（第 45 条）。《民法通则》规定，残疾人的合法权益受法律保护（第 104 条）。《残疾人保障法》规定，残疾人在政治、经济、文化、社会和家庭等方面享有同其他公民平等的权利。残疾人的公民权和人格尊严受法律保护，禁止歧视、侮辱、侵害残疾人（第 3 条）。国家和社会采取扶助、救济和其他福利措施，保障和改善残疾人的生活（第 40 条）。

（五）文化教育权利立法

中国切实保障公民的文化教育权利，有关这方面的法律、法规有 73 种。

1. 受教育权

《宪法》规定：中华人民共和国公民有受教育的权利和义务（第 46 条）。国家发展社会主义的教育事业，提高全国人民的科学文化水平。国家举办各种学校，普及初等义务教育，发展中等教育、职业教育和高等教育，并且发展学前教育。国家发展各种教育设施，扫除文盲，对工人、农民、国家工作人员和其他劳动者进行政治、文化、科学、技术、业务的教育，鼓励自学成才。国家鼓励集体经济组织、国家企业事业组织和其他社会力量依照法律规定举办各种教育事业（第 19 条）。

2. 受义务教育权

《义务教育法》规定：在全国范围内推行九年制义务教育。凡年满 6

岁的儿童，不分性别、民族、种族，应当入学接受规定年限的义务教育。条件不具备的地区，推迟到 7 岁入学（第 5 条）。对接受义务教育的学生免收学费，设立助学金，帮助贫困学生就学（第 10 条）。除因疾病或特殊情况经当地人民政府批准外，适龄儿童少年不入学校受义务教育的，由当地人民政府对他的父母或监护人批评教育，并采取有效措施责令送子女或被监护人入学（第 15 条）。实施义务教育所需的事业费和基本建设投资，由国务院和地方人民政府负责筹措，予以保证（第 12 条）。

3. 受成人教育权

国务院批转的《国家教育委员会关于改革和发展成人教育的决定》规定，大力发展以岗位培训为中心的成人教育。对已经走上各种岗位，以及需要转换工作岗位或重新就业的工人、农民、干部、专业技术人员和其他从业人员进行相应的岗位培训；对于已经走上岗位而没有受完初等、中等教育的劳动者进行基础教育；对在职而没有达到岗位要求的中等或高等文化程度和专业水平的人员进行相应的文化和专业教育；对受过高等教育的人进行继续教育，以适应社会的迅速发展和技术的进步。

4. 受扫盲教育权

国务院发布的《扫除文盲工作条例》规定：凡年满 15 周岁以上的文盲、半文盲公民，除丧失学习能力的以外，不分性别、民族、种族，均有接受扫除文盲教育的权利和义务（第 2 条）个人脱盲的标准是：农民识 1500 个汉字，企业和事业单位职工、城镇居民识 2000 个汉字（第 7 条）。

5. 科学研究和文艺创作自由

《宪法》规定：公民有进行科学研究、文化艺术创作的自由。国家对于从事教育、科学、技术、文学、艺术和其他文化事业的公民的有益于人民的创造性工作，给以鼓励和帮助（第 47 条）。国家大力发展自然科学和社会科学，普及科学技术知识，奖励科学研究成果和技术发明创造（第 20 条）。《发明奖励条例》、《自然科学奖励条例》和《科学技术进步奖励条例》，分别设立了发明奖、自然科学奖和科学技术进步奖。

6. 文化活动自由权

《宪法》规定：公民有进行文化活动的自由（第 47 条）。国家发展文学艺术事业、新闻、广播电视事业、出版发行事业、图书馆博物馆文化馆和其他文化事业，开展群众性的文化活动，保护名胜古迹、珍贵文物和其他重要历史文化遗产（第22条）。

（六）特别保护妇女、儿童、青少年和老人权利立法

中国十分重视妇女、儿童、青少年和老人的权利保障，有关这方面的特别保障的法律、法规和规章约40件，地方性法规达80多件。

1. 妇女权利

《宪法》规定：国家保护妇女的权利和利益。禁止虐待妇女。母亲受国家保护。妇女在政治的、经济的、文化的、社会和家庭生活等各方面享有同男子平等的权利。国家培养和选拔妇女干部（第48条、第49条）。法律还规定，妇女享有同男子平等的选举权和被选举权；在代表和领导工作人员中，妇女依法占适当比例。

《宪法》规定：实行男女同工同酬（第48条）。《国有企业招用工人暂行规定》规定：企业招用工人，凡适合妇女从事劳动的工种，应当招用女工。女工有享受特殊劳动保护和劳动保险的权利（第8条）。

《婚姻法》规定：夫妻双方都有参加生产、工作、学习和社会活动的自由，一方不得对他方加以限制和干涉（第11条）。国家还发布了有关妇女卫生和女职工保健工作的规定，保障妇女身体健康。

《民法通则》规定：公民享有婚姻自主权，禁止买卖、包办婚姻和其他干涉婚姻自由的行为（第103条）。《婚姻法》规定：结婚必须男女双方完全自愿，不允许任何一方对他方加以强迫或第三者加以干涉（第4条）。

2. 儿童权利

《宪法》规定：儿童受特别保护，禁止虐待儿童（第49条）。为保障儿童的生命健康，国家还发布了有关防治小儿麻痹、天花、白喉、结核等疾病的专门规定，加强托儿所、幼儿园卫生保健，并提倡母乳喂养、定期体检等。《幼儿园管理条例》规定：招收3周岁以上学龄前幼儿，对其进行保育和教育，促进幼儿在体、智、德、美诸方面和谐发展。对儿童人身安全的保障，除《婚姻法》《刑法》等法律的规定外，有30个地方性法规，对保障儿童人身安全做了具体规定。《义务教育法》规定：适龄儿童、少年有接受义务教育的权利（第4条）。国家对接受义务教育的学生免收学费。国家设立助学金，帮助贫困学生就学（第10条）。

3. 青少年权利

《婚姻法》规定：父母对子女有抚养的义务，父母不履行抚养义务时，

未成年的或不能独立生活的子女有要求父母付给抚养费的权利（第15条）。非婚生子女享有与婚生子女同等权利，任何人不得加以危害和歧视。非婚生子女的生父，应负担子女必要的生活费和教育费的一部或全部，直至子女能独立生活为止（第19条）。有负担能力的祖父母、外祖父母、对于父母已经死亡的未成年的孙子女、外孙子女，有抚养的义务（第22条）。有负担能力的兄姊，对于父母已经死亡或父母无力抚养的未成年弟、妹，有抚养的义务（第23条）。离婚后，父母对于子女仍有抚养和教育的权利和义务（第29条）。有关地方性法规规定：父母或者其他监护人和学校教师，应当尊重未成年人的人格，不侮辱，不体罚。《刑法》规定：对教唆不满18岁的人犯罪的、奸淫未满14岁幼女的、拐骗未满14岁的男女脱离家庭或者监护人的，都必须依法予以严厉惩处。

《宪法》规定：国家培养青年、少年、儿童在品德、智力、体质等方面的全面发展（第46条）。有关地方性法规规定：学校应当全面贯彻国家的教育方针，在进行文化教育的同时，重视对青少年的理想教育、道德教育、纪律和法制教育，提高青少年的思想、文化素质。对特殊天赋或者有突出成就的未成年人，有关组织和个人应当为他们的发展创造条件，关心他们的身心健康，保护他们的智力成果或者其他成果不受侵犯。

《国有企业招用工人暂行规定》规定：年满16周岁是被招用为工人的必备条件。《私营企业暂行条例》规定，不得招用未满16周岁的童工。国务院和劳动主管部门还专门发出了《关于严禁使用童工的通知》和《禁止使用童工的规定》。

4. 老人权利

《宪法》规定：禁止虐待老人（第49条）。《民法通则》《婚姻法》规定：保护老年人合法权利，禁止虐待和遗弃老人。有关地方性法规规定：保护老年人的人身权。严禁打骂、侮辱、诽谤、虐待、遗弃老年人。《婚姻法》规定：成年子女对父母有赡养扶助的义务（第49条）。子女不履行赡养义务时，无劳动能力的或生活困难的父母，有要求子女付给赡养费的权利。《劳动保障条例》等法规规定：保障离退休老人在晚年有愉快而有保障的生活条件。集体企业对无依靠的老人，要开办敬老院。对农村没有依靠的老年人要实行五保。老年人的婚姻家庭自由权利，受到婚姻法的保障。一些地方性法规还对此作了具体规定，即：老年人婚姻自由受法律保护，子女或其他任何人不得以任何理由和方式干涉老年人结婚、离婚、再婚和不再婚的自由，不得滋扰、妨害再婚老人的家庭生活。

（七）少数民族权利立法

中国是一个统一的多民族国家。为维护国家的统一和民族的团结，国家特别重视保护少数民族权利的立法。有关这方面的法律、法规有 160 余件。

1. 民族平等权

《宪法》规定：中华人民共和国各民族一律平等，国家保障各少数民族的合法权利和利益，维护和发展各民族的平等、团结、互助关系。禁止对任何民族的歧视和压迫，禁止破坏民族团结和制造民族分裂的行为（第 4 条）。各少数民族与汉民族一样平等地享受宪法、法律、行政法规和地方性法规所规定的各项权利。为便于各少数民族都能参加国家最高权力机关，《宪法》《选举法》规定，在全国人民代表大会中各少数民族都应有适当名额的代表。代表的名额由全国人民代表大会常务委员会参照少数民族的人口和分布等情况，分配给各省、自治区、直辖市的人民代表大会选出，人口特少的民族，至少应有代表 1 人（《宪法》第 113 条、《选举法》第 15 条）。

2. 区域自治权

各少数民族地方实行区域自治，设立自治机关，行使自治权（《宪法》第 4 条）。民族自治地方的自治机关依照宪法和法律规定的权限行使自治权，根据地方的实际情况贯彻执行国家的法律、政策。上级国家机关有关民族自治地方的决议、决定、命令和指示，应当适合民族自治地方的实际情况。如有不适合民族自治地方实际情况的，自治机关可以报请上级国家机关批准，变通执行或者停止执行。民族自治地方的人民代表大会有权依照当地民族的政治、经济和文化的特点制定自治条例和单行条例（《民族区域自治法》第 19 条）。

3. 政治权利

自治区、自治州、自治县的人民代表大会中，除实行区域自治的民族的代表外，其他居住在本行政区域内的民族也应当有适当名额的代表。自治区、自治州、自治县的人民代表大会常务委员会应当由实行区域自治的民族的公民担任主任或者副主任。自治区主席、自治州州长、自治县县长由实行区域自治的民族的公民担任。民族自治地方的自治机关所属工作部门的干部中，要尽量配备实行区域自治的民族和其他少数民族的人员（《宪法》第113条、《民族区域自治法》第16条）。

4. 经济发展权利

《宪法》规定：民族自治地方的自治机关有管理地方财政的自治权，凡是依照国家财政体制属于民族自治地方的财政收入，都应当由民族自治地方的自治机关自主地安排使用。民族自治地方的自治机关在国家计划的指导下，自主地安排和管理地方性的经济建设事业。《民族区域自治法》详细规定了民族自治地方的自治机关自主地制定经济发展规划，安排经济建设项目，管理和保护本地方的自然资源，对外贸易中享有一定的自主权（《宪法》第117条、第118条，《民族区域自治法》第24条、第25条）。

5. 文化教育权

《宪法》规定：民族自治地方的自治机关自主地管理本地方的教育、科学、文化、卫生、体育事业，保护和整理民族的文化遗产，发展和繁荣民族文化（第119条）。民族自治地方的自治机关在执行职务的时候，依照本民族自治地方自治条例的规定，使用当地一种或几种语言文字（宪法第121条）。《民族区域自治法》详细规定了民族自治地方的自治机关自主地发展地方性教育、科学、文化、卫生、体育等事业的内容，主要包括决定本地方的科学技术发展规划，发展民族传统医药等等。《宪法》还规定：国家从财政、物资、技术等方面帮助各少数民族加速发展经济建设和文化建设事业。国家帮助民族自治地方从当地民族中大量培养各级干部、各种专业人才和技术工人。《新疆维吾尔自治区民族语言文字使用管理暂行规定》规定：各级机关、人民团体和企业事业单位的公章、门牌、凭证、票据、表格、会标、标语、公告、海报、宣传栏以及印有单位名称的信封、信笺等，均应同时使用维、汉文字（第7条）。

6. 其他权利

《民族区域自治法》规定：民族自治地方的自治机关根据规定，结合本地方的实际情况，制定实行计划生育的办法（第44条）。《福建省人民政府关于少数民族计划生育的若干暂行规定》规定：在该省境内定居的少数民族（除壮族外），包括国家干部、职工和城乡居民，允许一对夫妇生育两个孩子（第 4 条）。

（八）宗教信仰自由立法

宗教信仰自由是中国人权保障立法的一项重要内容，有关这方面重要的法律、法规约 30 件。

1. 宗教信仰自由

《宪法》规定：公民有信仰宗教自由。任何国家机关、社会团体和个人不得强制公民信仰宗教或者不信仰宗教，不得歧视信仰宗教的公民和不信仰宗教的公民（第 36 条）。信教和不信教的公民在法律面前一律平等。针对中国少数民族信仰宗教人数多的情况，《民族区域自治法》规定：民族自治地方的自治机关保障各民族有宗教信仰自由（第 11 条）。民族自治地方自治机关应教育各民族的干部和群众互相尊重风俗习惯和宗教信仰，共同维护国家和民族的团结（第 35 条）。为确保宗教信仰自由，《刑法》规定：国家工作人员非法剥夺公民的正常宗教信仰自由，情节严重的，处二年以下有期徒刑或者拘役（第 147 条）。

2. 正常的宗教活动权和宗教团体的财产权

《宪法》和《民族区域自治法》都规定：国家保护正常的宗教活动（宪法第 36 条、民族区域自治法第 11 条）。《民法通则》规定：宗教团体的合法财产受法律保护（第 77 条）。《房产税暂行条例》规定：宗教寺庙自用的房屋免纳房产税（第 5 条）。

（九）保障被羁押人和罪犯权利立法

中国一贯重视对人犯和罪犯应有权利的法律保障。有关这方面的重要法律、法规达 100 余件。

1. 诉讼权

《刑事诉讼法》规定：被告人除自己行使辩护权以外，还可以委托律师、人民团体或者被告人所在单位推荐的，或者经人民法院许可的公民以及被告人的近亲属、监护人为其辩护（第 26 条）。审判人员、检察人员、侦查人员有下列情形之一的，应当自行回避，当事人及其法定代理人也有权要求他们回避：本案的当事人或者是当事人的近亲属的；本人或者他的近亲属和本案有利害关系的；担任过本案的证人、鉴定人、辩护人或者附带民事诉讼当事人的代理人的；与本案当事人有其他关系，可能影响公正处理案件的（第23条）。

《刑事诉讼法》规定：人民法院审判第一审案件应当公开进行。有关国家机密、个人隐私、未成年人犯罪案件，不公开审理。对于不公开审理的案件，应当当庭宣布不公开审理的理由（第111条）。

《刑事诉讼法》对诉讼过程中各阶段的期限作了规定，如：公安机关对被拘留的人，认为需要逮捕的，应当在拘留后的三日内，提请人民检察院审查批准。在特殊情况下，提请审查批准的时间可以延长一至四日。人民检察院应当在接到公安机关提请批准逮捕书后的三日以内，作出批准逮捕或者不批准逮捕的决定（第48条）。对被告人在调查中的关押期限不得超过二个月。案情复杂、期限届满不能终结的案件，可以经上一级人民检察院批准延长一个月（第92条）。人民检察院对于公安机关移送起诉或者免予起诉的案件，应当在一个月以内作出决定，重大、复杂的案件，可以延长半个月（第97条）。人民法院审理公诉案件，应当在受理后一个月内审判，至迟不得超过一个半月（第125条）。

《刑事诉讼法》规定：当事人或者他们的法定代理人，不服地方各级人民法院第一审的判决、裁定，有权用书状或者口头向上一级人民法院上诉。被告人的辩护人和近亲属，经被告人同意，可以提出上诉，对被告人的上诉权，不得以任何借口加以剥夺（第129条）。

2. 申诉权、控告权

《刑事诉讼法》规定：当事人、被害人及其家属或者其他公民，对已经发生法律效力的判决、裁定，可以向人民法院或者人民检察院提出申诉，但不能停止判决、裁定的执行。监狱、劳动改造机关在刑罚执行中，如果认为判决有错误或者罪犯提出申诉，应当转请人民检察院或者原判人民法院处理（第148条、第163条）。

3. 人身权、人格权

《刑法》规定：严禁刑讯逼供。国家工作人员对人犯实行刑讯逼供的，处三年以下有期徒刑或者拘役。以肉刑致人伤残的，以伤害罪从重论处（第136条）。《刑事诉讼法》规定：诉讼参与人对于审判人员、检察人员和侦查人员侵犯公民诉讼权利和人身侮辱的行为，有权提出控告（第10条）。检查妇女的身体，应当由女工作人员或医生进行。搜查妇女的身体，应当由女工作人员进行（第75条、第82条）。

4. 政治权利

凡未被依法剥夺政治权利的罪犯都享有并能实际行使选举权。法律规定：对于准予行使选举权利的被羁押的人和正在服刑的罪犯，经选举委员会和执行羁押、监禁机关共同决定，可以在原户口所在地参加选举；可以在流动票箱投票，也可以委托有选举权的亲属或者其他选民代为投票。

5. 经济权利

宪法和法律对公民财产权利的保障同样适用于正在服刑的罪犯。

二　现代人权发展的三个特征

第二次世界大战以后，人权的理论与实践进入一个新的历史发展阶段。在这个阶段，国际上相继出现了作为现代人权的“第二代人权”和“第三代人权”。

一些西方人权学者认为，现代人权观念产生于第二次世界大战期间的自由、正义、和平及个人权利等观念。现代人权观与17、18世纪的人权观相比已有较大发展，呈现出三大特征。

（一）平等主义的强化

现代人权法律文件规定的内容证明了平等主义强化的存在。具体表现为以下几个方面。

第一，在保护人权过程中，进一步强调法律面前人人平等，反对一切歧视。尽管18世纪有的权利宣言也宣告法律面前人人平等，但对免受歧视的保护则是19、20世纪的发展。19世纪战胜了奴隶制，20世纪则从理论与实践上同种族主义进行了顽强的斗争。第二次世界大战以后，在一切领域维护妇女的平等权也已被提上了人权保护的议事日程。

第二，从福利权看现代人权学说中的平等主义。早期的政治权力概念通常要求政府站在人民的背后，充当“管得最少，政府最好”的“守夜人”角色，滥用政治权力被视为政府做了它们不应当做的事情，而不是没有做它们应当做的事情。从这些权力斗争中产生的义务主要是一种对权力否定、抑制的义务。20世纪以来，政府保护人民权利免遭内外侵害的义务被视为一种积极作为的义务。与此相关联，对以下权利的看法有了转变。正当程序权（公平审判权，免受任意逮捕权，免受残忍、野蛮惩罚权等）被视为对滥用法律制度的救济；隐私权和人身自由权（住宅不受侵犯权、迁徙自由权、自由选择住所权、结社自由等）被视为对侵犯私人领域的救济；政治参与权（言论自由、请愿权、选举权、竞选公共职务权等）被视为对拒不考虑诉愿、压制持不同政见者等滥用权力的救济；过去，实现上述权利要求政府不要过多限制人民；现在要求政府积极作为，以实现人民的利益，如公平审判、自由选举、防止政府机构或政府官员滥用权力等。

第三，已被广泛接受的三个观念把解决经济、社会问题视为政府的责任。观念之一，贫困、歧视、自私地开发像损害传统政治权利一样威胁着人们的福利和尊严；观念之二，人们的困苦和不平等不是不可避免的，而是处于道德或政治控制下的社会、文化条件造成的；观念之三，政治、经济和社会是一个统一的体系，不可能真正分开，政府权力通常应当用于创造和维护经济和社会制度。由于以上观念的普及，政府通过使用它们的资源和重新分配权力提供救济的职能受到了严峻的挑战。

（二）个人主义的弱化

近年来的权利宣言已弱化了自然权利理论中的个人主义，表现为一些非个人作为人权主体得到了承认。一些人权法律文件把家庭和社区等作为人民中的一部分来规定。例如，《世界人权宣言》第 16 条第 3 款规定，“家庭是天然的和基本的社会单元，应受社会和国家的保护”。在一些权利公约中，集体人权被引入人权架构，自决权和控制自然资源权在人权架构中居于重要地位。人权概念已不再仅由社会契约理论构成，现代人权理论中出现了一些作为人权基础的哲学理论，如相对主义人权学说、普遍主义人权学说、马克思主义人权学说等。第二次世界大战后致力于准确表达国际人权规范的努力已发展到哲学的和观念的多元化阶段。

（三）人权的国际化

现代人权与 18 世纪自然权利的区别之一，是人权已进入国际领域，具有国际化特征。尽管 18 世纪的自然权利观把人权视为所有人的权利，但这种理论更多地、更主要地是被当作合法反抗政府的根据，而不是作为由国际社会对侵犯人权的政府进行合法调查和实施外交与经济制裁的标准。尽管许多国家依然强调其主权和防止外界干涉其内部事务，但国际社会现已建立了对任何大规模侵犯人权的调查和非军事制裁的原则。

国际人权学者一般认为，根据《欧洲人权公约》建立的欧洲人权国际保护系统是当代国际人权保护中非常有效的系统。在这个系统中，欧洲人权委员会负责调查政府或个人的申诉，欧洲人权法院负责审理涉及解释和应用《欧洲人权公约》的所有案件。该公约的任何缔约国须接受人权委员会和人权法院的管辖。

《公民权利和政治权利国际公约》也提供了国际人权保护的程序。根据此公约成立的人权委员会有三项职能：第一，审查缔约国按照公约要求提交的报告；第二，受理、审议、调解一个缔约国对另一个缔约国违反公约的申诉；第三，受理、审议、调解由缔约国公民个人提出的申诉。第三项职能是由公约的任择议定书规定的，仅对议定书的签字国有拘束力。

美洲国家组织也存在类似的人权保护系统。1969 年通过的《美洲人权公约》在人权国际化方面起了重要作用。根据《美洲国家组织宪章》和《美洲人权公约》设立了美洲国家间人权委员会和美洲国家间人权法院。人权委员会的主要职能是：审议美洲国家组织各成员国政府依公约要求提供的报告；受理成员国之间的违约指控和个人对国家的申诉。人权法院负责对《美洲人权公约》和其他人权公约作出解释，并对成员国间有关侵犯人权问题的指控或争端进行裁决，但法院的裁决无强制执行力，由各国自愿遵守或执行。

1981 年非洲统一组织通过了《非洲人权和民族权宪章》，规定在非洲统一组织内部设立非洲人权和人民权利委员会。委员会的主要职责是：审议各成员国执行宪章情况的报告；受理国家间的指控；促成人权问题的调解解决。

亚洲地区由于各国文化、宗教、社会、经济和法律等传统存在各种差异，故而很难制定一个区域性人权公约并设立区域性人权保护机构。但亚洲国家在促进和保护人权方面亦主张进行一些区域性或国际性合作，这种主张在一些亚洲国家的实践中得到了实施。

也有的西方人权学者认为，现代人权发展是一场理论与实践的革命，表现出三个特征。第一，人权的宪法化。越来越多的国家把人权的内容载入宪法，以专章规定人权，并授权法院保护这种权利。以作为最高法的宪法来确认人权，从而把人权的保障提到了至高的法律地位。第二，人权的国际化。人权已形成了国际共同标准，任何国家发生了严重侵犯人权的事，该国政府都不能以任何借口拒绝国际人权保护。实施国际人权保护是实现世界和平与发展的必不可少的组成部分，是一种国际责任，但不能滥用。第三，人权的民主化。在人权保护中，非政府组织的保护作用日益重要。在政府不足以保障人权的情况下，非政府组织的作用更为明显。而且，有些方面的人权（如妇女、老人、儿童等的权利）由非政府组织来保障效果更好。

执笔人：李林

三　发展中国家对人权问题的主要观点

（一）《世界人权宣言》是“时代的呼声”

《世界人权宣言》是一个时代的呼声，在这个时代里，自由的价值战胜了纳粹和法西斯主义的力量。它也是普遍文明价值以及人类单一文化遗产这一观念的呼声。但是，第三世界至今还未踏上政治和经济独立的伟大里程。因此，《世界人权宣言》并未完全代表所有这些概念、原则和价值。但这绝不是贬低《世界人权宣言》或它所载有的价值与原则的重要性。我们所有人在争取充分执行《世界人权宣言》的时候，都承担了义务。因此，《世界人权宣言》已经成为我们这个世界各种价值、文化、观念和原则之间共生共存的一种表达，不管这个世界是多么的复杂。

——埃及代表在联合国《世界人权宣言》通过四十周年纪念大会上的发言

在纪念《世界人权宣言》四十周年时，菲律宾重申，我们决心和其他会员国一起促进在世界范围内尊重不可剥夺的人权和基本自由。

菲律宾有幸在一九四八年积极参与起草这一具有历史意义的文件，并作为当时56个会员国中支持通过该宣言的48个国家之一。这个30条的宣言言简意赅，首次具体阐明了人类大家庭所有成员的基本人权和基本自由，这些基本人权和自由必须得到所有国家、所有民族的保障、尊重和保护。《世界人权宣言》的通过，是人权最深切的愿望的反映，这种愿望的基础是所有人——不管其种族、肤色、性别或信仰如何，都生而平等并享有尊严。

——菲律宾代表在联合国《世界人权宣言》通过四十周年纪念大会上的发言

《世界人权宣言》标志着人类历史的一个新时期的开始，并给予世界第一个世界性宪章。它以广泛和普遍的措辞制订了为所有人民和国家所实现的共同标准。《世界人权宣言》的序言部分承认人类大家庭的所有成员固有的尊严和平等及不容剥夺的权利为“自由、公正和和平的基础”。

印度致力于保证对保护和促进人权的尊重。印度宪法的创始人受到《世界人权宣言》的启发。印度持续不断地实施《世界人权宣言》的原则和规定，表明其对这一目标的真诚。

——印度代表在联合国《世界人权宣言》通过四十周年纪念大会上的发言

尼日利亚代表团非常高兴地同其他人一起纪念《世界人权宣言》通过四十周年。联合国创立三周年后的 1948 年制定并通过《世界人权宣言》是世界历史编年史中的分水岭。

体现和编纂在宣言中的原则、自由和权利是普遍适用的而不区分性别、信条、种族和宗教或政治信仰，因为这些关系到全人类。因此，将这些基本自由和权利作为评价各国政府和人民促进基本自由决心的参照点是非常合适的。

——尼日利亚代表在联合国《世界人权宣言》通过四十周年纪念大会上的发言

联合国在诞生时确定的首要任务之一就是起草一份世界人权章程，《世界人权宣言》的通过为这一章程提供了基础。宣言在通过时反映了正在从法西斯主义战争可怕的噩梦中恢复过来的整整一代人的愿望，它永远地写下了对基本人权和自由的普遍尊重。

——古巴代表在联合国《世界人权宣言》通过四十周年纪念大会上的发言

（二）人权，不仅包括公民和政治权利，也包括经济、社会和文化权利

《世界人权宣言》无疑承认了人权不仅包括公民和政治权利，同时也包括经济、社会和文化权利。因此，显然应当对实施、保护和促进公民和政治权利以及经济、社会和文化权利给予平等和紧迫的审议。对个人自由的崇高承诺也应当考虑到由于贫困所带来的人类尊严的丧失，一个人如何能够在政治自由与经济发展和社会公正之间作出选择呢？在这两者之间，缺少任何一个方面都是同样不人道的。人权永远不能分割，同时也不能使任何一部分权利优先于另外一部分权利。

——印度代表在联合国《世界人权宣言》通过四十周年纪念大会上的发言

公民、政治权利与经济、社会和文化权利或发展权利是不可分割的，因为它们都影响到人的一个方面，是互相依存的，只有同时联系在一起才可能充分实现。实现这些权利尤其依靠在经济和财政方面互相补充的国家和国际政策。目前的国际经济秩序继续破坏发展中国家促进其国民有效实现经济、社会和文化权利的能力。

——秘鲁代表在第四十五届联大上的发言

人权领域的具体和共同问题是相互补充的，公民、政治权利与经济、社会和文化权利同等重要，都于人类有益，我们相信，前者并不比后者更重要，当然后者也不比前者更重要，行使其中一些权利不能作为口实，用来阻止行使其他权利。

——阿根廷代表在第四十五届联大上的发言

《世界人权宣言》不仅申明了公民及政治权利，而且也申明了经济、社会和文化权利。没有这些权利，人权的概念就没有意义。因此，它创立了一个概念上的框架，这一框架一直在不断地发展，使人们越来越认识到人权是不可分割的、相互联系的，并且也使人们进而认识到有必要同样注意促进和保护所有这些权利。

——厄瓜多尔代表在联合国《世界人权宣言》通过四十周年纪念大会上的发言

我们认为，在注意保护和促进公民与政治权利的同时，也应同样注意保护和促进经济、社会与文化权利。在公民、政治自由与经济、社会正义两者之间进行取舍是不可能的，因为有此无彼同样使人失去人格。人权是不可分割的，不能选择某种权利而放弃另一种权利，以综合的方式推动所有人权至关重要。

我们也坚定不移地认为，个人和集体的发展权利是一种人权，每一个个人和各国人民都有获得机会及适当的环境以进行自我发展的固有权利。只有保护、促进和发展权利的所有方面才能创造必要的条件，使人类继续向前迈进，达到人类演变的更高阶段。

——巴基斯坦代表在联合国《世界人权宣言》通过四十周年纪念大会上的发言

菲律宾呼吁那些还没有加入《公民权利和政治权利国际公约》和《经济、社会及文化权利国际公约》的国家加入这两个公约，这两个公约详细地规定了《世界人权宣言》所列出的权利。菲律宾重申，这两个公约中所载的这些基本权利必须受到所有国家的同样的重视，因为这些基本权利是不可分割的，是紧密地联系在一起的。

——菲律宾代表在联合国《世界人权宣言》通过四十周年纪念大会上的发言

我们相信，我们今天有一个宝贵的框架，在这一框架内同等重视公民和政治权利，经济、社会和文化权利。我们相信，某些权利并不比其他权利更为重要。决不能将不尊重其中某一项权利作为借口，来剥夺其他任何权利，因为只有当所有人权作为一个协调的整体得到尊重时，这些人权才能够被充分享有。

——阿根廷代表在联合国《世界人权宣言》通过四十周年纪念大会上的发言

人权在有关的国际文件中被确定为不可分割的整体。它们相互关联，成为整体，以至不可分割。我们必须把这一点作为我们的出发点。不考虑全体人类的人权而去谈论人的权利和个人的基本自由的做法，既不符合逻辑又是不公正的。

我们深信，个人的权利是神圣的，绝不能受到侵犯。实际上，我们的责任是真正维护和保护个人的这些权利。然而，我们在这样做时，绝不能损害全体人类的权利，如自决权、发展权利、工作权利、居住权利等。

——利比亚代表在联合国《世界人权宣言》通过四十周年纪念大会上的发言

我欢迎国际政治领域出现的积极进展，并认为各国人民都应该享有政治和公民权利。但良心告诫我们，只有这些权利是不够的。人民还应该拥有经济和社会权利：身体健康的权利，获得食品和住房的权利，最重要的是获得起码生活条件的权利。任何人都不应该受文盲和贫穷之苦。人权是不可分割的整体，其中各种权利相互补充，任何一种权利被剥夺都削弱了这一整体。

——津巴布韦代表在第四十四届联大上的发言

（三）发展权也是人权

我们坚信争取人权和基本自由是一种普遍和合法的愿望，而这些权利与自由——显然是发展的有利因素——反过来需要有可行的经济与社会条件使其充分发展。因此，人权、民主与发展之间存在着不可否认的内在能动关系。有的人在大谈人权问题时强调其涉及的公民和政治方面问题已经成为惯例。但人权应该从最全面和彻底的意义上来理解，包括经济、社会和文化权利，首先是发展的权利。

——喀麦隆代表在第四十四届联大上的发言

构成人权主体内容的规则必须具有富有意义的定义。人权与发展权利是不可分割、密切联系的。今天有10亿人只是勉强得以生存，他们不能被剥夺，也不应该被剥夺其最基本的、最根本的权利，即过体面生活的权利，在本千年这最后的十年，我们必须确保这种权利。

——孟加拉国代表在第四十五届联大上的发言

虽然各种人权准则已经获得几乎普遍的接受，但对这些准则仍有不同的解释，而且可能被歪曲，因为有些国家喜欢用本国的行为标准衡量其他国家，而不顾世界上有各种不同的文化、社会和经济的因素。因此，发达国家常常突出公民和政治权利，而发展中国家却不得不优先考虑它们摆脱贫困、文盲、饥饿与痛苦的需要。人权问题应当全面考虑，要包括发展的权利，不应当因人权问题引起批评，或玩弄政治手腕。

——印度尼西亚代表在第四十五届联大上的发言

关于人权问题，我要指出：在我国，我们认为人类贫穷、绝望和无知的现象经常出现于妇女、无辜的儿童、单独生活的老人以及无收入来源的残疾人中间。因此，我国政府把发展的权利明确看作具体的人权。这就是为什么民族复兴军事委员会认为，消除物质上的贫穷、社会不稳定和无知是促进人权的先决条件。

——几内亚代表在第四十四届联大上的发言

我们认为，人权与发展紧密相关。实施任意监禁政策或者仅仅承认言论自由权利，并不能保护人权。当成千上万的人——甚至包括发达国家公民——仍然没有体面的住房和生病年老得不到帮助的时候，人权也得不到保障。只有通过为生活提供最基本的保护，并提高人民的专业、文化水准和觉悟，才会出现尊重基本人权，建立一个更有人性和更公正的社会。

——佛得角代表在第四十四届联大上的发言

（四）维护人权应当以促进建立公正的国际经济秩序为起点

在最近的法语国家首脑会议上，乌弗埃·博瓦尼总统解释了他对这个问题的看法，他说："饥饿的人没有自由，一个由于经济面临危险，债务负担沉重，贸易受到威胁，极微少的资源受到无耻的剥夺而没有正常生活的国家，简言之，一个处于这种地位的穷国不是自由的国家。"

——科特迪瓦代表在第四十四届联大上的发言

在我们大陆上，民主的大敌是侵蚀我们经济的低生活水平和通货膨胀。由于缺乏资金，由于受不利的国际经济形势的影响，拉丁美洲的领导缺乏资金来实现他们社会最合理、最根本的愿望。

——巴西代表在联合国《世界人权宣言》通过四十周年纪念大会上的发言

我们珍视民主理想。我们的观点是，政治机构必须扎根于有关社会的文化和经验之中，而不是扎根于外国的文化。任何政治制度，不管它怎样具有代表性或怎样民主，在令人难以忍受的贫困和沮丧中是不能发展的。许多国家的经验表明，没有经济正义的民主改革对那些受尽饥饿、疾病、无知和苦难折磨的人来说都是虚假的，免于匮乏与由人民选择政治制度的权利同样是基本人权。

——加纳代表在第四十五届联大上的发言

令人遗憾的经济和社会局势是毒品文化得以发展的原因。布基纳法索肯定这是一件涉及人权和人民权利的事情。有些人只重视个人和个人的保护与安全，而千百万人遭到忽视和践踏，我们拒绝听这样的人所说的话。人权的卫士有捍卫自由的同情心，但没有保卫人的血肉之躯的足够的智慧，没有防止在灾难性的环境中出生和成长的儿童注定过违法犯罪生活的足够的智慧。正因为如此，人们开始更加注意的是抽象概念，而不是满足我们的实际、基本、具体、紧迫和真正的需要。当我们争取维护人权时，我们应当从这些需要开始。维护人权应当以促进建立公正的国际经济秩序为起点。

——布基纳法索代表在第四十四届联大上的发言

我们认为，尽管民主运行机制与新闻、情报和意见自由是根本性的东西，但缺乏这些并不足以肯定在某一个国家里这些权利受到了侵犯，除非人们可以表明那个国家在经济上是能够维持这些基础设施的。

——赤道几内亚代表在第四十五届联大上的发言

基于对个人的尊重及定时听取人民自由意见的民主社会，只有在其所有公民的基本物质和精神需要都能得到满足的情况下才能得以维持。如果没有这一条件，到处是贫困和失业，就会出现动乱乃至暴力，社会组织就会被解体。民主并不仅仅属于政治范围，也不足以确保所有人的自由，一个社会的经济和社会情况将最终决定其生存和稳定。

——乌拉圭代表在第四十四届联大上的发言

（五）不得利用人权问题干涉他国内政

我们应该在尊重人权和根据现行法律维护法律和公共秩序之间划清界限。每一个政府都负有维护本国法律和秩序，以及防止无政府状态和秩序混乱的首要责任。我无须在此强调建立和平繁荣的多党制民主国家的民族事业只能由缅甸人民自己根据缅甸的观点和缅甸的方式来实现，以符合我国自己的特殊条件和情况。国际社会帮助我们的最好方式就是不要以任何方法或形式进行干涉或对我们施加压力，让缅甸人民沿着自己的道路前进，直至他们实现自由选择的自由和民主国家的目标。各国对权利的解释可能各不相同，保护人权的直接办法是尊重他人的意见，寻求共识，不要把人权问题和选举进程作为干涉他国内政的手段。

——缅甸代表在第四十五届联大上的发言

在过去一年中，世界许多地区的民主化进程冲破了政治、经济和社会障碍。保障和加强基本人权是一场持续不断的艰巨斗争。这方面，每个国家必须按照其本国传统促进对这种权利的尊重。人权不应当用来分裂人民和民主。联合国必须确保不为追求狭隘的政治目的而有选择地处理人权问题。印度代表团极为关注世界各地发生的违反人权事件，强调必须确保普遍接受和严格执行有关国际文书，提高现有机制的效率。印度对促进人权的承诺植根于其社会文化价值观念。加强国家机构是保护人权的最有效方法之一。印度政府承诺保障每一个人的政治参与权。并承诺建立公正和公平的经济和社会秩序。民主化必须同经济发展和社会正义相结合。

——印度代表在第四十五届联大上的发言

在辩论人权问题时，重要的是要确保意识形态和政治上的歧见不被用于选择性谴责各国的人权状况，不被作为达到政治目的或干涉各国内政的手段。人权委员会、经社理事会和联合国的行动不论什么时候都必须审慎尊重《联合国宪章》所宣布的各项原则。

——阿尔及利亚代表在第四十五届联大上的发言

在过去几年里，人权已经成为某些西方大国干涉各国内政并且助长发展中国家的骚乱而加以利用的另一个问题。目前所怀疑的是利用人权问题来进行的政治颠覆以便把政治模式强加在其他社会上并且阻碍行使联合国所得以建立的一些原则，也就是尊重各国人民自决、尊重他们的独立和主权原则的种种伪善情况。那些把人权视为他们的私人行动领域的人，正是那些要对南半球人民的悲惨情况负主要责任的人。

——古巴代表在第四十五届联大上的发言

最近国际关系的非政治化使联合国能有效地以协调方法处理重大世界问题，停止使人权问题屈从于意识形态的考虑。联合国必须决定在当前国际缓和气氛中应如何看待这些权利，必须首先防止让意识形态变成一种施加外部压力的工具，引起第三世界国家和人民之间的分裂，不要损害这些国家民主选举产生的政府作出主权努力来保障其国民充分享有这些权利。联合国还应当避免将人权置于国家主权之上，这样做可能威胁到自由选举产生的政府的合法性；应当意识到家长主义同国际关系民主化不相容。国际社会看到人权遭受破坏感到有责任去恢复和促进是一回事，不顾各国建立何种的政治、社会和文化制度的自由选择，利用人权促进某一种政治制度和经济制度，不管这种制度是否符合别国的标准，则完全是另一回事，提醒联合国不要犯集中注意个人权利而同集体权利对立的错误。

——秘鲁代表在第四十五届联大上的发言

遵守人权的标准和概念各个社会是不一样的，在同一个社会中各个时期也是不一样的。任何人都不能说他可以为各国决定什么是正确的和合理的。

——马来西亚总理马哈蒂尔在东盟外长会议上的讲话（1991. 7）

人权问题首先是个道德问题，不应该为了对外政治利益而加以利用。

为了人权和自由而干涉其他国家的内部事务，会使有关国家内部的稳定发生无法预料的动荡，结果是人民的命运受到威胁，遭受苦难。

——土耳其总统厄扎尔在土耳其议会组织的一次人权会议上的讲话（1991. 10）

（六）部分发展中国家认为，人权已成为一个国际问题，人权无国界

也许更为重要，使这一时期与以往其他历史时期显然不同的是保护人权与所有其他有关问题已经再也不是国内问题了，而是一个国际问题，并且与所有人都息息相关，这是因为这一问题关系到对于人类至关重要的各种价值观念，现在这一看法已得到普遍接受，并且已经不可逆转。今天谁也不能一本正经地打起主权或国家利益的旗号来逃避国际社会警觉的眼睛，因为国际社会的注意力集中在那些破坏自由的人身上，集中注意那些因种族、性别或信仰而对个人进行杀害、折磨、监禁、歧视、迫害或排除的人。

——乌拉圭代表在联合国《世界人权宣言》通过四十周年纪念大会上的发言

人权问题在我们的共同议程上日渐重要。鉴于目前民主理想的发展与实践，国际上对人权问题考虑的广度和深度都会增加。巴西坚决支持这一趋势。我们认为实际上世界在这一领域正处于质的飞跃的开端。侵犯人权的事件无论在什么地方都必须受到谴责并且必须以同样的魄力与之斗争。国际社会通过努力能够大大有助于制造世界性的条件，保证在最广泛的意义上尊重人权。今天各国应该义不容辞地承担新的义务保证个人享有跨越国界的更大的行动自由，清除一切歧视的残余以及保护外国人的权利。人权必须日益从整体上加以理解，而不得对形式不同的人权加以人为的或似是而非的区别。

——巴西代表在第四十五届联大上的发言

世界上已经掀起的民主浪潮已转化为对人权尤其对公民和政治权利的尊重。这些条件有利于国际人权保护机构加强其活动并扩大其活动范围。哥斯达黎加强烈敦促那些尚未加入国际人权文书的会员国加入这些文书并采取必要的步骤以保障对协议充分遵守。此外，人民还需要自己的权利并意识到这些权利不是各国政府的恩准特许。尊重人权蔚然成风，是保证一个国家和谐及其健壮和不可摧毁的民主根基成长的最好方法。争取人权的斗争现在和将来都不应为边界所限制。

——哥斯达黎加代表在第四十四届联大上的发言

人权问题在智利和联合国的关系中占有一个特别的位置。自《世界人权宣言》诞生以来，我们是它不懈的促进者。我们赞同不仅要对个人人身提供保护，而且要包括政治、社会、经济和文化各方面的人权概念，我们主张这些原则至高无上，对智利民主而言，人权从来没有什么边界。我们非常清楚，完全无条件尊重人权是一种普遍的迫切需要，是所有国内国际文明生活的道德和法律基础。我们认为维护人权是一种普遍的正在进行的努力，永远不应用于歧视性目的或为其他外交政策目标服务。人权必须在任何地方和在任何时候受到保护。

——智利代表在第四十五届联大上的发言

厄瓜多尔强烈支持这一崇高的事业，因为尊重人权是我们最珍贵的传统的一个基本部分，也因为厄瓜多尔深信，尊重人权是同我们所推行并经历的真正民主分不开的。这就是我国政府在这一领域所作出的承诺，因为自由和行使人权不受边界和意识形态的束缚，反映了不可分割的道德价值；它在任何地区受到侵犯，那么我们自己也会感到受到侵犯。在这一点上，有着很明显的原因，人权并非立法的产物，也不产生于任何法律制度，它们产生于人类的本性。而每一个人的法律人格使它们不能被剥夺，不能被抛弃。因此，所有国家都有责任保护这些权利，任何地区对人权的侵犯都将使国际社会采取行动，结束这种局面，从而消除任何声称内部事务受到干涉的可能性。

——厄瓜多尔代表在联合国《世界人权宣言》通过四十周年纪念大会的发言

促进和保护人权是联合国存在的理由之一，因此，审议人权问题并不是干涉会员国的内政。菲律宾认为区域安排有助于促进和保护人权，并指出在一些地区已经为此目的作出了政府间安排。

——菲律宾代表在第四十五届联大上的发言

我们希望看到联合国在人权这一重要领域更加积极。人权是全人类利益汇聚的领域之一。我们高兴地看到，今天对人权和基本自由的尊重已引起人们的普遍关注，这种关注超越所有边界。今天，任何国家都无法躲在国家主权盾牌的后面推卸人权方面的责任。尊重人权和基本自由已成为现代国家的主要特征。

——土耳其代表在第四十四届联大上的发言

（七）各国的选举，属于国家国内管辖事项，其他国家不得干涉

各国选举一向是并且应该继续被认为是属于国家国内管辖的事和政治与主权的一种表示，《联合国宪章》和其他有关文书揭示主权、自决和国家与人民独立的原则，因此选举绝不是让其他国家，不论双边或者多边，干涉或者参与的一种合法事务。基于这个原因，国际社会必须反对任何涉及国际选举的主动行动。

选举的程序是各国和人民唯一有责任决定的，根据《联合国宪章》第2条第7款的规定，人民必须能够在没有外来的干涉下，自由选择他们的政治、经济和社会制度。在一个新世界秩序掩盖下，建立一个超国家机制的任何企图都是违反宪章原则的本质的。

关于美国总统提议联合国应该设立一个由世界各地专家组成的选举委员会，古巴代表团认为联合国参与任何选举应该是例外情况。

古巴代表团也驳斥一项提议，即联合国可以响应会员国要求协助安排和监测选举而介入，因为这将等于否定人民自决和主权的概念。许多第三世界国家的人民未能取得政治稳定和社会和谐并不是政治制度或者选举办法的过失，而是由于其他因素，如发展不足、外债、外国干涉其内政，以及生活在受一向较为幸运的其他社会所控制的世界之中。

——古巴代表在第四十五届联大上的发言

四 在马克思主义指导下，深入研究人权理论

——中国社会科学院法学研究所人权理论研讨会综述

中国社会科学院法学研究所于1991年6月18日至21日在北京召开人权理论研讨会。来自全国教学、科研及相关部门的近70名专家、学者出席了会议。会议主要从法学的角度对人权的概念、马克思主义人权观与西方人权观的原则界限、资本主义人权制度的评估、社会主义中国的人权保障、主权原则与人权的国际保护等五个专题进行了讨论。

（一）人权的概念

关于人权概念的讨论，主要涉及人权的主体、客体、本原和性质等问题。

1. 关于人权的主体

有人认为，人权的主体是人民，只有工人、农民、知识分子和热爱社会主义的爱国者才享有人权。大多数与会者不同意这种观点，认为属于敌我矛盾的人也应享有生命权、人格权等人权。也有人认为，人权的主体是公民，应用公民权代替人权。多数与会者不同意这种观点，指出，人权不同于公民权，公民权不能取代人权。因为：公民权的主体是公民，而人权的主体则是一切人，包括无国籍人和外国人；公民权只是人权的法律表现形式，而人权的内容要比它更为广泛；公民权是国内法概念，而人权既与国内法有关，又与国际法有关；人权既与法律规范有关，又与其他社会行

为规范有关；如果用公民权取代人权，实际上就否定了人权的国际性和人权的国际保护。大多数与会者认为，人权的主体是一切人。人权是人依其自然属性和社会本质所应享有的权利。人权主体应以个人为基础，同时包括个人的延伸——集体。

2. 关于人权的客体

会议着重讨论了人权的权利形态，即人权的表现形式。有人认为，人权是一种实有权利。也有人认为，人权是一种法定权利。还有人认为，人权是一种道德权利。较多的人认为，人权是一种应有权利，即人作为人所应当享有的权利。此外，另有人认为，人权是一个由应有权利、法定权利和实有权利组成的权利体系。还有人认为，人权包括应有权利、法定权利、习惯权利和现实权利四种形态。

3. 关于人权的本质

有人认为，人权是商品经济的产物。反对这种观点的学者指出，这实际上就否认了非商品经济社会存在人权，否认了我国产品经济条件下人权的存在。也有人认为，人权只能来自法律，是法律所赋予的。但一些与会者认为，人权是基于人的本性的要求，即人的自然属性和社会本质的统一。

4. 关于人权的性质

与会者讨论了人权的阶级性与普遍性、社会性，人权的民族性与人类性等问题。有人认为，人权只具有阶级性，所谓共同的人权、全人类的人权，过去没有，今天也根本不存在。但多数人认为，人权具有阶级性与普遍性的双重性质。人权的普遍性表现为：法律所规定的为一切人所共同享有的权利；作为人们的一种理想追求的应然权利，人权应当是人人共同享有的；共产主义的目标是全人类的解放；社会主义社会绝大多数人享有人权，即使被专政的对象也享有某些基本权利。同时，国际上在人权方面存在一些共同标准，如《世界人权宣言》所列举的权利；国际社会在人权事务上有一些合作领域，如共同签署和批准某些国际人权公约，共同谴责或制裁国际上某些严重侵犯人权的行为。人权的阶级性表现为：作为一种意识形态，人权观是有阶级性的；作为一种法定权利，人权法制是有阶级性的；作为一种实有权利，在阶级对立社会中，人权实际上归哪个阶级独享，是有阶级性的；作为一种应有权利，不同阶级有不同的人权要求。

（二）马克思主义人权观与西方人权观的原则界限

1. 关于马克思主义人权观的内容

有的学者提出了四点，也有提出五点、六点的，但集中起来，大致有七点内容：人权的经济观，人权的历史观，人权的阶级观，人权的国家观，人权的发展观，权利与义务统一观，人的解放观。

2. 关于两种人权观的原则界限

与会者认为，马克思主义人权观与资产阶级人权观既有联系又有区别。两者的联系表现为：马克思主义人权观是在批判资产阶级人权观的基础上，扬弃其糟粕，吸取其合理因素而产生的；两种人权观在各自发展的过程中又相互吸收、借鉴和影响。同时，两者又有着本质的区别，表现为：（1）对人权本原的认识不同。资产阶级人权观把人权视为自然的产物，片面强调人权的自然属性；马克思主义人权观认为，人权来源于人的自然属性和社会本质的统一。（2）对人权的性质认识不同。资产阶级人权观认为，人权是个人不可剥夺的超阶级的权利。马克思主义人权观认为，在阶级社会中，人权是有阶级性的。同时又有共同性。（3）对人权的目的和归宿理解不同。资产阶级人权观把保障个人自由视为人权的目的，以私有财产权作为人权的核心。马克思主义人权观把实现人的彻底解放作为根本目的，把实现共产主义视为人权的归宿。

（三）资本主义人权制度的分析

与会者指出，应以实事求是的态度来看待资本主义人权制度，既要看到它的阶级实质和历史局限，又要看到它的一定历史进步意义与作用，还应当承认这种制度在某些方面不断发展的现实。资本主义人权制度变化发展的主要原因是：资本主义国家内部无产阶级和广大人民群众长期进行斗争，迫使资产阶级不得不逐渐作出一些让步；社会主义国家的出现和存在，使得资产主义国家为维护和巩固其统治而不得不改善劳动人民的人权状况；第二次世界大战后资本主义国家所进行的改良运动，对其人权制度的发展起到了一定推动作用；科学技术的发展，生产力水平的提高，也为其人权保障提供了日益丰厚的物质基础。

与会者特别指出，尽管资本主义人权制度有了某些发展和改善，但是，这种制度的阶级局限性和历史局限性依然存在。事实上，资本主义人权状况的改善是以不触动资产阶级根本利益和不危害资产阶级国家政权为最终界限的。

（四）社会主义中国的人权保障

社会主义中国的人权制度具有无比的优越性。新中国成立40多年来，我国在人权保障方面做了大量的工作，取得了举世瞩目的成就。在充分肯定我国人权保障取得了巨大成就的同时，与会者讨论了中国是否要高举社会主义人权旗帜的问题。多数与会者认为，大讲人权，研究、宣传人权，就是高举社会主义人权旗帜。中国应当而且必须高举社会主义人权旗帜。这样做的意义在于有利于同西方的人权攻势进行针锋相对的斗争，抵制民主社会主义人权思潮侵袭，巩固和扩大社会主义阵地；有利于积极参与国际人权合作，在国际人权保障领域作出我们的应有贡献；有利于加强社会主义民主与法制建设；有利于坚持、发展和宣传马克思主义人权观，澄清资产阶级自由化思潮在人权问题上造成的混乱，坚定人们对社会主义民主、自由、人权的信念。但也有学者不赞成这种提法。

（五）主权原则与人权的国际保护

1. 人权国际保护与主权的关系

有学者指出，不能将人权的国际保护与国家主权对立起来，人权的国际保护是建立在尊重国家主权的基础之上的，两者具有一致性。其理由是：（1）有关人权的各种国际条约都是各主权国家在平等的基础上共同制定的；（2）国际社会现有的各种人权机构都是由各主权国家派出代表组成的；（3）只有在用尽了国内救济办法后，人权组织才能受理有关人权的控诉；（4）国家可以通过法律对人权加以限制；（5）除非是一个战败国，否则人权的国际保护要经国家同意，并有国家协助才能实现。

2. 人权有无国界

有人认为，西方人权外交的标准就是人权无国界，其旨在干涉别国内政，谋求和推行霸权主义。西方的人权无国界是错误的，但认为人权只是有国界的，也过于绝对。有学者提出，人权既有国界，也没有国界；人权在共同问题上无国界，如对贩奴、海盗、劫机、贩毒行为等；而人权在具体问题上有国界，因为人权的保障与实现要靠国内立法，因此从根本上讲是有国界的。

3. 人权有无共同标准

有学者认为，这种共同标准既有也没有。说其有，是因为：（1）《世界人权宣言》是作为共同标准签订的；（2）对国际人权公约的共同签字；（3）参加联合国的共同行动，如对南非、以色列的谴责和制裁；（4）在环境、太空、和平等一些领域，各国进行国际合作。但是，人权首先是一个国家的主权问题，各国政治、经济、文化、社会、历史、宗教等不同，对人权的理解、解释和所追求的目标就不同。而且人权首先是由各国自己通过法律加以确认和保障其实施的，因此，它又没有共同标准。

五 主权与人权的几个问题

（一）主权与人权的关系

在国际人权领域，主权与人权不可分割，它们是相互依存的、统一的。绝对地强调人权而否定主权，或绝对地强调主权而否定人权，都不是科学的态度。主权与人权相统一的关系，可从以下几个方面来理解。

第一，从理论上看。现代政治理论研究表明，主权是国家存在的要素之一，丧失了主权，国家就不复存在。同样，人民也是国家存在的要素之一，没有人民就不成其为国家。而享有人权则是人民作为人存在的基本要求和特征，人民要是没有了生存权、自由权、自决权、发展权等基本人权，就没有了人民本身。主权与人权有着密不可分的内在联系，它们共存于国家这个载体之中。主权附属国家而为人民所享有，人权归属于人民而为国家所确认和保护。就主权与人权本身而言，它们不是对立的。一国借人权问题干涉别国内政，是一国凭借其主权干涉他国之主权，而不是人权对主权的侵犯。一国反对别国干涉本国内政，是用该国主权抵抗外国主权的侵略或干涉，而不是主权对人权的抵抗。

第二，从国际人权立法上看。联合国系统现已有300多个人权立法文件，这些文件无论在数量上还是在内容的详细规定上，都体现了人权的重要性。但这并不意味着作为国际法基本原则的主权原则已经过时。《联合国宪章》和一些重要的国际文件对主权和人权均做了规定，这些规定表明：①维护主权和保障人权同样重要，它们相互依存，都是国际法的重要原则；②尊重并实现人权和基本自由是《联合国宪章》规定的宗旨之一，维护国家主权、不干涉内政是宪章确认的基本原则，它们是统一的、一致的；③不应把主权和人权人为地对立起来或割裂开来。

第三，从实践上看。我国一向反对主权绝对论，主张对于危及世界和平与安全的行为都应进行干预和制止，实行人权的国际保护。同时也反对人权绝对论，认为“人权问题虽然有其国际性的一面，但主要是一个国家主权范围内的问题”。在国际领域，联合国在柬埔寨、阿富汗、巴勒斯坦和阿拉伯被占领土、南非和纳米比亚等国家和地区所采取的积极保护人权的措施，表明国际社会对某些人权问题的关注是不受主权限制的。

（二）人权的共同标准

1. 我国承认人权共同标准的意义

以《联合国宪章》为基础，以《世界人权宣言》为核心的人权共同标准既得到了国际人权文件的全面体现和确认，也得到了大多数国家的广泛认同。在这种形势下，我国明确承认人权共同标准具有重要意义。

第一，有利于我国求同存异地与其他国家在国际人权领域平等对话，沟通理解，根据共同标准建立公正的、持久的国际人权秩序。

第二，有利于加强人权领域的国际合作，共同反对并制止诸如奴隶制、种族主义等大规模侵犯人权的行为，使我国在国际人权活动中发挥更大的作用。

第三，我国已明确提出要高举人权旗帜。普遍、全面、公正地强调并实现人权共同标准，可以使我国举起的人权旗帜更具有号召力和团结精神，体现出社会主义人权的先进性和彻底性。

第四，有利于我国同一些采取双重标准、选择性和实用主义的做法进行斗争，有效维护主权、捍卫人权。

2. 人权共同标准的执行

承认人权共同标准与执行这些标准并不能等同。因为人权共同标准的内容既包括国际人权法规范（如各种国际人权公约），也包括其他国际人权文件（如某些与人权有关的宣言、决议）。前者一经生效即具有国际法上的法律效力；后者是否具有法律效力或具有什么样的法律效力，尚有争议，一般认为后者无法律上的拘束力。而国际人权法规范（不包括习惯规范的部分）对于是否参加这些规范文件的国家来说，其法律效力的意义也有所不同，对参加者具有拘束力。因此，对于国家执行来说，人权共同标准实际可以区分为义务性标准和参考性标准两部分。义务性标准是国家通过参加国际人权条约或根据国际人权习惯法而承担义务，并可由国际社会采取一定措施予以实施的人权标准。执行这种标准以国家承担保障人权的具体法定义务为前提。参考性标准无法定拘束力，它供主权国家在制定国内人权立法、人权政策，实施人权司法保护，参加国际人权活动等的时候参考。主权国家是否参考以及怎样参考，均由其自主决定，任何外国不得加以干涉。由于各国的历史背景、社会制度、文化传统、经济发展的状况有巨大差异，对人权的认识往往并不一致，因而对人权共同标准的执行不可能完全一样，应允许各国根据本国的情况决定承担哪些保护人权的国际义务，以及怎样努力实现人权共同标准。

（三）人权的国际保护与不干涉内政

1. 人权国际保护的基本含义

对人权国际保护可作狭义和广义理解，狭义的人权国际保护是指，根据国际人权法的义务性标准，由国际组织、区域性组织或者有关缔约国对违反国际人权义务的行为，进行预防和惩治的活动。广义的人权国际保护除包括上述含义外，还包括国际组织、区域性组织或有关缔约国无条件地向主权国家或其国民提供保障和实现人权所需的各种条件，以及国际组织进行人权立法、作出人权保护的决议等活动。

狭义的人权国际保护包括以下含义。

第一，人权国际保护的法律依据是国际人权法所规定的义务性标准。国家承担国际人权义务通常发生在：批准、参加国际人权公约等开放性国际人权规约，承担相应的规约义务；因参加国际或区域性组织，承认该组织保障、尊重和促进人权的组织章程的内容，而承担作为该组织成员的成员义务；承担由国际人权宣言、人权判例等国际人权习惯法确认的维护人权的义务。

第二，违反国际人权义务的行为已达到了一定程度。所谓“达到一定程度”，是指侵犯人权的行为：已经危及或可能危及地区或国际的和平与安全；或者大规模实施侵犯人权的行为，实际上构成了对全人类的威胁；或者持续不断地实施侵犯人权的行为，而置国际道义于不顾；或者国际人权法规定的其他条件。一般来讲，对由于种族歧视，种族隔离，种族灭绝，殖民主义，外国侵略、占领和统治，以及拒绝承认民族自决权和各国对其财富和自然资源享有充分主权所造成的严重侵犯人权的行为，以及对实行奴隶制、贩卖奴隶、国际恐怖主义等，可以实施国际人权保护。

第三，人权国际保护应由国际组织（如联合国）、区域性组织（如美洲国家间人权委员会）或有关缔约国实施。而且人权国际保护须依法定权限和程序进行，行为本身应当合法。

2. 人权国际保护与不干涉内政的界限

划分两者之间的界限，应着重考虑以下一些因素。

（1）侵权行为（即侵犯人权的违法行为）应具有违反国际人权法的违法性，属于国际人权法所禁止的行为。

（2）实施侵权行为的国家负有履行国际人权法规定的具体义务。主要包括：①严重违背对维护国际和平与安全具有根本重要性的国际义务，如禁止侵略的义务；②严重违背对维护各国人民的自决权利具有根本重要性的国际义务，如禁止以武力建立或维持殖民统治的义务；③大规模地严重违背对保护人类具有根本重要性的国际义务，如禁止奴隶制度、灭绝种族和种族隔离的义务；④严重违背对维护和保全人类环境具有根本重要性的国际义务，如禁止大规模污染大气层或海洋的义务；⑤违背国际人权公约规定的其他义务。

（3）除国际人权法另有规定者外，侵权行为应已达到了威胁地区或国际和平与安全的程度，或侵权行为国用尽了一切国内救济手段，或者拒绝采取救济措施纠正其侵权行为。

总之，在国家违反国际人权法，不履行其承担的义务时，国际组织、区域性组织或有关缔约国才能依照法定程序实施国际人权保护。

从干涉内政方面来看，这种行为应是国家行为（含国际组织的行为）。所谓国家行为，包括：①国家机关的行为，任何国家机关，不论是属于制宪、立法、行政、司法或其他权力之下，不论担任国际性或国内性职务，也不论在国家组织中处于上级或下级地位，其行为均被视为该国的国家行为。②经授权行使政府权力的其他实体的行为。③实际上代表国家行事的人的行为。④别国或国际组织交由国家支配的机关的行为。⑤逾越权限行事或违背关于其活动的指示行事的机关的行为。只有国家行为，才可能干涉内政，个人等非国家行为，不在此列。

执笔人：李林

六 荷兰范·戴克教授谈人权问题

1991 年 10 月 26 日，荷兰国立乌德勒支大学法律系教授范·戴克先生在中国社会科学院法学研究所作了关于人权问题的学术报告。其主要观点如下。

（一）关于国家主权与人权的关系问题

戴克教授认为，主权原则是国际法的重要原则。这一原则迄今仍是各国必须遵守的国际法基本原则。因此，只有在得到主权国家同意的前提下，才能说是尊重了该国的主权以及尊重了国际人权公约。鉴于此，一国对是否批准，或是否执行国际人权公约，具有自由选择权。这是一国行使其国家主权的具体体现。但是，强行法可以例外。也就是说，对于国际上公认的、普遍性的人权原则，如消除种族歧视，免受酷刑，未经公正审判不得作出死刑裁决，不论国家是否承认，都对其有约束力。这些原则属于国际强行法范畴。这也是目前联合国人权委员会的总的态度。据此，若在世界某地发生大规模侵犯人权的行为，国际社会可以干预，而不管那个国家是否为国际人权公约的缔约国，或其是否接受联合国关于制裁的决议。

（二）对美国人权的评论

戴克教授认为，从国家行为来看，美国在人权方面过于强调个人自由，而牺牲了其他方面的人权要求。在美国特别是在纽约，到处可见违反人权公约的现象。对于这些现象，人们可以自由评论，也可以著文论述，但是，却无人给予受害者一些实在的救助。从国际角度来说，美国的人权政策过分建立在区分好人与坏人的基础上。其主要着眼点并不是人权，而是其政治、经济利益。

在美国，有一种观点认为，美国之所以未批准国际人权公约（指《公民权利和政治权利国际公约》及《经济、社会及文化权利国际公约》），是因为美国宪法较之国际人权公约提供了更为完善的人权保护。然而，若根据国际人权公约的标准对美国人权状况进行检查，其结果将会使美国政府大为吃惊。

（三）对东欧人权现状的看法

戴克教授认为，捷克和波兰现任总统在特定形势下是杰出人物。但他们在掌权之后采取了一些违反人权的措施，并做了违反人权之事。荷兰对这两位总统的所作所为感到失望。

（四）中国参加联合国国际人权公约的益处

戴克教授认为，中国政府应考虑批准联合国主要国际人权公约。对中国来说，其有利之处在于：

（1）批准这些公约，将对本国立法起到积极促进作用。

（2）可使中国摆脱在人权方面的不利地位，以便与国际社会建立起积极的关系，并能使中国得以积极参加国际人权程序，变被动与防备地位为主动地位。

（3）批准国际人权公约，并不意味着将西方的价值观念强加于中国。联合国的国际人权条约中包括世界性的标准，并考虑到了各国不同的政治、经济、文化等因素。联合国监督委员会也同样考虑到不同国家、不同法律制度、不同地区的情况，并未受控于西方。再则，中国批准人权公约时，可对公约的某些条款作出保留。

（4）中国若能成为国际人权公约的缔约国，也可成为监督委员会的成员，对国际判例法作出贡献。

执笔人：朱晓青

八　荷兰范·侯复教授谈《欧洲人权公约》和欧洲人权观点

1992年9月15日，荷兰国立乌德勒支大学法律系教授范·侯复先生在中国社会科学院法学研究所作了关于欧洲人权问题的学术报告。其中关于《欧洲人权公约》和欧洲一些人权观点的介绍，对我们了解欧共体诸国人权保障制度的新变化有一定参考价值，现将其主要观点整理报告如下。

（一）关于《欧洲人权公约》的特点

范·侯复教授认为，《欧洲人权公约》是第二次世界大战结束后很快起草并付诸实施的人权公约。它是世界人权法体系中的一部分，在欧洲起着重要作用。如果从公民和政治权利的角度分析，有以下几点值得注意。

（1）公约产生的原因。

其一，第二次世界大战前及大战中的残酷现实，尤其是希特勒的残忍暴行使欧洲人震惊。人们认为，这种残酷的做法绝不能重演。其二，由于战后苏联奉行大国沙文主义和民族利己主义，以致1948、1949年分别出现捷克事件和波兰事件。这造成了人们的恐惧，并损害了人民享有的自由权。为了给予人民一种武器，抵制苏联的扩张，《欧洲人权公约》作为抑制苏联扩张的堡垒而被提出。其三，按照欧洲的哲学，自由市场经济是最有效的给予人民权利和自由的途径；而给予人民自由，是市场经济发展的有效办法。这是一个突出的原因。可以说，《欧洲人权公约》是西方经济与西方政治哲学相结合的产物。

（2）公约的监督机制。

范·侯复教授认为，在列举的权利和自由方面，《欧洲人权公约》与其他国际人权公约及《世界人权宣言》大同小异，与其他区域性人权公约也无太大差异。《欧洲人权公约》的突出特点在于它所建立的监督机制。

他说，在公约起草时，起草者就注意到了监督机制的重要意义。他们认为，尽管各国宪法（包括第二次世界大战前的德国宪法）均对人权作了规定，并且各国法院在保障人权方面也起到了一定作用，但是，这还不足以充分保障人权。为了确保人权公约的实施，在国内保障之上，还应设立监督公约执行的若干机构。基于此，公约规定设立欧洲人权委员会及欧洲人权法院，以监督公约当事国执行公约。这两个机构与欧洲理事会部长委员会一道构成了欧洲人权公约的监督机制。该机制的最大特点，也是国际法上的例外，在于个人可以指控自己的国家。也就是说，若某一国批准了《欧洲人权公约》，该国公民就可向人权委员会或人权法院提出指控自己国家侵犯本人人权的申诉。

欧洲人权委员会、欧洲人权法院及欧洲理事会部长委员会在监督机制中的作用有所不同。

人权委员会受理个人、非政府组织或个别团体的申诉。委员会决定申诉应符合的条件为：申诉不能匿名；不能滥用申诉权，如，不能使用侮辱性或不恰当的措辞与自己的政府对抗；申诉在实质上不能与委员会已审查的问题一样，也不能是由其他国际调查或解决程序待决的申诉；首先用尽国内救济方法，在国内法院裁决之后的 6 个月后才能向人权委员会提出申诉；申诉应该有足够的根据。

人权委员会决定受理申诉后，需着手：确立事实；根据申诉所提供的情况，分析是否构成侵犯公约的行为；友好解决个人与其政府间的诉讼，即双方达成妥协。若能达成友好解决，或说妥协，诉讼即告结束。但是，友好解决（即妥协）不能以违反公约为代价。因此，达成友好解决后，一方面要使个人得到补偿；另一方面，政府要修改与公约相抵触的法律。不能友好解决的案件，由人权委员会提交欧洲人权法院解决。

欧洲人权法院受理人权委员会及缔约各国提交的案件。但现在个人也可直接向该法院提出申诉。

欧洲理事会部长委员会监督法院判决的执行。

与联合国系统监督机制的不同之处在于，欧洲有人权法院，而且，欧洲人权委员会具有准司法性质的职权，其决定往往被视为“判决”。

范·侯复教授认为，上述机构受理的案件对公约所有缔约国的法律制度产生了广泛影响。公约的监督机制带来了斯特拉斯堡判例法（即欧洲人权法院判例法）和国内判例法的双重发展。公约成为欧共体各国立法的依据。因而，许多律师认为，《欧洲人权公约》提供的人权保障较之国内宪法及其他法律更好。

（3）是否批准公约是衡量一国能否成为欧共体成员的标准。

欧共体要求必须是完成民主进程的国家才能成为其成员。由于民主就意味着保障人权，因此，只有批准《欧洲人权公约》，才能说明一国是民主国家，它才能成为欧共体成员。

（二）从欧洲统一的趋势看欧洲人权保护的发展方向

范·侯复教授认为，随着欧洲统一步伐的加快，欧洲国家的作用将会缩小，包括它在人权保护方面的作用也会缩小。因此，需要强调在欧洲共同体内形成统一的人权标准。在这方面，设于斯特拉斯堡的欧洲人权法院和设于卢森堡的欧洲法院均起着积极作用，并且指引着欧洲人权发展的航向。

（三）公民和政治权利与经济、社会和文化权利谁更重要的问题

范·侯复教授认为，在欧洲，曾经占主导地位的理论是，公民和政治权利比经济、社会和文化权利重要得多。按照传统的看法，其一，这两类权利的渊源不同。即，公民权利和政治权利是正统的西方传统，它可追溯至美国独立战争、法国大革命时期；而经济、社会和文化权利则来自完全不同的传统，主要如1917年的俄国十月革命，第一次世界大战后国际劳工组织的有关公约。其二，对政府的要求不同。公民和政治权利规定个人有权做什么，而要求政府不能做什么；经济、社会和文化权利则要求政府积极行为，以保障公民去获得权利。其三，公民和政治权利更适合西方经济制度。

但从20世纪六七十年代以后，情况发生了较大变化：欧洲国家积极参与《经济、社会及文化权利国际公约》的制定工作，这表明欧洲国家开始关注经济、社会、文化权利；为保障经济、社会和文化权利的实施，制定地区内涉及经济、社会和文化权利的规章，如《欧洲社会宪章》；与此同时，多数欧洲国家在国内立法中都程度不同地规定了经济、社会和文化权利。这是对西方传统人权观念的突破。

范·侯复教授认为，人权概念具有普遍性，它不是西方所独有的。他相信，将公民和政治权利与经济、社会和文化权利作为一个整体，对全人类是大有益处的。

（四）自决权问题

范·侯复教授认为，强调“民族自决权”弊大于利。原因在于以下几点。

（1）自决权的主体是一个很难界定的概念，它可以从“民族”“区域”“历史传统”“语言”等多种角度予以定义，因此，要对“民族”自决权作出准确和清晰的界说，是非常困难的。

（2）“民族自决权”是政治斗争的产物。范·侯复教授认为，联合国人权两公约之所以对“民族自决权”作出规定，是鉴于第三世界的强烈呼声和强大气势。因而，它是作为一种妥协或交易的产物载入公约的。因此，很难在法律上作出定义，而在政治上，它又是一个危险的提法。

（3）尽管各国都反对那种制造分裂的“内部自决”，但是，在难以弄清“民族自决权”概念的情况下，以及在普遍的标准或定义未确定之前，讨论这个问题是没有基础的。

执笔人：朱晓青

人权法治研究报告（1994—1997年）

第二辑

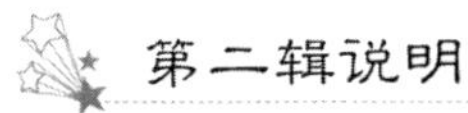

第二辑说明

1993 年 4 月，中国社会科学院法学研究所将“人权理论与对策问题研究”课题组前两年的成果加以整理，汇集编印了《人权研究》（第一辑）。这部以提供信息和对策建议为特点的人权研究专辑，受到有关领导和部门的重视，对我国在国际人权领域的斗争与合作，对国内的人权建设，起到了较好的作用。1996 年，“人权理论与对策问题研究”课题第一阶段的成果［主要是《人权研究》（第一辑）所载的内容］获得“中国社会科学院优秀成果奖”。

人权研究是一项长期而艰苦的事业。1993 年下半年，为了加强对人权问题的研究，法学研究所经中国社会科学院批准，将原来的“人权理论与对策问题研究”课题组改设为“中国社会科学院人权研究中心”，下设一个对全国开放的“人权资料中心”。人权研究中心以邓小平同志有中国特色社会主义理论为指导，密切联系国内外实际，对有关国家的人权状况进行了考察，并对一些人权问题进行了研究。

现将人权研究中心成立以来业已完成的人权研究材料汇编成册，作为《人权研究》的第二辑，仅供参考。

中国社会科学院人权研究中心

1997 年 6 月 9 日

附：“中国社会科学院人权研究中心”成员名单：

王家福（研究员）　刘海年（研究员）
李步云（研究员）　刘楠来（研究员）
王可菊（研究员）　韩延龙（研究员）
信春鹰（研究员）　史探径（特邀研究员）
陈明侠（研究员）　冯　锐（研究员）
李　林（副研究员）　夏　勇（副研究员）
陈泽宪（副研究员）　朱晓青（副研究员）
黄　列（副译审）　王雪梅（馆员）

第一部分　对策建议和报告

一　妥善处理两个国际人权公约继续适用于香港特别行政区而引起的“报告”问题

1984 年，我国政府在关于香港问题的中英联合声明中，承诺《公民权利和政治权利国际公约》和《经济、社会及文化权利国际公约》适用于香港的规定将继续有效。此后，《香港特别行政区基本法》第 39 条又规定：《公民权利和政治权利国际公约》、《经济、社会及文化权利国际公约》和国际劳工公约适用于香港的有关规定继续有效，通过香港特别行政区的法律予以实施。声明和基本法都肯定了英国当年参加的《公民权利和政治权利国际公约》和《经济、社会及文化权利国际公约》（以下简称两个国际人权公约），在香港回归后继续适用于香港。为了香港的顺利回归和维护香港的长期繁荣稳定，我国作出这样的决定无疑是十分必要的。但是，由此也产生了一些法律问题有待研究解决，其中的一个问题是，由谁以及何时向联合国提交香港回归后实施两个国际人权公约情况的报告。

按照两个国际人权公约的规定，公约缔约国应按期向联合国秘书长提交缔约国为实施公约承认的各项权利所采取的措施，以及所取得进展情况的报告，由秘书长分别转交人权事务委员会和联合国经社理事会下设的经济、社会和文化权利委员会进行审议。在英国统治香港期间，有关两个公约实施情况的报告，是由作为公约缔约国、负责香港对外事务的英国政府提交，并由它派出代表团参加有关委员会审议的。在香港回归后，此报告应由谁来提交？英国政府、特区政府还是我国中央人民政府？这是一个关系国家主权和履行国际义务的问题，需要我们从法律上进行分析，作出正确的回答。

香港的回归意味着中华人民共和国已经恢复对香港行使主权，英国从此不再对香港地区拥有统治权和管辖权，不再对香港实施两个国际人权公约承担义务。因此，英国将没有义务也没有权利就香港实施人权公约的情况向联合国进行报告。从维护国家主权来说，我国也不能容许英国在国际人权领域对香港的人权状况说三道四。

香港特别行政区政府同样不能单独地提交报告。香港特区是中华人民共和国的一个地方行政区域，特区政府是我国的一个地方政府，不具有国际法上的主体地位，一般不具有独立地参加国际关系、享有国际法权利和履行国际法义务的权能。香港特区虽然享有中央授予的高度自治权，但关于人权事务的事项不在基本法的授权之列，它无权就人权问题单独地同有关国际机构发生联系。从国际条约法来说，两个国际人权公约与其他国际条约一样，都是规定缔约国之间的权利与义务关系的，只有具有缔约国主体地位的国家，才享有公约规定的权利并履行公约规定的义务。香港不具有国际法上的国家主体地位，不是两个国际人权公约的缔约国，当然没有权利也没有义务提交报告。

唯有中华人民共和国政府是提交报告的义务主体和权利主体。我国政府在中英联合声明中作出了在 1997 年之后的香港实施两个国际人权公约的承诺，从而间接地承担了提交报告的义务。这一承诺也写进了基本法。然而，我国是否也接受了公约对为监测缔约国执行公约情况而规定的报告制度？在起草联合声明和基本法时似乎没有专门考虑这个问题，只是笼统地规定两个国际人权公约“适用于香港的有关规定继续有效”。由于没有对“有关规定”作明确解释，也没有对有关报告制度的规定发表不予适用的声明或作出保留，按照国际条约的一般解释规则，只能解释为：这里的“有关规定”是包括报告制度的规定在内的。作这样的解释是同我国在其他国际人权公约上的立场一致的。例如，我国在加入禁止酷刑公约时也接受了其中关于报告制度的规定。同时，这种解释在政治上也体现了维护国家主权的原则。

但是，需要指出，按照国际条约法规则，国际条约仅对缔约国有拘束力。就两个国际人权公约有关报告制度的规定而言，只有公约的缔约国才负有提交报告的义务。由于我国尚未参加这两个国际人权公约，所以，至少在目前我国还没有提交报告的义务。

基于以上分析，我们认为，对于两个国际人权公约继续适用于回归后的香港而引起的报告问题，较为妥善的处理办法是：公开宣布我国政府准备就香港特区实施两个国际人权公约的情况向有关国际机构提交报告。但是，由于中国目前还不是这两个国际公约的缔约国，在提交报告问题上存在着程序方面的困难。中华人民共和国主席江泽民已经宣布，中国将于1997年年底之前首先批准《经济、社会及文化权利国际公约》。在以后适当的时机，中国还将批准《公民权利和政治权利国际公约》，目前正在认真研究批准这一公约的有关事宜。今后，在中国成为这两个国际人权公约的缔约国，向有关国际机构提交报告时，将同时报告香港特区实施公约的情况，并派出包括香港特别行政区代表在内的代表团参加联合国有关委员会对报告的审议。

法学所“一国两制”与香港基本法课题组：刘楠来　李林

二　关于香港人权的法律问题

中国政府非常重视香港居民的人权。在基本法中明确规定了55种基本权利和自由（中英联合声明中只提到或规定了28种）受到保障，在各个章节中涉及权利和自由保障的有73处。基本法还同时规定，《公民权利和政治权利国际公约》、《经济、社会及文化权利国际公约》和国际劳工公约适用于香港的有关规定继续有效，但要通过香港特区的法律予以实施。基本法的这些规定，都按照国际人权标准充分地确认和保障了香港居民的基本权利与自由。但是，英国政府在1991年单方面制定了一个《香港人权法案条例》，规定该条例具有凌驾于香港其他法律之上的地位，其他法律不得与之抵触。港英当局根据该条例的凌驾地位，单方面对香港原有法律作出大面积、大幅度的修改，破坏了香港原有法律的基础。例如，以修正案对《社团条例》《公安条例》作了修改。《社团条例》的修正案废除了原条例的社团注册制度和关于禁止香港政治团体同外国政治团体建立联系的规定；《公安条例》的修正案不适当地取消了游行示威必须事先向警方申请等制度，影响了警队维护公共秩序的能力。具有讽刺意义的是，在修改这两个条例以前的15年里，英方在向联合国人权委员会作的报告中，一直称这两个被现在一些人认为是“恶法”的条例是完全符合国际人权公约的。《香港人权法案条例》有三个条款规定该法案的凌驾地位，直接抵触了基本法，因而是无效的。最近，全国人大常委会关于根据香港特别行政区基本法第 160 条处理香港原有法律的决定，已明确宣布《香港人权法案条例》第 2 条第（3）款、第 3 条和第 4 条的规定与基本法相抵触，不采用为香港特区的法律。在废除这些条款的前提下，《香港人权法案条例》仍可采用为特别行政区法律。

按照基本法的规定，《公民权利和政治权利国际公约》和《经济、社会及文化权利国际公约》适用于香港的有关规定继续有效，通过香港特区的法律予以实施。两个国际人权公约都规定，公约缔约国应就公约所确认权利而采取的措施及所获得的进展，向联合国秘书长提具报告书以供审议。由于香港特区是中华人民共和国的一个地方行政区，不具有公约缔约国的主体地位，无权自行向联合国提交报告书，而我国又尚未参加这两个公约。根据国际条约法，在人权两公约的报告问题上，我国不承担公约规定的报告义务。尽管如此，出于保障我国公民权利和维护我们国家利益的需要，我们应当在加强对这两个国际人权公约研究的基础上，尽快批准加入。在目前还不具备同时加入这两个公约的条件下，可以考虑先批准加入《经济、社会及文化权利国际公约》。

最近，美国对中国政府在恢复对香港行使主权后是否会遵守中英联合声明毫无根据地提出质疑，对我国为确保香港平稳过渡而采取的必要措施进行无理指责。其他有些西方国家和国家联盟也试图把香港问题“国际化”，表示要关注香港的“人权问题”，并以实行贸易限制等手段相威胁。对这种粗暴干涉别国内政的行径，是任何一个主权国家所不能容忍的。如何保障香港的人权，举世关注。我国政府可依据香港基本法就香港人权保障发表专门的白皮书，进一步向世界表明中国在香港特区人权问题上的立场、态度和政策，以及基本法对香港居民人权保障规定的内容、程序和制度，进一步强调中华人民共和国的宪法和法律是充分重视和切实保障包括香港居民在内的全体中国公民的人权的，实现享有充分的人权是我们国家既定的努力方向。在香港回归祖国以后，我们要切实遵守基本法，采取各种积极措施保障基本法规定的各项权利和自由，使香港的人权得到前所未有的发展和实现。

执笔人：李林

三 关于合并、削减刑法中死刑条款的意见和建议

新中国成立之初，根据《共同纲领》，中央人民政府相继颁行了《惩治反革命条例》和《惩治贪污条例》。尽管当时阶级斗争激烈，形势颇为严峻，但在实践中对适用死刑仍多加限制。以毛泽东同志为核心的党中央曾在内部肃反中制定了“大部不抓，一个不杀”的方针，后来对反革命罪犯和普通罪犯又提出“少杀少捕”“可杀不可杀的一律不杀”的政策，对于保证正确适用死刑起了重要的指导作用。

1979 年颁布的《刑法》，与《惩治反革命条例》和《惩治贪污条例》相比，上述两种犯罪的死刑条款有所减少，但是，适用死刑的罪名仍达 28 种，属于世界上规定死刑罪名最多的刑法之一。20 世纪 80 年代以来，为了严惩严重危害社会治安的犯罪和严重破坏经济的犯罪，全国人大常委会相继颁布了 20 多个单行刑法，其中 16 个规定有死刑条款，到目前为止，我国刑法中的死刑条款已有 40 多个，可以适用死刑的罪名达 74 种，是世界上规定死刑条款和死刑罪名最多的国家。

刑法中的死刑条款和死刑罪名不断增多，对惩罚、遏制某些具体犯罪，起到了一定作用。但是，从与犯罪作斗争的宏观立场和长远的刑事政策看，这种做法没有达到长期减少犯罪、实现社会治安根本好转的目标。我们认为，当前我国适用死刑的政策应作适当调整，在国家立法机关着手修改刑法之际，建议对《刑法》和单行刑法中的死刑条款予以削减。

（一）减少、限制死刑是大势所趋

据有关国际组织统计，到 1995 年 9 月底，世界上已有一半以上的国家和地区废除了死刑或实际上不执行死刑。其中全面废除死刑的有 54 个，对普通犯罪废除死刑的有 16 个，10 年以上不执行死刑的有 30 个，一共是 100 个。而保留死刑的只有 94 个，并且绝大多数都对死刑的适用加以严格限制。如日本从 1950 年到 1993 年，共执行 480 余名死刑犯，最近 10 多年每年平均只执行 1 名。印度近 10 亿人口，国内民族矛盾、宗教矛盾和种姓制度残余引发的社会矛盾尖锐复杂，但其刑法典中只有 6 个死刑条文，每年适用死刑的人数只在百人左右。世界上其他保留死刑的国家，规定死刑

的罪名一般只限于几种，多则10余种，超过20种的极少。

（二）减少死刑有利于和平统一大业

香港受英国20世纪60年代以来对犯罪停止执行死刑和对普通犯罪废除死刑的影响，1966年以来在司法实践中没有执行过一例死刑；1993年4月正式废除死刑。澳门也无死刑。台湾地区现在仍适用国民党政府1935年颁布的刑法典，其中死刑条款有10多个，可以适用死刑的罪名有15种。在司法实践中，台湾当局对死刑适用限制得比较严格，1950年到1992年共执行了489名死刑犯，平均每年不到12名。在“一国两制”条件下，祖国大陆和台湾、香港、澳门对刑事犯罪所适用的刑罚，尤其是死刑，不应该差别太大。否则，同一种犯罪，在实行资本主义制度的港、澳、台地区处轻刑，而在实行社会主义制度的大陆地区却处重刑甚至死刑，这在法理上难以解释，认识上容易造成混乱，有碍和平统一大业。

（三）当绝大多数国家都不断减少死刑之时，如果我国刑法还保留超其他国家一倍、两倍甚至几倍的死刑条款和罪名，势必会在国际交往中带来许多问题

第一，在市场经济条件下，跨国犯罪和外国人在中国犯罪的现象必然增多。有的外国人所犯罪行，依照中国法律应处死刑，而根据其本国和其他多数国家法律的规定，不应处死刑。如果对该外国人适用死刑，外国人就会从本国的法律规定出发，对我国适用死刑的做法不理解和不服气，从而引起国家间的交涉与纷争；如果对该外国人不处死刑，则造成对外国人网开一面的印象。

第二，在现代社会，各国给予外国公民的待遇一般都是对等的，各国对外国人犯罪的惩罚，也应该坚持大体相当和对等的原则。当今世界，绝大多数国家对诸如走私，盗窃，受贿，制造、销售伪劣商品，制造、贩卖假币等都未规定死刑，我国刑法却规定死刑，这容易招致其他国家的非难。

第三，不利于对外逃罪犯和外域罪犯的惩治。随着我国公民出国出境旅游、学习、工作的日益增多，产生了三种新的犯罪现象：外国人在域外对中国公民及中国海外企业实施的犯罪增多；跨国跨地区的劫机、海盗、

贩毒、制造和贩卖假币等危害国际社会的犯罪增多；国内刑事犯罪分子外逃增多。这就使得惩罚、预防某些犯罪，需要与国际刑警组织和其他国家进行合作。但是，当今国际社会和废除死刑的国家，对依照我国刑法可能判处死刑的罪犯，往往会在引渡或者司法协作方面制造麻烦，或附加一些实际上是干预我国内政的要求。

（四）减少死刑有利于提高死刑的威慑力

据一些国外的机构对死刑威慑力的调研、一些国家废除死刑前后犯罪率的对比，以及废除死刑国家和保留死刑国家犯罪率的比较研究，几乎都没有得出适用死刑多比适用死刑少犯罪率低的结论。我国自 1982 年陆续增加死刑以来，虽然取得一些效果，但重大恶性犯罪案件的发案率仍继续增长。以原来没有死刑、后来增设死刑的几种犯罪为例：伤害罪 1982 年全国只发生 20298 件，1983 年增设死刑，1993 年伤害罪案件增加到 64595 件，为 1982 年的 3.18 倍；重大盗窃案 1982 年发生 14404 件，1983 年对盗窃罪增设死刑后，1993 年增加到 301848 件，为 1982 年的 20.96 倍；其间，贪污、贿赂等犯罪的增长率也远远超过许多没规定死刑的犯罪的增长率。过多地规定死刑，还会造成社会危害性差别很大的犯罪，其最高刑都是死刑的罪刑不平衡现象。所以，死刑罪名过多，一些相对轻的犯罪也适用死刑，会造成死刑对杀人、强奸、抢劫等恶性犯罪的威慑作用降低，使犯罪分子觉得越是犯重罪才越“划算”。近年来，恶性犯罪大量增多，犯罪分子动辄杀人，从犯罪学的角度看，这些现象与死刑适用过多不无关系。

（五）减少死刑能加强对严重犯罪的打击力度

近几年，杀人、重伤、抢劫、强奸、重大盗窃、贩毒、贪污、受贿等严重危害社会治安和严重危害经济的犯罪发案率上升。对这些罪中的多数，我们主张仍保留死刑。我国《刑法》中的 40 多个死刑条款，70 多个死刑罪名，司法实践中适用死刑较多的，也只是上述 10 来个。其余多数死刑条款，有的多年只用一两次，有的备而不用，减少一些，不会影响严惩重大恶性犯罪。

为使罪刑相当，合并和减少死刑条款的同时，应加强对自由刑和财产刑的适用。世界上许多国家 90% 以上的案件适用财产刑，罚得犯罪分子倾家荡产；很多国家有期自由刑比我国规定得长；国外没有减刑制度，假释条件也很严格。有的明确规定执行20年以上才准假释，对无期徒刑犯，有的规定终身不得假释。我国司法实践中，适用财产刑的，不到案件总数的10%；自由刑的期限为15年，数罪并罚不超过20年。有期徒刑犯执行完原判刑期的和无期徒刑犯老死监狱的，只有极少数。当今人均寿命不断提高，犯罪主体又趋低龄化，有期徒刑15年，数罪并罚20年显然偏短。按照法律规定，即使判处无期徒刑，服刑10年后也可通过减刑或假释出狱，这与死刑差距过大。如果加重财产刑和自由刑，则既可以使严重程度不等的犯罪罪刑相当，实现刑罚之间的衔接与协调，也可以将死刑集中于罪大恶极，对国家安全、人民生命财产和社会治安危害严重的犯罪上，从而增强对严重犯罪的打击力度。

（六）减少死刑能为广大群众认同

人民群众反映强烈、要求司法机关强化适用死刑的，只是极少数严重危害社会治安的犯罪和严重危害国家与人民利益的职务犯罪，除此以外的犯罪，并不是非要求有死刑不可。在死刑问题上，一直存在如何看待民愤的问题。《刑法》施行之前，我们曾长期把民愤作为适用死刑的重要依据之一，只有“不杀不足以平民愤”的罪犯，才适用死刑。《刑法》颁行后，尽管民愤不再是适用死刑的法定条件，但在具体案件中，民愤对死刑适用仍有一定影响。我们赞同适用死刑适当考虑民愤，同时认为立法和司法都不能为民愤所左右。因为民愤具有浓厚的感情色彩，主观随意性较大。尤其是具体案件的民愤，很容易受新闻媒介、犯罪人和被害人个人情况、发案时期长短、被害人和被告人的案外活动情况、案情扩散范围等诸多因素影响，有时与犯罪的社会危害性程度相一致，有时候则可能偏离事实和法律。司法机关在处理死刑案件时，对具体案件的民愤一定要具体分析。罪大恶极，不杀不足以平民愤的罪犯，应坚决依法适用死刑；依法不应杀或可杀可不杀的罪犯，虽然民愤很大，也应当坚决不杀。不迁就少数人的报应心理，不以“形势需要”放宽死刑适用条件。

有的同志以近年来严重危害经济和严重危害社会治安的犯罪增多为据，主张仿效古人“刑乱世用重典”的做法，对犯罪施以重刑。也有人认为，当今虽然是承平之世，但鉴于刑事犯罪严重，提出“刑治世也要用重典”。我们认为，这些观点值得商榷。首先，“刑乱世用重典”是剥削阶级治国的一条经验，但事实上，重典从来就没有治好乱世。历史上的“乱世”，是指王朝交替或某一王朝统治过程中出现的局部或全局性的动乱，而非指在统治稳定情况下一定时期犯罪增多的现象。评价一个国家、一个时期是治是乱，根本标准是看阶级斗争是否尖锐激烈，国家是否稳定，生产力是否得到解放和发展，人民生活水平是否得到提高，而不是犯罪率高低。一些人把近几年犯罪率上升和治安状况不好视为乱世，并据此主张多杀，显然失当。其次，党的十一届三中全会以来，国民经济迅速发展，人民生活水平大幅度提高，大多数人已在温饱的基础上奔向小康，是历史上任何时候都不能比拟的治世。有的同志提出“刑治世也要用重典”，这在道理上讲不通，实践中无先例。既然是治世，就没有必要加重刑罚。中国历史上几个著名治世，统治阶级无不采用轻刑。可见，治世和重典是不可能联系在一起的。我们认为，只要从维护国家和人民根本的、长远的利益出发，向人民群众讲清楚减少死刑的重要性，就能够得到人民群众的理解和拥护。

（七）合并、减少死刑条款的具体建议

1. 减少反革命罪的死刑

反革命罪共有19种具体罪名，17种可以适用死刑。罪名分得过细，死刑条款过多。我们建议：第一，通过精简、合并反革命罪中的具体罪名，把死刑罪名减至两种：将所有叛乱、暴乱、颠覆性质的犯罪，如颠覆政府、分裂国家、策动叛乱、聚众叛乱等罪合并为内乱罪，规定死刑；把所有勾结、帮助敌对势力，背叛祖国的犯罪，如背叛祖国、投敌叛变、策动叛变、间谍、特务、资敌等犯罪合并为叛国罪，规定死刑。第二，将反革命破坏罪、反革命杀人罪、反革命伤人罪，分别合并到爆炸罪、故意杀人罪和故意伤害罪中。第三，将组织越狱、聚众劫狱犯罪，并入妨害司法活动罪。第四，取消利用封建迷信、组织反动会道门进行反革命活动罪，组织反革命集团罪，在妨害社会管理秩序罪中规定有组织犯罪和黑社会犯罪。这样，现行反革命罪中实际适用死刑的行为并没有减少多少，但法律条文上的死刑罪名则减少了15种。

2. 减少危害公共安全罪的死刑

建议将危害公共安全罪12种死刑罪名合并、减少到5种：①保留放火

罪、决水罪、爆炸罪的死刑。②将破坏交通工具罪、破坏交通设备罪和劫持航空器罪合并为危害交通安全罪并规定死刑。③将以其他危险方法危害公共安全罪，破坏易燃、易爆设备罪合并到本章的其他犯罪（包括保留死刑的犯罪）中去；把投毒罪并入故意杀人罪中去。④增设海盗罪并规定死刑。⑤其他危害公共安全罪的社会危害性远远小于上述犯罪，故不应再保留死刑。

3. 取消纯粹经济犯罪的死刑

在现有的经济犯罪中，走私罪，投机倒把罪，制造、销售假药罪，制造、销售有毒食品罪，4 种破坏金融秩序的犯罪，2 种危害增值税专用发票的犯罪，共 10 种有死刑。这些犯罪的危害性质、程度都明显小于危害国家安全、公共安全和暴力侵犯人身、财产的犯罪。国家通过完善经济管理法规、强化经济管理秩序即可有效地预防这类犯罪的发生，国外也没有对此类犯罪规定死刑的立法例。建议我国也取消上述犯罪的死刑。在实践中，如果犯罪分子用暴力实施上述犯罪或实施上述犯罪致人死亡的，则可规定按故意杀人等犯罪适用死刑。

4. 减少侵犯公民人身权利罪的死刑

现行《刑法》规定 10 种侵犯人身权利的犯罪可处死刑。建议对故意杀人、强奸妇女、奸淫幼女等 3 种犯罪继续保留死刑，其余犯罪的死刑改为无期徒刑。对故意伤害致人死亡的，可借鉴有些国家的做法，按非谋杀的故意杀人罪处刑。对于拐卖、绑架妇女和儿童，强迫妇女卖淫，组织妇女卖淫的，如果没有造成人身伤亡的后果，不应规定死刑。如果犯这类罪有杀人、强奸和绑架勒索财物情节的，可规定按杀人罪、强奸罪、绑架勒索罪处刑，包括处死刑。

5. 减少侵犯财产罪的死刑

侵犯财产罪现有抢劫、盗窃、惯窃、绑架勒索、贪污等 5 种犯罪适用死刑。我们认为抢劫罪、绑架勒索罪应保留死刑，这两种犯罪既严重侵犯公民的人身权利，又侵犯公私财产所有权，社会危害性极大。贪污罪自新中国成立以来就是死刑犯罪，当前贪污犯罪比较猖獗，可暂时保留死刑。盗窃和惯窃罪，连《唐律》《大清新刑律》和国民党政府的刑法都没有规定死刑，其他国家皆无规定死刑的，我国刑法以取消此两种罪的死刑为宜。

6. 减少其他类罪的死刑

除上述几类犯罪以外，还有流氓罪，受贿罪，盗掘古文化遗址、古墓葬罪，传授犯罪方法罪，走私毒品罪，制造、贩卖、运输毒品罪，窃取、刺探、收买、非法提供国家机密罪等 7 种犯罪规定有死刑。我们认为，除制造、贩卖、运输毒品和走私毒品两种犯罪对社会的危害极大，可继续保留死刑，受贿罪是反腐败的重点，暂时不宜取消死刑外，其他罪的死刑都可以考虑取消。第一，流氓罪的死刑可以废除，如果犯罪分子犯本罪致人死亡或者奸淫妇女的，可按照杀人罪、强奸罪处刑，包括判处死刑。第二，盗掘古文化遗址、古墓葬类似于盗窃罪，盗窃罪不规定死刑，本罪也应当废除死刑。第三，窃取、刺探、收买、非法提供国家机密罪，由于国家机密的范围太广，危害性极为悬殊，建议把窃取、刺探、收买、非法提供有关国家安全秘密的行为纳入危害国家安全罪中，泄露一般国家秘密的，取消死刑条款。

7. 死缓罪犯终身不得减为有期徒刑和给予假释

死刑缓期二年执行是我国独创的死刑制度，对限制死刑、坚持少杀起了重要作用。但现行司法实践中，被判处死刑缓期二年执行的，二年期满后，基本上都获得减刑，绝大多数减为无期徒刑，极少数还直接减为有期徒刑。减为无期徒刑的，一两年后又减为有期徒刑，继而还可以获得减刑、假释。逐渐减下去，一个被判处死缓的罪犯，服刑满 12 年以后，即可能通过减刑或假释出狱，这与死刑立即执行差别过大。而根据《刑法》的规定，死刑立即执行和死刑缓期执行适用的对象，都是罪大恶极的犯罪分子，同时，这两种刑罚也只是同一种刑罚的两种执行方法，而不是性质不同的两种刑罚。为了保持这两种死刑执行制度的协调，建议对被判处死刑缓期二年执行的罪犯，规定终身不得减为有期徒刑和适用假释。

8. 加重财产刑和自由刑

减少死刑条款后，对不适用死刑的犯罪，应加重适用自由刑和财产刑，以解决自由刑与死刑之间的非正常差距。具体设想是：①除了危害国家安全等少数犯罪，对多数犯罪都规定财产刑，并加重财产刑，提高财产刑适用的比例。②把有期徒刑的上限提高到 25 年，数罪并罚可达 30 年。③限制减刑、假释的适用，减刑、假释的期间，不得超过原判刑期的 1/3（现在是 1/2）。④设立无期徒刑终身不得减刑、假释和 20 年不得减刑、假释两种制度，凡被判处无期徒刑的，至少在20年内不得减刑和假释，判处死缓的或两个以上无期徒刑的，规定终身不得减刑、假释。这样规定，削减死刑条款后，绝不会轻判某些按照现行《刑法》应处死刑的犯罪分子。

按照以上设想，不算军职罪中的死刑条款，刑法中的死刑罪名在15种左右，仍是世界上保留死刑条款最多的刑法之一。尽管如此，做到这一点难度还很大，尤其是公安、司法第一线的同志可能存在一些顾虑。我们认为，刑事法律的文明与现代化要求我们转变观念，只要认识到我们是为21世纪的中国修改、制定刑法，中华民族的兴旺发达和社会主义国家的长治久安需要一部从现实、历史和国际上看都属宽平的刑法，我们就能在人民的理解和支持下，将刑法修改好，为建设社会主义法治国家作出贡献。

执笔人：刘海年　胡云腾

四　新法国刑法典关于法人犯罪的规定可供我国参考

在大陆法系的刑法典中，法人是被排除在犯罪主体之外的。1992年7月颁布的新的法国刑法典中，明确地把法人作为刑事责任主体予以规定，并为法人犯罪增设了一些专门的刑罚。这是对大陆法系刑法的一个大的突破。虽然我国与法国的国情不同，修改刑法的背景不同，但是关于法人犯罪问题参考和借鉴法国修改刑法的经验是有益的。

新的法国刑法典对法人犯罪的规定包括如下内容。

（一）新刑法典总则关于刑事责任的一般规定中对法人的规定

该法典的规定是：“法人，除国家外，对由其决策机关或者代理人为法人利益而实施的犯罪行为承担刑事责任”，“地方行政单位及其组织只对其从事以公务委派惯例为目的的活动中所实施的犯罪承担刑事责任”，“法人的刑事责任不排除同一犯罪行为的主犯和共犯的自然人的刑事责任”。这些规定包括：法人和自然人一样，可以是刑事责任的主体；法人刑事责任主体包括公法法人和私法法人（在新刑法典草案中曾排除了公法法人）。

对法人犯罪的构成，该法典规定：只要法人实施了被控告的犯罪事实，或者试图实施一个重罪或法律规定的一个轻罪，即可构成法人犯罪主犯。法人在开始犯罪后，由于其意志以外的原因而使犯罪中断或者没有产生犯罪结果，构成法人犯罪未遂。对法人犯罪中，故意为他人实施犯罪作准备或者提供保障的；或者以馈赠、许诺、胁迫、命令、滥用职权、越权违法或指使他人犯罪的，按主犯论处。这些关于法人犯罪的构成规定，与自然人犯罪构成的规定是完全一样的，说明了自然人犯罪构成要件、犯罪形态等方面的要求适用于法人犯罪。

（二）新刑法典总则对法人犯罪适用的刑罚作了专门的规定

由于法人的特殊性，这些刑罚除一部分与自然人犯罪适用刑罚相同外，还有一部分是专为法人犯罪所设置的刑罚。

1. 法人犯重罪和轻罪适用的刑罚

法人犯重罪和轻罪的刑罚有两类。其一，罚金刑。该新刑法典规定，对法人的罚金最大额为自然人罚金的5倍。其二，该刑法典第131—139条所列刑罚包括：（1）解散法人团体。指法人实施了相当于自然人犯罪判5年以上监禁之罪后又犯其他重罪或轻罪时，适用此刑罚（此项不适用于普通法的法人，它们的刑事责任可以提交担保；此项亦不适用于政党、团体、职业联盟及个人代表机关）。（2）禁止活动。指永远或者最多5年期限禁止法人直接或者间接从事一项或者多项的职业或者社会活动。（3）监督投资。指对法人的投资活动由法院实行监督，期限为5年以内（此项不适用于普通法的法人，它们的刑事责任可以提交担保；此项亦不适用于政党、团体、职业联盟）。（4）关闭法人机构。指永远或者最多5年期限，关闭整个法人机构或者关闭其中犯罪的一部分或者若干部分，企业的一个或者几个机构。（5）逐出公共市场。指永远或者最多5年期限，将法人驱逐出公共市场。（6）禁止贷款。指永远或者最多5年期限，禁止法人向银行贷款。（7）禁止签发支票和禁止使用信用卡（支票签发人或其指定的代理人为收回发放资金的情况除外）。（8）没收。指没收用于法人犯罪的财物或者其他非法所得物品。（9）公布判决。指用文字或者音像将法人犯罪的判决公布于众。

2. 法人犯违警罪适用的刑罚

在形式上与法人犯重罪、轻罪适用的刑罚很类似，包括了罚金刑及各种资格刑，但是内容不同。除罚金刑仍为自然人的5倍外，还规定对法人犯各种第五等违警罪的，可以用一种或者几种剥夺或者限制的资格刑替代罚金，其中包括：禁止在1年内签发支票和使用信用卡；没收用于犯罪的财物和犯罪所得。此外还规定，在法人犯违警罪时，可以适用辅助刑罚。

该刑法典对法人犯罪确定适用刑罚的内容与方式也作了专门规定。包括：对法人犯罪判决的宣布，必须是在权威法庭上按照一定的程序进行；投资监督，是通过指定法律代理人，明确其任务、权力，法律代理人至少在6个月内向法官报告刑罚的执行情况，法官根据报告情况提交法院，法院可以宣布在法律监督下的投资情况，也可以宣布对法人免除刑罚；禁止贷款，包括禁止各种名义的集资，禁止银行、金融机构、证券公司、社会团体等无论何种形式的贷款。

（三）关于法人犯罪的其他规定

1. 关于法人累犯的规定

按照自然人累犯的罚金额来确定法人累犯的罚金额。

2. 关于法人适用单一缓刑的规定

此外，对于公共法规定的法人、有资格的协会等，法院还可以根据条件，判处其从事40～240小时的公务劳动。

执笔人：冯锐

五　国外关于改善被害人境遇的两项制度值得我国借鉴

为消除违法犯罪造成的危害及后果，许多国家相继建立了被害人补偿制度和被害人援助制度，对犯罪被害人给予精神抚慰和适当补偿，帮助其身心康复，重新树立生活信心和对社会的信赖。这些法律制度的建立在促进社会稳定方面发挥了重要作用。

（一）被害人补偿制度

被害人补偿制度即用公共资金对犯罪被害人给予一定经济补偿的制度。20世纪60年代以前，受犯罪侵害而遭受人身伤害和损失的人一般通过两种途径寻求补偿：在大多数国家被害人是通过民事诉讼，要求犯罪人赔偿损失；在某些国家也可通过刑事诉讼，由法院判令犯罪人支付赔偿金，强制其赔偿被害人的损失。二者都是由犯罪人提供赔偿。但是，由于许多犯罪人的经济状况并不具有赔偿能力，而使被害人的索赔权难以实现。同时，更多刑事案件的犯罪人没有捉拿归案，谈不上支付赔偿，致使许多被害人处于悲惨的境地，成为公众关注的社会问题。这促使一些国家政府开始考虑对一定的被害人给予适当补偿。

英国于 1964 年开始推行“暴力犯罪被害人的公共补偿计划”。这一制度经过近 30 年的实践后进行修改，称为“刑事伤害补偿计划”，于 1990 年 2 月施行。据此制度，凡是直接在暴力犯罪（以及放火罪和投毒罪）的侵害、追捕罪犯、制止犯罪以及协助警察执法的过程中产生的人身伤害，被害人均可向刑事伤害补偿委员会申请补偿费。因暴力犯罪而死亡的被害人的配偶或依靠其生活的人，也可以申请补偿。由于人身伤害而获得的任何社会保险收益、生活津贴和赔偿金，应当从补偿费数额中相应扣除。英国的刑事伤害补偿委员会在全国各地设立审理中心。现有委员 40 人，工作人员 550 多名。委员由内政部长和苏格兰国务大臣任命。对补偿申请的审议活动不公开进行，申请通常由一名委员决定。对决定不服者有权要求由另外三名委员受理其申请。英国的刑事伤害补偿制度仅限于对暴力犯罪造成的人身伤害的补偿，而不涉及财产损失补偿。

新西兰于 1963 年就公布了《刑事伤害补偿法》，并成立了“犯罪补偿特别法庭”，专司刑事伤害赔偿案件的审理。美国的加利福尼亚等 15 个州、澳大利亚、加拿大、奥地利、瑞典、芬兰、德国、日本等国家和地区也相继通过有关立法，确立了被害人补偿制度。各国此类法律制度的内容不尽相同，但具有某些共同点：（1）均由国家对被害人的损失给予一定补偿；（2）补偿的范围一般限于暴力犯罪直接造成的人身（生命和健康）伤害，对财产损失的补偿通常作为例外；（3）严格设定减免补偿的条件，譬如，被害人有下列情节而受犯罪侵害的可能难以获得补偿：挑衅行为；严重过失行为；暴力集团成员；自愿参与互殴；报复殴击行为（不属正当防卫者）；酗酒或吸毒行为；玩危险游戏；等等。

（二）被害人援助制度

社会公众对被害人困苦境遇的关注，推动了许多国家相继成立一些以援助被害人为宗旨的民间志愿者组织。这些组织给被害人以抚慰和帮助，其所产生的良好社会效果，完全符合各国政府维系社会秩序安定的期望和现代刑事政策的宗旨，因而逐渐争取到所在国政府的扶持和资助，形成了被害人援助制度。

英国政府资助的“被害人支援”组织是一个全国性的帮助犯罪被害人的非营利团体，总部设在伦敦，在全国50多个地区设有370个分支机构，通过数千名训练有素的志愿者，为遭受犯罪侵害的人提供感情上的支持、信息咨询和其他免费服务。“被害人支援”每年帮助约80万名被害人。他们的工作方式以直接与被害人会见为主，也接受电信咨询。1991—1992年，英国内政部为该组织提供资金538.1万英镑，另外有60多个企业慷慨解囊。“被害人支援”还与检察院、警察局、刑事法院合作，从1992年开始在伯明翰等30个城市的刑事法院中心设立“证人服务部”，并在每个法院设立联络委员会，由检察院、警察局、刑事法院和“被害人支援”的代表组成，为需要出庭作证的被害人提供帮助。

“被害人支援”制订了一整套适用于该组织工作人员的培训计划、教材、工作指南和细则，针对不同类型的犯罪，如性犯罪、家庭暴力、种族骚扰、入户犯罪、虐待儿童、凶杀等，培养了大批善于帮助特定案件被害人的专家，提高了工作实效。

被害人的补偿和援助问题，在我国尚未得到重视，反映了长期以来把犯罪问题囿于刑事法律范围内思考的局限性。我国刑事政策学和被害人学研究的不发达，也使社会未能对被害人的境遇给予应有的关注。我国在社会治安综合治理方面，初步建立了一套有中国特色的防治违法犯罪的社会机制。但至今这套机制未把帮助被害人问题纳入视野。最近，我们委托国家统计局进行的问卷调查中，在问到“当您受到严重的伤害，根本不能忍耐，又没有通过法律途径得到合理解决，您最可能采取的办法是什么”时，在5452个有效答卷中，表示不会采取“暗中报复”的为3040人，其余的2403人分别回答说不清或较少采取、可能采取、肯定采取“暗中报复”，占被调查人员总数的44.1%。表示不会采取“借伤害对加害人的亲友出气”的为3932人，其余1520人分别回答说不清、较少采取、可能采取或肯定采取这种报复方式，占被调查人员总数的27.9%。可见，被害人的权益保障问题不容忽视，否则将可能激发连锁性违法犯罪，造成新的社会治安问题。为此，建议在我国目前尚无其他专门组织的情况下，可将安抚、帮助被害人纳入社会治安综合治理的工作范围，以现有的社会治安综合治理机构为依托，借鉴国外的有益经验，建立相应的法律制度和政策措施，教育和动员社会与公众关心和帮助被害人，以促进社会的稳定。

执笔人：陈泽宪

六　关于实施排除违法取得刑事证据资料证据效力原则的若干建议

（一）实施排除违法取得刑事证据资料的证据效力原则符合刑事证据制度在世界范围内发展的总趋势，也是有关国际公约的要求

刑事诉讼对违法取得的证据资料的证据效力采取排除原则，是一些国家长期司法实践经验和对证据制度进行理论研究的重要成果。美国在18世纪就对这方面的问题作出研究和探索，经过反复实践，到1961年在全美实施排除违法取得的证据资料的证据效力原则，并且扩及排除“毒树果实”（指从违法取得的证据中获得的其他证据，“毒树果实”作为证据使用，需要由法院作为例外情况作出决定）。日本依照本国刑事诉讼法决定，凡怀疑不是出自自由意志的自白，都不得作为证据。

从世界范围看，在确立刑事证据制度方面，越来越多的国家注意将打击犯罪与保护公民合法权益科学地结合起来，即一方面注意尽可能做到最大限度准确、及时地惩治犯罪，同时又注意尽可能做到最大限度地防止无辜者受到伤害。例如，1975年至1985年，世界上已有60多个国家共同签署了《禁止酷刑和其他残忍、不人道或有辱人格的待遇或处罚公约》。我国于1988年批准了这一公约。除了对该公约第20条和第30条第1款保留之外，其余各条款内容我国均予赞同并接受。

（二）理论界对违法取得刑事证据资料的证据效力的几种不同观点

其一，肯定说。即对违法取得的证据资料的证据效力不予排除。持这种观点者认为，以违法方式取得的证据资料中，有些是能够真实反映案件事实情况的。当这类证据资料对定案起决定性作用时，如果予以排除，容易使某些犯罪分子得以逃脱法律制裁，或者被减轻罪责，从而放纵了犯

罪。因此，对于认为真实反映案件真相的、违法取得的证据资料的证据效力不能排除。其二，例外肯定说。即有限度地排除违法取得的证据资料的证据效力。持这种观点者认为，对一切违法取得的证据资料的证据效力均不予排除，容易造成冤错案件，伤害无辜。但是，如果对此类证据资料的证据效力均予以排除，不免会使某些犯有严重罪行的犯罪分子“正大光明”地逃避应受到的法律制裁。因此，对某些种类的严重犯罪案件，采取不排除原则更为适宜。例如，中国政法大学受全国人大法工委委托，起草并于 1993 年 6 月提交法工委的《中华人民共和国刑事诉讼法》（修改草案）的第 60 条规定：“收集证据，必须依照法定程序进行，严禁刑讯逼供和以威胁、引诱、欺骗以及其他非法方法收集证据。用非法方法获得的证据，不得作为定案的根据，但是行为严重危害国家安全、社会利益的案件除外。”

上述两种观点和做法都不可取。我们认为，收集证据必须严格依照法律的规定，对于违法取得的证据资料应当一律采取排除其证据效力的原则。其理由为，在刑事诉讼中，上述肯定说和例外肯定说都存在不容忽视和无法克服的弊端。（1）执法人员破坏法制的行为得到维护，助长这种违法行为的不断发生，从而妨害国家社会主义民主与法制的实现。（2）在不同程度上侵犯公民人身权利或其他民主权利。这与实施刑事诉讼法的目的和任务相悖。（3）容易使无辜者丧失提供和坚持提供真实情况的可能，难以避免发生错案，甚至直接造成冤案。（4）容易导致真正的犯罪分子在更大程度上提供虚假情况，使案情乱上加乱，办案人员走入歧途，难以实现准确、及时地打击犯罪。

（三）我国司法实践状况及对策建议

在我国，侦查人员、检察人员和审判人员同刑事犯罪作斗争中，由于各种主客观因素的制约，在某些情况下依法（指法定时间、手段和程序）难以收集到足够用以定案的证据时，为了不使犯罪分子逃避法律制裁，往往采用违法手段收集需要的证据资料。例如，对犯罪嫌疑人或刑事被告人采用引诱、欺骗、威胁，甚至刑讯逼供等非法手段收集证据资料，并将其中认为真实反映案件情况的资料作为定案的事实依据。因而在司法实践中，冤错案件难以避免。这不仅在一定程度上使公安机关、人民检察院和人民法院在民众中的尊严和威信受到损害，而且在某些时候造成了不良的国际影响。

我们认为，司法实践中公安机关、人民检察院和人民法院不能有效地杜绝违法取证现象，其主要原因是：（1）随着国内外客观形势的发展变化，犯罪较之以往更加复杂，因而增加了依法收集证据的难度；（2）现行《刑事诉讼法》的有关规定欠完善，对违法取证如何处理未作出明确规定；（3）办案人员的社会主义法律意识和专业知识、业务能力，未达到应有的素质要求；（4）侦破案件的科学技术手段落后。为避免在某种情况下因合法证据不足而使真正犯罪分子逃避法律制裁，建议采取以下措施。

1. 完善立法

在保留我国《刑事诉讼法》关于证据制度内容的原规定的基础上，应补充规定以下内容：（1）凡违反法律规定收集的刑事证据资料，包括可确认真实反映案件情况的证据资料，均不得作为定案的根据；（2）凡确认违法取得的证据资料真实反映案件事实，并为定案所需的，必须依法重新收集，对原违法取证的办案人员实行回避制度；（3）对违法收集证据人员，视具体情况依法追究相应的责任。

2. 严格整顿公、检、法三机关执法队伍，确保办案质量

（1）依现行《人民警察法》《检察官法》《法官法》的有关要求，尽快完成执法队伍建设。（2）建立定期强化执法人员社会主义法律意识教育和提高业务水平的培训制度。

3. 以先进的科学技术设备装备公、检、法机关

其中着重配置先进的通信设备、交通工具，以及取证和鉴定证据的设备。

4. 提高公民揭露犯罪的自觉性和能力

如有组织地进行提高公民及时举报、如实提供证据的自觉性，掌握保护犯罪现场等防止证据被破坏的能力等方面的法制宣传教育。

5. 建立科学、周密地发现、收集、保存和鉴别证据真伪的网络

包括强化不同行政区域内的刑事司法协助，扩大国际刑事司法协助的范围。

执笔人：傅宽芝

七　我国社会主义文化市场法律体系构想及法律制定

（一）社会主义文化市场法律体系的结构

文化市场作为全国统一市场的有机组成部分，要服从市场经济法律秩序的一般要求；同时，作为文化市场，又必须受社会主义文化法规的调整。所以，从法律的调整对象来看，文化市场法律体系是由调整市场经济的法律规范和调整文化事业的法律规范所构成的法律规范体系，是由具有不同法律效力的法律规范构成的多层次的法律规范体系。这种法律形式依次是宪法、法律、行政法规、地方性法规（包括自治条例、单行条例）和国务院各部门规章及地方政府规章等。

（二）社会主义文化市场法律体系的法律部门构成

文化市场法律体系是以宪法为核心横跨行政法、民商法、经济法、社会法、刑法和诉讼法等多种法律部门的体系。

1. 宪法

宪法关于建立社会主义市场经济体制和国家发展社会主义文化事业及保障公民享有从事文化活动的权利的规定，为文化市场法制建设提供了基本原则，是建立文化市场法律体系的宪法依据。

2. 行政法

行政法是规范行政管理活动的法律部门。建立和健全文化市场涉及大量管理和被管理活动以及授权和控权、保障和限制行为。因此，行政法（主要是文化行政法）是调整文化市场最主要的法律部门。它主要包括如下法律。

（1）出版法。是规定公民可以通过出版物表达其意见的法律。它规定公民在维护个人出版自由权利时，在遵守法律的有关规定的前提下，可以不受任何部门或其他公共机构预先设置的障碍的限制，均有权出版任何书面材料，并在出版物中表达自己的思想和意见。出版法还规定出版印刷和发行的方针和禁止范围，出版、印刷和发行机构的成立及其权利义务，国家对出版事业的管理以及违反出版法的责任等。制定出版法有利于明确合法出版和非法出版的界限以及公民通过出版物表达自己思想和意见的范围，有利于理顺出版业中各种复杂的管理和被管理、调控和失控的关系。

（2）广播电视法。是规定公民可以通过广播电视表达和发表其意见的法律。涉及广播电视台设立的资格和条件，法律对公民个人和法人组织、社会团体通过广播电视台表达其意见的许可范围，政府对广播电视台的组织管理，以及违反广播电视法的责任。制定广播电视法有利于加强对广播电视业的统一管理，为广播电视引进市场机制提供必要的法律条件。

（3）电影法。是规定公民可以通过电影表达和发表其意见的法律。其主要内容是：制定电影法的宗旨；对电影生产、发行和放映的管理；电影生产、发行、放映单位的组织机构及其权利义务等。由于电影业生产活动的特殊性，许多国家法律规定公民从事电影业受较大的限制。我国目前电影业主要通过行政手段来管理，随着文化市场不断发展，电影业也应引入市场竞争机制，并通过立法来有效保护公民通过电影表达和发表其意见的民主权利。

（4）演出法。是规定公民可以通过演出活动表达和发表其意见、情感的法律。它主要规定国家对演出的方针政策，表演团体的成立及其权利义务以及国家对演出业管理等。

（5）文物保护法。是规定国家对文物的保护、开展文物遗产的科学研究、继承历史文化传统、打击文物领域内违法犯罪活动的法律。我国已于1982年制定了《文物保护法》。随着文物市场的产生，部分文物进入市场，亟须对现有的《文物保护法》加以修改，以适应建设文化市场的要求。

（6）图书馆法。主要规定图书馆的方针和任务、图书馆的设置、图书的采集与管理；图书馆的服务工作；图书馆的组织机构及工作人员等。图书馆法的制定有利于理顺图书馆事业引入市场机制后所出现的各种各样复杂的关系。

（7）博物馆法。其主要内容是：建立博物馆的宗旨与任务；文物和标本的收集、采集及管理；文物和标本的陈列；博物馆的组织机构及工作人员等。在社会主义市场经济体制下，博物馆事业要得到更好的发展和生存，就要适应社会主义市场经济的要求，向市场开放部分领域，并用法律规范各种与博物馆事业相关的市场关系。

（8）文化社团组织法。是规定文化社团的组织设立条件、方式和管理办法的法律。它有利于明确文化市场的市场主体的法律地位，对于搞活文化市场具有极其重要的作用。

（9）文化事业基金法。是规定文化事业投资的体制、渠道和相应的管理办法，明确投资者与使用者权利和义务，为文化事业的发展提供物质支持的法律。

3. 民法、商法和经济法

文化市场作为社会主义市场经济体制的重要组成部分，必须按照民法所确定的市场主体资格，市场主体的权利、义务和行为规则的一般原则进行规范运作。当前，适用于文化市场的民事法律规范主要包括《民法通则》《经济合同法》《涉外经济合同法》《技术合同法》《著作权法》等。文化市场作为市场经济体制的组成部分，要服从商法的一般法律原则规定。但由于文化市场的特殊性，商法并不适用于文化市场的全部领域，只有《公司法》《保险法》等商事法律规范对文化市场具有较普遍的约束力。经济法是调整因国家从社会整体利益出发的市场干预和调控所产生的社会经济关系的法律规范的总称。对文化市场作为一种特殊的市场体制，许多重要的经济法是保障文化市场健康发展的重要的法律调控手段，如对走穴演员高收入加以限制的《个人所得税法》，对一些厂家用公款高价购买文艺演出的票据加以控制的《消费者权益保护法》等，这些重要的经济法规在调整文化市场的过程中起着不可或缺的作用。

4. 社会法

是调整因维护劳动权利、救助待业者而产生的各种社会关系的法律规范的总称。随着文化市场的不断发展，文化个体户越来越多。如何从法律上保障这些文化个体户的劳动权利和社会权利，充分发挥文化个体户在建设社会主义精神文明中的重要作用，是劳动和社会保障法调整的一项重要而紧迫的任务。

5. 刑法和诉讼法

对文化市场的黄源泛滥和非法出版等违法犯罪活动必须用刑法的手段来加以调控，对政府文化执法部门非法侵犯公民、法人或其他组织的合法的文化权利的具体行政行为，公民、法人或其他组织可以通过行政诉讼途径获得权利的救济。

（三）社会主义文化市场法律的制定

当前主要应做好以下几方面工作。

1. 完善文化法律是文化市场法制建设的根本任务

与其他领域相比，我国的文化立法是最薄弱的一环，除《文物保护法》和《著作权法》外，大部分文化法律尚未出台。我们要加快文化法律的立法步伐，使社会主义文化关系全面纳入法制的轨道，使文化市场的市场机制建立在可靠的法制基础之上。建议“八五”期间，尽可能将新闻法、出版法、电影法、广播电视法、演出法等文化法律制定出来，使文化事业的各个领域都做到有法可依，使文化市场的发展繁荣得到法律的有效保障。

2. 制定一批文化市场急需的行政法规

在文化基本法律未出台前，拟由国务院先行制定一部行政法规，明确文化市场组织管理体制中的各种关系，理顺和健全文化市场组织管理体制。文化市场组织管理体制应做到：第一，加强集中领导，建立文化市场组织管理统一的领导指挥机构，负责指挥和协调文化市场组织管理中的各种关系。第二，实行分类管理，明确文化市场分类管理政府职能部门的管理权限，以类别的集中管理代替交叉管理，尤其是对于不同类别的二级文化市场应以某个政府职能部门的专门管理为主，避免对同一个二级文化市场实行多头领导和管理。第三，分级负责，进一步完善中央、省、地、县和乡五级文化市场管理网络，明确分级管理的管理层次，不同管理层次之间的上下关系应进一步理顺，尤其是应加强政府文化行政主管部门在管理文化市场中的作用。

（1）制定反淫秽物品条例。由于辨别淫秽与否的标准难以掌握，加之这个问题往往直接涉及公民基本权利，因此，反淫秽问题应由文化基本法律调整，应由国务院制定一个反淫秽物品的行政法规。

（2）制定禁止非法出版物条例。鉴于当前非法出版活动的严重性，在出版法出台以前，先由全国人大常委会作出一个禁止非法出版物的决定或由国务院先颁布一个禁止非法出版物的行政法规。

（3）制定禁止色情服务条例。鉴于目前文艺演出、文化娱乐等文化市场领域中的色情现象屡禁不止，加之对正常文化服务和色情服务的区分缺乏一个统一的标准，故有必要制定一个禁止色情服务条例，明确这种界限，以便进行有效管理，并在合适的时机将反淫秽和禁止色情服务的规定用一个统一的法律加以规定。

（4）尽快制定一批实践中迫切需要的行政法规。如文艺演出管理条例、文化娱乐场所管理条例、音像制品管理条例以及文化市场稽查条例等。

3. 树立全局观念，严禁文化市场立法中的部门主义和地方保护主义

立法中的部门主义最突出的表现是，各部门在起草法规时片面强调本部门的利益，而忽视其他部门的利益和全局利益。立法中地方保护主义最突出的表现是，在制定地方性法规时，只强调本地方的利益，忽视甚至违反全国市场统一性原则。消除部门主义和地方保护主义应树立全局的观念，坚决贯彻维护社会主义法制的统一和尊严的宪法原则。同时，要充分发挥全国人大常委会和国务院在文化立法中的协调和监督作用。

4. 加强理论研究，改变文化市场立法的滞后状况

①加强文化立法的理论研究工作，创立文化法制刊物。②设立文化立法理论研究机构或群众团体，定期召开由文化行政管理部门和法学界、文化界的专家、学者参加的文化立法座谈会、研讨会，就文化立法中的重要问题向有关立法部门提出立法建议。③建立文化立法专题研究基金，资助对文化立法有造诣的专家学者开展对文化市场立法重要课题的研究。④加强同国外文化立法经验的交流，充分借鉴国外关于文化立法的成功经验。⑤加强文化立法的实际调查研究工作，建立文化立法的综合指标体系，完善文化立法规划工作。

（四）社会主义文化市场法律的实施

1. 强化法制观念，严格依法办事

目前，全国性的文化市场管理网络已初步形成，文化市场的专兼职执法人员达十多万之众。但许多执法人员来自不同的部门，加上个体执法能力差异又大，导致了执法人员法律素质的参差不齐，许多执法人员不懂法，或者是不习惯于用法律手段来管理文化市场，有的甚至同一些不法分子里外勾结，致使文化执法活动收效甚微。一些地方因执法人员法制观念淡漠，执法不严，使文化市场领域中黄货、非法出版物屡禁不止。还有个

别执法人员不廉洁，直接参与文化经营活动，利用工作之便吃、拿、贪、占、要等，诸如此类的现象必须坚决予以杜绝。

要提高执法人员的素质必须把好进门关，对执法人员的挑选应通过公开招聘、择优录取的方式。对执法人员实行上岗前的系统的法制培训，建立严格的岗位责任制度和执法实绩考核制度，做出成绩的要予以表彰和奖励，不合格的或者是不廉洁分子要及时地将他们从执法队伍中清除出去，保证文化执法的高质量。

2. 加强文化市场执法队伍和执法机构的建设

各地应该根据本地区文化市场的发育程度和具体情况有针对性地建立和加强文化执法队伍和执法机构，文化市场发达地区应建立专门的执法队伍。文化市场执法机构应设立在政府文化行政主管部门内，负责对文化市场进行一般的监督管理，在多家单位举行文化市场执法联合大检查时可以作为各个执法单位的组织和协调部门。

为了提高文化市场执法活动的效率，各地设置的文化市场执法队伍中应该扩大专职执法人员的比例，同时注重吸收文化领域中各方面的代表加入文化市场执法队伍。

3. 建立淫秽物品认定和裁决机关，负责与淫秽物品的认定和裁决有关的纠纷

4. 加强文化市场司法工作

如一些有条件的地方可在人民法院下设专门的文化审判法庭，或在行政审判庭中设立文化小组，专门审理文化方面的各种性质的案件。

5. 建立群众举报监督机制

各种社会传播媒介应为群众举报活动开辟一块阵地，发动全社会力量监督文化市场的各项活动。

中国社会科学院法学研究所文化市场法制研究课题组

八 一些国家是如何对文化市场进行立法并实施组织管理的

（一）文化市场立法状况

1. 许多国家的宪法对本国文化事业的发展都作了保护性规定

如 1789 年美国《宪法》第 1 条第 8 款规定：国会“有权保障著作家

和发明家对其作品及发明物于限定时间内的专有权利，以奖励科学与实用技术的进步”。1919 年德国《魏玛宪法》第一次在成文宪法中明确地将公民文化权利作为一项重要的公民权加以保护，并规定国家和政府鼓励文化事业的发展。第二次世界大战后，宪法对文化事业的规定进一步得到加强。1978 年西班牙《宪法》第 46 条规定，“公共权力保护和丰富西班牙各族人民的历史、文化和艺术财富，以及构成上述财富的各种财产，而不论其法律体制和标题。刑法将对破坏该财富的犯罪行为给予惩罚”。1982 年葡萄牙《宪法》则在第一编“基本权利与义务”中专设一节即第 3 章第 3 节，以规定公民文化方面的权利和义务。第 73 条规定，“国家在大众传播媒介、文化娱乐团体、文化遗产保护团体、基层社会组织及其他文化机构的配合下，促进文化的民主化，鼓励并确保全体公民享受文化创造之成果”。在日本，1946 年《宪法》第 25 条规定，“一切国民都享有维持最低限度的健康和有文化的生活权利”。

2. 行政法

（1）为了促进文化事业的发展，许多国家都制定了新闻法来保障公民新闻自由民主权利。如 1980 年埃及《新闻法》则规定，在社会的基本法则范围内，在维持公民的自由、权利、公共义务和私生活的范围内，新闻业是独立的人民权力，它解释舆论，自由地行使自己为社会服务的使命。一些国家州政府立法也对新闻自由加以保护。如 1960 年联邦德国北莱茵—威斯特伐利亚州的《新闻法》第 1 条明文规定，新闻报道是自由的。它的使命在于维护自由与民主的基本秩序。新闻自由只接受《基本法》直接认可的限制条款，以及根据其原则在立法中所载明的限制条款的约束。新闻界的活动，包括创立出版企业和开设其他新闻机构等，均可不经任何形式的登记或认可。新闻界履行一种特殊的公共职能，即采集并传播新闻、公开观点、提出批评，以及以其他形式制造舆论。

（2）出版法是规定公民可以通过出版物表达和发表其意见的法律。瑞典《出版自由法》是最早颁布的出版法之一。该法第 1 章第 1 条对出版自由作了充分的保护性规定，如阐明出版自由系指凡瑞典国民，不受任何部门或其他公共机构预先设置的障碍的限制，均有权出版任何书面材料，随后不得因出版物的内容而受指控，但在法院提出的不在此限。芬兰《出版自由法》也规定，在遵守法律规定的前提下，每个芬兰公民都有权出版印刷品，无须公共当局的同意，公共当局也不能对出版设置障碍。每一个自任老板和享有充分公民权利的芬兰公民都有权开办印刷企业。合法的企业、事业、合作社和团体，只要其负责人享有开办印刷企业的权利，都有权开办印刷企业。

（3）在当今 170 多个国家中，有 140 多个国家制定了版权法，108 个国家参加了国际版权公约，双边和区域性的国际版权公约也十分普遍。英国早在 1710 年就颁布了“安娜女王法令”，现行的《版权法》是 1956 年颁布的。根据英国《版权法》的规定，受版权保护的主要包括文学和戏剧作品、音乐作品、美术作品、录音、影片、广播节目、出版物排印格式等。受保护的作品一般应是原件，同时作品必须是有资格者撰写的或经其他方式创作的，或首先在英国发表的。法国 1791 年 10 月制定了《表演法令》，1957 年 3 月制定了《文学、艺术产权法》。1985 年 7 月修订了《关于著作者和表演者、录像制品制作者、视听传播企业的权利的法律》，对作品的范围、表演和出版合同、诉讼程序和处罚、版税的征集与分配、软件的保护等均有详尽规定。美国国会 1790 年通过了第一部正式的《版权法》。20 世纪 70 年代初，重新修订的《版权法》增加了版权保护的范围，具体包括：文学作品；音乐作品；戏剧作品，包括伴奏的音乐；哑剧表演和舞蹈编排；图像（绘画、摄影）、雕刻、雕塑作品；电影作品和其他音乐作品以及录音制品。意大利的版权保护也强调了只有通过智力活动创作出的作品才能取得报酬。其版权法详尽规定了受保护的作品范围、权利主体、版权的范围和期限、作者的人格权、作品的被保护期限等。

（4）文物保护法是规定国家对文物的保护、开展文物遗产的科学研究、继承历史文化传统、打击文物领域内违法犯罪活动的法律。西班牙的《历史文物法》较为详尽地规定了有关文物保护的机构职能，文物鉴定、文物出口、文物所有人的纳税方法等。日本《文物保护法》对有形和无形历史文化遗产的收藏、管理、出口、继承等均有明确规定。英国在考古发现、古建筑保护以及国家文化遗产方面都制定了单行法律。根据上述法律规定，无主文物遗产（历史上属国王所有的）金银等金属物品为其保护对象。一般发现文物后，由地方行政管辖区的行政机构召开听证会，如具有国家价值，应交由大英博物馆保存，或由国家文物鉴定委员会鉴定；价值不大者，交由地方博物馆收藏；无价值者，交由发现者保存。

（5）图书馆法、博物馆法是规范图书馆事业、博物馆事业的法律。在英国，《图书馆法》《博物馆法》等对图书馆、博物馆法律地位，以及在保护和发展本国文化艺术遗产中的作用和业务范围作了明确规定。西班牙的《博物馆法》则对博物馆的定义以及馆藏物品的收藏、行政处理、技术处理、参观及有关社会服务等作了具体规定。

（二）文化市场组织管理体制

在美国，不设文化部，国家艺术拨款委员会和国家人文拨款委员会作为政府的两个特殊部门，以资助的方式来影响和引导国内文化事务。艺术拨款委员会的任务是依法向享受免税待遇的美国文艺家和文学艺术团体提供财政和技术援助，帮助他们发展文化艺术事业，从而保护美国的文化艺术传统；人文拨款委员会则负责对人文科学方面各种研究、教育和社会活动计划提供资助，以促进人民群众了解人文科学及其在国家和社会生活中的意义。美国的非营利性文化单位一般都采取董事会负责制。通常由资助单位（基金会、公司）和个人组成。营利性文化单位一般由个人投资或合资组建，不能享受免税等优惠政策，政府一般也不予资助。美国的对外文化宣传和文化交流，主要由美国新闻总署负责。该署直接向总统和国务卿负责，是政府部门中的独立机构，下设教育局、文化局、节目局、广播局等。主要任务是开展对外文化宣传和组织管理对外文化、教育及学术交流。

在德国，联邦政府不设文化部，文化事业主要由各州政府管理。联邦政府内政部设文化司，只负责文化、体育方面原则性的大事，具体事务不管。各州设文教部（或称科学艺术部），在首都设“全国文教部长联席会议常任秘书处”，负责协调各州间的文化教育事务。政府有重点地扶植民族传统文化艺术团体，给予重点补贴（约占经费的 90%），而大部分文艺团体政府只支付全部经费的 10%。政府实行分级管理。州属重点文艺团体，由州政府进行管理和补贴，市属文艺团体则由市政府管理和补贴。州、市政府对剧场采取承包制管理，经理实行聘任制，给剧院（场）的补贴固定，由银行自动拨给剧院（场），不足部分由剧院（场）自行解决。此外，由外交部负责贯彻政府的对外文化政策。外交部文化司的主要任务是制定并监督政府间的文化协定及年度执行计划等，但具体的对外文化交流项目并非由文化司承办，而是由歌德学院、德意志学术交流中心、对外关系协会、德意志研究联合会及各种基金会分别承担。

在日本，中央一级文化行政管理的最高领导部门是文化厅，文化厅由办公厅、文化部和文化保护部组成。其中，办公厅主要负责并汇总整个文化厅的业务情况；文化部的工作重点在现代文化艺术方面；而文化保护部则侧重于文物、传统民族文化艺术的保护工作。此外，东京国立剧场、东京国立博物馆、东京艺术大学等11个单位也直属文化厅领导。与文化厅的工作相适应，日本地方政府从县、都、府、市直至町、村都设有文化管理机构（局）和人员，负责各项事务。地方自治体以及各党派、团体、企业、报社等出于自身利益需要，也都十分重视文化事业，积极参与文化活动。日本的对外文化交流归外务省主管，主要任务包括：研究对外文化交流政策、制定交流预算和计划、签订交流协定；分配经费以及指导“国际交流基金”、驻外使领馆、民间团体开展文化交流工作。专业方面的文化交流则在外务省指导和协助下，由文化厅、文部省等有关省厅分管负责。

在澳大利亚，由政府设立的艺术遗产和环境部以及所属的经过议会立法成立的独立文化机构负责国内文化工作。艺术遗产和环境部的任务是制定文化政策，对全澳文化工作，如大型剧团的巡回演出、发展偏僻地区艺术等进行协调。各专门独立文化机构分管文化领域的各项工作，具体贯彻执行政府的文化政策，每年向艺术遗产和环境部、议会报告工作。这些独立文化机构包括澳大利亚艺术委员会、澳大利亚电影委员会、澳大利亚国家图书馆、澳大利亚国家美术馆、澳大利亚遗产委员会、澳大利亚国家博物馆委员会等。此外，澳大利亚还有一个艺术法律中心，它从法律上保护艺术，除进行宣传、咨询外，也处理法律方面的具体事务。澳大利亚对外文化交流工作由外交部新闻、文化司统管，但澳大利亚艺术委员会也通过分配政府拨款开展部分国际文化交流活动。

在加拿大，联邦政府不设文化部，其文化职权分别授予有关部及各省。其中最主要的文化机构为通讯部。通讯部下设文化政策和规划局、联邦和省政府关系局、国际关系局、广播事业局、法律局和宣传局。国务部所属的多元文化部也是加拿大重要的文化管理机构，该部部长由国务部部长兼任，下设政策研究和分析处、种族关系处、社区文化娱乐处、行政管理和计划处。作为联邦政府另一重要文化管理机构，加拿大理事会主要负责为加拿大艺术家和文艺团体提供资助和奖励，鼓励和促进文化艺术的研究、欣赏、创新和发展。该机构由联邦政府任命的、来自全国各地区的21人组成董事会来领导。加拿大地方文化工作由各省、各地区政府的有关部门负责协调，它们既同联邦政府的各文化机构有联系，又有较强的独立性。各级政府及私人企业都以各种形式给文艺团体和文化活动以直接或间接的资助。同时，国务部广播公司、电影总局在全国设有分部或办事机构。加拿大外交部所属的国际文化关系总局主要负责对外文化交流，但加拿大理事会等重要文化机构也可单独对外开展文化交流。

在巴西，文化部是政府管理文化工作的最高层次的机构。该部除下设各职能部门外，还有技术顾问团作为咨询机构。该部的任务包括：制定文化政策和发展计划，促进文化立法；鼓励文艺创作，尤其是青年文艺家的创作，并为成绩卓著者授勋，保护创作自由及其有关的权利；重视国家文化遗产的保护、修复，重视文物资料的收集、出版、利用，保护民族民间文化，组织普及性演出、艺术巡展，开展剧场人民化运动，传播民族文化；支持和资助多种文化的学术研究活动；赞助非营利性文艺表演和民族影片生产；与大学、基金会合作培训文化科技专业人才；协助其他政府机构及社会组织举办与其事业有关的文化活动；发展国际文化合作和交流等。巴西的各州、市也相应成立文化局，形成了全国文化管理系统。同时，联邦和各州、市、县可根据自身的特点和需要，采取不同的管理形式，把最大限度的自治权和决定权赋予各级组织，在财力、技术、机构设置等方面也尽可能照顾地方的要求。

中国社会科学院法学研究所文化市场法制研究课题组

九　一些国家在给予文化事业资金支持、加强文化税收立法、限制或禁止淫秽色情作品等方面的做法

（一）政府通过财政拨款使文化市场获得发展基金

英国政府内阁实施文化法律规范要受议会的监督，政府每年要向议会呈报有关发展文化的财政预算，除应同时呈报对上年度财政预算的执行情况外，还要向议会介绍下年度财政预算的使用方向，然后由议会表决。

意大利的演出法规定国家对国立 12 个大歌剧院及传统话剧院的拨款。意大利歌剧事业经久不衰，与国家的财政支持是分不开的。

芬兰议会 1990 年给文教部的拨款约占政府预算支出的 17%。芬兰电影、出版、剧院等 40% 的经费靠国家拨款或社会基金赞助解决。

（二）文化合同和文化税收是实施文化法律规范的重要措施

美国各州政府关于商业合同的规定都有对文化合同的规定，且文化合同不同于一般商业合同的主要特点就是对“功誉权”的规定，即“合同是否含有功誉权”要求。一个作者或者表演者的“功誉权”包含对某一文艺作品中其创作或表演的修改权和经济权益，例如，某合同中明确规定一位作者、艺术家或演员在某一作品或项目中提供作品或服务并拥有一定的“功誉权”，作者或表演者就可以获得对某一作品或表演的修改权和经济权益。

为了支持文化事业的发展，许多国家法律规定对文化事业尤其是非营利性文化团体实行税收上的优惠政策。

日本《所得税法》规定：“对以振兴科学、文化教育、社会福利等公益为目的的赠款，该赠款额则从赠款人（或赠款团体）当年度的总收入中扣除，列入成本，免除纳税。”《所得税法》还规定，赠款额超过总收入的 25%，则按 25% 计税。赠款者如因赠款得到好处，如优惠使用收款方的某项设施，则将取消赠款额的免税权。

意大利政府规定，凡是艺术团体将其收入的 40% 以上用于本团体业务的，则给予免税。为鼓励作家创作更多、更好的作品，规定其稿酬的 30% 免税，其余的 70% 则按一般人的所得税率纳税。

美国对非营利性文化团体的税收实行的优惠政策包括：（1）非营利性文化团体免向国家纳税。如果在演出中赢利，所得资金不能私分，可留作艺术团体的发展基金。文化团体中的个人收入仍按国家税收的有关规定缴纳个人所得税。根据美国税务局发行的《免税组织指南》，下列文化组织可享受免税待遇：交响乐团和类似团体；促进爵士乐的音乐节或音乐会；合唱团体；组织青少年音乐家演出的团体；组织艺术展览的团体；组织戏剧表演的剧团和有关团体；舞蹈艺术团体和学校；促进对历史文物的欣赏和保护的团体；以及促进手工艺术发展的团体等。（2）政府鼓励大公司、基金会和个人向文艺团体赠款或赞助，所用资金免向政府纳税。（3）地方政府通过立法规定某项税收或投资中要有一定比例的资金直接用于文艺事业的发展，如芝加哥市政府规定，该市旅馆业的税收全部用于发展本市的旅游业和文艺活动，公共建筑业税收的1%必须用于发展城市雕塑。

（三）对淫秽色情作品的限制或禁止

英国在1824年颁布了第一个专门对付色情文学的法令。法令规定，凡是在公共场合出示色情书刊或物品者，除处以罚款外，还要判处最长两年的监禁。1857年，又通过了《坎贝尔法》，即《淫秽作品检测法》，规定对以破坏青少年道德为唯一目的、能使心态正常的人的感情受到震动的出版物（有显著文学艺术价值的作品除外），地方法院有权命令销毁。由于“检测法”在实施中易于为法官滥用，扼杀有艺术价值的文学作品，1868年又通过新的“检测法”——《希克林法》。该法规定，认定一本书是否是淫秽、色情作品必须具备两个条件：①某部书的全部内容能促使人腐化堕落；②对读这些书的人必须检查他们所处的所有条件，获得书的渠道，受教育的高低，是否能从听、读、看三方面来理解书中的淫秽的性描写与淫秽思想。后来，其他一些西方国家也大体上遵循了这个原则。现在英国制定了《淫秽色情出版物法》，对不是为剧情需要的暴力色情场面加以禁止。作品如果导致青少年犯罪，则由法院审理。

美国最早涉及反淫秽内容的法令是《关税法》。国会在这一法令中加进了授权海关查缴色情画片的条款。1873年，美国最高法院引进了英国的《希克林法》，国会通过了《色情书刊查禁法》，即《康斯托克法》。根据《康斯托克法》，“只要一本书、一个剧本或一份杂志或其他作品的一部分是淫秽的，那么整个作品就是淫秽的”。这一审查标准引起了许多作家的不满，1958年被迫对这个法作了修改。1966年，在对有关案件的审理中，又明确了三点司法准则：①看作品的主题是否从总体上能引起淫秽的兴趣；②看其是否明显地违反了当时描写和表达性事的习俗；③看其有无社会价值。1973年和1974年，最高法院在审理米勒一案时，又修订了上述原则，形成了“米勒准则”，即淫秽物品必须具备以下三个条件：①一般人根据当时地方的社会标准，能证明作品从总体上看会引起淫欲的兴趣；②作品对性行为的描写显然特别地违反了当地州有关法律规定；③作品缺乏严肃的文学、艺术、政治及科学价值。美国最高法院在“米勒诉加利福尼亚州”一案中对淫秽色情作了权威性定义，即：取决于一般人根据当时的社会道德标准是否认为该作品作为整体刺激贪色心理，取决于该作品是否明显地使人反感地描绘性行为，取决于该作品是否作为整体缺乏严肃的文学、艺术、政治和科学价值。

在意大利，电影（不包括动画片）要送电影委员会审查并作出裁定报送其主管部门。电影委员会之上另设有复审机关作为终裁机关。司法机关如果发现有宣扬暴力或有伤风化的影片，有权没收之。各种影院根据以下几种情况决定影片能否上映或在什么范围上映：①14 岁以下孩子不准看的；②18 岁以下青年不准看的；③全体公民不准看的。审查项目有两个：一是暴力场面，仅指对社会有严重危害的暴力场面；二是指社会风俗方面，主要不能有性行为描写。

中国社会科学院法学研究所文化市场法制研究课题组

十　制定律师法可参考国外法律援助制度

法律援助是指对不能支付诉讼费用的贫困者提供免费法律咨询和诉讼代理的一种制度。一些国家在法律援助制度方面已有数十年的实践经验，其有关具体规定和实施办法可供我借鉴。

英国现代的法律援助制度是根据 1949 年的制定法形成的，它适用于民事诉讼和刑事诉讼领域。在刑事诉讼中，被告人可填写“法律援助申请表”，并呈交受理本案的法院。17 岁以下的未成年被告人，可由其父母或监护人代为申请。刑事法律援助的授予标准，首先，看是否有利于司法公正，具体可考虑的事项如：案情较严重，被告人如被定罪可能判处监禁刑或失去工作；有实质性法律问题争议；英语表达能力较差，难以适应诉讼需要；有精神障碍等。其次，看被告人的收入和资产是否低于法定数额。通常要求被告人填报其收入和存款的具体情况。如果法院认为有利于司法公正，并且需要资助被告人的诉讼费用，即可发出法律援助令。如果法院不授予刑事法律援助，被告人可继续申请直至开庭审判。在某些较严重的案件中，如果法院以“司法利益”为由拒绝被告人的申请，被告人可向法律援助部的地方委员会申请复议。

刑事法律援助，包括全额或差额资助下列费用：开庭前律师准备辩护工作的费用；出庭代理费用；不服一审判决和上诉法院裁定而提出上诉时所需的法律咨询和准备上诉状的费用；申请保释费用。如果法院认定被告人有能力支付上述诉讼费用，可能会要求他向法律援助基金捐款，以此作为授予法律援助的条件。法律规定不得要求下列人捐款：正在接受低收入补助、家庭贷款或无工作能力补助者；可处分的资产（不包括住宅和家庭其他成员的财产）在3000英镑以下者；每周可处分的收入在45英镑以下者（可处分的收入是指扣除税款、国家保险金、住宅租金、工作往返交通费、抚养孩子和其他合理开支后的收入）。捐款最多不超过实际诉讼费用。如果被告人不愿捐款，可要求停止法律援助。倘若案件结果宣告被告人无罪，则被告人可获得返还他的全部捐款。任何无法律代理人的被告人，不得初次被判处监禁刑，除非已给予他由律师代理的机会或申请法律援助的机会。被指控犯谋杀罪而被提交审判的人，其收入低于法定数额的，必须授予免费律师辩护证书。在公诉人抗议或申请向上议院上诉的案件中，也应授予被告人法律援助证书。

在英格兰和威尔士，由法律援助部安排公勤律师出席治安法院为无人代理的被告人提供初期法律咨询和代理。对于拘押在警察署的嫌疑人，律师可提供24小时工作量的咨询和帮助。这些出庭代理和咨询帮助都是免费的，无须对被告人的收入状况进行验证。据英国皇家刑事司法委员会1993年的报告，英国刑事法律援助费用仅占刑事司法体系全部开销的5%，但对于保障被告人辩护权的行使起着重要作用。

德国、美国等国家也有法律援助制度。德国法律还特别规定，对于任何刑事被告人，必须免费为其提供一名律师。这种法律援助可以在侦查开始时授予，对于被关押的被告人，至迟必须在其被关押满3个月之前给予这种法律援助；对于所指控的犯罪可能导致判处1年以上监禁刑的被告人，应尽早提供法律援助。但是，如果被告人败诉（即被定罪），则他就负有支付律师费用的法定义务。这种规定既普遍保障了被告人的辩护权，又确保法律援助制度惠及无罪的被告人。

我国律师法正在制定中，与此相关的法律援助制度亟待提上立法议程。随着我国律师体制的改革，在律师事务所和律师的业务自主权普遍扩大的同时，相当多的律师不愿承办收费标准不高的刑事诉讼案件。一些被告人为了获得律师辩护，不得不支付高于规定标准的委托费。这使得贫困的被告人更加难以争取得到律师辩护。最近我们委托国家统计局进行了有关问卷调查，5455 个有效答卷中认为“律师收费太高”的有 1603 人，占总数的 29.4%。“被告人有权获得辩护”的法律规定，对于某些被告人来说，可能会因其收入低微或无经济来源无力支付委托律师辩护的费用而难以实现。建立与我国刑事诉讼和律师制度相适应的法律援助制度，将有利于切实保障被告人合法辩护权，维护司法公正，避免和减少冤错案件，也有助于使国家刑事赔偿降至最低限度。

执笔人：陈泽宪

十一　制定反腐败公众举报法，建立统一的公众举报机构

我国动员、吸引和组织公众直接参与反腐败斗争的基本形式和途径是举报。据统计，全国查处的腐败案件中，有 80% ~90% 是通过公众举报揭发出来的。通过举报这一形式动员、吸引和组织公众直接参与反腐斗争具有很多优越性。首先，公众遍布城乡每一角落、各个领域，腐败行为随时可曝光。其次，公众每日置身于社会生活中，熟悉自己身边的人和事，能够随时发现腐败行为。再次，国家除用少量基金对检举有功人员实行奖励外，不必为检举人支付报酬，因此是一种经济而有效的反腐败的形式和途径。最后，通过动员、吸引和组织公众参与反腐败斗争，既是国家对公众进行社会主义公德、爱国主义、正义感和法制的宣传教育，又是公众自我教育、自我锻炼、自我提高的过程。

公众直接参与反腐败斗争也有其不足之处。首先，具有随意性和偶然性。公众是否愿意或勇于揭发检举腐败行为和分子，从主观方面来说，与公民个人的觉悟程度、担心受打击报复的顾虑、情况不详或证据不足等因素有关；在客观方面，与国家反腐败的决心和行动、打击力度和气势、社会风气、舆论导向等因素有关。在不少情况下，由于上述各种因素的影响，腐败行为和腐败分子没有被及时揭露因而得不到应得的惩处。这或许是目前腐败行为屡禁不止、愈打愈烈的一个重要原因。其次，具有随机性。国家抓得紧一些，检举的线索就多一些；反之，就少一些。特别是在抓得不力或“雷声大、雨点小”或“只打苍蝇、不打老虎”的情况下，往

往使公众丧失信心而失去积极性。再次，具有不确定性。由于知情人不具备必要的条件和手段，很难做到准确举报。还有极少数人挟嫌报复，实行诬告陷害，不仅容易伤害好人，而且给有关国家机关带来不必要的工作负担。因此，最大限度地缩小上述负面影响，是加强和健全公众参与反腐败斗争工作和制度的重要一环。

为了进一步发挥我国公众参与反腐败斗争工作和制度的优越性，建议着手以下工作。

第一，尽快制定国家统一的反腐败公众举报法。目前人民检察院和监察部都颁布实施有关举报工作的办法或规定，在其他的规范性文件中也散见一些有关举报的规定，这些规定不足之处是：一是没有达到正式法律的品位；二是彼此有同有异，难于统一掌握；三是虽经过公布宣传，还未被公众熟知。由国家制定统一的举报法，则可收到如下社会效益：一是法的品位高，易于引起社会各方面的重视，有利于贯彻实施。二是便于统一掌握，有利于国家法制的统一。有关执行机关可通过制定执行细则或办法等发挥本部门工作的特点。三是便于向公众宣传教育，使之家喻户晓，人人皆知。作为国家统一的举报法，其中应明确规定举报原则、受理举报机关的职责、举报形式、举报的受理程序、举报人的权利和义务，以及举报人的保护、奖励和惩罚等内容。

第二，建立国家统一的举报机关，如举报中心、举报局或署之类。举报受理机关目前的多头分管状况造成职责不明或交叉、重叠的现象；相互间推诿的事情也时有发生。这些显然不利于举报线索的受理，容易挫伤公众举报积极性。设置统一的举报受理机关，则可克服上述弊病。国家举报受理机关不仅要具备相应的法律地位，赋予相应的职权，还要配置必要的人员、办公机构和设备，使其有充分的条件查处举报线索。反腐败是长期的战略任务，亦是综合的社会工程，国家设立这样的专门机关是必要的、适时的；同时也为今后可能设置的专门的、综合性的反贪反腐机关打下基础，积累经验。

第三，在各级国家权力机关内设立“人民监督委员会”。人民代表大会制度是我国根本的政治制度，各级人民代表大会是各级国家权力机关。国家权力机关与人民保持密切联系，应当在动员、吸引和组织公众直接参与反腐败方面挥重要作用。但实际上人大在这方面发挥的作用极其有限，这不能不说是我国民主制度包括反腐败制度的一个缺陷。

为使组织公众参与反腐败斗争这一工作卓有成效地开展起来，就必须设置相应的机构，使之专门负责。这个机构可以称为“人民监督委员会”，除了执行宪法性监督职能以外，还可以设分支或办公机构，专门动员、组织公众参与反腐败斗争，包括受理公众举报线索，有权直接查证，有权向有关机关移交、催办案件并检查查办处理结果。国家权力机关在这方面的实际工作，可以拓宽反腐败斗争的渠道并扩大反腐败成效，还可以收到民主教育和熏陶的实效，增强公众作为国家主人翁的荣誉感和责任感，提高建设社会主义的积极性。

执笔人：陈云生

第二部分　对德国、波兰人权问题考察报告

应德国诺曼基金会和波兰科学院的邀请，中国社会科学院法学考察团一行5人（王家福、韩延龙、王可菊、信春鹰、刘白驹）于1993年11月6日到12月5日对德国、波兰两国的人权理论与实践进行了考察。在此之前，中国社会科学院法学研究所曾先后三次组团到北美、西欧、南亚对人权问题进行考察，了解到西方发达资本主义国家和南亚发展中国家的人权理论和实践的实况。而此次出访，主要目的是通过对易帜后的波兰和统一后的德国的考察，深入了解原社会主义国家在发生剧变后人权理论与实践的变化及其原因，以及人权问题在剧变过程中的作用。

在德国、波兰两国，我们广泛接触了有关专家、教授、律师、法官、政府官员、民意机构代表和人权工作者。在德国，我们访问了参议院、联邦宪法法院、联邦检察署、外交部、内务部、北莱因—威斯特法伦州警察局、柏林内务部、萨克森州（原民主德国地区）司法部、萨克森州行政法院、萨克森州托管局、萨克森州经济劳动部、萨克森州农林与食品部、德国发展研究所、柏林自由大学、马普国际私法研究所、诺曼基金会、德国联合国协会、大赦国际德国支部、柏林政府外国人管理局受托人办事处等官方机构、研究机构和民间组织，还考察了莱因巴赫监狱、柏林难民总收容所和东部城市德累斯顿的一家私有化企业。在德国，我们还作为列席代表参加了由中德两国外长商定、由中德两国律师协会联合举办、诺曼基金会承办、有数十位中德学者参加的有关人权问题的法学讨论会。在波兰，我们访问了议会、宪法法院、最高法院、总统办公厅、外交部、司法部、波兹南议会、民权保护专员办公室、波兰科学院法学研究所、波兰科学院人权研究中心、华沙大学法律系、密茨凯维兹大学法律系、波兰赫尔辛基

委员会、波兰儿童权利委员会等官方机构、研究机构和民间组织，还考察了华沙的一所监狱。

通过日程紧张的考察活动，我们对德国、波兰两国的人权理论和实践有了进一步的了解，收集到新的资料。在与德国、波兰两国各方面人士的接触中，我们和他们交流了在人权等问题上的看法，阐明了我们的立场，宣传了中国在人权保障方面所取得的成就和进步。总之，考察是成功的，达到了预期目的。现将考察情况简报如下。

一　德国、波兰在人权问题上对中国态度的走势

德国、波兰在中东欧是两个很有代表性的国家。一个是作为西方大国之一的联邦德国和原来实行社会主义制度的民主德国完全按照前者制度合二为一的德国；一个是波兰统一工人党丧失政权后的波兰。三四年前，这两个国家特别是德国何等趾高气扬，在人权问题上对中国多有攻击与指责。可是，数年后的今天，它们在诸多与其当初的企图相悖的事实面前，不能不在人权方面调整对中国的态度。

20 世纪 80 年代末 90 年代初，德国在西方发动的反华人权攻势中扮演了重要的角色。当时，它以为只要与美国等西方大国一起对中国发起进攻，中国就会像东欧社会主义国家、苏联一样迅速垮掉。然而，历史表明，社会主义中国并未倒下，而是以更加繁荣、更加进步、更加强大的姿态，巍然屹立在世界东方。相反，德国却陷入了内外交困、难以自拔之境地。经济的持续衰退，失业率的居高不下，国际竞争力的减弱，极右势力的猖獗，欧洲统一的好梦难圆，以及德法、德英、德美、德日矛盾之加剧，使德国当权者不得不另觅出路，重构亚洲政策和对华政策，在人权问题上对中国的态度有了一些比较明显的变化。

（一）经济优先于人权

根据我们的考察，在苏东国家剧变、德国统一的三四年后德国官方和民间最关心的问题越来越明显地转为经济问题，即国际经济竞争问题。鉴于在这一问题上拼搏的成败直接关系到德国的兴衰存亡，因此，德国的当权者从本身利益出发，在对华关系上暂且把人权放到次要地位，坚决而明

确地改行经济优先政策。与我们考察德国同时的德国总理科尔的中国之行，就是这一新变化的例证。科尔是在德国经济多年不景气的情况下访问中国的，经济意图十分明显，其目的在于捷足先登，尽早打入以中国为中心的最具活力的亚洲市场，为德国经济的复苏创造条件。对科尔以改善中德双边经贸关系为主旨的访问，不仅美、英、法反对，而且德国国内也多有异议。社会民主党议员尼格迈尔认为，科尔的中国之行使人权降格为“单纯贸易商品”。社会民主党另一位议员诺伊曼认为，科尔此次访问“在道义上令人羞愧”。有的反对党政治家和一些人权组织还纷纷鼓噪，要求科尔就人权问题向中国施压。但是，科尔如期到中国访问并签署了价值40亿马克的经贸合同，全面恢复了中德双边交往，使中德关系进入了新的发展阶段。当科尔从中国满载而归时，德国朝野欢迎者居多。他们把科尔这次中国之行称为“德国政府为支持德国企业向亚洲市场新的进军作出的一项巨大努力”。德国《星期日世界报》1993 年 11 月 21 日还发表专稿称“科尔的中国之行备受人们称赞”。

（二）对人权的理解有所调整

第一，提高对中国的评价。我们所接触的学者、官员大多称赞中国改革开放和经济建设的成就，承认中国在人权方面的进步。第二，认同对人权的不同理解。德国联合国协会副秘书长韦艾尔说，尽管国际社会对一个国家人权状况的关注并非干涉内政，但是不同文化背景、历史传统、发展水平的国家对于人权的理解可能有所不同。第三，强调对话。德国外交部亚洲司官员说，我们很重视在互相尊重的基础上友好、平等地就问题交换意见，虽然观点多样、情况不同，但这有益于增进多方的了解和彼此的理解。第四，指出中德相同之处。阿登纳基金会发展中国家合作部主任克丽格尔称，德国与中国在人权问题上没有分歧，因为我们都主张权利与义务应当是统一的。第五，承认各国都应有适合自己国情的发展模式。德国执政党基督教民主联盟官员泰辛表示：“德国不把德国的模式强加给中国。中国应当从本国国情出发，找到促进改革不断成功、国家日益繁荣、人权持续改善的自己的模式。中国可以从德国经验中借鉴你们认为有益的东西。同时，德国也应当从中国经验中学习我们认为有益的东西。”

（三）对我国比较友善

我们在德国的访问受到友好的接待。我们所见德国政府的官员，均没有在人权问题上指责中国。在我们作为列席代表参加的以人权问题为主题的中德法学讨论会上，德国学者也没有在人权问题上发难，而是专注于对德国人权理论和制度的介绍和自我炫耀。我们在其他场合所见的德国学者，虽然有一些也提出人权问题，但我们的印象是，他们并非出于对中国的敌意，而是因为人权观、价值观与我们不同，或者是因为不了解真实情况以及听信了不符合实际的传言。一些问题，在我们作了解释以后，他们表示理解。即使是大赦国际德国支部的人士，在我们对他们提出的问题作了必要的反驳、说明和解释之后，他们也表示有的可以接受。例如，他们提出所谓“留场就业”的问题，认为犯人在刑满释放后留场就业是被迫的，是继续限制他们的自由。在我们解释以后，他们承认自己没有搞清这个问题。

德国在人权问题上对中国的态度所发生的以上有利于我们的变化，进一步证实了中国社会科学院法学考察团 1992 年 3 月访问英国、法国和瑞典三国之后，在考察报告中所作的分析：西方国家对中国的人权攻势正在弱化，经济贸易问题压倒了人权问题，“人权外交”逐步转向“经济外交”。我们认为，我国应当充分利用这一形势，以与德国的关系带动与其他西方国家的关系，进一步改善我国的国际环境，并且利用这一时机，正面地、主动地宣传我国的人权立场和我国在人权保障方面取得的成就和进步，积极参与我国可以参与的有关人权问题的国际事务。同时，我们认为，在此形势下应当清醒地认识到：人权在西方国家的外交政策中仍然具有很重要的地位，只要世界上还有两种社会制度的对峙，这一点就不会发生根本性的改变。国际人权领域的斗争将会长期存在，我们丝毫不能放松对西方国家人权攻势的警惕。在德国，仍然存在着主张在人权问题上对中国持强硬态度的势力，他们不能不对德国政府的对华政策产生影响。科尔在访华后不久表示，他将密切关注中国改善人权的问题，并说：“现在，我静观事情的变化，如果事情变得不是像我所希望的，我就会再次向中国当局表明我的态度。”之后不久，德国外长金克尔在波恩召开的德国驻亚洲使节会议上指出：“德国政府在必要时将对违反人权问题明确发表意见，不过在人权这个大主题上倾向于‘悄悄外交’。”还应考虑到，德国在1994年将进行的全国大选可能使德国的外交政策发生变化。德国在统一后，经济不景气，政治混乱，犯罪日益严重，科尔政府处于困境。最近的民意测验表明，科尔的基督教民主联盟的支持率下降，落后于社会民主党。59%的接受调查者认为大选后将出现政权更替。社会民主党也有人说：“科尔的倒计时已经开始。”如果主张在人权问题上对中国持强硬态度的社会民主党上台，德国在人权问题上对中国的态度可能发生变化，我们应当有所准备。在德国还有一种观点值得我们注意。这种观点主张通过打“经济牌”来打“人权牌”，通过“经济牌”使得中国改变政治制度。发表在《星期日世界报》的那篇文章就说：“一条几乎是人所周知的真理是（这也从台湾的经验中得到证实）：不能通过政治封锁、经济制裁和不予置理而强迫别人尊重人权，而要通过相反的途径：只有当中国不成为救济对象，而成为‘小康社会’时，那里才会发展起一个新的中等阶层，并且同它一起形成一片参与决定、民主和人权的肥沃土壤。”

在波兰，我们受到友好、热情的接待。我们体会，这主要是因为波兰曾经是社会主义国家，人民普遍对中国抱有友好的感情。另一重要背景是，主张发展与中国关系的、以波兰社会民主党（波兰统一工人党的后继党）为中坚力量的民主左派联盟在不久前的大选中获胜。我们访问波兰议会时，波兰新总理帕夫拉克正在作施政演说。帕夫拉克在演说中指出，在考虑长远前景时，不应忘记欧洲以外的国家，中国“具有特殊的意义”。外交部的官员在会见我们时，一方面强调人权的国际标准，认为人权是国内问题也是国际问题，但另一方面表示波兰对各国保护人权的方式都很尊重，并且强调指出，波兰与中国的外交关系不存在人权问题上的障碍。我们所接触的波兰学者，虽然在人权理论上与我们有这样和那样的不同，但大多数对中国持友好的态度。许多人对中国在改革开放后所取得的成就表示钦佩，有的还认为中国坚持走社会主义道路是正确的。

在去波兰前，我们曾有所顾虑，以为在像波兰这样经历了政治剧变的国家里，人们对坚持共产党领导、坚持走社会主义道路的中国，可能不会抱有友好的态度。但事实并非如此。通过波兰之行我们认识到，在前社会主义国家中对中国抱有友好态度的人是不少的，发展与这些国家的关系具有比较广泛的群众基础。我们应当加强与这些国家的交流，进一步改善和发展与这些国家的关系，争取更多的朋友。

二　德国、波兰的人权立法

每个国家的人权保障，都是以其人权立法为前提和依据的。人权立法是否健全，直接关系到人权的保障水平。德国和波兰都比较重视人权立法建设，并形成比较健全的人权法律制度。

（一）德国的人权立法

由于民主德国已不复存在，所谓德国人权立法即指联邦德国的人权立法。1945 年法西斯德国战败后，德国被分割成西德和东德两个部分。1948 年 2 月，美国、英国、法国以及比利时、荷兰、卢森堡等 6 国在伦敦召开会议，决定在西德制定宪法。根据这个决定，西德各州代表组成制宪会议，开始了宪法的制定工作。经过一年的起草、审议，1949 年 5 月 8 日，宪法在制宪会议获得通过。当时，考虑到国家处于暂时性的分裂状态，宪法制定者认为宪法应当是暂时性的，最终的宪法要等到德国统一之后制定，故而将通过的宪法称为“基本法”。同年 5 月 23 日，《德意志联邦共和国基本法》颁布施行。随后，德意志联邦共和国于 9 月 20 日正式成立。鉴于希特勒实行法西斯统治、发动惨绝人寰的侵略战争、大规模地血腥地践踏人权而给各国人民和德国带来深重灾难的历史教训，为了避免重蹈覆辙，联邦德国基本法对人权作了比较充分的规定。40 多年来，联邦德国以基本法为依据，通过修改民法，制定劳动、社会等方面的法律，不断完善自己的人权立法，逐步构成独具特点的以基本法为核心的人权法律制度。根据我们的考察，联邦德国人权立法主要有以下几个特点。

1. 内容比较广泛、具体

德国 1919 年宪法即《魏玛宪法》，在德国被视为一部比较好的宪法，它对人权也作了规定。与之相比，甚至与其他西方国家的宪法相比，联邦德国基本法关于人权的规定在内容上更为广泛、更为具体，具有鲜明的时代特色。《德意志联邦共和国基本法》第 1 条明确宣布：“人的尊严不可侵犯，尊重和保护它是国家的义务。”“为此，德国人民确认不容侵犯的和不可转让的人权是所有人类集团、世界和平与正义的基础。”基本法在第一章以及其他章节规定了公民基本权利，主要有：自由发展个性权，生存权和身体不可侵犯权，平等权，信仰自由，言论自由及从事艺术、科学、教育和研究的自由，和平集会权，结社权，建立政党的自由，通信、邮政、电讯的秘密权，自由迁徙权，自由选择职业、工作地点权，住宅不受非法侵犯权，战时拒服兵役权，财产权和财产继承权，选举权和被选举权，请愿权和抗议权，抵制权（即“所有德国人对于企图破坏秩序的一切机关，在无其他挽救可能的情况下，有抵制的权利”），等等。此外，对公民的劳动权利、社会权利，嫌疑犯、刑事被告、罪犯的权利以及其他权利，还根据基本法的原则在民法、劳动法、社会法、刑事诉讼法等专门法律中作了具体的规定。

2. 强调权利与义务的统一

联邦德国基本法和其他有关人权的立法，在规定基本权利的同时，也对一些基本权利作了限制，并且规定了相应的义务。这也是联邦德国人权立法的一个突出特点。例如，基本法在规定自由发展个性权的同时，又规定发展个性“不得损害他人的权利和触犯宪法秩序或道德规范”；在规定教育自由的同时，又规定“教育自由应忠诚于宪法”；在规定和平集会权的同时，又规定“露天集会权利得基于法律规定进行或依法予以限制”；在规定结社权的同时，又规定“凡结社的目的和活动与国家宪法相抵触，或导致违反宪法，或违反国民间协商精神，得予以禁止”，“结社权利之目的在于保障和改善工作条件”；在规定自由迁徙权的同时，又规定“此项权利在下列情况下予以限制：无充裕的生活基础和给社会增加特殊的负担；保护青年不受遗弃；同流行性疾病作斗争和防止犯罪活动，因而采取必要的限制措施”；在规定在战时拒服兵役权的同时，又规定对拒服兵役者“得强迫其服劳役”；在规定财产权和财产继承权的同时，又规定“财产权负有义务，即其使用应有利于公共福利”，“为公众利益起见，财产可予征收”，“土地、自然资源和生产工具，为社会化的目的可移转为公有财产或以其他形式出现的公共经济”。第 18 条还专门规定：“凡以攻击自由、民主之基本秩序为目的，而滥用自由表达权利者，特别是出版自由、教育自由、集会自由、结社自由、通信邮政电讯秘密权、财产权和避难权者，即丧失上述各种基本权利。联邦宪法法院将宣布褫夺此类权利，并确定褫夺的范围。”关于对“基本权利”的限制，第 19 条规定：“基于本基本法之规定，基本权利可由法律或依法予以限制”，但是，“在任何情况下，不得危及基本权利的实质”。

3. 具有很高的法律效力

《德意志联邦共和国基本法》把“基本权利”的规定列为第一章，这种情况在世界各国的宪法中是不多见的。参加中德法学讨论会的施奈德教授指出，这说明在基本法中，关于人权的规定高于其他规定，人权限制着国家、社会等方面的权力。联邦宪法法院秘书长泽尔林恩认为，这说明基本法的中心是公民，而不是国家。首先规定人权，是为了保障人权不受国家机构侵犯。对“基本权利”规定的法律效力，基本法有专门的规定。第1条第3款规定：基本法规定的“基本权利”，直接具有法律效力，并约束立法、行政和司法。这一规定有两个基本含义。首先，基本法关于“基本权利”的规定是直接有效的法律规范，当公民认为自己的基本权利受到侵犯时，可以直接根据“基本权利”的规定通过司法途径控告侵权者。其次，不仅公民必须尊重“基本权利”，而且行政机关、司法机关乃至立法机关都必须尊重“基本权利”，这些机关都可能成为公民控告的对象。根据基本法和有关法律的规定，任何人在认为自己的“基本权利”被国家侵犯时，可以向有关管辖法院提起诉讼，当诉讼无效时，可以向联邦宪法法院提起违宪申诉。宪法法院秘书长泽尔林恩认为，公民可以向宪法法院申诉，这样的权利在世界上少有，是德国在人权领域的一个很大、少见的成就。

4. 国际人权公约是联邦德国人权法律的组成部分

《德意志联邦共和国基本法》第24条明确规定：“联邦可以通过法律将部分主权转让予国际机构”，“国际公约的一般规定乃是联邦法律的组成部分。它们置于各项法律之上，并直接地构成联邦国土上居民权利和义务”。据此，德国加入的国际人权公约和区域性人权公约如《经济、社会及文化权利国际公约》《公民权利和政治权利国际公约》《欧洲人权公约》等，在德国属于联邦法律的组成部分，并高于德国的国内法，德国接受国际人权监督。

在建立和完善人权法律制度的同时，为了国家的稳定和政权的巩固，联邦德国并没有放松而是加强了对社会的控制。40多年来，联邦德国之所以一直比较安定，与此有直接关系。联邦德国基本法一方面规定了公民的基本权利，一方面对国家秩序进行了周密的规定，并通过其他法律给予了有效的保障。

其一，联邦德国基本法在政治制度方面，确立共和制、联邦制和分权制。首先，基本法虽然承认主权在民的原则，但采取了间接的、代议的民主制度。人民不能直接行使国家权力，而必须通过立法、行政和司法机关来进行。像公民投票之类的直接民主方式，基本法规定只有在重新划分联邦区域时才可以应用。其次，实行联邦制，明确划分联邦与州的权限。再次，实行三权分立，国家权力功能分别交给立法、行政和司法机关。这些措施，旨在防止某一集团或者个人独揽国家权力，破坏国家的稳定。

其二，联邦德国基本法采取了所谓的“自卫性民主体制”。自卫性民主的基本观念是：政治势力的自由竞争是有限度的，不能以民主手段毁灭民主制度。因此，基本法虽然规定了建立政党自由，但是又明确规定可以禁止违宪政党：“根据各政党的目的或根据其党员的态度判明，如企图破坏民主和自由的根本秩序，推翻这种秩序或阴谋颠覆德意志联邦共和国，都是违反宪法的。”在联邦德国，将对有上述违宪行为的政党、组织和个人的监视、侦查、处理，称为“宪法保卫”。联邦内务部和各州内务部下设的宪法保卫局即从事这种“宪法保卫”工作。据联邦内务部官员施柯恩透露，目前，在德国有82个反宪法的极右组织（有41000～42000人）、77个反宪法的极左组织（约有41000人）受到宪法保卫局“观察”。如果这些组织的反宪法活动达到比较严重的程度，就会被禁止。根据基本法，一个政党或组织是否违宪，是否应当禁止，由联邦宪法法院决定。据介绍，在联邦德国历史上，曾经有两个组织被禁，1952年一个极右组织被禁，1956年德国共产党被禁。目前联邦宪法法院正在审理两个极右组织的违宪问题。联邦德国的政府机构、司法机构为了了解和掌握公民的情况，还充分利用了信息技术，把有关公民情况的数据存储于电脑之中。尽管有数据保护之立法，但是这并不能削弱有关机构对公民的全面监控。

其三，对危害国家秩序的各种行为给予严厉的刑事制裁。联邦德国刑法规定有破坏和平罪、叛逆罪、危害民主法治罪（包括继续维持被宣告为非法的政党、违反禁止联合会的禁令、散发违反宪法的组织的宣传品、使用违反宪法组织的标志、从事破坏的特务活动、违反宪法的破坏公共设施活动、违反宪法支持他人犯罪、诽谤联邦总统、侮辱国家及其标志等行为)、叛国罪和危害国家外部安全罪、反对宪法机构和破坏选举罪、破坏国防罪、反抗国家权力罪、危害公共秩序罪（包括破坏国家安宁、组织武装集团、组织犯罪集团、组织恐怖集团、煽动民族仇恨、颂扬暴力行为）等反宪法、危害国家秩序的犯罪，并规定了严厉的刑罚。

（二）波兰的人权立法

在波兰，最重要的人权立法也是宪法。1952 年，在波兰统一工人党的领导下，波兰制定了第一部社会主义宪法。1989 年发生剧变后，这个宪法又经重大修改。几年来，波兰一直努力制定一个新宪法，但是由于各政党意见分歧很大，迄今未果。1992 年 10 月 17 日波兰议会通过《关于波兰共和国立法和行政机构之间关系以及关于地方自治问题的宪法法令》（波兰人称之为“小宪法”），用以取代原宪法的政治、经济体制部分。这个宪法法令宣布后，原宪法的第一、四、八、九、十、十一章仍然具有法律效力。其中第八章就是关于人权的规定。也就是说，在人权方面，原宪法的有关规定仍然有效力。原宪法关于人权的规定，在 1989 年以后也是经过修改和补充的。这些修改和补充，都是原则性的，伤及原有规定的社会主义性质。例如，关于劳动权的规定就有原则性的修改。以前的规定共有两款，第 1 款是：“波兰人民共和国的公民都有劳动权，即有获得工作并按照工作的质和量领取报酬的权利”；第 2 款是：“劳动权的保证是：主要生产资料的公有制，发展乡村中摆脱剥削的社会合作制度，有计划地增加生产力，消灭经济危机的根源，消灭失业”。而现在的规定把第 1 款中的获得工作权去掉，对第 2 款则完全删除。

1. 波兰宪法关于人权的规定

波兰宪法第八章“公民的基本权利和义务”首先强调，国家加强和扩大公民的自由与人权，波兰公民不分性别、年龄、经济状况、教育程度、民族、种族、宗教信仰、社会地位和出身享有同等的权利。随后它规定了经济社会文化权利、公民权利和政治权利以及公民的义务。我们所见的波兰学者，不少人对波兰宪法关于人权的规定给予了很高的评价。有的学者认为，波兰宪法对人权的保护，高于国际标准，甚至高于西方国家的标准。

（1）关于经济社会文化权利的规定。波兰宪法关于经济社会文化权利的规定要比关于公民权利政治权利的规定充分。它规定了劳动权、休息权、健康保护权、在患病和丧失劳动能力时的受补助权、从自然环境中受益的权利、受教育权、享受文化成就权和参与民族文化创造权、国家发展科学、国家发展文学和艺术、对老战士的保护、对知识分子的保护、妇女平等权、对婚姻和家庭的保护、对青年的保护等，其中许多规定难见于西方国家的宪法，社会主义的遗痕清晰可见。更具特色的是，它在规定一些权利的同时，还规定了保证权利实现的措施。对休息权、健康保护权、受补助权、受教育权、享受文化成就权和参与民族文化权、妇女平等权，都有这样的规定。

（2）关于公民权利和政治权利的规定。波兰宪法规定了信仰和宗教自由、言论自由、新闻自由、集会自由、游行自由、示威自由、结社自由、工会的性质和作用，以及参与国家管理的权利、向国家机关提出控诉和申诉的权利、身体不可侵犯权、住宅不可侵犯权、通信秘密权、财产权、外国公民的避难权、对在国外的波兰公民的保护。对这一部分，目前波兰的右派力量是不满意的。

（3）关于公民义务的规定。波兰宪法强调公民必须遵守宪法和法律，尊重社会共同生活规则，忠诚履行自己对国家的义务。它规定：每个公民必须把公共财产作为国家发展的基础和祖国富强的源泉加以保护；保卫祖国、服兵役是公民的义务；应当警惕国家的敌人，严格保守国家秘密，对叛国行为予以严惩。显然，波兰宪法关于公民义务的规定比较简单。有的波兰学者在谈到这一点时，将波兰与德国作了比较，认为德国强调义务，而波兰强调权利。

2. 波兰各政党在新宪法的制定过程中对人权问题的争论

目前，波兰各政党正在讨论新宪法的制定问题。由于新宪法关系到波兰政治、经济在未来的走向，制定新宪法的问题在波兰受到高度重视。在许多方面，波兰左派政党和右派政党存在难以弥合的分歧，斗争相当激烈，以至于出现七个各树一帜的宪法草案。有三个问题是各派政党和政治力量斗争的焦点。

其一，政体问题，即总统与议会、政府的关系问题。瓦文萨作为总统，主张扩大总统的权力。据说瓦文萨最喜欢埃及的总统制，因为他认为埃及的总统比美国的总统权力还大。而左派政党则主张议会、政府有更大的权力。由于左派政党在大选中获胜并组成内阁，左派政党与瓦文萨在政体问题上的矛盾有可能进一步加剧。

其二，政教关系问题。一种意见坚持政教分离，一种意见主张教会更多地发挥作用。波兰是信奉天主教的国家，天主教历来就有很大影响，在社会主义时期也是如此，近年来影响则进一步扩大。天主教会在许多问题上持强硬保守态度，如反对堕胎、同性恋。身为天主教教徒的瓦文萨总统曾经提出一个《自由与人权宪章》，竟也遭到天主教势力的强烈批评。一些天主教政治家说该宪章提出的自由太过分。天主教政治家还认为赫尔辛基文件也过于自由。对天主教会和天主教政治家的保守立场，许多人持批评态度。在波兰，主张政教分离的力量还是主流。

其三，人权问题。在人权问题上的争论，主要围绕经济社会权利。右派政党认为宪法应当主要保障公民权利和政治权利，保障经济社会权利不利于发展市场经济，而且波兰也没有经济能力像西方发达国家那样保障经济社会权利。而左派政党则坚决主张保障经济社会权利。他们认为市场经济不意味着不保障经济社会权利。瓦文萨提出的《自由与人权宪章》在遭到天主教势力批评的同时，也遭到左派政党的批评，他们认为该宪章没有保障经济社会权利。在经济社会权利问题上的分歧，还影响到波兰对《欧洲社会宪章》的批准。剧变后，波兰为尽快加入欧洲共同体和北约组织，对参加《欧洲人权公约》和《欧洲社会宪章》持非常积极的态度。对《欧洲社会宪章》，波兰虽已经签字，但还没有批准。有些人从根本上反对波兰参加。有些人反对波兰很快参加，认为波兰还需要几年时间的准备。还有些人主张在波兰一些地区试行，如果多数人反对，就不批准。

在死刑存废的问题上也存在争论。波兰刑法有死刑的规定，但从 1989 年以来没有执行过死刑。政治家和人权组织主张废除死刑，但群众反对。在这种情况下，波兰虽然参加了《欧洲人权公约》，但对其关于废除死刑的第六议定书予以保留。新宪法以及正在制定的新刑法，将决定是否废除死刑问题。波兰大选后，新的议会加紧了新宪法的制定工作。当我们正在波兰考察时，1993 年 11 月 9 日，波兰议会成立了宪法委员会。宪法委员会的任务是根据七个宪法草案，拟出一个统一的宪法草案，然后提交议会审议。宪法草案经议会通过后还须经全民公决。如果公决没有通过，制定宪法的工作就要从头开始，这也意味着新议会的选举。从以往和目前的情况看，新宪法的制定绝不会一帆风顺，激烈的斗争仍将继续下去。不过，由于左派政党在大选中获胜，形势或许会向有利于左派政党的方向发展。

三　德国、波兰的人权理论

一个国家的人权理论是该国家人权保护制度在意识形态上的表现，同时又对人权保护制度的具体运作起指导作用。同任何思想与意识形态一样，一个国家的人权理论不是凭空产生的，也不可能是外部势力强加的结果。它是特定国家历史、文化、政治与经济条件以及外部环境的综合产物。在波兰和德国考察的过程中我们深深感受到了这一点。

（一）德国的人权理论

德意志民族是一个善于理论思维的民族，它曾经产生过康德、黑格尔等大思想家。在德国考察过程中，特别是在历时三天的中德法学讨论会上，德国学者的理论逻辑，给我们留下了深刻的印象。当然，在一个多元社会中，理论必然是多种多样的，下面所谈到的理论及其特点综合了我们的所见所闻，并且我们认为这些理论和理论特点反映并指导着德国人权保护制度的实践。

同大多数欧洲国家一样，德国的人权理论从哲学基础上说，是以自然法学说为基础的，把人权作为国家合法性的基础，国家的目的就是保护人权。但是在德国，人权的标准除了天赋权利与人的自然本性以外，还特别强调民族传统和法律程序。人类作为理智的自我是自由的，但是，个人自我与他人自我处于互相联系、互相影响的关系之中，他们各自权利与自由的范围就必须受到调整。也就是说，每个个人都必须在一定的范围内行使自由和享受权利，这一范围和方式由法律确定。所谓符合传统，是同德国的思想家强调民族国家的重要性的历史相联系的。德国 17、18 世纪的法哲学家们都极力强调国家和“民族精神”是法律的母体，反映某一特定民族独特的价值体系、才能和愿望，这一切都可以作为人权的标准。由此可以看出，德国人权理论中虽然强调自然法，但在实践的层面则很重视人权的相对性和在不同国家中的具体情况。

德国学者也接受三代人权的概念。德国海德堡大学教授布鲁格说，第一代人权的概念强调权力的制约，强调公民对国家权力可能的侵犯的防御和公民参与国家管理的权利。第二代人权的概念的核心是要求国家承担责任，采取措施以保障公民的经济、社会与文化权利。这是对传统的西方式的人权概念的扩大，更大程度上反映了社会主义和社会民主主义的观念。在德国，为了实现第二代人权曾经有过两种主张。一种是以冯·施泰因为代表的改革模式，主张对现存的资本主义制度进行改革，在此基础上扩大国家对社会的干预；改变以市场为基本动因的分配模式，以保障公民的经济、社会与文化权利。另一种便是以卡尔·马克思为代表的革命模式，主张通过暴力革命打碎资本主义制度，剥夺有产者，重新分配社会财富。布鲁格认为，德国采取的是第一种模式，走的是把社会与市场结合起来的道路。

谈到第三代人权的概念，布鲁格说，第三代人权概念出现的直接原因是第二次世界大战的法西斯暴行。二战结束后，联合国颁布了《世界人权宣言》，人权国际化了，尊重普遍接受的人权标准成为一个国家合法性的基础。现在第三代人权包括集体人权、国家与民族的发展权、环境权、和平权等。这是更高层次的人权。第三代人权概念出现后，人权从国内管辖的事务变为国际社会关心的对象。

布鲁格说，德国作为纳粹的故乡，在总结经验教训、完善法律制度、保护人权、防止法西斯主义卷土重来方面的任务是很艰巨的，特别是在现在新纳粹势力有所抬头的情况下。任何人权哲学都是从经验中产生的，是感觉与痛苦经历的理性化和语言表述，为了接受教训，避免灾难，才为制度去探求哲学上的理由。因为经验与经历不同，哲学思想也必然不同。因此，要求中国人接受萨特和要求德国人接受孔夫子一样是不可思议的。然而，尽管哲学背景不同，但必须承认不同文化中仍有共同点，人类理解中仍有共同的概念和标准，如人的尊严。正是这些共同点是不同国家在人权问题上携手合作的基础。

谈到当前国际社会在人权问题上的分歧与矛盾，布鲁格认为，德国应该抛弃意识形态偏见，反对把人权用于政治与意识形态的目的。他说，对于人权的内容与标准有两种态度，一种是选择性的，另一种是综合性的。一般说来，选择的方法不可取，因为它扩大分歧。比如，一些国家选择某些人权，忽视另一些人权，美国和有些西方国家就是如此。它们片面强调公民与政治权利，片面强调个人自由，而忽视公民的经济、社会与文化权利，使得社会贫富差距拉大，无家可归者人数愈来愈多。这从另一方面反映了政府的不负责任。另一些国家则选择公民的经济与社会权利，认为它们是人权中最重要的内容，而忽视公民的政治权利，忽视公民对国家政权的防范能力。还有国家认为，发展权是最重要的权利，只有社会发展了，才有条件保护公民的其他权利。事实上，任何一种选择都有其偏颇的一面，而且，对不同选择的强调往往是国家间在人权问题上冲突观点的根源。综合的方法应该是比较可取的。布鲁格说，他注意到在 1993 年维也纳召开的世界人权大会上，中国外交部副部长刘华秋表示了对人权的综合的态度，指出人权内容的不可选择性，强调一切人权都应该得到同等重视，还特别提到人权应由一个政治上独立的国家来保障。布鲁格认为，中国在坚持人权不可选择性的同时又强调经济、社会权利，而且没有表明对在保障人权中具有重要作用的社会政治多元化的立场。

从我们考察所接触的学者来看，德国的人权理论是比较温和的。特别由于德国是一个重视公民义务的国家，强调公民对法律和对社会权力的服从，强调社会利益，这使得德国的人权理论与美国和其他一些欧洲国家具有很大不同。事实上，德国的社会控制是很严格的，各党派与其他社会组织的活动受到严密的监视与控制，如果认为某一政党或组织的活动具有攻击性或危害性，国家即可合法地禁止该组织的活动，这一任务是由内务部下设的宪法保卫局来完成的，其理由是保护宪法，而不提维护国家安全。这就在名义上避开了以维护国家安全为由限制人权这一敏感问题，但事情的本质并未改变。在这个意义上看，德国的人权理论及其实践确实是有其特色的。

（二）波兰的人权理论

在历史上波兰曾多次被其他国家瓜分。18 世纪末，俄国、普鲁士、奥地利三国瓜分波兰后，波兰从欧洲地图上消失达 123 年之久。即使是在波兰独立后，外国势力对波兰的宰割也并未停止。正是这样一部多灾多难的历史，使得波兰民族具有较强的独立精神和权利意识。强调个人自由与权利，这是波兰人权理论的一个首要特点，这一点突出地体现在波兰 1952 年的宪法之中。1952 年波兰宪法第八章专门规定公民的基本权利和义务，共

27条，涵盖公民政治、经济、社会与文化权利的广阔领域，而且对选择权的原则另设专章规定。总的看，波兰宪法对权利的规定是比较充分、具体的，而对义务的规定则显得比较简单和笼统。

自然法与自然权利的理论曾是波兰人民反抗外来势力统治的武器。在密茨凯维兹大学座谈时，法律系主任萨德夫斯基说，波兰人崇尚自然法，认为人权是与生俱来、不可剥夺的，但在社会中生活，权利要通过实证法律的规定表现出来，法学家们要研究人的自然权利，也要研究法律如何保障这些权利，二者并不矛盾。

设在波兹南的人权研究中心是一个专门从事人权问题研究的学术机构，它是波兰国家科学院法学研究所的一个部门，集中了一批研究人权的理论人才。从事人权哲学研究的皮赤奥维卡博士介绍说，波兰的人权理论同其他前社会主义国家相比要更西化一些，即使是在社会主义条件下，个人权利与自由也具有突出地位。私有权被当作基本人权之一，因此，社会主义时期波兰的农业是以私有制为基础的，这听起来有些不可思议。在现在的转型时期，波兰面临着内外重重压力。在内部，人民对改革的实际效果并不满意，物质匮乏与通货膨胀以及高失业率都涉及人民的权利保障问题；在外部，波兰极力想使自己成为欧洲的一部分而力图抹去“前东欧国家”的痕迹，因此，它积极地参加了《欧洲人权公约》，并且努力使自己的国内立法符合联合国人权文件的标准。这都使得波兰的人权理论更接近西方的人权理论。

但是，西方的人权理论给社会带来的负面效应也引起了人们的关注。在改革的过程中，国家和社会以改革的方式推卸了一些责任，如对公民经济与社会权利的保障有所削减，社会福利也减少了。在私有化的过程中，有一些被雇佣者为了保住一个饭碗，自动以契约的方式放弃了很多权利。波兰民权保护专员泽林斯基对我们说，这些现象是资本主义制度的产物，而现在在波兰也产生了。更为糟糕的是，政府对这种放弃权利的现象和产生这类问题的原因不干预，完全推给公民个人，这是转型期的一个大问题。泽林斯基说，由于主张西化的改革派未能有效地解决类似于上面提到的那些问题，因而传统势力得以提出自己的价值观并与其抗衡。后者主张国家至上，教会至上，认为“和谐的民主”比人权更为重要。这种理论上的争论实际上反映了波兰社会的矛盾与问题。

四　德国的联邦宪法法院

设置于卡尔斯鲁厄的联邦宪法法院，既是德国法律地位最高的法院，又与联邦议院、联邦参议院、联邦政府一样同属于国家宪法机关，它监督宪法的实施并掌理有关宪法的争讼，在人权保障方面发挥着十分重要的作用。1993 年 11 月 22 日，我们走访走了联邦宪法法院，与联邦宪法法院秘书长、世界法学家联合会副会长泽尔林恩进行了座谈。以下内容根据与泽尔林恩先生的谈话和有关资料整理。

（一）联邦宪法法院产生的历史背景

泽尔林恩指出，在德国，提出宪法法院问题已经有一百多年的历史。1848 年 5 月，普鲁士政府与德意志联盟其他诸邦在法兰克福召开了全德国民议会，对宪法问题进行讨论。1849 年 3 月，法兰克福国民议会通过全德的帝国宪法。这个宪法规定了一系列基本权利和义务，并提出建立宪法法院。但是由于德意志各邦封建势力的反对，法兰克福国民议会被解散，帝国宪法没有得到实施。第一次世界大战结束后，1919 年国民议会在魏玛制定了新宪法（即《魏玛宪法》）。1920 年 6 月，魏玛共和国成立。魏玛共和国第一次在德国建立了统一的民主制度。当时人们认为政治上法律上所有的问题都得到规定，自由得到保障，帝国议会、帝国总统和帝国政府都是在民主基础上产生的。人们没有想到民主的建筑会因没有支柱而倒塌。1933—1945 年发生的事情震惊了人们。民主选举出的议会自己垮台了，希特勒践踏了所有民主制度。第二次世界大战结束后，德国人民吸取了以往的教训，制定了基本法，并在基本法中对民主、自由、人权给予切实的保障。与《魏玛宪法》不同，基本法首先规定了公民基本权利和义务，然后才规定国家机构。这表明基本法的中心是公民，而不是国家。首先规定基本权利，是为了保障人权不受国家机关的侵犯。在基本权利和义务、国家机构之后，基本法规定了司法权和司法独立的原则。基本法规定司法权由联邦宪法法院和其他法院行使。联邦宪法法院独立于普通法院、劳动法院、行政法院、社会法院和财税法院。这些法院与联邦宪法法院有一个重大区别：这些法院都有义务适用议会通过的法律，没有权力使议会通过的法律失去效力；而联邦宪法法院有权力对议会通过的法律表示不同意见，如果议会通过的法律违背基本法，联邦宪法法院可以宣布无效。联邦宪法法院实际上是宪法的“监护人”。联邦宪法法院的这种地位与议会第一的原则是矛盾的。

（二）联邦宪法法院的主要职能

根据德国基本法有关规定，联邦宪法法院的主要职能包括以下几个方面。

1. 解释宪法

当一联邦机构，或由基本法及联邦最高机构授权之有关当局，在关于权利和义务事项发生争执时，联邦宪法法院有权对基本法进行解释。另外，如果一个州的宪法法院在解释基本法时，其解释与联邦宪法法院的决议或者另一州的宪法法院的决议相抵触，它必须把问题提交联邦宪法法院作出决定。

2. 审查法律

当联邦法律和州法律与基本法之间，或者当州法律与联邦其他法律之间，发生分歧或者疑问时，联邦宪法法院有权予以裁决。如果联邦法律和州法律不符合基本法，或者州法律不符合联邦法律，联邦宪法法院就宣告该法律无效。泽尔林恩介绍说，对法律的审查可分为两种情况：第一种情况，是宏观的法律审查，是应联邦政府或者联邦议院中 2/3 的议员的请求作出的；第二种情况，是具体的法律审查，是应其他法院的请求作出的。例如，其他法院的法官在审理案件时，如果认为某项法律不利于当事人双方，并认为该法律不符合基本法，不能宣布该法律无效，而必须中止审判程序，请求联邦宪法法院对该法律进行审查。联邦宪法法院应当进行审查，并作出该法律是否违反基本法的判断，然后答复提出法律审查的法院。联邦宪法法院的答复对提出法律审查的法院有约束力。

3. 裁决争执

当联邦机构之间、联邦与州之间、各州之间发生关于权利义务和其他公共法律的争执时，联邦宪法法院有权予以裁决。

4. 确认政党违宪

泽尔林恩说，在德国，只有联邦宪法法院有权确认某一政党是否由于企图破坏民主和自由的根本秩序，推翻这种秩序或者阴谋颠覆联邦共和国而造成违宪，并下令解散违宪政党。其他任何国家机构、政党、个人都没有这个权力。联邦宪法法院只对政党整体违宪问题进行审理，政党领导人个人违宪，根据刑法处理。据联邦宪法法院法官克莱因介绍，联邦宪法法院在 1952 年禁止了一个极右组织的活动，在 1956 年禁止了德国共产党的活动，目前正在审理两个极右组织的违宪问题。

上述各种情况，联邦宪法法院只有在联邦议会、联邦政府、州议会、州政府和各级法院等机构提出申诉时才可以进行审理，确认法律是否违宪只有在法律获得通过以后才可以进行。

为什么联邦宪法法院不能主动进行宪法审查？泽尔林恩指出，德国联邦宪法法院不是政治机构，它的任务不在于要求国家机构从事一定的政治行为，因而它不应主动干涉国家的政治道路。联邦宪法法院不能自己扩大自己的权力。只有在十分危急的情况下，它才可以主动作出决定，而且这个决定应当是暂时的。例如，如果政府出动坦克阻止议会通过一项法律，并且议会没有采取反对措施，联邦宪法法院可以通过暂时的法令制止政府的行动。但是，联邦宪法法院没有自己的警察和士兵，它自己不能使法令得到实施。联邦宪法法院的权力和力量来自人民的信任。可以肯定，如果德国出现类似情况，联邦宪法法院的法令一定会得到最广泛的支持。民意测验表明，在德国最受信任的机构是联邦宪法法院，它所受信任的程度超过议会、政府、政党、教会、工会等机构和组织。泽尔林恩还指出，如果有人申诉，联邦宪法法院就有义务进行审理，作出裁决，而不能以某种理由拒绝审理。这一点与美国最高法院不同。美国最高法院自己可以通过法律规定自己在宪法方面的权力。它可能因为某个问题具有某种特殊性而拒绝审理，例如，它可以说某个问题是政治问题而不进行审理。在德国，诸如德国统一条约、派维持和平部队到索马里、签订马斯特里赫特条约是否违宪等问题，都是在有申诉的情况下，联邦宪法法院才进行审理的。

为什么联邦宪法法院不能在法律获得通过之前对法律进行宪法审查？泽尔林恩解释说，对正在制定的法律进行审查，会把联邦宪法法院拖入政党的讨论之中，使它成为法律的制定者，这不利于它站在基本法的立场上对法律实行监督。德国的联邦宪法法院与法国的宪法委员会不同。法国的宪法委员会可以在总统签署公布法律之前对法律进行宪法审查。我们认为这样做并不好。

除上述职能外，德国联邦宪法法院还具有一个重要的职能：审理公民个人提出的违宪申诉。在德国，每一个公民只要觉得国家侵害了他的基本权利，就有权向宪法法院提出违宪申诉，但在一般情况下公民必须向管辖法院请求救济而无成效时方可提出违宪申诉。任何一个国家机构，包括议会、政府、法院，都可能成为公民申诉的对象。联邦宪法法院平均每年要受理4000多个公民的申诉。公民的申诉占所有申诉的绝大部分。泽尔林恩认为，公民具有提出违宪申诉的权利，这样的情况在世界上少有，这是德国在人权领域的一个很大的、少见的成就。

联邦宪法法院还可以审理联邦总统违宪的问题。德国基本法第61条规定，联邦议院或者联邦参议院可以对联邦总统蓄意损害基本法或者其他联邦法律的行为，向联邦宪法法院申诉。申诉提案必须由联邦议院或者联邦参议院的1/4以上赞成票通过。申诉提案的决议必须由联邦议院或者联邦参议院的2/3赞成票作出。联邦宪法法院如果确认联邦总统蓄意损害基本法或者其他联邦法律，可以宣布总统的职权失效。申诉提出后，联邦宪法法院可以通过临时安排来阻止其行使职权。

（三）联邦宪法法院的组成

联邦宪法法院由两个合议庭组成，其中一个合议庭主要审理公民提出的违宪申诉，另一个合议庭主要审理法律违宪、国家机构之间的争执等方面的申诉。联邦宪法法院共有16名法官，两个合议庭各有8名。16名法官半数是由联邦议院选举的，半数是由联邦参议院选举的。联邦议院和联邦参议院选举法官都需要有2/3的多数赞成票。泽尔林恩指出，2/3多数票意味着一个法官当选不仅需要执政党的赞成票，也需要反对党的赞成票，因为在联邦议院和联邦参议院一直没有一个政党能拥有超过2/3的席位。联邦宪法法院的法官任期12年，不得连任。泽尔林恩认为这有利于法官保持独立性，法官不会感到需要做选举人所需要做的事情。为保证法官的独立性，德国基本法还明确规定，联邦宪法法院的法官“不得听从联邦议院、联邦参议院、联邦政府以及州有关机构的指示”。此外，联邦宪法法院有独立的经费预算，关于法官工资也有专门的法律规定。据介绍，现有16名法官中，年龄最轻的为40岁，年龄最高的为68岁，两个合议庭各有1名女士。每个法官都有3名学术水平很高的助手，协助他们工作。这些助手大部分是法学家，而且具有比较丰富的工作经验。他们一般在联邦宪法法院工作3年。

（四）联邦宪法法院审理各类申诉的情况

从1951年到1992年年底，联邦宪法法院共受理各类申诉90504件，其中关于公民权利的申诉有86567件，关于法律的申诉有2876件，其他方面的申诉有1061件。联邦宪法法院还对143117个在程序上有缺点的公民申诉进行了登记，列入“一般登记簿”。对列入“一般登记簿”的申诉，联邦宪法法院采取简便程序审理。在负责审理公民申诉的合议庭中设立由3名法官组成的小合议庭。如果3名法官一致认为公民指控不实，审理就结束了。大部分的申诉就是这样处理的。如果2名法官认为公民指控不实，1名法官同意公民指控，就要提交大合议庭决定。在审理后，对申诉不成功的公民要写信答复，说明法律的有关规定。如果公民在接到信后有不同意见，继续提出申诉，联邦宪法法院必须在大合议庭予以讨论决定。截至1992年年底，总共有88048件申诉审理完结。公民申诉成功的有2177个，占审理完结的公民申诉的2.47%。

五　德国的联邦最高法院和联邦检察署

（一）联邦最高法院

德国有5个法院系统，即普通法院系统、劳动法院系统、行政法院系统、社会法院系统、财税法院系统。宪法法院独立于这5个法院系统。我们在德国考察时，访问了普通法院系统的最高法院——联邦最高法院。

联邦最高法院设有两个大合议庭：民事大庭和刑事大庭。民事大庭下设12个民事合议庭。刑事大庭下设5个刑事合议庭。每个合议庭有六七名法官，并有1名首席法官。合议庭每次审理，根据案件的具体情况，确定哪些法官参加。法官人选由一个专门的选举委员会确定。该选举委员会的一半成员是联邦议员，其他成员是联邦司法部和州司法部的代表，联邦司法部长是其主任，法官经选举委员会选出后，由联邦总统和联邦司法部长签发任命证书。联邦最高法院的法官中有1/5是有党派的，其他是无党派的。他们在审判活动中具有独立性，只服从法律，根据自己的判断进行判决。联邦最高法院的院长不能影响和控制法官的审判工作。

联邦最高法院对州高级法院的上诉案件进行审理。通常情况下，联邦最高法院只进行书面审理，决定法律包括程序法和实体法上的问题，检查州高级法院的判决是否存在法律上的错误，不对案件的事实进行重新认定。只是在审理专利等少数案件时，才听取证人、鉴定人的意见。联邦最高法院在审理时，如果发现案件中存在事实不清楚、证据冲突或者没有使用已有证据等情况，可以取消州高级法院的判决，要求州高级法院重新审理。州高级法院重新审理，不能由原合议庭进行，须由另一个合议庭进行。

联邦最高法院的判例对下级法院没有约束力，下级法院可以独立进行审理而不受联邦最高法院判例的影响。在实际情况中，下级法院经常把联邦最高法院的判例作为指导，因为它们往往认为联邦最高法院的判决是正确的。此外，联邦最高法院也有这样一个任务：它应当促使各法院在法律的适用上尽可能一致。为此，联邦最高法院每年都将具有普遍意义的判例予以公布，出版刑事判例汇编和民事判例汇编，或者将其中比较重要的判例在专业杂志刊登，供专家学者进行讨论和批评。联邦最高法院与法学家有密切的联系，经常共同讨论一些问题。

（二）联邦检察署

在德国，检察机构附设于普通法院。检察机构由检察长和检察官组成。检察官不是法官，而是政府公务员。但法官和检察官的工资是一样的，两者之间还可以调动工作。检察官的工作不像法官那么独立，作为官员他们必须服从上级的领导。检察长有权规定各个检察官的职权范围，检察官有义务接受检察长的指示。检察官在审判活动中代表检察长。检察机构的主要工作是参与刑事诉讼，针对犯罪嫌疑查明事实，决定是否停止侦查程序或者提起诉讼，并监督审判程序是否合法。在法院诉讼过程中他们代表控告的一方。

值得注意的是，德国的检察机构在刑事侦查活动中具有十分重要的地位。检察机构在刑事侦查活动中起领导作用，它有权也有义务决定侦查的内容、过程和规模。它可以自己进行侦查，也可以要求警察机构参与工作，并加以领导。警察机构与检察机构是各自独立的，警察机构属于内务部管辖的范畴。但是警察机构有义务接受检察机构在追究犯罪方面的要求和领导。警察机构在追究犯罪中的所有工作，都由检察机构负责。

联邦检察署附设于联邦最高法院，它是联邦一级的检察机构，其代表是联邦总检察长。联邦总检察长在联邦司法部长的领导下工作。总检察长由联邦司法部长提名，联邦政府同意后，如果联邦参议院没有不同意见，由总统任命。据联邦检察署官员介绍，目前联邦检察署只有代理总检察长，原总检察长被要求退休。不久前发生一件事，警察在追捕恐怖分子的过程中，将可能已无防卫能力的恐怖分子击毙，公众和新闻媒体认为总检察长对此负有责任，于是他被迫下台。新的总检察长还没有任命。目前在联邦参议院，社会民主党人占多数，他们不同意联邦司法部长提出的总检察长人选。据说这是社会民主党对执政党议员在联邦议院没有同意社会民主党提出的一名联邦宪法法院法官人选一事所给予的报复。

联邦检察署主要有四个方面的任务。

（1）参与联邦最高法院受理的上诉刑事案件的审理。在联邦最高法院审理刑事案件时，检察署有代表参加审判会议。在审理过程中，检察官一方面代表控方，一方面监督审判活动是否合法；一方面追究犯罪，一方面保障被告的合法权利。因此，在德国检察机构被称为审判活动的“主人”和法律的“监护人”。

（2）对危害国家安全的犯罪进行侦查，并作为第一审案件向州高级法院起诉。据介绍，目前最突出的危害国家安全的犯罪是恐怖组织的活动。德国不仅有本国的恐怖组织，而且有外国的恐怖组织。近几年由于大量政治难民和经济难民的涌入，德国几乎成了外国政治力量进行斗争的战场。爱尔兰共和军、库尔德工人党等组织都在德国进行过恐怖犯罪活动。

（3）对叛国和危害国家外部安全的犯罪进行侦查，并作为第一审案件向州高级法院起诉。据介绍，德国统一后，由于可以得到民主德国安全、情报机构的档案，大量叛国、间谍犯罪被揭露。统一前，有300～350个这类的案件；统一后，有1000～1500个这类的案件。在1995年以后，这些案件的大部分可能会因超过追溯期而不能得到处理，无法追究被告的刑事责任。

（4）登记刑事犯罪和违法营业等方面的情况和数据。联邦检察署设有数据登记机构。在德国，人们从事许多事情如购买猎枪、求职，都需要提供个人情况的证明。据了解，在德国，许多政府机构和工商企业利用计算机存储有关个人情况的数据，以便随时调用。这减轻了政府机构和工商企业的工作负担，但是，也出现了数据被滥用和被无权使用者获取的危险，个人隐私权有可能遭到侵犯。为了避免这种情况，德国从 1977 年开始以联邦法律和州法律对个人数据存储、保密、使用作出规定。这些法律规定政府机构和工商企业在哪些条件下可以存储有关个人的数据，数据处理单位的工作人员有保密义务，国民有权要求数据处理单位就有关本人的存储数据提出说明，国民有权要求更正错误的数据、封锁有争论的数据、清除非法取得的数据。联邦宪法法院 1983 年在一项判决中确认公民在处理有关本人的数据问题上拥有自决权，它指出：每个人原则上都有权自行决定本人数据的公开和使用。

六 德国的宪法保卫局

世界各国都有自己的国家安全机关，德国也不例外。与众多国家不同的是，德国的国家安全机关不叫安全部或者安全委员会、调查局、情报局等，而美其名曰“宪法保卫局”，它的活动也美名曰“宪法保卫”。在德国，联邦内务部和各州内务部都设有宪法保卫局。1993 年 11 月 16 日，我们访问了联邦内务部。联邦内务部官员施柯恩博士介绍了宪法保卫局的情况。

施柯恩说，德国的国家安全依靠两大支柱，这就是警察和宪法保卫局，二者虽然都隶属于内务部，但职权范围和组织结构很不相同。警察的职责是维护公共秩序，遏止刑事犯罪。德国是联邦制国家，根据基本法关于联邦与州的权限划分，警察主要是在州的范围内组织和受州政府的管辖的。联邦的权限比较小，主要是管辖联邦边防队和以防治州际和国际犯罪为职责的联邦刑事局。联邦司法部甚至联邦总理都不能直接调动州的警察。宪法保卫局的职责是“维护宪法的崇高性”，保卫基本法规定的“民主、自由的基本秩序”。它的具体任务主要是对破坏宪法制度、图谋推翻政府的政党、组织和个人进行“观察”，收集有关情报以供政府和法院参考。宪法保卫局实施“宪法保卫”是在危害发生以前，危害一旦发生而成为现实，就要由警察和其他司法机关处理。宪法保卫局的另外一项具体任务是反间谍，即取缔外国在联邦德国的秘密情报活动。宪法保卫局不具备警察执行权，无权逮捕和审问任何人。与警察那种联邦与州相对独立的情况不同，联邦宪法保卫局与各州宪法保卫局有密切的合作。

施柯恩说，自1949年以来，德国的局势一直是稳定的。历次选举结果都证明，90%以上的德国公民“高举宪法的旗帜”，把选票投给了民主的党派，既反对了左，也反对了右。但是也有一些势力要推翻宪法制度和政府，其中有极右的势力，也有极左的势力；有组织，也有个人；有的在联邦范围内活动，有的在一州或数州活动。这些组织和个人，都在宪法保卫局的视野之内。

据施柯恩介绍，极右势力目前在德国有82个极右组织，41000~42000人，其中包括6500名新纳粹组织的骨干分子。这些组织和个人，有些公然提出第三帝国的口号，有些虽然声称反对第三帝国，但实际上持第三帝国的思想，依靠拥护第三帝国的力量。这些组织和个人虽然人数不多，但影响甚大，很使当局担心，受到国内外极大的关注。居住在欧洲的外国人更是密切注视着事态的发展，因为这些极右的组织和个人接连不断地发动了针对外国人的暴力活动。德国的暴力排外活动从1990年起呈上升趋势。在1993年，虽然暴力排外活动有所减少，但仍然相当严重，1月至11月初共发生1500多起，有8个外国人丧生。

据了解，德国最主要的极右政党是共和党和德国人民联盟。在德国，根据“百分之五门槛条款”，只有得票数至少达到有效票数总数的百分之五的或直接取得三个议席的政党才能进入议会。目前，公众对共和党的支持率徘徊在差一点就到百分之五的水平上，竞选宣传可能使其支持率上升。科尔政府和司法机构由于对极右势力的违法犯罪活动特别是暴力排外活动惩罚不力，行动迟缓，过于温和，而受到批评。主要反对党社会民主党认为，科尔政府的经济和社会政策是导致极右势力重新出现并不断发展的主要原因。

德国目前还有77个极左组织，约41000人。施柯恩说，极左组织和个人要求制定一部具有“马克思主义革命精神”的宪法。有些组织和个人不仅把反宪法的主张写在纸上，而且也有暴力活动。1993年1月至11月初，共发生 892 起极左组织和个人的暴力活动。

施柯恩强调指出，对于极右组织和极左组织的“观察”，并不是禁止它们的活动，德国基本法允许它们的合法存在。但是如果它们的活动超过了限度，比如对国家有暴力性攻击行为，就要被禁止。德国联邦宪法法院在 20 世纪 50 年代禁止了一个极右组织和一个极左组织（德国共产党），以防宪法制度遭到破坏，出现第三帝国时期那样的情况。联邦宪法法院法官克莱因透露，目前联邦宪法法院正在审理禁止两个极右组织的问题。

至于如何划清思想与行为的界限，如何处理好宪法保卫和保障公民基本权利的关系，施柯恩的回答是含糊其词的。他只是笼统地说，宪法保卫有严格的法律规定，只有“事实上表明”某个政党、组织或者个人有破坏和推翻“民主和自由的根本秩序”、颠覆德意志联邦共和国的“企图”，宪法保卫局才能采取宪法保卫措施，予以“观察”。这种保护有公民的广泛监督。而且，宪法保卫也是公民的要求。民意测验表明，公民关心宪法保卫。公民不仅有自由发展个性、自由发表意见等权利，也有“享受安全生活的权利”。不能因为行使自由发展个性、自由发表意见等权利而侵犯他人安全生活的权利。

七 德国统一后东部地区法制的变化

德国统一后，东部地区原民主德国的法制遭到彻底破坏：法律被废除，司法机构被解散，司法工作者被清洗。同时，建立起新的法制。为了全面了解德国统一后东部地区法制的变化，1993 年 12 月 2 日，我们在东部城市德累斯顿访问了萨克森州的司法部。司法部副部长弗兰克、第一司司长李普曼等官员从以下几个方面介绍了有关情况。

（一）建立新的司法机构

民主德国长期实行中央集中管理制，不存在州的建制。国家司法部直接领导全国整个司法系统的工作。德国统一后，原国家司法部被撤销。根据德国的联邦体制，东部地区重新组建了 5 个联邦州，各州都新建了司法部。萨克森州司法部在建立之初，困难很多。民主德国司法机构的办公条件不好，建筑缺少维修，有的房子漏水，办公设备落后，连电动打字机也很少。开始时，司法部只有 3 间办公室，缺少工作人员，空职多。经过几年的发展，司法部的情况已经大为改观。目前司法部与州政府办公厅、内务部在一座楼里办公，3 个单位共有 100 多间办公室。司法部现有 170 名工作人员，其中一半是萨克森州人，另一半来自其他州。

新的法院系统也得以建立。民主德国的法院系统包括最高法院、专区法院、县法院。德国统一后，最高法院被撤销。根据统一条约，在统一之后的一段时间里东部地区还保留了专区法院和县法院。从 1992 年开始，根据德国的法院体制对东部地区的法院系统进行了改造，将原有法院中关于劳动、行政、社会、财税的审理事务分离出来，单独成立劳动法院、行政法院、社会法院和财税法院，原有法院作为普通法院。近几年还逐步改善了法院的工作条件。办公用房的数量翻了一番多，并花费了 1.1 亿马克加以修缮。还花费了 3000 万马克安置计算机设备。目前，在萨克森州的司法部门，共有 3000 多个工作岗位使用计算机。这与西部地区的整体情况相比，又前进了一步，在西部地区只有巴伐利亚州有此水平。

（二）对司法机构的人事进行新的安排

德国统一条约规定，在统一后应当对东部地区司法机构的工作人员通过特别的程序审查，根据审查的结果作出有关人员是否能够留用的决定。萨克森州的审查工作在 1991 年夏天结束。经过审查，原法院和检察院的 2000 多名工作人员中大约有 300 名可以继续工作，其中大多数比较年轻。为了适应工作需要，后来又陆续在萨克森州雇用了 900 人作为司法执行员。他们也比较年轻，大部分在大学受到全部法律教育，有一些没有大学毕业，但在司法部门工作过 3 年以上。他们主要处理房地产登记、继承、监护等非诉讼性事务。此外，近几年努力争取增加更多有经验的法官、检察官。1990 年以来，有 500 名法官、检察官从西部地区的巴登—符腾堡州和巴伐利亚州到萨克森州工作。同时，联邦政府还派来 200 名来自西部地区的法官、检察官。目前在萨克森州共有 1200 名法官和检察官，3 年之内增加了 3 倍。各类工作人员的总数从 2000 名增加到 5000 名。另外，还培训了 800 名司法保护人员。他们都是萨克森州人，其中一部分以前曾经在司法机构工作过。他们都是经过仔细挑选的。培训时间为 3 个月。

（三）制定的法律

民主德国法律制度与联邦德国的法律制度有很大不同。主要是：首先，两者对经济和财产的看法不同；其次，民主德国的法律没有联邦基本法规定的那些基本权利，人权得不到保障；此外，在民主德国司法不独立，政府活动缺乏司法监督。因此，在德国统一后，不能在东部地区继续适用民主德国的法律。德国统一条约规定，在东部地区基本上适用联邦德国的法律。除适用联邦德国法律外，新建各州还存在立法问题。因为德国实行联邦制，各州不是省，而是具有独立于国家权力的国，它们有自己的宪法，并且在教育体制、警察制度、文化政策等方面享有专属立法权。萨克森州建立时，没有州宪法和法律。几年来，萨克森州制定了 300 多部法律，政府的行政法规则更多。1992 年 5 月，州宪法得到州议会通过。立法的步子很大，基本的法律、法规目前都有了，而在西部地区做到这一步用了 40 年。

（四）实行新的法制后，采取的一些法律措施和遇到的一些新问题

1. 撤销民主德国时期的政治性和不公正的刑事判决和行政处罚，给当事人恢复名誉

在民主德国，有不少刑事判决是出于政治原因，这些判决属于政治性判决；还有一些判决是在歪曲法律和事实的基础上作出的，这些判决属于不公正判决。在德国统一后，对上述判决予以撤销，给被判刑人恢复名誉。在萨克森州，共有 3000 件要求恢复名誉的案件，迄今有 80% 作出决定，其中大部分撤销了原判决。恢复名誉案件的类型，有 2/3 是因为越境到联邦德国，被按叛国罪判处了 1 年半到 2 年的徒刑。有些发生在 20 世纪五六十年代的案件与国有化有关，例如，有一个工厂的主人没有把工厂生产的产品按规定卖给国有企业，而是卖给私营企业，他被按抵制国家计划罪判处 10 年徒刑。还有一些受到行政处罚和其他不公正待遇的人也要求恢复名誉。许多人还要求国家赔偿他因被判刑、受行政处罚和受其他不公正待遇而造成的经济损失。例如，过去有些人被驱出国境，并被没收除家具外的所有财产，现在要求恢复名誉和归还财产；有些人因政治原因没有上大学、中学，就业发生困难，现在要求赔偿损失；还有人因政治原因被解

雇，现在希望得到被解雇后的工资；强迫性合作化的受害者也希望得到赔偿。目前解决这些问题有许多困难。一是无法可依。有关法律，立法权在联邦，但联邦还没有制定出来。二是没有那么多的钱，不能满足赔偿经济损失的要求。在恢复名誉的同时，对民主德国司法机构侵犯人权的行为，如虐待罪犯、非法监听电话、非法拆看私人信件等，也进行检查。但是，追究当时侵害者的刑事责任，无论是在法律上，还是在实践上，都是困难的。

2. 归还房地产

1945—1949 年在德国东部，有大量私有土地被国家没收，例如，在萨克森州就有 200 万 ~300 万公顷的耕地被没收。1949 年以后，还有大批工厂、企业被没收。根据德国统一条约，被没收的房地产应归还原所有人，如果他以前没有得到补偿的话。在德国东部五州共有 300 万这类案件需要处理。更复杂的是，在民主德国时期，许多私有土地被没收后，一些单位和个人盖起建筑物。根据联邦德国民法典，土地所有人也就是土地上不动产的所有人。而在东部地区并不是这样，土地所有人很可能并不是土地上不动产的所有人。这样就产生了房地产所有权的冲突和纠纷。在东部五州共有 60 万 ~80 万这类案件。

3. 犯罪大幅度增加

德国统一后，在东部地区犯罪问题越来越严重，数量大幅度增加，特别是暴力犯罪和财产犯罪。萨克森州的犯罪率比西部各州平均犯罪率高约 40 个百分点。出现这种情况有多方面的原因。(1) 对付犯罪和罪犯的司法机构不稳定，力量不足，经验不多，打击犯罪的工作不能令人满意；(2) 青年人的很大一部分不知道如何利用自己享有的自由；(3) 萨克森州与波兰、捷克为邻，而萨克森州生活水平比波兰、捷克高，因而非法入境、走私、黑工等边境犯罪比较多；(4) 国有经济的私有化不可避免地为经济犯罪提供更多的机会。还有一个很不好的现象是，右派的暴力行为和排外行为比较多。

八　德国东部的私有化与人权

1990 年 10 月 3 日两德统一后，德国政府在东部地区城乡推行私有化政策，变社会主义全民所有制和社会主义集体所有制为资本主义私有制，对劳动者进行反攻倒算，严重侵犯了东部人民的经济社会权利。在德国考察期间，我们对东部萨克森州的私有化情况进行了考察。

萨克森州很久以来就是德国工业发达的地区之一。在第二次世界大战前，这个州在第二产业中工作的人数远远超过其他各州，主要生产机床、纺织机械和电器产品等，人民的生活水平也高于其他各州，20 世纪 30 年代初，地区生产总值高于全国平均水平 10%。在民主德国时期，这里的经济也很发达，工业所占比重在 40% 以上。目前，该州私有化已基本完成。

据萨克森州托管局负责人介绍，在民主德国时期，这里的大部分财产属国有或公有。这些财产被统称为“国有财产”。统一后，联邦政府将国有行政财产交由州政府处理。而对国有企业则采取“归还优于出卖”的原则实行私有化，方式有四种。

（1）把民主德国时期没收的财产归还给原所有者个人或其继承人。

（2）如该企业没有或找不到原所有者本人或其合法继承人，则把原国家企业卖给外国投资者、德国西部的投资者或该企业的领导人。

（3）如该企业过于落后，无法维持生产，则宣布破产，把该企业的机器设备卖给外国买主。

（4）发电厂、天然气公司等公用企业实行地方化，无偿转让给地方所有。

德国当局的本意，是要把财产归还给企业原所有者本人，但自国有化以来，几十年过去了，所有者本人大都辞世，少数尚存者年老体弱，其继承人对继承也不感兴趣，最后只好按“保障优先”的原则把大部分企业卖出，即卖给最能保障就业机会的投资者。萨克森州实行企业私有化的结果是：大约 200 家企业归还给了原所有者或其继承人，2000 多家卖给了投资者，大约 250 家宣告破产。在购买企业的投资者中，70% 来自德国西部，25% 是原企业的领导人，外国投资者只占 5%，主要是联邦德国的邻国，日本人只买了 2 家小厂。

在出卖民主德国的国有企业之前，托管局撤换了 450 家工厂的厂长，并派所谓的“独立会计师”到各企业评估资产。出卖时要通过托管局签订合同，合同最重要的两项内容是：确保投资和确保就业机会。企业私有化不采取拍卖方式，而是向国内外散发广告，个别谈判，谈判要涉及许多资产指标，这些指标事先是不公开的。

至于出卖企业的价格，在萨克森州，最高的达550万马克，最低的只有1马克，等于白送。萨克森州托管局认为，1马克卖掉一个工厂也是划算的，因为购买者要偿清该厂所欠的全部债务。

国有企业和公有企业的私有化，严重侵犯了萨克森州广大职工的权益，主要表现在以下三个方面。

（1）私有化后，大批工人失业。萨克森州失业率为15.4%，这在东部五州中还算是最低的，如果加上提前退休、转岗培训者在内，失业率高达35%。实际上，工人的失业率要比官方所说的高得多。位于德累斯顿近郊的海克曼化工设备加工厂，私有化以前有工人750人，目前在岗工人只有250人，失业者达500人，也就是说，私有化后减员2/3，数字惊人。

（2）无偿剥夺工人在民主德国时期创造的劳动成果和积累的财富。以上述海克曼化工设备加工厂为例，1962年民主德国政府将其国有化以前，只是一家小小的汽车修配厂，国有化以后逐步改造和发展成为化工设备厂，营业额达3400万马克。1991年私有化评估资产时，原所有人海克曼的资产只占总资产的8%，92%的资产都是工人劳动创造的财富。如今该厂已全部私有化，而创造这笔财富的工人不仅失去了自己的财富，而且多数人丢掉了自己的饭碗。这是对工人的明目张胆地残酷掠夺。

（3）工人的地位在企业中发生了根本变化。在民主德国时期，工人是企业的主人，私有化后，各企业虽设有工人委员会，但工人沦为任资本家宰割的雇佣劳动者已是铁的事实。

萨克森州农村中的私有化与城市中的企业私有化同步进行。据该州农业与食品部负责人介绍，民主德国实行集体化以前，80%～90%的农民向土地所有者租种土地，集体化以后，该州共有850个农业生产合作社，包括畜牧业生产合作社和种植业生产合作社，共有20万个农业劳动力。两德统一后，实行私有化，把土地归还给原土地所有者。合作社被解散，成立了5000家私人农场，平均每个农场有100公顷土地，从事农业生产的劳动力由20万人锐减到4万人，16万人即4/5的农业劳动力失去工作岗位。

农业劳动力的锐减和大批农业劳动力失去工作是私有化的直接结果，也与欧共体的农业政策有关。欧共体要求成员国限制农产品的生产，农民光靠农产品是生活不下去的，其收入的一部分来自欧共体的补贴，没有农产品补贴，农民就会破产。在这种情况下，在农民当中，25%的人失业了，25%的人提前退休了，30%的人在转岗培训，和城市中的工人境遇一样，多数农民不仅失去了土地，而且离开了土地。失业农民每月可领取450马克的救济金，55岁提前退休的农民每月领取350马克的养老金，用以维持他们的生计。

九 德国的排外主义

目前存在于德国的排外主义，是保障在德国的外国人的人权的一大障碍。在一系列大规模排外事件发生之后，德国联邦和各州政府及司法部门采取了一系列措施，已使排外主义的行动有所收敛。但在德国，排外主义思想根深蒂固，今后在一定条件下必然还会爆发出来。

（一）在德国的外国人现状

据德国联邦政府内务部负责外国人事务的官员哈勃兰称，截至1993年10月，在德国有680万外国人，占人口的8%。据德国联邦内务部公布的材料，在汉堡、柏林、黑森州、巴登—符腾堡州外国人在居民中远远超出这一比例。在外国人中间，以土耳其人为最多。外国人的大多数是外国工人。

1. 战后大量外国工人移居德国

据哈勃兰称，德国1950年代从外国雇用大量工人，那时德国的工业、农业及服务行业发展很快，国内劳动力缺乏。当时也有失业者，但我们不能要求一名会计到矿上去干活，于是德国与地中海的一些周边国家签订协议，引进工人到德国的各种行业来工作。本来想让这些人来德国工作1~3年，挣些钱后回国工作，但结果事与愿违。外国工人不愿放弃这里的报酬高的工作，企业也愿意继续接受这些有经验的熟练外籍工人。时间长了，不能要求他们不带家属。这样，家属来了，孩子生了，上了学，德语说得比母语还好，所以就更不愿回国了。德国政府于是同意他们移居德国。

之后，德国制定了有关外国人的法律，以改善他们的处境。他们因此享有居留权和受雇用的权利，其家庭可在德国居住。他们也可依法获得德国国籍。

目前德国经济处于不景气阶段，在德国的外国人的处境每况愈下。据联邦内务部公布的材料，截至 1993 年 6 月底，在联邦德国原 11 个州中，外国人的失业率是 14.4%。柏林市外国人事务专员巴巴拉·约翰女士说，在柏林，现德国人的失业率为 11%，而外国人的失业率则是 22%。其中年纪大的外国人的出路更成问题，他们就业困难，只能靠失业救济金勉强维持生活。按照法律，男 65 岁、女 60 岁才能领退休金。这些人若回国，可发还他们为退休已交纳的钱，但土耳其人很少有人愿意回国。

2. 近年来寻求避难者蜂拥而至

自 1970 年代石油危机之后，包括德国在内的西欧各国纷纷停止接受移民劳动者，申请避难遂成为大量想移居上述国家的合法途径。特别是 1989—1991 年发生的东欧和苏联的剧变，引发了由东欧向西欧的人口流动。据联邦内务部 1993 年 7 月公布的数字看来，近年来到德国避难的人数日益增多。

德国联邦政府内务部官员哈勃兰认为，邻国移民减少，德国移民增加并已达欧共体移民总数的 80%，究其原因有二：首先，从地理上，来自东欧国家的人第一到达国家往往是德国；其次，德国宪法有关避难权的规定宽松。按照 1949 年德国基本法第 16 条第 2 款的规定，“政治上受迫害的人享有避难权”。这比 1951 年《关于难民地位的公约》对难民所应具条件的规定更为笼统。

在申请避难者中间，真正受政治迫害而符合难民条件者并不多。据联邦确认外国难民局的统计，近年来在申请避难者中该局承认为难民者所占的比例分别是：5%（1989）、4.4%（1990）、6.9%（1991）、4.3%（1992）、2.1%（1993 年上半年）。除此之外，尚有 1.5% ~3% 的被拒申请者在法院上诉时由法院裁定而取得难民身份。

柏林外国人事务专员称，申请避难者经过各种程序，所需时间往往要 2 ~3 年，特殊案例有达 7 ~8 年的。而申请避难者在德国停留一年后作为例外可找工作。事实上被拒申请者中间只有 40% 的人离开德国，60% 的人在德国停留时间很长，最后也得到居留权（非避难权）。德国这样做，主要是基于人道主义考虑，例如，黎巴嫩申请者，其本国内战虽结束，但经济仍很困难，本人有病，孩子多，等等。

3. 在德国的外国人待遇

据柏林外国人事务专员说，外国人有两种就业许可证，一是一般就业许可证（在时间和就业地区上有限制），另一是特殊就业许可证（在时间、地区上无限制），后者发给在德国居住5年以上者。

现欧共体成员国国民享有优惠待遇，他们可自由出入境，自由就业，可参加地方选举，但不能要求社会救济。

按照法律规定，未完成规定程序（如申请避难程序）的外国人，还不能找工作。

申请避难者进入德国后，由电脑依照各州收容数额比例，确定该申请者应被哪一州接待。申请人到达应去的州的难民收容所即开始申请程序，办理各项申请手续，等候联邦确认外国难民局（总部在纽伦堡，各州设分局）认定其是否受政治迫害，从而被确定是否能得到难民身份。取得难民身份者，享有居留权和就业权。避难申请被拒绝后，可上诉至行政法院，之后还可再上诉至高级法院。

申请避难者在收容所可获得衣、食，患病、怀孕和生育可获医疗帮助。每月可获个人零用钱，成人80马克，14岁以下儿童40马克（据1993年11月1日生效的申请避难者津贴法令）。申请避难者如参加慈善性工作，每小时可获2马克。申请避难者无迁徙自由。

申请被拒者有义务离开德国，德国对此给予援助，并进行防范性拘留，用飞机遣返。

（二）德国当前的排外主义

1. 排外主义事件层出不穷

近年来，德国排外活动日益猖獗。据报道，1990年在德国发生排外事件200起，1991年猛增至2386起。1992年联邦刑警局登记的仇外犯罪行为有4587件。截至1993年11月初，1993年已有排外事件1500多起。在众多的排外事件中，已公然对外国人及其财产采用了打、砸、抢、烧等手段。例如：1992年8月22日到27日德国东部罗斯托克市发生600多名极端民族主义分子及近千名追随者袭击该地区难民收容所的大规模的排外暴力事件，造成100多人受伤和数百万马克的财产损失；1992年新年除夕，德国东部索梅尔达小城发生40多名极右分子袭击移民宿舍的暴力事件；1993年5月29日在索林根有5名土耳其人被极右分子纵火烧死。

2. 排外主义思潮的背景

排外主义的历史根源：据德国官方的对外宣传材料《德国实况》，“大多数德国人和外界人都为彼此之间友好相处而努力。然而，如世界所有地方一样，这里，特别是在一些外国人数占20%甚至更多的大城市，紧张关系始终存在”。20世纪20年代末30年代初的世界性经济危机和希特勒上台之时，排外主义思潮甚嚣尘上，当时的情况与目前德国的排外主义非常相似。

排外主义成为极右翼势力的思想政治倾向：极右势力的社会基础主要是中小工商业企业主及农场主、低薪工人、失业者和18～24岁左右的青年，这些人对经济衰退、现实政治及体制感到失望并对未来感到忧虑。极右势力大都鼓吹极端民族主义、种族主义。据1992年3月2日《华盛顿邮报》，新纳粹分子头目埃瓦尔德·阿尔特汉斯声称自己的政治目的是：结束德国战后的民主制度，实行法西斯主义，推行排外和反犹太人的纲领。目前右翼势力在柏林、不来梅、巴伐利亚、巴登—符腾堡、石勒苏益格—荷尔斯泰因州等许多州的议会中都占有一定席位。联邦内务部官员施柯恩博士说，德国的右翼势力有组织也有个人，组织已达82个，人数为41000～42000。他们在整个人口中数量虽很少，但给我们带来很大的麻烦。特别是袭击外国人，引起了国际上的关注。

3. 发生排外主义事件的原因

德国经济停滞不前。德国经济从1991年年底开始趋于停滞，1992年第二季度转入下降。这种情况的延续，使德国失业率大大增加，1993年西部地区已超过10%。与此同时，德国每年要支持东部民主德国五个州至少1500亿马克。在目前失业率居高不下的情况下，大量外国工作移民的存在和大量新的外国难民的流入，使德国劳动力市场的矛盾更加激化，德国不少居民认为，外国人抢了他们的饭碗。德国人公开表示，德国人口已相当密集，大量外国人涌入德国，使德国不堪重负。

种族偏见在德国普遍存在。德国发生大量的甚至大规模的、严重的排外事件，新纳粹主义得以兴风作浪，与种族偏见的普遍存在直接相关。不少德国群众一向对外国移民厌恶甚至敌视。这种情绪在面临经济不景气而个人生活处于困境的情况下，很容易集中表现在排外主义事件上。例如，1992年8月罗斯托克发生的排外暴力事件中，有数千名群众在旁围观，拍手称快，从跟着喊“外国人滚出去”的口号发展到上千人参与打砸抢。再如，在大规模的仇外事件中，警察干预的无力，也与他们中一些人的思想有关。柏林德国发展研究所的海因茨博士指出，在德国发生的排外事件，与警察未正确履行职责有关。据报道，西欧警察带着种族偏见欺负有色人种的事情时有发生。1992 年在德国的格拉尼茨发生过警察殴打难民的事件。在德国，种族偏见表现在生活的许多方面，据报道，著名网球明星鲍里斯·贝克尔因无法忍受一些人对其具有黑色皮肤的妻子的攻击而移居伦敦。

目前排外主义事件主要是针对在德国有 180 万的土耳其人，但德国 4 万犹太人中的许多人相信，德国统一带来的民族自豪感，加上经济状况不佳，可能导致对犹太人的古老偏见与憎恨死灰复燃。一年前进行的一次民意测验表明，1/3 的德国人相信，犹太人对于他们受到的迫害应负 50% 的责任，44% 的人说希特勒政府“有它的优点”。

（三）德国对排外主义事件的对策

1. 德国人对排外主义事件的立场

在震惊世界的一系列排外事件发生后，德国朝野知名人士都纷纷出来表明自己对上述事件的反对态度，他们中间既有联邦和各州的官员，也有各大政党的政治家、经济界和工会的代表、教会人士、运动员、艺术家等等。

德国总理科尔 1993 年 1 月 29 日在希特勒上台执政 60 周年前夕发表讲话时说，“制止暴力行为，保护人的尊严是至关重要的”。1993 年 6 月 4 日科尔总理在会见参加索林根血案五名无辜受害者追悼会的土耳其副议长耶尔德勒姆·阿夫哲一行时说，索林根的排外纵火案是德国的耻辱。科尔表示，德国政府不会允许德国人或土耳其人以暴力行为来破坏德土间的传统友谊。他还指出，政府将考虑在德国的土耳其人的生活状况和加入德国国籍的可能性。

在德国人中间，虽然种族偏见和排外主义情绪较普遍存在，但这不等于他们赞成野蛮袭击外国人的暴力行为，因为这种行为有损德国在国际上的形象，而且也并非阻止外国人移居德国的良策。据德新社报道，曼海姆选举研究小组所进行的民意调查表明。94% 的被调查者不理解对申请避难者的暴力行为，74% 的人认为作为德国人必须对这些暴力行为感到耻辱。事件发生后全德先后有百万居民上街游行示威，反对种族主义和排外主义行径，反对右翼暴力行为。德新社还发布消息说，仇外犯罪行为的作案者绝大多数是年轻人，20 岁以下青少年在作案参与者中约占 70%，而且很大一部分人的政治倾向无法明确肯定。

2. 德国官方所采取的反对排外主义措施

自 1992 年 8 月发生袭击事件以后，联邦和州一级政府为对付排外暴力行为作了很大努力。

（1）通盘考虑同右翼激进主义作斗争的规划。1992 年 12 月 8 日联邦总理府成立了由总理府部长弗里德里昂·博尔主持、若干个部的国务秘书组成的“同德国右翼激进主义作斗争的部际工作组”。该组的第一项工作就是向联邦内阁提出关于右翼激进主义在德国的蔓延及与其作斗争的可能性的报告。

（2）取缔右翼极端分子组织。德国三个最好斗的右翼极端分子组织已被联邦内政部禁止，头目已被逮捕，这些组织的全部财产已被没收。

（3）进行反仇外教育。联邦政府在面对极端主义方面特别寄希望于教育措施。联邦内务部为此申请专项拨款，1993 年为 600 万马克，1994 年为 300 万马克。

（4）严厉惩办仇外事件罪犯。德国法庭认定 1992 年 11 月 23 日在德国北部莫伦小城向土耳其人住宅投掷燃烧弹造成三人死亡的罪犯参与三起谋杀和纵火，并判终身监禁。

（5）接纳一些土耳其人入籍。德国历来重视民族特性和血统，不是一个移民国家，各国人向德国归化较难。按照 1913 年国籍法，外国人入籍需经很复杂的程序，并需交重金。柏林外国人事务专员说，我们愿意土耳其人归化。目前柏林 14 万土耳其人中已有 7000 人有德国国籍，在联邦中是比例最高的。按照柏林市的规定，凡未赴土耳其服过兵役的土耳其人可入德国国籍。过去每年约有 50 人入籍，入籍需交 3000 ~ 4000 马克。现一年有 3000 人入籍，入籍只需交 100 马克，联邦原则上同意双重国籍的存在，虽然德国与一些国家所订的协议有避免双重国籍的规定，实际上 30% 的入籍者具有双重国籍。土耳其认为土耳其人加入德国国籍后仍为土耳其人。

3. 修改基本法有关避难的条款及申请避难的程序法

面对大量外来移民和寻求避难者所引发的社会问题和财政问题，德国一方面采取一系列反对排外的措施，另一方面为阻止难民大量涌入简化申请避难程序，对基本法关于庇护难民的条款和申请避难程序作了重大修改。

1993 年 7 月 1 日关于修正基本法第 16 条和第 18 条的法律生效，该法的主要规定是：（1）保留对受政治迫害者给予庇护的内容（新的第 16 条 a 第 1 款）；（2）排除经安全第三国进入德国的外国人请求避难的可能，上述人员将在边境不准其入境并立即将其遣回安全第三国（新的第 16 条 a 第 2 款）。这里的“安全第三国”是指所有欧共体成员国和所有在其国内履行日内瓦难民公约和《欧洲人权公约》有保障的国家，除包括欧共体成员国外，还有芬兰、挪威、奥地利、波兰、瑞典、瑞士和捷克。这样一来，德国的所有邻国都属于安全第三国。该法还规定来自安全本国的外国人的避难申请将以明显无根据予以驳回，除非其提供事实或证据证明其处于受政治迫害的危险之中。“安全本国”是保加利亚、冈比亚、加纳、波兰、罗马尼亚、塞内加尔、斯洛伐克、捷克和匈牙利。按照 1992 年 11 月 30 日和 12 月 1 日欧共体部长会议的结论，在上述国家“从总体上已无受迫害的严重危险”。该法还规定，从安全国家飞抵德国机场的请求避难者不得离开机场的过境区，联邦确认外国难民局应迅速对其申请作出决定，行政法院应在 14 天内对申请被驳回的上诉作出裁决。当上述机构未能通知边防部门或不能在规定时间内作出决定时该外国人方得入境。

十　德国“保护少数”的情况及存在的问题

近年来，“保护少数”在国际上被认为是保障人权的重要方面或特殊形式。按照 1966 年《公民权利和政治权利国际公约》第 27 条的规定，“在那些存在着人种的、宗教的或语言的少数人国家中，不得否认这种少数人同他们的集团中的其他成员共同享有自己的文化、信仰和实行自己的宗教或使用自己的语言的权利”。根据德国学者和有关部门的介绍，德国在保护少数方面做了不少工作，其主要情况和存在的问题有以下几个方面。

（一）何谓“少数”（minority）

联合国人权委员会反对歧视少数专家委员会专家、德国的卡尔·约瑟夫·帕茨教授认为，如果给“少数”下定义，“少数”应有以下特点：（1）在居民中是少数而不是多数；（2）不是统治者；（3）具有自己的语言、宗教或习俗；（4）有保护自己文化传统的意识，不愿适应多数。“少数”不仅包括本国人，而且包括外国人。欧洲流行一种理论：“少数”应仅指本国人，不是本国人只能享受“不歧视”，而不能主张更多的“保护”。

关于“保护少数”是个人的权利还是集体的权利，帕茨教授认为，它一方面是个人的权利，另一方面有集体的因素，但不是集体的权利。但他又说，保护的对象或者是集体，或者是集体中的个人。

（二）德国保护三个少数民族

德国对三个少数民族即丹麦人、弗里森人和苏尔本人给予保护。在德国北部与丹麦交界的边境地区，居住有1万丹麦人。在靠北海地区居住有弗里森人，有7000人。在萨克森州与捷克邻近的地区有苏尔本人5万～8万人。这些少数民族有自己的居住区，其他人不得自由迁入，有自己的组织，他们在学校使用自己的语言。此外，还有种种优待。如苏尔本人，人数虽少，但有代表进入议会。

帕茨认为，德国对上述三种人的保护超过了国际标准，国际上只要求承认其存在，而德国承认他们是少数民族。他们可使用母语，保有自己的文化。

（三）关于吉普赛人问题

联合国人权委员会反对歧视少数专家委员会曾谴责德国没有承认吉普赛人为应予保护的“少数”。现在德国有15万～17万吉普赛人，他们多是近几年来流入的，他们中很少有人有德国国籍，常常弄不清楚他们究竟是属于哪个国家的。吉普赛人流动性很大，不知应由哪一州为他们拨经费。尽管如此，联邦已安排资金使吉普赛年轻人能接受到同德国人差不多的教育。但因其流动性大，就学情况不佳。

（四）关于土耳其人问题

土耳其人在德国现有180万人。德国联合国协会副秘书长韦艾尔博士说，国际法学家们认为，工作移民不能算作少数民族，居住在某一特定地区的群体才能算是少数民族。土耳其人虽是少数人群体，但他们遍布德国全国，有可能被同化。

（五）关于外国人的问题

据德国联邦政府内务部公布的材料，截至 1993 年 10 月底，德国有 680 万外国人，占人口的 8%。在汉堡、黑森、巴登—符腾堡和柏林，外国人在居民中远远超过这一比例。

外国人主要由两部分人构成。大多数是来自南欧的工人，此外就是寻求避难者。在寻求避难者中，只有约 5% 的人依法是有资格避难的难民即受政治迫害者，其余都是所谓的经济难民，即来寻求生计或较高工作报酬者。

根据德国官方的观点，外籍工人虽长期在德国居留，但不能算是少数民族。帕茨教授认为，德国对外籍工人的帮助已超过国际标准，如让其中 90 万人参加了为就业需要的德语教育和职业培训。

十一　波兰的宪法法院

波兰的宪法法院是在 1980 年代中期建立的。在社会主义时期，波兰宪法法院曾经依法审理了一系列重大案件。例如，1986 年 5 月审理了政府发布的“调整从国家购买住房者应承担的使用费和修缮成本费收费标准的规定”是否合法的案件；1986 年 6 月审理了民族复兴爱国运动提出的关于商业部把确定酒类销售点之数量的权力让与下级行政机构的做法是否合法的案件；1986 年 10 月审理了最高行政法院院长提出的关于商业部是否可以把调整供应卡的登记工作转交给下级行政机构的案件；1986 年 12 月审理了部长会议“关于在最高和中央合作组织以及其他组织单位办公室就业的工作人员工资问题的决议”是否符合《手工业经营和组织法》的案件。波兰宪法法院的这些审理活动，在当时都引起比较强烈的社会反响。

波兰宪法法院的主要职能是监督和审查议会及政府制定的法律、法规和其他文件是否符合宪法，审理和裁决违宪案件。它虽然是法院，但独立于普通法院系统，不受最高法院的领导。宪法法院由 12 名法官（其中包括 1 名院长、1 名副院长）组成，由议会选举和任命，任期 8 年，每 4 年改选一半，不得连选连任。首次任命的法官有一半任期 4 年，有一半任期 8 年，4 年后 4 年任期的法官被改选。宪法法院的法官在工作中独立行使职权，只服从宪法。

宪法法院的审理活动一般是在有人提出违宪申诉后才得以开始，但有时也可以主动进行。众议院、参议院、政府机构、法院等都可以提出申诉。宪法法院对议会及政府的法律、法规和其他文件的宪法审查，必须是在法律、法规和其他文件制定并通过之后进行，不审查议会及政府正在制定的法律、法规和其他文件。

宪法法院不受理公民个人提出的违宪申诉。

宪法法院对审理的每个案件都必须作出裁决。宪法法院裁决的效力分为两种情况：（1）宪法法院如果裁决议会的法律的整体或者部分是违宪的，应当将裁决通知议会，要求议会在 6 个月之内对宪法法院的裁决表明态度，或者撤销法律，或者修改法律，或者否决宪法法院的裁决。议会否决宪法法院的裁决必须以 2/3 多数票通过。如果议会在 6 个月内未能否决宪法法院的裁决，或者没有对宪法法院的裁决作出任何反应，宪法法院的裁决自动生效，而法律整体或者部分失效。（2）宪法法院的关于政府制定的法规和其他文件违宪或违法的裁决，以及关于其他问题的裁决，是最终裁决，具有绝对效力，有关机构必须执行，否则宪法法院可以强行执行。据了解，波兰宪法法院的违宪裁决有十几个是发生效力的。例如，卫生部长的一项关于限制女性进医学院学习的决定，因为违反宪法规定的男女平等原则，而被宪法法院裁决违宪，最终被撤销。

波兰宪法法院在审理一些有关人权的案件时，还曾经适用国际人权公约。波兰宪法法院秘书长等人在与我们座谈时指出：虽然波兰宪法没有明确规定国际公约在波兰诉讼中的作用，宪法法院也没有评价波兰宪法与国际人权公约一致性的权力，但是，宪法法院从保护人权这一基本原则出发，可以根据国际人权公约对波兰宪法的一些规定进行解释，将波兰的法律与国际人权公约相比较，对案件进行审理并作出裁决，因为我们认为国际人权公约与波兰宪法的基本原则是一致的。据介绍，波兰宪法法院曾经在有关妇女保护、退休金等案件的审理中直接适用了国际人权公约。例如，在审理一件有关妇女退休问题的案件时，根据《经济、社会及文化权利国际公约》解释了波兰宪法第 68 条关于劳动权的规定，从而作出不能强迫妇女提前退休的裁决。

十二　波兰的民权保护专员制度

波兰的民权保护专员制度是根据 1987 年 7 月 15 日颁布的民权保护专员条例建立的。该条例第 1 条第 2 款规定，民权保护专员的任务是保护由波兰宪法和其他法规所规定的公民权利和自由。民权保护专员的责任是在涉及公民权利保护的案件中，审查负有法律责任的机关和组织由于作为或不作为对公民权利所造成的侵犯，纠正这些行为，维护法律的尊严。根据法律，民权保护专员的资格是：第一，有丰富的法律知识和专业工作经验；第二，具有源自杰出的道德品格和对社会问题高度责任感的权威。众议院通过一定的法定程序选择人权保护专员候选人，由参议院批准任命。一经任命，民权保护专员便独立于其他国家机构而进行工作，每年向参议院和众议院汇报工作，工作汇报既包括他一年的工作，也包括对国家民权与自由领域的情况进行评价。民权保护专员任期 4 年，直接对议会负责，可以连任。

1987 年 11 月 19 日，波兰科学院法学研究所著名民法教授埃娃·利特维斯卡当选为第一任民权保护专员。当时波兰仍实行社会主义制度。1993 年 11 月 5 日我们访问民权保护专员办公室时，埃娃·利特维斯卡的继任者，现任民权保护专员泽林斯基对我们说，当时社会主义制度的批评者们说民权保护专员不可能真正发挥作用，这一机构只是社会主义制度的装饰。但是，利特维斯卡忠于职守，在宪法和法律的范围内认真对待公民权利问题，在人民中树立了极大的威望。1989 年 12 月 29 日，波兰宪法的修改标志着社会主义制度在波兰的结束，一些人主张，依照社会主义宪法和法律设立的民权保护专员制度应该被取代。然而，由于有人民群众的支持，这一制度保留下来了，并继续发挥日益重要的作用。泽林斯基说，这一现象说明，任何机构，只要是真正保护人权，为人民权利而工作，就会得到人民的支持。

根据法律，民权保护专员享有如下权力：（1）干预被指控为侵犯人权与自由的机构的侵犯行为；（2）向侵权机构的上级单位提交一项报告，要求该上级单位监督并控制被指控的机构的行为；（3）要求对侵权行为提交民事、行政或刑事程序；（4）就任何有法律约束力的司法决定要求最高法院作出特别修正；（5）对有关单位保护人权的状况作出评价和结论，以使得它们更好地运作；（6）提出立法建议，以完善国家的人权立法；（7）将不符合宪法的法律法规提交宪法法院裁决；（8）申请宪法法院就一项具有普遍拘束力的法律作出解释；（9）就有疑问的法规申请最高法院裁决。

为了有效地行使权力，民权保护专员办公室还设有一些具体的工作部门。如：一处负责受理有关宪法权利、公民自由以及涉及政府机构和军方的申诉；二处负责受理法律实施方面的申诉；三处负责受理有关劳动与社会保险方面的申诉；四处负责受理有关农业财产以及环境保护方面的申诉；五处负责受理住房和社区经济方面的申诉；六处负责受理商业与财政方面的申诉；七处负责受理监狱犯人的权利问题的申诉；等等。

关于波兰民权保护专员的工作效果，泽林斯基说，在波兰当前的社会转型过程中，民权保护专员的工作为广大人民在不稳定的政治秩序中提供了一个稳定的权利保护机制，增加了民众的安全感。几年来，民权保护专员办公室受理了公民申诉信近 16 万件，其中涉及监狱犯人权利的为 16%，涉及劳动权及社会保险事项的为 15%，涉及经济事务、税收、关税等事项的为 11%，涉及法律实施的为 11%，涉及土地管理、财产所有权、环境保护等事项的为 7%，涉及住房事项的为 7%，其他为 33%。对于所有被提出的事项，根据问题性质采取了不同的处理方式。如 1988 年至 1991 年，有 72 件申诉事项被提交到宪法法院；有 27 件提交到最高法院，请求最高法院就所涉及的法律的含义作出解释；有 623 件进入行政或司法程序。

民权保护专员是一个一个人机构，其他的办公部门都是为了配合专员的工作而设立的。那么，这种一个人机构的实际作用靠什么来保证呢？泽林斯基认为，民权保护专员个人的能力是有限的，他必须依靠民主的法律制度。目前波兰的两种主要政治势力对现行法律制度的看法完全不同，自由主义政治势力强调多元化社会和保护少数人的权利；民粹主义政治势力强调少数服从多数的民主，认为波兰社会制度的转型不可能通过实行宪法与保护人权来实现。在政治观点的冲突中，民权保护专员倾向于前一种立场，即维护法律的尊严，强调法律面前人人平等，所有人的人权都必须得到保护。波兰现行宪法第 1 条规定，波兰共和国是一个法治的民主国家，人权保护专员据此保护法律所赋予公民的各项权利。泽林斯基说，对于正处于转型期的波兰社会来说，有这样一个相对稳定的机构来保护公民权利特别重要。在实践中感觉到甚至有在地方设分支机构的必要。他指出，不管社会制度发生什么样的变化，保护人权总不会错，这也是民权保护专员制度生命力之所在。

第三部分　对瑞士人权法律问题考察报告

应瑞士外交部的邀请，由法学研究所的王家福（因故在访问中提前回国）、刘海年、李林、王晓晔、黄列等五人组成的中国社会科学院法学代表团，于1996年年底对瑞士的政治法律制度进行了考察。

瑞士是西欧中部的内陆小国，人口仅有700万，却有着特殊的国际地位和独特的政治法律制度。在对外方面，它奉行永久中立，因而得以免遭“一战”和“二战”的战火蹂躏，但冷战以后中立政策却面临着新的挑战。它倡导的国际人道主义和推行的人权外交政策，使瑞士在国际上扮演了较为重要而又特殊的角色；日内瓦作为联合国欧洲办事处所在地，又为它提供了理想的国际舞台；瑞士与欧洲在经济、文化和其他方面有着千丝万缕的天然联系，但它却不是联合国和欧洲联盟的成员国。在国内方面，它有在近150年历史的宪法基础上建立的联邦制，各州享有极大的权力，但宪法却需要进行重大改革。法律制度的特点是，既有联邦统一制定实体法的统一性，又有各州自行制定程序法的多样性。政治上实行多党执政而没有反对党；国家实行委员会式的集体元首制，用“神奇公式”组织政府。人民享有世界上罕见的直接民主，人民投票决定联邦、州和社区各种事项的命运。这些历史演变过程中形成的政治模式，给瑞士带来了社会的长期稳定和经济的持续发展。

“他山之石，可以攻玉。”瑞士的许多政治和法律制度值得深入研究，有些方面对我国改革开放和经济发展有积极的借鉴和参考价值。现将考察的情况作系列报告如下。

一 瑞士的人权观念和存在的人权问题

在瑞士的法律制度和法律意识中，法律上的权利概念常与人权概念通用，但国内法与国际法有所不同：前者多以权利来表述，后者则表述为人权。

（一）瑞士的人权观念

在对人权的基本认识和倾向上，瑞士人权观念的文化和历史渊源属于西方传统。因此，瑞士学者、官员和其他人士对人权的看法，总带有西方的色彩，但与某些西方大国相比，又具有瑞士自己的一定特色。

关于人权的界定。瑞士学者和官员普遍认为，人权是任何人，只要其是人就享有的权利和自由。人权是人的尊严的体现和要求，来源于人的存在这一事实本身。人权的主体是个人与集体、个人与社会、个人与民族、个人与他人的结合。基于这种认识，瑞士人强调他们的人权观念与美国的人权观念不同：美国人认为，人权只是个人的权利，政府不能干预，美国人信奉的是个人主义的人权观。

关于公民和政治权利与经济、社会和文化权利两类人权。多数瑞士人认为两类人权不可分割，同等重要。但是，有些瑞士官员也不得不承认，在西方和瑞士，更多地关注公民和政治权利，而在发展中国家则比较强调经济、社会和文化权利。在瑞士的人权观念中，重点是政治权利，而宪法对人民享有最低标准住房权、医疗帮助权等社会权利不予承认。

关于人权的普遍性和特殊性。瑞士官方的立场是，确实存在人权的普遍性，但不同的国家有其不同的文化背景，因而人权又有特殊性。人权的普遍性意味着，基本人权和自由之所以重要，是因为无论各国的历史如何，都必须尊重人权，任何国家不得以文化、历史传统等为借口侵犯基本人权，如生命权、免受种族歧视权、免受虐待权、平等权等。对于这些权利，各国都须同等对待。对于那些不属于基本权利的人权，如财产权等，各国可根据本国的文化、历史、宗教、制度等的不同而有所差别。对此立场，瑞士学者却有不同看法。有的学者指出，人权没有普遍性和普遍标准，由于人们来自不同的国家和民族，有不同的文化，对人权必然会有不同的观点。如果每个国家都根据自己的理解来解释人权的普遍性，是很危险的。因为有些强国通过对人权普遍性的解释，向别国施加压力，以保障自己的利益。例如，美国就借人权保障来达到自己的经济和政治目的。

关于人权与不干涉内政。瑞士是《欧洲人权公约》及其议定书的批准参加国，要承担公约规定的相应的国际法义务，接受欧洲人权委员会和欧洲人权法院的管辖。其直接后果是，瑞士公民的权利受到侵犯，在用尽国内救济手段后，可以到欧洲人权委员会投诉，或者到欧洲人权法院提起诉讼。由于有这样一种人权背景，瑞士看待人权与不干涉内政原则的关系时，基本倾向是人权原则高于主权原则，为实现人权国际保护而进行的人道主义干预是对不干涉内政原则的例外。

关于人权与发展。以瑞士外交部开发与合作署的观点看，当前人们对人权与发展的态度有两极化的趋向。一种趋向主张，人权发展要为社会和集体提供更多的保障；另一种趋向则强调，保障个人应当放在更加优先的位置。瑞士官员认为，集体和个人两者是相辅相成的，在西方人权观与亚洲价值观之间存在两极，现在要做的，是在法律制度中确定集体权利与个人权利的比重和各自的分量，同时从中找出既保障集体也保障个人的价值观。促进人权发展必须涉及建立良好秩序、实行法治、明确政府责任、政治具有透明度、政府工作有效率，这些方面的持续发展，关系到政治、经济和社会的全面发展。所以人权与发展必须协调，相互促进。

（二）瑞士存在的人权问题

任何国家都存在人权问题，瑞士也不例外。

1. 瑞士宪法对公民基本权利的确认很不充分

依以《国际人权宪章》为标准，或者以国际公认的宪法权利模式为据，来评价瑞士宪法对人权的保障状况，结论是不理想的。首先，瑞士现行宪法未设专章对公民基本权利加以规定，有关权利的规定散见于宪法的各章之中。一般认为，这种结构是宪法不重视权利保障的体现。其次，宪法中规定的公民基本权利比较有限。《国际人权宪章》要求的一些基本权利，如免受任意逮捕、拘禁或放逐，公开审判，无罪推定，迁徙自由等，尚未作为基本权利载入宪法。公民的一些社会权利也没有得到承认。再次，瑞士宪法中甚至还使用“政治犯”一类词语的条款，如第 65、67 条之规定。当然，近年来，瑞士联邦最高法院以判例形式以及联邦和州议会通过具体立法的形式，加强了对人权的保障，但这毕竟不能取宪法的权威和作用。

2. 对于妇女权利缺乏应有保障

在联邦范围内，瑞士妇女直至1971年才获得选举权。《联邦男女平等地位法》迟至1995年才被通过，1996年7月生效。男女地位的不平等现象比较普遍，如在就业、任职、同工同酬、福利保障等方面，都程度不同地存在着歧视或者不平等现象。企业、公司和政府机关普遍存在的性骚扰也是侵犯瑞士妇女权利的现象。

3. 外国人的政治权利被限制

在瑞士的700万人口中，20%是外国人。瑞士社会的最脏、最累、报酬最少和最危险的工作，主要由外国人承担。连瑞士人自己也不得不承认，外国人工作是最勤奋的，而瑞士的财富正是建立在对他们剥削的基础上。但是，在瑞士这样一个号称“高度民主”的国家，140万的外国人却不享有投票权。

4. 联邦制、直接民主对人权的局限性

作为瑞士基本政治制度的联邦制，过分重视国家结构和联邦与州的权力划分，而忽略对公民权利的确认和有效保障，如联邦宪法对人权的规定就既不全面也不集中。由于实行联邦制，联邦关于保障人权的立法和其他决定不能很快在各州得到贯彻，在时间上表现出滞缓，在范围上表现为不统一。如关于男女平等，联邦宪法1971年确认此项权利以后，各州通过修改州宪法予以认可和实施的情况很不平衡，最后一个州迟至1991年才承认男女平等的权利在该州受宪法保护。

瑞士的直接民主试图最大限度地保障人民参与政治的民主权利，但与此同时，也限制了某些人权的享有和实现。例如，在1973年人民复决的投票中，关于人民接受适当教育的法案未获通过。又如，对学龄前儿童权益予以特别保护的立法建议，至今未被接受成为法案；即使成为法案，还有立法表决和人民复决等民主程序随时可将之置于死地。总之，在联邦制、直接民主与人权保障的冲突中，瑞士人作出选择的情感倾向是更青睐于前者。

5. 联合国人权委员会对瑞士人权状况的批评

（1）侵犯公民的人身权利，对公民特别是对外国人实行歧视待遇，还有警察打人等。

（2）囚犯的待遇不好，获得医生、律师帮助权，与家人联系权等权利得不到应有保障。

（3）妇女受到歧视，就业困难；而且男女同工不同酬，在有的企业中男女工作报酬差别达30%以上。

（4）对非政治难民前往瑞士避难采取苛刻政策，有违国际人权公约。

（5）忽视季节工、外国劳工的人权保障，使他们的家庭得不到团圆。

另外，青少年犯罪、毒品犯罪、失业等引发的人权问题也时时困扰着瑞士社会。

在国际上，瑞士法院审理的一些有关权利保障的案件在当事人上诉至欧洲人权法院之后，被判瑞士法院败诉，也反映了瑞士司法制度对人权保障的欠缺。

二　欧洲人权法院及其对瑞士人权制度的影响

瑞士的人权制度是以宪法和法律为基础建立的，联邦和各州的宪法、法律都对公民的权利保障作了规定，并通过联邦和州的立法、行政以及司法机构行使各自的职权，对这些权利予以具体保障。但由于历史的原因，瑞士的人权制度存在一些与国际人权运动，特别是与欧洲人权体系不和谐的因素。在欧洲一体化不断加强的形势下，瑞士的人权制度便日益明显地受到欧洲人权法院判决的影响。我们在位于法国斯特拉斯堡的欧洲人权法院访问时，就该法院对瑞士人权制度的影响问题进行了座谈，现将了解到的情况介绍如下。

（一）欧洲人权法院的构成和权限

欧洲人权法院是根据《欧洲人权公约》第19条规定设立的，旨在解决欧洲国家在人权领域发生的由个人提起的特定诉案，正如欧洲人权法院首席法官皮佐尔德告诉我们的：《欧洲人权公约》是建立在由意识形态相同的国家共同执行的基础上的“人权立法条约”，人权法院的裁决也同样服务于确立欧洲人权领域的“判例法”的集体目标。

欧洲人权法院在《欧洲人权公约》的执行机制中不具有自动效力，成员国可以自由选择是否接受该法院的管辖。截至 1992 年 12 月，除波兰外，欧洲理事会的所有成员国均批准了《欧洲人权公约》，承认人权法院的管辖权。欧洲人权法院是个独立的司法机构，每个欧洲理事会成员国都有本国的 1 名法官供职；每名法官均有其独立性，依照《欧洲人权公约》及其议定书的规定独立行使职权，甚至可以作出不利于自己国家的判决。

欧洲人权法院的管辖权涵盖所有涉及对《欧洲人权公约》的解释及适用的案件，但主要负责受理业经欧洲人权委员会处理且未达成友好解决的和其他有关程序及实体要件有争议的人权案件。欧洲人权委员会对案件的可接受性等的审查，是将案件提交到欧洲人权法院的必经程序。欧洲人权法院则通常只在人权委员会认定为可接受的事实的基础上对案件进行书面方式的审理。为了取证，也可以行使广泛的调查权。除某些特殊情况如涉及儿童隐私的诉讼外，一律公开审理。从案件提至欧洲人权法院到最后作出判决，平均需要一年多的时间。

欧洲人权法院的裁决是终审判决，但与各国国内法院的判决不同，它既无权宣布当事国的某项法律无效，也无权要求当事国取消行政或司法决议，或者命令当事国采取相应措施。但一般来讲，当事国负有遵守《欧洲人权公约》的国际法义务，必须采取必要的纠正措施，包括修改法律的立法措施。欧洲部长委员会拥有监督当事国执行欧洲人权法院判决的职责，可根据程序规则要求当事国通报其执行判决的措施。

（二）欧洲人权法院的判决对瑞士人权制度的影响

自 1974 年瑞士批准参加了《欧洲人权公约》后，公约条款即在瑞士“自动并直接”成为国内法。但公约与国内法效力等级的位阶关系却不明确，故瑞士的法学家一致力争使《欧洲人权公约》的地位高于瑞士国内法。一些学者认为，瑞士宪法和《欧洲人权公约》规定的对人权的基本保障在本质上是紧密联系的，受宪法约束的立法者也必然受《欧洲人权公约》的约束。因此，公约的效力应优先于新制定的联邦立法。

欧洲人权法院对瑞士人权制度的影响主要是靠它的具体判例来实现的。瑞士联邦司法办公室的弗兰克博士介绍说，在过去 20 年里，瑞士有 1423 个有关人权的案件被提至欧洲人权委员会，只有 114 个被接受；其中有 25 个案件最后被欧洲人权法院以判决方式结案。瑞士政府被判败诉的为

14 个，占 25 个案件的 56%。欧洲人权法院的判决并不妨碍瑞士法院判决的有效性，但它可以要求瑞士政府执行判决并对有关的法律制度作出相应的修改。自加入《欧洲人权公约》以来，瑞士在欧洲人权法院判决影响下，已进行了多次法律修改。例如，在 1988 年的“贝利洛斯”案中，当事人贝利洛斯太太组织了一次游行，游行过程中损坏了一些公共及私人财产。沃州法院据此作出行政罚款的裁决。当事人最终诉至欧洲人权法院。由于欧洲人权法院在本案中的有利于当事人的判决，沃州立法机关修改了诉讼的上诉程序；为了遵守《欧洲人权公约》第 6 条的规定，该州还取消了有关行政罚款的规定。受这个案件的影响，联邦委员会向联邦议会提出，联邦立法有必要考虑欧洲人权法院作出的有关违反《欧洲人权公约》规定的判决。并认为，除《欧洲人权公约》第 13 条和补充议定书第 3 条外，公约的实体条款基本直接适用于瑞士。

鉴于当前瑞士联邦宪法中没有一个详尽的公民基本权利与自由的清单，《欧洲人权公约》所载的权利在瑞士法院审理有关人权的案件中即起着确认某些基本权利的重要作用。瑞士联邦最高法院在其“伯格”案的裁决中指出：“应根据不成文的联邦宪法所保障的个人自由来考虑问题，应将当事人援引的《欧洲人权公约》的权利保障纳入个人自由的准确定义，尤其应予以注意的是，必须考虑欧洲人权法院的判例。”

欧洲人权法院的判例法对瑞士的法院以及瑞士的人权保障制度发挥着越来越重要的作用，以至瑞士外交部的官员福克斯先生认为，瑞士的人权制度已出现了向欧洲国家人权标准靠拢的区域化趋势。这种趋势导致在瑞士人权制度的司法保障机制中，欧洲人权法院实际上已成为第四级的终审法院，即：瑞士的社区法院、州法院、联邦法院和欧洲人权法院。欧洲人权法院在推动和完善瑞士人权制度方面的作用是毋庸置疑的。

瑞士外交部第四司的维尼处长向我们介绍的下述几个欧洲人权法院的判例，进一步证明了瑞士人权制度的区域化趋势。在 1987 年的“F 诉瑞士”案中，欧洲人权法院判决：瑞士法院采取的措施已影响到当事人结婚权的行使，违反了《欧洲人权公约》第 12 条的有关规定。在 1990 年的“奎兰塔诉瑞士”案中，欧洲人权法院的判决，使瑞士联邦法院不得不修改以往的判例法，并明确要求应参照欧洲人权法院在有关案件中采取的立场。在 1991 年的“路迪诉瑞士”案中，欧洲人权法院认定当事人的公正审判权未得到应有保障，因而判决瑞士败诉。

瑞士联邦最高法院在裁决有关侵犯人权的案件时，在很大程度上要受到欧洲人权法院判决的制约，尤其是在涉及《欧洲人权公约》提供的权利保障时，更是要参照欧洲人权法院在各相关案件中的判决。不仅瑞士联邦的法律和制度，各州的法律制度和规定也积极遵循欧洲人权法院的立场和原则。

但是，在瑞士也存在日益增长的对《欧洲人权公约》和欧洲人权法院判例法的冷漠态度，这一态度对瑞士人权制度的影响也不容忽视。例如，1988 年 9 月，一项关于恢复瑞士联邦和各州的相对于欧洲机构的主权的动议（其中包括必要时完全退出《欧洲人权公约》的内容），在联邦议会险获通过。这表明，瑞士民众对保持自己政治自治传统的根深蒂固的要求和对欧洲政治文化扩张性的反感。

更重要的是，通过这种权利保障机制建立的联系，使欧洲与瑞士的关系发生了重要变化。过去，瑞士在政治和军事上一贯强调保持中立，无论是对欧洲国家，还是对其他洲的国家，基本都是一视同仁的。而现在，瑞士的人权制度成了欧洲在政治上法律上进入瑞士传统体制的突破口，它对瑞士政治和法律制度的影响，绝不会仅仅停留在人权领域，而必然会潜移默化地波及瑞士的各项制度，最终导致瑞士与欧洲完全融为一体。

三　瑞士为什么未加入联合国和欧洲联盟

联合国和欧洲联盟都是当今世界上重要的国际组织，它们在国际以及地区事务中发挥着重要作用。多年来，瑞士积极参与它们组织发起的一些有关国际政治、经济和维持和平的事务或者行动，在其中担当了重要而又微妙的角色。然而，瑞士至今未加入这两个组织，不得不让人感到困惑。带着这样的困惑，我们多次与瑞士的有关人士进行座谈，他们对这个问题的看法和回答各不相同。

（一）瑞士为什么未加入联合国

据瑞士有关人士介绍，自 1946 年以来，瑞士就一直在讨论其与联合国的关系问题，直到 1960 年代末尚无定见。1971 年，瑞士联邦委员会批准成立了一个咨询委员会，负责就瑞士是否加入联合国进行论证。该委员会于 1975 年提出报告，建议瑞士加入联合国。其理由是：

（1）联合国已成为最普遍的国际组织，瑞士成为它的一员，有利于与各国发展良好关系，更多地分担有关世界事务的责任。

（2）瑞士奉行的外交政策与《联合国宪章》确立的维护和平、推进法律和社会进步等宗旨是完全一致的。

（3）瑞士加入联合国可使瑞士在建立国际经济新秩序、消除军事冲突、环境保护、保障人权等方面发挥更大作用。

（4）作为联合国的成员国，瑞士必须声明放弃永久中立政策，但这不会影响瑞士的安全。

（5）鉴于如无根据《联合国宪章》规定的授权，联合国不具有凌驾于国家之上的权力，它或者其他成员国不得干涉瑞士内政。

但上述代表政府意见的咨询委员会的建议披露以后，遭到了瑞士人民的反对。

瑞士人民反对加入联合国的主要理由是：

（1）联合国对一些国家和地区的制裁或者干预，表明它是一个具有政治和军事职能的国际组织。瑞士加入这个组织，显然与瑞士长期坚持的永久中立政策相背离，如果国际上发生较大的军事冲突，联合国无能为力时，就可能使瑞士卷入不必要的矛盾中，给瑞士带来灾难。

（2）瑞士在联合国的所属组织或者机构中已有地位，如“联合国儿童基金会”“联合国贸易和发展会议”“联合国开发计划署”“联合国社会发展研究所”“联合国环境规划署”“世界粮食理事会”等。通过这些组织或机构，瑞士能够较大限度地承担自己对于国际社会的责任，为世界的和平与发展作出应有的贡献。特别是瑞士积极主动地要求将联合国的欧洲办事处“万国宫”和其他一些诸如“世界知识产权组织”等国际组织和机构设在日内瓦，使日内瓦成为一个国际决策、国际和平事业的中心，使瑞士在不加入联合国的情况下，既可以保持它处于主动的中立地位，又可以根据具体情况适度地在联合国和其他国际组织机构的有关活动中发挥作用。

（3）瑞士人民在对外政策上的根本态度历来趋向于保守和孤立。在对待联合国问题的全民复决上，就充分表现了这种顽固的保守倾向。还有人从制度上进行分析，认为是瑞士的联邦制把国家大事的决定权赋予了人民，在人民复决这种民主形式下，政府的大多数对外决策都难以得到通过。因为，“在瑞士表决的历史上，人民复决从来都起着保守的作用”。

（4）经济原因。瑞士人民表决决定不参加联合国，是因为有相当一部分瑞士人认为，瑞士对联合国作的贡献已经够多的了。以瑞士的财力而言，如加入这个组织，只会承担更多的义务和责任，增加人民的负担，损害人民的利益，劳民伤财，得不偿失。

然而，由于政府认为瑞士不加入联合国弊大于利，遂责成议会就加入联合国的问题拟订一项议案，交付人民和各州表决。1986 年 3 月 16 日，瑞士人民在全民复决中以多数票否决了该项加入联合国的议案。

（二）瑞士为什么未加入欧洲联盟

与和联合国的关系相比，瑞士与欧盟的关系又有所不同。瑞士与欧盟保持着最密切的经济联系，它的约一半的贸易与欧盟国家成交。而对于欧盟来说，这仅占其外贸交易额的不到百分之十。由此决定了在协调双方的经济关系时，必须由瑞士适应欧盟的要求而不是相反。在瑞士与欧盟的关系中，瑞士显然是得多失少。从欧洲开始实施一体化政策以来，瑞士就清楚地知道这一政策最终将把各成员国引向一种政治联盟——欧洲联盟，各成员国必须统一其外交政策。瑞士民间普遍反对加入欧洲联盟，许多瑞士官员也认为现在入盟时机不成熟。他们反对加入欧盟的理由主要包括以下几方面。

（1）加入欧盟势必要服从它的经济、政治和军事一体化的安排，这在很大程度上将与瑞士长期奉行的永久中立政策不符，有可能使瑞士卷入地区或者国际性的冲突之中，这样有违瑞士的根本的、长远的利益。

（2）瑞士强调自己的政治自治，加入欧洲联盟，就必须在外交政策、司法制度、民主决策制度、军事制度等方面进行较大调整，才能适应欧盟的要求。传统上，瑞士是自下而上的直接民主体制，欧盟则实行集权制，两者存在许多矛盾。在这种矛盾面前，瑞士人民普遍不愿意放弃自己的自治权，改变这些制度。例如，欧盟的立法要普遍适用于各成员国，而瑞士的体制则要求将这些立法付诸“双重多数”的表决通过。这样一来，不仅有许多欧盟法会遭否决，而且瑞士的立法程序之缓慢，也远不能适应欧盟的运作制度。

（3）更令瑞士人担忧的是，瑞士加入欧盟以后，有可能导致瑞士国家的瓦解。瑞士主要是由讲德语、法语、意大利语的不同民族组成，在文化上与德国、法国、意大利有着不可分割的历史联系。瑞士加入欧盟，有可能在文化上发生分化，讲德语的人形成以柏林为中心的文化势力，讲法语的则以巴黎为中心，讲意大利语的以罗马为中心，这样，瑞士就难以保持其统一了。

1992 年，瑞士曾就加入欧洲联盟的问题进行人民复决，结果以 49.5% 的赞成、50.5% 的反对而遭否决。据联邦议会一位女议员介绍，反对加入欧盟的主要是德语区的人，他们认为瑞士这个小国要为如此大的地区作贡献是不公平的；而且，与国内的法语区人民相比，德语区人民属于多数，他们不愿意在加入欧盟后被置于少数的地位，处处听命于欧盟。

事实上，瑞士希望与欧盟加强联系，以从中得到经济实惠，而不打算马上加入欧盟，以免使这种关系发展成有违瑞士政治自治和永久中立的政治联盟；但欧洲一体化的进程必然要有政治内涵，任何成为欧盟成员的国家都应当承担相应的政治责任，这样才能使欧洲的整体利益得到根本保证。瑞士只想获欧盟经济之利，而避政治之责，势必与欧盟的政策发生矛盾。瑞士如何化解这个矛盾？

早在欧洲一体化开始的 20 世纪 70 年代初，瑞士与欧洲共同体就通过签署自由贸易协定的方式，基本解决了其与欧共体关系中的“政治独立”与“经济合作”的矛盾。这种模式现被用于处理与欧盟的关系。据介绍，瑞士目前正在与欧洲联盟就经济问题进行谈判，以作为在冷战结束后瑞士与欧盟发展新型伙伴关系的第一步。

谈判限制在经济领域，内容主要涉及七个问题，其中已解决五个，其余有争议的两个问题是：人员自由流动和交通。前者的困难在于，如果允许欧盟其他成员国的人民自由出入瑞士，由于瑞士生活水准相对较高，容易造成外国人滞留瑞士；后者的困难在于，瑞士是欧洲的交通要冲，如实施交通自由，势必给瑞士带来巨大的压力和沉重的负担，还会对环境造成污染。联邦议会下院外交委员会主席认为，经过讨价还价，双方作出妥协，是可以达成协议的。至于瑞士何时能加入欧洲联盟，完全成为欧盟的一员，他的看法是比较悲观的。因为这既要取决于瑞士的变化，也要取决于欧洲联盟的发展，整个过程和结果都充满了难以把握的变数。

我们认为，冷战结束后，瑞士的外交政策正处在一个进退维谷、可能作较大调整的时期。如果世界形势继续保持和平与发展的趋势，多极化的格局更趋明朗，瑞士出于自身利益的需要，有可能大幅度改变其外交政策，放弃永久中立，加入联合国并成为欧洲联盟的一员。实际上，瑞士已经在研究并且谨慎地重新给自己在新的世界格局中定位。对此，我国可以凭借中瑞长期的友好基础，加快发展与瑞士的经济、文化、科技等合作关系，扩大合作领域，影响其外交政策向着于我有利的方向发展。

四 瑞士的永久中立政策及其面临的挑战

从 16 世纪起，瑞士在处理对外关系时就奉行中立政策。1815 年，瑞士的永久中立得到了维也纳会议与会国的正式承认。瑞士的中立国地位，使之得以在第一次世界大战和第二次世界大战中免受战火的蹂躏。

“二战”之后，它又以其中立国的地位在东西方两大阵营之间，在解决国际政治、军事和外交争端中发挥了重要作用，其中有些争端与我国有直接或间接关系。冷战结束后，瑞士中立国的地位能否保持，其中立政策走向如何，为许多国际人士所关注。我们在访问瑞士期间，专就此听了一些官员、学者和政治家的意见。

据瑞士外交部官员福克斯介绍，瑞士之所以采行永久中立政策，是由以下原因决定的。其一，瑞士特殊的地理位置。瑞士和奥地利地处欧洲心脏地带，其政治地理位置形成了欧洲东西方两大集团的缓冲区，两大集团出于各自利益的需要，都不能在军事上涉足，以此保持并实现欧洲战略均衡的稳定性。其二，瑞士原材料匮乏，在经济上必须与外国相互依存。瑞士的经济，无论是资源、食物等的输入，还是产品、金融及劳动服务等的输出，都高度地依赖于国际市场，特别与欧洲联盟成员国有着更为密切的关系。瑞士国民总产值约 50% 是从国外赚来的。其中，67% 的进口来自欧洲联盟国家，50% 的出口到这些国家，脆弱的经济体系以及经济的高度依赖性，意味着瑞士必须保持中立，使自己置身于可能的冲突之外；要和欧洲其他国家搞好关系，与世界各国无论其政治、经济制度如何都予以合作，维持着官方关系。其三，国内政治的需要。瑞士人口主要由讲三种语言的居民构成，其中讲德语的占 63.7%，法语的占 19.2%，意大利语的占

7.6%。为了在各语区之间以及各党派之间保持平衡，避免因文化渊源和民族认同等原因产生剧烈争执、歧见而导致国家分裂或者国内政治震荡，在处理对外关系时，必须保持中立状态，才能维系国内各种关系、各种利益之间的和谐与平衡。

什么是瑞士人主张的“中立”？苏黎世大学政治学教授弗雷依据1907年的《中立国和人员在陆战中的权利和义务公约》，把瑞士的“中立”解释为：一个国家不参加其他国家之间的战争。一个国家选择了中立，就获得某些特权，如其领土不受侵犯，并承担某些义务，如禁止向交战国提供军事援助。为了能在发生战争的情况下实行中立，中立国在和平时期就必须采取某些预备性措施，如放弃签署参加一些条约。考察中我们注意到，随着国际形势的发展，特别是冷战以后两个超级霸权对峙格局的解体，新的世界格局尚未形成，瑞士中立的相对物已不复存在，中立政策面临着“无对立可中”的局面。在这种态势下，瑞士的学者和官员几乎一致强调，瑞士的中立本身不是一种目的，而只是一种手段，是一个小国所采取的自卫手段。中立仅是瑞士外交政策的重要组成部分，而不是全部。外交部的福克斯结合该部1990年代的工作任务解释说，冷战结束以后，瑞士外交部的工作原则主要是：捍卫瑞士领土完整，维护和平；实行民主、法治，保障人权；促进瑞士的经济繁荣；反对贫困，防止两极分化；保护生态环境。而瑞士的中立作为一种手段，是为实现上述原则服务的。过去，中立是首位的，现在中立要能够适应新的变化。联邦议会基督民主党议员弗里克也直言不讳地说，瑞士的中立政策只是一种方式，而不是目的。中立政策要在国际事务中发挥作用，必须有自己的武装和军队，其任务是维护国家安全，并由此对国际事务和国家安全作出贡献。联邦议会人民党秘书长更明白地阐释了瑞士中立政策的“灵活性”。他说，在当今时代，对中立的解释应是很广义的，应随环境的变化而改变。从传统看法出发，只有绝对的中立，只有不越雷池一步的中立才有意义，才能保证瑞士的安全。但现在要适应形势的变化，中立政策要有灵活性，不能对中立作太严格太狭义的解释。

事实上，冷战结束以后，瑞士在国际关系中应担当什么角色、在新的国际形势下应如何定位，确实让瑞士人进退维谷。瑞士传统的永久中立政策正面临着一场严峻的挑战。

第一，瑞士“中立”的对应物是什么？这是瑞士实行中立政策的基本前提。在战争条件下，一个国家的中立的含义，早已有国际条约予以界定，但在和平时期，无论是作为一种战时中立原则的延续，还是作为一种和平外交政策的运用，都需要有一定的对应物或者参照系，否则中立就无从谈起。瑞士过去在两大阵营间奉行永久中立，其对应的是相互对抗的两个军事和政治集团。但是，在苏联解体、冷战结束之后，瑞士中立的对应物是什么？在什么力量、集团或者势力之间保持“中立”？瑞士人备感惶惑。

第二，如何应对已经变化的世界经济政治局势？瑞士的永久中立政策是一个多世纪以前民族矛盾、军事冲突和经济变迁的产物。现在，这些历史条件都程度不同地发生了变化，和平与发展已成为当今世界的主流。特别是世界经济的发展，使各个国家对国际市场的依赖性日益增强。对于瑞士这样一个传统的主要依靠国外市场尤其是欧洲市场的小国来说，要想在激烈的国际经济竞争中维持或者扩展其国家利益、保持国民经济的稳定性，必须更多地加入国际或者区域经济的合作与竞争，加入全球或者区域经济的一体化进程。

然而，国际经济的联合与政治的联盟往往是相辅相成的。欧洲经济区域一体化的同时，也是其政治和军事一体化的过程。在目前的国际格局中，政治上很难有“中立”可言，瑞士只想从经济合作中得益而在政治上保持距离的时代已一去不返，如若再抱守过去的“永久中立”，只会使瑞士在国际事务中的地位和作用趋于保守、孤立和萎缩，使其经济面临更多的困难。

第三，瑞士如何处理与联合国、欧洲联盟的关系？联合国和一些区域性组织（如欧盟）在国际政治事务中的角色日益重要，而中立政策却束缚了瑞士参与国际事务并在其中发挥更大作用的手脚。瑞士至今尚未加入联合国和欧洲联盟，一个重要的原因，就是这两个组织具有浓厚的政治色彩，而不加入任何政治、军事联盟是瑞士奉行永久中立政策的初衷之一。瑞士不是这些重要国际或者区域性组织的成员，使其在联合国发起的一系列“维和行动”中以及欧盟对国际或者地区事务采取一致政治立场的场合，常常处于一种尴尬境地。一方面，它需要以积极的态度努力推进并维护世界的和平与安全，因为这是瑞士的安全和利益之所在；另一方面，它又自我孤立于联合国与欧洲联盟之外，无法以正式成员的身份在这两个重要组织中发挥应有作用，从而借助国际力量实现其外交战略构想。在维护国际和平与安全方面，瑞士本来可以也应当发挥更大的作用，然而“永久中立”却常常使它不得不扮演“跑龙套”的配角。

瑞士是否会在近期放弃永久中立政策？回答是否定的。原因很简单，即瑞士奉行永久中立政策的历史和现实条件还未发生根本改变，国际国内目前产生的利益压力尚不足以让瑞士民众改变沿袭已久的政治立场和政治态度，进而从根本上放弃永久中立政策。但近年来，瑞士的经济增长在零左右徘徊，国内失业率增加，社会保障总体水平下降，农业不景气，工业、金融业和第三产业停滞不前。主要由经济因素引发的诸如经济犯罪，治安变坏，青少年颓废、吸毒，妇女不满，外国人权利受侵犯等一系列社会问题，都迫使瑞士政府去寻求解决办法。国际关系的剧变，也迫使瑞士必须根据新的形势和需要，通过调整中立政策或对永久中立政策作出符合其现实利益的解释。例如，把“中立”视为一种达到目的的手段；对“中立”作出广义的甚至是实用主义的解释；或者干脆不予解释，而在实际的行为中加以调改，如在人权问题上向西方大国靠拢、支持向南斯拉夫联邦地区派兵等。

瑞士在国际政治事务中如能严守中立，以和平和人道主义精神开展外交活动，而不听命于西方大国的指挥棒，对发展中瑞两国积极而友好的合作关系是比较有利的。但由于瑞士的历史和文化传统背景，现实的经济利益和属于西方意识形态，以及在某些问题上屈服于西方压力，很难避免其中立政策进一步偏向西方大国。对此，我国应从政治、经济、文化、外交等渠道多做工作，争取主动，促使瑞士对中立政策的调整不至于产生于我不利的严重后果。

五　瑞士修改联邦宪法的动向

对现行宪法作全面修改，是瑞士法制发展中的重大事件，已经酝酿了很长时间，随着制宪150周年来临，更成为瑞士政治、法律界和全体公民关注的问题。我们在瑞士考察期间，对修宪的有关问题作了了解。现将了解情况介绍如下。

（一）瑞士现行宪法

瑞士现行宪法制定于1848年，它是在民众反对贵族统治、教会和家族特权斗争中，代表资产阶级的自由派——激进派对维持贵族特权的“宗得崩德”派的战争胜利的基础上制定的。1874年经过全面修改，扩大了联邦在军队、经济和社会事务方面的立法权，为进一步强化反对教权和为民族经济发展创造了更有利的条件。这部宪法共分三章：第一章，总则；第二章，联邦机构；第三章，联邦宪法的修改。全文共123条。

由于瑞士是各“主权州”联合形成的联邦制国家，所以宪法的主要内容是以根本大法形式肯定各州与联邦之间的关系，亦即各州与联邦间重大权限的划分。依照宪法，瑞士实行民主共和政体，立法、行政、司法三权分立。联邦议会为两院制，由全国按人口比例选举产生200名代表组成的国民院和各州推举2人共46名代表组成的联邦院，共同构成国家的最高立法机关；议会两院选举产生联邦委员会，由7名地位平等的委员组成，他们轮流出任委员会主席即联邦主席，为国家元首。联邦法院为最高司法机关，正、副院长由联邦委员会提名，联邦议会选举产生。

在州与联邦权限划分上，外交、国家安全和防务、铁路、国家公路、邮电、货币和联邦税收等事项，由联邦政府管辖；治安、司法行政、教育、卫生、宗教事务和社会救济等事项由各州管辖；也有一些事项如公路建筑、渔猎和社会保险等，由联邦和州共同管辖。瑞士联邦制度的特点之一，是联邦各机构之间以及联邦与州之间不是隶属关系，而是它们所谓的“协作关系”或者“合作关系”。

与当今世界许多国家宪法不同的是，瑞士宪法未设专章规定公民的基本权利和义务。其他一些应有内容也不完全。为了适应客观形势的需要，自1848年以来的近150年当中，瑞士宪法经过了1次大修改和140余次小修改。目前，在结构上，宪法的篇章虽未改变，但条目已显得混乱，出现了不少并列条，体例很不统一。在内容上，许多条款规定的内容或者重复，或者过细或者过粗，以致联邦司法警察部的沃顿斯拉格教授对我们说：连不少瑞士人都弄不懂自己的宪法。对宪法的许多条文，他们需要靠专家、学者们的解释才能明白其含义。

（二）瑞士全面修改宪法的背景

一个国家的公民弄不懂自己国家宪法条文的含义，这本身就成为修改宪法的重要理由，但瑞士全面修改宪法还有其更深的历史背景。

前面已经谈到，瑞士联邦是在“主权州”的基础上形成的。在瑞士联邦建立前的这些所谓“主权州”，是一个个名副其实的小国。联邦建立后，它们的主权意识仍然极强。有的州至今仍以其州冠以“国”字而自豪。日内瓦州委员会主席瑟龚先生在会见我们时，特别将州旗与中国国旗并列插在厅前，并提醒我们注意，日内瓦州的全称是“日内瓦共和国州”。从瑞士联邦的发展历史看，自公元 1291 年乌里、施维茨和下瓦尔登三州缔结“永久同盟”逐步形成瑞士联邦时起，从来没有过国王和皇帝。因之，这个山水如画的国家现存的古迹中，有不少昔日的领主、贵族居住的城堡，却没有一座王宫。1789 年法国大革命胜利，拿破仑一世侵占瑞士后，曾按照法国的模式强行把瑞士划分为 22 个省，建立了单一制的集权国家。但由于这种制度遭到瑞士人的普遍抵制，1803 年法国统治者不得不取消单一制，恢复联邦制。正是这种根深蒂固的州的主权意识，决定了 1848 年宪法内容主要是解决联邦与州的关系，而对宪法应有的其他内容注意不够。

尽管 1848 年宪法确立的瑞士联邦是一个以主权州为基础的松散联合体，但它毕竟比以前推进了一步，为新兴的资本主义经济发展扫除了一些障碍。19 世纪中叶起，资本主义在瑞士和整个欧洲得到了长足发展。“一战”“二战”期间及其前后，瑞士的经济虽然也受到西方资本主义国家经济危机和战争的某些影响，但由于它坚持武装中立，最终未被卷入战争。总的看，这个国家的经济基本上得到稳定发展。长期以来，适应国内外经济发展和应付周边国家战争形势，联邦和各州之间的权限也逐渐地发生了变化。其特点是联邦的权力缓慢扩大了。尽管如此，联邦司法警察部的沃顿斯拉格教授在谈到瑞士联邦制存在的问题时，仍然坚持认为，各州的权力还应进一步缩小。很显然，瑞士这次对联邦宪法作全面修改，无疑将会以宪法的形式肯定多年来日益扩大的联邦权力，同时有迹象表明，它还期望通过把某些立法权收归联邦议会，以进一步扩大联邦立法机构的权力。

除此之外，欧洲形势的变化，也是瑞士全面修改宪法的一个重要动因。几十年来欧洲一体化不断发展，瑞士至今未加入欧盟，但 1974 年却批准了《欧洲人权公约》，成为欧洲人权委员会的成员国。这就意味着，瑞士承认作为国际法的《欧洲人权公约》高于瑞士国内的宪法和法律，“欧洲人权委员会”、“欧洲人权法院”对于来自瑞士人权保障方面的案件的裁决或者判决，具有毋庸置疑的更高的法律效力。这种效力往往不仅影响具体案件，而且表现在要求对宪法和法律的有关条款作相应修改。瑞士目前加入欧盟虽尚有一段距离，但政府却把它作为既定目标。瑞士联邦办公厅副秘书穆拉尔特女士告诉我们，一个时期以来，在国家立法过程中，联邦委员会所属有关机构的一项重要任务，就是审查提交议会法案的条款是否与欧盟以及欧盟参加国的法律相悖。由此看，瑞士这次全面修改宪法的目的之一，是要进一步使其宪法与欧盟各国宪法相一致。

（三）瑞士新宪法草案的基本内容

瑞士联邦司法警察部向我们提供的、由该部牵头并由有关部门参加起草的、拟提交联邦议会的新宪法草案，共分六个部分，13 章，170 条。

第一部分，总则。主要规定：联邦的组成，联邦的目的，联邦与各州权力的划分，国家贸易的基本原则和四种官方语言。

第二部分，基本权利和社会目的。主要规定了公民的各种基本权利和自由，如：法律面前人人平等，生命权，人的自由和尊严，诚实信用，禁止滥用权利，保护私人家庭生活，婚姻权，宗教和信仰自由，思想和信息自由，语言、艺术和科学自由，集会、结社、迁徙自由，职业自由，保护私人所有权，保障法院诉讼的权利等。

第三部分，联邦和州。主要规定了联邦和州的关系，州的地位，公民权与国籍，联邦和州的对外关系，国防和民防，环境保护和地域规划，交通、能源与电讯，教育、研究、文化和体育，经济、住房、工作、社会保障与健康，外国人的入境，民法、刑法、财政制度和税收制度等的管辖权和立法权等。

因为这部分内容涉及国家的政治、经济、军事、文化、法律等各个方面，是新宪法的重点，所以是条款最多的一个部分，共有 83 条。它们不仅划分了联邦和州在重要方面的管辖权，而且提出了联邦和州在这些方面的基本政策，从而成为瑞士进行各项立法的宪法依据。例如，第 75 条规定，联邦和州在经济秩序方面的基本政策是鼓励竞争；第 78 条还对这个政策进一步规定了联邦应采取的立法措施。

第四部分，人民和州。主要规定了人民的投票权和选举权，特别是对人民的倡议权和复决权作了较大修改。在瑞士，人民的权利主要表现为倡议权和复决权。这两项权利的内容多是根据19世纪的情况规定的，许多方面已不能适应现实社会发展的需要。这次修改宪法，一方面重申了人民的这些权利，同时在某些方面扩大了权利，如在国家的财政和行政管理方面引入了人民复决权；但在另一方面，也在一定程度上限制了人民的这种权利。例如，根据现行宪法，有10万人签名即可要求修改宪法，但根据新宪法草案，则需要20万人签名才可提出人民倡议。

第五部分，联邦机构。主要规定：联邦立法、行政和司法机构的组织、程序和权限等。

第六部分，联邦宪法的修改和结束条款。

从以上规定看，新宪法草案的确对现行宪法作了大幅度修改。

（四）对修宪的不同意见及修宪的前景

据介绍，瑞士提出全面修改联邦宪法始于1964年。30多年来一直存在不同意见。这次修宪是第一次由政府向联邦议会提出修宪草案，其意图是明确的，决心是坚定的，也得到了议会多数议员的赞同。但全面修宪能否获得成功，尚难料定。现行宪法第120条规定："如果议会中有一院提出全部修改宪法而另一院不同意，或者有10万有表决权的公民要求全部修改联邦宪法，在此两种情况下，是否全部修宪问题，应交付瑞士全民表决。如参加投票的大多数瑞士公民同意修宪，则联邦议会两院应即改选，以便从事修改宪法。"宪法第123条规定："联邦宪法或其一部分修改后，一经参加表决的大多数瑞士公民同意，即可生效。"

按照宪法规定的修宪程序，瑞士新宪法草案由政府提交议会后，需经过"双重多数"程序，即议会两院的多数通过，以及瑞士全民复决的多数和联邦各州的多数通过，才能正式生效。

尽管瑞士政府修宪决心很大，也得到了议会多数议员的支持，并希望于1998年宪法诞生150周年时通过施行，但最后能否如愿以偿尚难断定。弗里堡联邦研究所所长，瑞士著名宪法、行政法学家弗莱纳教授说，瑞士人有很强的逆反心理，在欧洲实行一体化的背景下，联邦政府希望进一步与欧洲靠拢，而瑞士各州则不同，它们希望扩大自己的外交权，保持独立性，这就增大了新宪法草案被拒绝的可能性。弗莱纳教授本人对修改宪法持批评态度。理由是：世界上许多国家都以其宪法历史悠久而自豪，如美国宪法已制定200余年。美国多是由联邦最高法院通过司法解释来修改宪法的。瑞士的宪法历史也很长，不应轻易大改。瑞士由人民修改宪法，程序很复杂。这种复杂程序反映了瑞士政治制度的复杂和特点。有种意见是通过以新的词汇来表达现在宪法的内容，不改变制度，以使人们一目了然。这只是他们的主观臆想，实际上不可能。新宪法草案不可能做到通俗易懂，硬要这样做，只能是人力物力的浪费。他说，联邦政府估计到了全面修改被拒绝的可能，已准备了对策，把修改的内容分为三部分，即：司法、人权和直接民主。人权、司法部分最容易被接受，而直接民主尚有争议。如果全面修改被人民复决推翻，实现部分修改的可能性比较大。

我们认为，瑞士联邦宪法无论是全面修改还是部分修改，都会影响瑞士今后与欧盟的关系和对外政策，值得关注。

六 瑞士民主制度的特点与弊端

就本质而言，瑞士的民主仍属于资产阶级类型的民主。但从民主的形式来看，瑞士的民主制度（尤其是直接民主制度）在世界范围内却称得上独具特色的，是瑞士人引以为豪的政治制度的一个重要方面。

（一）瑞士民主的主要特点

瑞士联邦制度下形成的特殊的民主制度，主要包括民主的体制设计、机制运作、民主程序和人民参与等方面。

第一，瑞士民主的体制设计。在体制建构上，瑞士联邦制强调要突出其民主性，表现在以下一些具体制度上。

① 以民主选举为基础的联邦议会的两院制。上院由各州不分大小一律平等地选出两名代表作为参议员，各州代表分别代表本州的利益；下院议员按人口比例选出，代表民众的利益和愿望。瑞士的宪法观点认为，用两院制的形式把州和人民的代表统合起来，既可以反映各方面的要求和利益，又可以在同一个法律制度下运行，统一行使联邦立法权。

② 联邦与州的立法分权制。在瑞士人看来，联邦制的本质就在于，各州是组成联邦国家的最重要的实体，联邦的权力来自州的同意或者授权。联邦与州的合理地、适当地立法分权，可以更好地发挥作为中央的联邦在对外对内方面的职能，同时也可以通过各州自主地行使其权力来更有效地保障人民的民主和其他各项权利。

③ 联邦议会与行政、司法的职权分工制。瑞士联邦机构的权力体系，是在借鉴英、法、德、意、美等国家的经验基础上，按照立法、行政、司法三种权力分立与制约体制的基本要求建构的。此种体制通过对最容易侵害人民权益的公权力的规制，达到保障人民民主的目的。特别是，得以使人民通过选举或者直接行使立法权来创制法律，再用法律制约行政和司法权。

④ 多党和平共处，共为议会执政党而无反对党的多党联合执政制。瑞士有大小政党 30 多个，只要能依法定程序被选为联邦议会议员，无论是什么党派背景，均可当选，成为议会中的执政党。在立法体制中，各政党只有席位多寡的不同，而无执政党与反对党的区分。在 1991—1995 年的这一届议会中，国民院有 11 个政党获得席位、联邦院有 7 个政党入主。立法的成败以表决的结果为归依，而不取决于党派或政治态度；党员议员可以根据自己的意愿投票，不受党的意图的约束。

⑤ 人民对于立法的直接参与制。人民可以通过提出立法倡议和行使立法复决权直接参加议会的立法活动。人民如此广泛和深入地直接参加立法这种制度，是瑞士独有的，它充分显示了瑞士民主立法的特征。

第二，瑞士民主的机制运作。民主的实现是一个动态的过程。瑞士联邦的重大决策，很少有人民不参与的时候或者事项。瑞士民主的主要机制始终按照自下而上的原则运行着，联邦的集中只能是民主运行所选择的结果，是一种被动的、从属性的政治运作方式的结果。例如，在议会立法方面，从立法一开始，人民就可以直接提出立法建议或者立法动议，或通过他们选出的代表提出法案；在法案的审议过程中，人民的意见常常可以影响立法的内容或进程。人民还可通过新闻媒体等渠道表达自己对法案的看法，也可通过有关的议会党团在议会讨论时代为发表意见。此外，在法案被议会通过以后，人民可以以人民复决的方式对法案的命运作出最后的“判决”。即使是法案已生效成为法律，人民仍可对涉及公民权利的那些法律，以向欧洲人权委员会申诉或者向欧洲人权法院提起诉讼的方式，通过它们的决定或者判决来改变已有的立法。

第三，民主的程序设计。瑞士人对其民主程序设计最自豪的，就是修改宪法时采用的“双重多数”的程序，即一项宪法修正案必须得到州的多数和人民的多数通过才能生效。瑞士立法上的这种程序设计既是为了保障州权力和人民的民主地位，同时也是为了在两者之间建立一种能够保持国家稳定的制约关系。“双重多数”的民主立法程序照顾了州和人民这两方面的主权权利，却使许多宪法修正案难以通过。因为大州人民的多数同意之后，小州经常表示反对，致使一些宪法修正案夭折。

第四，人民的民主参与。投票是瑞士人民参与政治包括参与立法的主要方式。在直接民主的制度下，许多事情需经过人民投票决定。投票活动已成为瑞士人的一大负担，人民对这种直接民主有些厌倦了。按瑞士的惯例，联邦公民一年要投票四次，春夏秋冬季各占一个星期日。各州为了方便人民，也常把本州的议案在同一天提付表决。据统计，瑞士联邦和州的议案之多，每年每个有投票权的公民要对20多个议案进行投票。瑞士人近年来对联邦议案的投票率在35%左右，最高不过50%；在州议案的投票中，参投率不到30%。为什么会出现这种现象？瑞士学者的解释是，瑞士公民经常参加投票，涉及的主题很多。在全体公民中，有10%的人每次都参加投票，有10%~15%的人从来不参加投票，有50%~70%的人参加部分议案的投票。由于议案主题很多，人们的兴趣又不一样，因此，30%~40%的参投率已经算不错的了。

（二）瑞士民主制度存在的主要弊端

同任何其他资产阶级国家的民主一样，瑞士的民主制度也有着明显的阶级局限性和极大的虚伪性。此外，还主要存在以下弊端。

其一，过于强调民主而忽视效率。民主和效率常常是矛盾的两个方面：追求民主多需付出效率的代价，而追求效率又不得不牺牲部分或者全部民主。这就是事物的矛盾性。多数国家在处理民主与效率的矛盾时，根据不同的主体，尽可能地使二者达到一种平衡。例如，作为代议制机构的议会，其运作追求的主要是民主，而作为执行机构的政府，其运作追求的则主要是效率。与此同时，它们各自又必须考虑最大限度地兼顾效率或者民主，根据本国国情，在它们之间找到平衡点。瑞士社会过于强调民主，以致使之走向保守，在很大程度上牺牲了现代社会发展所必需的效率。因为“直接民主的重要性，远甚于立法的效率”。瑞士人的观点是，独裁体制是最有效率的；实行完全的民主就不能搞独裁，就必须以效率为代价来获取真正的民主。然而，我们在考察中发现，瑞士的这种比较极端民主观念和体制，不仅使国家决策缓慢、滞后，一项必需的立法从考虑、动议到最后生效，往往需要几年甚至几十年的时间，而且容易导致整个社会的保守倾向。瑞士妇女迟至 1971 年才获得男女平等的权利就是明证。

其二，瑞士民主制度的保守性。瑞士民主立法实行的“双重多数”制表现出相当保守的趋势，一项新的宪法修正案虽为人民的多数所接受，但因为多数小州的反对而不能生效。这实际上还是少数人在州的民主权力下反对多数人民主的成功。人民复决和人民倡议也有问题。一些瑞士人认为，在瑞士表决的历史上，人民复决从来都起保守的作用；人民倡议则不然，它虽无助于将显然保守或进步的思想转化为法律，却可用以定期地组织政治战役。不过，恰恰是这些政治战役，主要的又是战役中使用的各种手段，损害了公民在直接民主制度下所享有的政治权利。

其三，瑞士人民投票的弊端。人民投票是瑞士直接民主的主要形式，它存在的问题除了难以集中意见、政治运作效率低等以外，人民参投率低，直接民主易为少数人操纵也不容忽视。在直接民主的人民投票的形式下，人民的主权实际已为少数人攫取。瑞士只有 60% 的公民享有投票权（占人口比例约 20% 的外国人和 18 岁以下的瑞士人无投票权），从 1945 年以来，每年人民投票的参投率不到 40%，以 50% 的过半数票为通过法案的标准，则实际情况是：100%（全体瑞士人民）×0.6（享有投票权的公民）×0.4（参加投票的公民）×0.5（法案获得通过的票数）=12%。这就意味着，在一切都假设是公正的程序下，瑞士人民投票的法案也只是由占人口 12% 的公民决定的，直接民主的多数在这种程序运作中变成了少数。如果再把妇女只在 1971 年以后才获得投票权的因素考虑进去，那么，瑞士民主投票的民主性还要大打折扣。瑞士外交部四司司长也不得不承认，必须看到瑞士直接民主的两面性，这种“直接民主是最坏民主中的最好的民主形式”。

与此同时，由于征集签名的人民倡议、人民复决以及动员人民参加投票都需要有人组织、宣传和一定的物质保障，而这些若没有强大的资金做后盾是不行的。于是，金钱对于投票行为不可能不产生影响。一项研究显示，在从 1977 年至 1981 年的 41 次联邦投票记录中，投赞成票使法案获得通过的一方，在广告上的花费是另一方的三倍；投反对票使推翻法案获得成功的广告花费两倍于另一方。1991 年，瑞士议会为了获得 5 万人的签名，至少支付给组织者 30 万瑞士法郎作为活动经费。面对这种现象，宪法学家林德教授给了我们一个颇有障眼法意味的折中结论："在瑞士，我们既不能肯定地说金钱可以买到选票，但也不能证明相反的情况不存在。"也有坦率敢说的瑞士人。西格先生就一语中的地指出："的确，如果表决涉及的利害关系很大，政治战役中投入的金额可能十分可观。投票行为胜负的较量，常常是金钱的较量，其结果通常是钱多者胜。"

再则，一些利益团体也常常利用人民复决的机制达到自己的目的。为了维护某些利益，大的社团或者政党不仅在法案的咨询阶段而且还在公众讨论阶段发出威胁：若不考虑它们的要求，就要发起人民复决。立法过程为利益团体所操纵，所谓的民主立法必然容易给人以徒有其名的印象。

又则，民主立法是一种行为过程，人们的投票态度和心理也可反映瑞士的人民投票制度的某些弊端。在瑞士，妇女、青年和社会最底层的公民对人民投票普遍存在着弃权现象。人民对于法案的冷漠导致低投票率的现象被称为"弃权主义"。具体分析产生这种现象的原因，一是部分选民对于政治没有兴趣，或者是对政治决定漠不关心；二是部分选民对于交付表决的法案不甚了解，对于法律难以形成自己明确的看法；三是某些选民用弃权来表示自己对"伯尔尼政府想干什么就干什么"的抗议；四是在部分选民心目中，人民投票没有什么效用，因为权力机关通常嘲弄选民表达的愿望而一意孤行。无论怎么解释，上述现象都可被视为瑞士人自己也不得不承认的"民主制度的合法性危机"！

七　瑞士的立法制度及其存在的问题

以瑞士联邦宪法、联邦制和直接民主为基础建构的瑞士立法制度，既有一般联邦制国家立法制度的内容，又有某些独具瑞士特色的特点。这些"内容"和"特点"的组合，使瑞士立法制度的考察和研究价值大增。尽管瑞士与中国的国情相异，但瑞士立法制度在解决稳定与发展、民族矛盾、中央与地方关系特别是立法方面问题所提供的经验和启示，对我国还是有某些积极的借鉴意义的。

（一）瑞士立法制度的概况

瑞士的立法制度包括许多方面的内容，具有多样性和复杂性的特点。为了在考察中更深入地了解这种比较特殊的立法制度，我们的考察主要集中在以下几个方面。

1. 立法体制

瑞士联邦议会实行两院制体制，上院为联邦院，由各州不分大小平等选出的2名成员组成（半州选1名代表），共计46名；下院为国民院，按人口比例选出组成人员，共计200名，平均每名议员代表3.4万人。

联邦议会的主要立法权限是：制定法律、修改宪法、起草年度预算、对联邦的行政与司法权进行监督、确认各州的边界和宪法、批准国际条约、规定公务员的工资制度、决定大赦和赦免等。

各州有其议会，行使联邦宪法和州宪法规定的立法权限。绝大多数州实行两院制，议员人数因州而异。大州议员可达200人，小州或者半州则只有40多人。

2. 法律体系

瑞士的法律体系有两大特点。就法系而言，瑞士总体上可归类为大陆法系，但由于瑞士特殊的地理位置、历史条件和人文环境，其法律体系中又兼容了普通法系的因素，表现为联邦最高法院对案件的判决具有判例的性质，下级法院在审理同类案件时可作为判案的依据。成文法与判例法兼收并用，是瑞士法律体系的一个突出特点。

瑞士的法律部门大致是按大陆法系的方法划分的，分为：宪法、行政法、刑法、民商法、劳动法、社会保障法、经济法、诉讼法等。与其他联邦制国家相似的是，瑞士各州拥有制定州宪法的权力和依据联邦以及州宪法制定州法律的立法权。根据联邦宪法对联邦与州的立法权限的划分，全国的刑法、民商法等实体法由联邦议会制定，而刑事诉讼法、民事诉讼法之类的程序法却由各州自行制定。因此，各州有各州的诉讼法，诉讼程序不统一。由此导致法学院教授的诉讼法课程的多样化；学生毕业后通常也只能在相应的州里担任法官、检察官、律师等职；州际法律冲突明显存在；公民诉讼多有不便。在瑞士全国范围内，实体法的统一和程序法的不统一是其法律体系的另一个突出特点。

3. 联邦与州的立法权限划分

1848 年制定的瑞士联邦宪法，对联邦与各州的立法权限的许多方面作了比较明确的划分，甚至有的学者认为，这部宪法实质上是一份分权的契约。瑞士宪法对于立法权限的划分，体现了既非联邦的中央集权化也非各州的地方分权化的思想，是一种“适度地分权”。

瑞士联邦与州的立法权限划分的内容即联邦和州各拥有哪些权限，是一种历史发展过程中州与联邦以及各民族、各种语言文化、各种宗教等因素相互妥协的结果，是历史使然。瑞士宪法对联邦与州的立法分权是按以下方式进行的。

其一，规定联邦行使立法权的事项。包括对外关系，国防，关税法、金融与流通制度，邮政、通讯和大众传媒，铁路、航空和核能，民事和刑事的实体法，社会保障和社会保险。

其二，由联邦制定法律并由州负责实施的事项。包括农业，民法、刑法，社会保障与社会保险，环境保护。

其三，由联邦和州共同行使立法权的事项。包括水利事业，道路，贸易、工业和劳动立法，公立学校和教育，税收。

其四，由州行使立法权的事项。包括警察和教会。此外，隶属于州的各社区也享有一定的立法权限。包括：地方道路的修建和管理（在农村的社区对地方公共交通系统行使全部权力），煤气、电和水的供给以及搬迁服务，地方规划，选任教师和修建学校，征收社区税和制订社区预算，公共福利等。

在瑞士的联邦制中，联邦、州和社区的权限有严格的规定，当联邦的权限过大时，地方的权限就不能适应经济发展和财政管理的需要，享有的立法权限就不能恰当地行使，公民的权利会受到侵害。但是，哪些权力属于联邦，哪些权力属于地方，并没有一个明确和完整的标准可遵循。要公正地分配立法权限，联邦、州和社区被赋予的权力，应得到真正的行使，能够适应财政的需要。

4. 联邦议会和政府在立法事项上的权限划分

瑞士属于实行三权分立制度的国家，议会代表人民通过民主程序行使立法权，政府由7人组成的联邦委员会集体行使执行法律的行政权。在政治体制设计的时候，政府是没有立法权的。但19世纪末以来，随着政府对经济干预的加强以及依法行政的需要，政府获得授权（也称委任或者行政立法）立法的权力。到20世纪，这种权力呈现出膨胀趋势。目前，联邦委员会的主要职权包括：依照联邦法律和命令管理联邦行政事务；保证执行联邦宪法、法律、命令和各种条例；保障各州的宪法；向联邦议会提交法律和命令草案；对联邦议会和各州提出的议案（主要是法案）发表意见；审查并批准各州间或者各州与外国缔结的协定；监督并保证国家的安全；维护国内的和平与秩序；联邦的军事事务；审查各州要求它批准的法律和命令，监督各州受其监督的行政部门；管理联邦的财政，草拟预算并提出决算；监督联邦行政官员和其他公务员的职务活动。

瑞士政府主要是以两种方式来行使立法职权的。一是通过向联邦议会提出法案参与议会立法。在议会每年接受的法案中，政府的提案达70%～80%。二是联邦委员会自行制定行政法规，发布行政命令、规章等。由于政府的委任立法具有专业化和针对性强、效率高、应变能力灵活、便于操作实施等特点，特别是在直接民主的体制下，议会制定一部法律往往是旷日持久，有的需耗时达20年以上，因此委任立法备受青睐。这就必然造成政府行政权力过大的局面。

5. 联邦议会的立法程序

联邦议会的立法程序主要包括提出动议、咨询、审查、审议、议会表决、人民复决、公布、生效等一些阶段。根据瑞士宪法和有关法律的规定，一定数量的公民（1848—1990年，公民共向议会提出动议183件）、利益团体、联邦委员会和联邦各部、各州、一定数量的议员和议会委员会、新闻媒体等，可以依法提出立法动议，交由专家委员会准备法律草案；将草案提交给各州、各政党以及有关部门咨询；经认可后，移送联邦委员会审查、修改；交由议会其中一院的相应委员会讨论、审议，再由该委员会提交议院审定；将法律草案移交另一院完成同样程序（如果两院不能达成一致意见，可在两院间往返审议共三次；仍不能达成共识时，该法律草案即成为死案。瑞士学者把法律草案在两院间的来回审议称为“踢皮球”，而这种缺乏效率的立法程序也是瑞士民主的特色）；议会两院分别用电子表决器进行表决，当时可知表决结果；法案如获两院通过，则进入人民复决阶段。人民复决分强制性复决和任意性复决两种。宪法修正案和关于公民基本权利的法案须经强制性的人民复决，而其他法案则只需任意性的复决，即在法案被议会通过后的90天内，公民征集到5万人的签名就可以对该法案进行复决。

（二）瑞士立法制度存在的问题

第一，立法制度趋于保守僵化。瑞士的立法制度是140多年前建立的，虽几经修改宪法使之努力适应不断变化的情势，但其基本原则和格局不能更改，因而已难以跟上国际社会发展的步伐。如瑞士公民在几次人民复决中，都拒绝政府积极推动的参加联合国和欧洲联盟的议案，使瑞士在不断变化的世界格局面前屡屡处于尴尬地位。

第二，联邦与州的分权面临挑战。各州在一些领域希望扩大自己的权限范围，同时指责联邦政府日益膨胀的权力；联邦政府亦在批评州利用一切机会争权夺利。其实，双方都有扩大权力的需求和表现。扩权的必然性已随着社会的发展进步而显得日趋紧迫，现在的问题不在于对宪法确立的既有权力配置关系能否改变或者变更，而在于如何改变，如何才能在人民能够接受、代价最小的情况下建立新的权力分割的平衡。中央多集中一些权力，联邦政府就可以在国际和国内事务中发挥更大、更有效、更主动的作用，为瑞士人民创造更有利的国际和平环境和发展条件；各州希望收回更多的权力，因为这些权力本来就属于州所有，要回自己的东西，无疑是天经地义的。旧的权力平衡被打破，如何才能建构新的立法权力关系，将是瑞士人民和政府面临的重要问题。

第三，法律体系的不统一，必然导致法制不统一。而这又与一个经济高度发达、人民相当富裕、国家比较稳定的社会状况不相协调，特别是与现代法治要求的统一性相悖。法制不统一的弊端很多，最突出的是：①使人民的权利得不到一致的及时的保障，同样的犯罪行为，在不同的程序下则可能产生不同的处理结果；②一些不可避免的法律冲突和不同的程序规定，增加了人民寻求法律救济的难度；③在州与州之间人为地制造司法上的障碍，既妨碍州际司法合作与交流，又徒增法律实施的成本；④不利于与国际社会的接轨，国际法规范在各州难以贯彻。

为减少以上弊端带来的问题，近年来，瑞士政府一直试图通过修改现行宪法来整合其包括立法制度在内的政治体制。然而，修宪谈何容易！既有的民主立法体制在最大限度地保障人民的直接民主的同时，也最有效地掣肘着修宪的整个过程。瑞士直接民主的传统的保守性，必然会使以修宪来完善其立法制度的多数努力遭到大打折扣的厄运。

八　瑞士联邦《男女地位平等法》

标榜为欧洲民主国家的瑞士直到 1981 年才在其联邦宪法中引入了有关男女平等的条款。该法第 4 条第 2 款规定："男女平等。法律特别保障他们在家庭、教育和工作方面的平等地位。男女有权要求同工同酬。"然而，瑞士宪法规定的男女平等只是具有字面的意义。事实上在这个条款颁布十多年后的今天，男女不平等的现象仍然没有消除。为此，经过国会的讨论，瑞士联邦委员会从 1986 年开始进行男女平等的立法。1993 年委员会提出了法律草案。1995 年 3 月，瑞士联邦颁布了《男女地位平等法》，简称"平等法"，该法于 1996 年 7 月 1 日生效。《男女地位平等法》共有 18 条，其中最重要的条款是第 1 条、第 3 条、第 4 条和第 5 条。

（一）立法宗旨

《男女地位平等法》第 1 条指出了立法宗旨，即"推动男女在事实上的地位平等"。也就是说，瑞士的男女在事实上是不平等的。特别在劳动力市场上，妇女受歧视的状况没有得到改善。虽然法律规定了男女同工同酬，但男女同工不同酬的现象还很严重。

在欧洲的工业国家，男女同工不同酬是一个普遍的现象。这个差距约为 25%。但在不同的国家，男女同工不同酬的情况有差别。在丹麦和意大利，男女的工资差距约 15%。在法国和希腊，大约 20%。在英国和爱尔兰，这个差距超过 30%。在瑞士、卢森堡和比利时，男女工资的差距达到 30%～40%。尽管不同国家的统计数据难以进行比较，但瑞士无疑属于男女工资差别较大的国家。

1988 年，瑞士对男女同工不同酬的情况作过详细调查。其结果是，男女平均工资的差额是 41%。总的说来，在瑞士挣高工资的行业和岗位上工作的妇女大大少于在低工资的行业和岗位上工作的妇女，通过行业的选择和比较，男女同工不同酬的差距可以减少到28%。在这个工资差距中，有一半的差距可归结于某些决定工资的因素，例如受教育的程度、工作经验和健康状况，另一半则可以归结为对妇女的歧视。由此，男女同工不同酬的差距减少为14%。此外，这个调查还表明，在男女同工不同酬的歧视性待遇中，外国妇女所受的歧视最甚。瑞士妇女因性别歧视的工资差额为7%，而外国妇女因性别歧视的工资差额为28%。

除了同工不同酬的问题外，男女职业地位也存在着很大不同。根据1992年对瑞士300家企业的调查，在这些企业的骨干岗位上，只有11%的岗位为妇女所占有。在经理和部门经理一级，妇女的比例为7%。在总裁和企业领导一级，妇女的比例仅为1.5%。当国内经济萧条、企业被迫缩小经营规模和裁减人员时，受到失业困扰的往往首先是妇女。根据瑞士1991年第二季度的失业统计，失业的妇女和男人的比例为59比41。欧共体国家也存在着同样的情况。根据1989年的统计，欧共体内女性和男性失业者的比例分别为11.90%和7%。男女职业地位和就业机会的不平等，除了可归于某些妇女自身的原因如缺乏事业心和自信心外，更重要的是企业对男女职工的期望值不同。对于妇女来说，如果要取得一个较好的位置，她必须要证明她比许多男人更有能力。

正是因为男女地位在事实上不平等，制定平等法就很有必要。立法者的目的就是要将男女地位平等从宪法中字面上的意义变为现实。

（二）法律禁止的性别歧视行为

《男女地位平等法》第3条和第4条以列举的方式指出了性别歧视的主要表现形式。第3条第1款指出，不得对女职工和男职工基于他们的性别采取直接的或者间接的歧视性待遇，尤其是不得基于他们的市民身份、家庭状况或者是因为女职工怀孕而给予歧视性待遇。根据联邦司法局的解释，直接歧视是指，对于相同或者近似的工作，对男女工实行不同的工资待遇标准。间接歧视是指，将某些行业说成是典型的男性行业，将某些行业如幼儿教育、医院护理和商店售货等说成是典型的女性行业，且将这些行业的工资标准定得很低，即对于“价值相同”的工作实行不同的工资待遇标准。第3条第2款进一步将歧视性的待遇具体化，指出特别禁止在录用、工种分配、劳动条件的安排、工资待遇、职业培训、晋升和解雇诸方面采取性别歧视。鉴于工作岗位上的性骚扰对女职工是一种沉重的精神负担。第4条专门对性骚扰作出了规定，指出性骚扰的性行为以及其他以性器官所为的有损工作场所男女尊严的行为均构成歧视行为，特别是以恐吓、许诺给予好处、胁迫或以强制手段而实现的性交往。

鉴于性骚扰问题的严重性，瑞士联邦司法局于1996年11月还专门发布了一个《有关工作岗位上性骚扰的指令》，它实际上是对《男女地位平等法》第4条和第5条的补充规定，指令的第2条明确指出，性骚扰是指工作场所所有的有损男女尊严的性行为，其中特别是指：①违背意愿的身体接触；②以许诺好处或以恐吓手段试图接近对方；③以性行为为目的的违人心愿的邀请；④影射地或令人难堪地谈论性行为；⑤下流的语言和笑话；⑥出示、挂置或者摆置淫秽材料。

（三）对被歧视者的法律保护

《男女地位平等法》第5条规定了对被歧视者的法律保护。第5条第1款规定，被歧视者有权向法院或者行政机构提出如下请求：第一，请求禁止歧视行为或者请求不作为；第二，请求消除现有的性别歧视；第三，如果一种行为持续地发生不良影响，请求认定这种行为是歧视行为；第四，请求支付因歧视而被少付的工资。

根据《男女地位平等法》第5条第2款，如果在工作录用或者解除劳动合同时存在着性别歧视行为，被歧视者有权请求损失赔偿。计算赔偿额时得考虑所有的有关情况，并考虑当事人可能得到的或在事实上得到的工资额。对于因性骚扰而产生的性别歧视，如果雇主不能证明他已经采取了必要的、适当的和合情合理的预防措施，被骚扰者也有权向法院或者行政机构请求精神损害赔偿。这个赔偿额将考虑所有的有关情况，并根据瑞士全国的平均工资来计算。根据该条第4款，在因性别歧视而拒绝录用的情况下，赔偿最高额为这一工作岗位三个月的工资总额。如果就一个工作岗位的录用有多个人认为他们受到了性别歧视，这些人得到的赔偿总额为这一岗位上三个月工资的总额。对在解除劳动合同中存在性别歧视以及因性骚扰受到歧视者，赔偿的最高额为六个月的工资总额。上述的损失赔偿以及精神损害赔偿不影响当事人因其他合同关系而应当得到的赔偿。

鉴于实践中当事人对同工不同酬以及其他的歧视性待遇通常存在着举证的困难，该法第 6 条规定，如果当事人能够令人信服地说明在工作分配、工作条件、工资待遇、职业培训、晋升和解雇方面存在着性别歧视，则可推断歧视行为成立。联邦委员会在 1993 年关于该法律草案的报告中指出，在这种情况下，举证的责任就转移到雇主方面。如果雇主能够以文件证明，这个不同酬有充分的和客观的标准，就不存在歧视。否则，他就得为其证据不足而承担责任。联邦委员会的这一解释是依据欧洲共同体法院的有关判决。欧共体法院在 1989 年 Danfoss 一案的判决中指出，如果企业的工资制度不透明，而且女工能够指出，她们的平均工资低于男工的平均工资，企业就得负举证责任。欧洲共同体委员会在其 1988 年“关于男女同工同酬和同等待遇举证责任的指示”中也是这样规定的。

联邦司法局关于工作场所性骚扰指令的第 5 条指出了对性骚扰者的制裁方式。该条第 1 款指出，工作场所的性骚扰者，得依公务员法第 30 条及以下条款给予惩戒处分。第 2 款指出，性骚扰、淫秽、性胁迫、强奸、工作关系中的性剥削以及裸露狂属于刑事犯罪行为，必要时可提出刑事制裁。

为了真正实现宪法中规定的男女平等，切实改善妇女的政治地位，提高她们参政的意识，联邦司法局最近还提出了一个增加妇女领导干部的法律草案，即要求在联邦和州政府部门的领导岗位上，妇女人数至少达到一定的比例。1988 年，瑞士联邦成立了一个“推动男女地位平等局”，其任务是准备有关男女地位平等的立法，提供有关男女平等的咨询意见和信息，提出建议，制定规划，发布有关男女平等问题的报告。这个局在行政关系上隶属于联邦文化局。

九　瑞士联邦《刑事犯罪受害者援助法》

1984 年，瑞士联邦宪法第 64 条引进了一个新的条款，它规定，联邦和州有责任援助那些因刑事犯罪行为其生命和身体受到侵害者；如果受害者因受害在经济上陷入困境，他们应当得到适当的损害赔偿。为了使这一宪法条款得到真正的贯彻和执行，瑞士联邦于 1991 年颁布了《刑事犯罪受害者援助法》，该法于 1993 年 1 月 1 日生效。

（一）对刑事犯罪受害者援助的主要内容

根据《刑事犯罪受害者援助法》的第 2 条第 1 款，该法适用于所有的因刑事犯罪行为使其身体、性器官和精神直接受到损害的受害者，而不管这些刑事犯罪分子是否已经被查明，也不管受害者本人在受害过程中是否存在过失。根据第 1 条第 2 款，这些援助包括以下三个方面。

第一，提供咨询。作为对受害者的第一个援助，是向他们提供包括医疗的、心理的、社会的、物质的和法律的各种信息。这种援助是立即的，而且在必要的情况下，可以是较长时间的。因此，援助机构是按照昼夜 24 小时提供服务的方式组织起来的。根据该法第 3 条第 4 款，对受害者的咨询援助和由第三者如医疗机构提供的紧急救助是免费的。此外，根据受害者本人的经济状况和在必要的情况下，咨询处还可以承担其他的费用，如医疗费、律师费和诉讼费。

根据《刑事犯罪受害者援助法》的第 3 条第 5 款，受害者可以自己选择咨询处。在 1993 年 1 月该法刚刚生效的时候，瑞士 26 个州中已有 18 个州共建立起 38 个咨询处，其中有些咨询处同时为几个州服务。现在，这样的咨询处在瑞士已有 70 个左右，遍及 26 个州。在地理位置上，它们主要分布在城市地区，因为城市人口集中，性犯罪、家庭暴力的情况比较严重。有些咨询处是面向各种刑事犯罪的受害者，有些在援助对象方面则有自己的侧重点。例如，在苏黎世、伯尔尼、弗来堡、沙夫豪森等 9 个州内建立的 17 个咨询处中，有 4 个专门是帮助受害的儿童和青少年，有 11 个专门是帮助受害的妇女以及与她们同时受害的孩子，其中的 6 个又是专门帮助因性暴力而受害的妇女。此外还有 1 个专门援助受害的男士，1 个援助交通事故的受害者。

第二，在刑事诉讼中保护受害者。《刑事犯罪受害者援助法》的第 5 条至第 10 条规定了在刑事诉讼中对受害者的保护和受害者在刑事诉讼中的权利。这些保护可以概括为以下方面。

① 在刑事诉讼中保护受害者的人格权。

② 仅在受害者同意或出于刑事追捕的必要时，方可公开受害者的身份。

③ 受害者有权拒绝与加害人直接见面。

④ 警察有义务向受害者通知有关咨询处的信息。

⑤ 性犯罪的受害者有权利要求审讯人员与自己的性别相同。

⑥ 受害者作为证人提供情况时，有权利要求由一位自己信任的人陪同。

⑦ 受害者可以就私生活方面的问题拒绝提供情况。

⑧ 受害者有权利参与刑事诉讼，特别是有权要求法院作出判决。对判决不服时，有权提出上诉。

⑨ 在刑事诉讼中，受害者有权提出民事损害赔偿之请求。

⑩ 性犯罪的受害者可以要求，法庭的组成人员中至少有一位与自己的性别相同。

改善刑事犯罪受害者的法律地位是对受害者进行援助的中心环节。因此，在刑事诉讼中保护受害者和保障受害者权利的规定就成为《刑事犯罪受害者援助法》的基本条款。因为瑞士是联邦制国家，没有全国统一的刑事诉讼法，这些保护性的条款就成为各州在刑事诉讼中保护刑事犯罪受害者的最低标准。这部法律颁布和生效之后，瑞士各州或者修改现行的刑事诉讼法，或者改变法院的组织，或者发布指令和采取其他的措施，贯彻其中有关刑事诉讼法的规定。例如，提契诺州在 1994 年年底对其刑事诉讼法进行了全面修订，新的刑事诉讼法于 1996 年 1 月生效。

第三，赔偿损失和精神损害赔偿。《刑事犯罪受害者援助法》的第四节，即从第 12 条至第 17 条，规定了对受害者的损失予以赔偿。在特别的情况和在受害严重的情况下，对受害者遭受的精神损害也要赔偿。该法第 16 条第 1 款指出，各州应制定一个简单的、短时间内可以结束的而且是免费的赔偿程序。根据该条第 3 款，要求损害赔偿的受害者必须在刑事犯罪行为发生后的两年内，提出赔偿损失以及精神损害赔偿的请求，否则就会丧失这种权利。该法对法律生效前刑事犯罪行为的受害者没有溯及力。

在瑞士的大多数州，给予受害者损失赔偿以及精神损害赔偿的机构是政府的行政机关。大多数州规定，如果受害者对损害赔偿的金额不服，可以向行政法院或者保险法院提出上诉。在苏黎世州，当事人可以向高级法院提出上诉。

（二）《刑事犯罪受害者援助法》的实施情况

在损害赔偿方面，根据联邦司法局的上述统计资料，1993 年共计有

113 个刑事犯罪的受害者提出了赔偿损失或精神损害赔偿的请求。当年结案的有 59 起，其中有 20 起的受害者得到了赔偿。1994 年提出的赔偿请求有 310 起，加上 1993 年没有结案的 54 起，共计 364 起。在这一年结案的 156 起赔偿请求中，有 105 起的受害者得到了赔偿。根据《刑事犯罪受害者援助法》的第 13 条第 1 款，损失赔偿额的大小依受害者损失的大小和收入来决定。如果受害者的工资收入没有超过有关规定的最低标准，可以得到充分的赔偿。如果超过了这个标准，赔偿额就会相应减少。此外，如果受害者本人有过失行为，赔偿额也会受到影响。根据 1994 年的统计资料，在 60 起得到了损失赔偿的案件中，有 38 起的赔偿额度为 1000～10000 瑞士法郎。有 10 起不足 1000 瑞士法郎，有 9 起为 10000～50000 瑞士法郎，其余 3 起为 50000～100000 瑞士法郎。精神损害赔偿额的大小不与受害者的工资收入挂钩，在 1994 年得到精神损害赔偿的 69 起案件中，有 41 起的赔偿额度为 1000～10000 瑞士法郎，有 4 起不足 1000 瑞士法郎，有 22 起为 10000～50000 瑞士法郎，其余的 2 起为 50000～100000 瑞士法郎。

瑞士的《刑事犯罪受害者援助法》是一种新的法律制度。根据联邦司法局对该法在 1993 年和 1994 年实施情况的报告，尽管各州在贯彻执行这部法律方面还存在着一定的差距，但总的来说，援助受害者的立法和实践在瑞士取得了引人注目的发展。特别是在受害者咨询处求援的受害者数目大大超过了立法者所预想的情况，说明这部法律在实践中是有效的，确实在一定程度上援助了受害者，改善了他们的法律地位。作为新生事物，这部法律难免还存在着不足之处，特别是一些重要的法律概念如“受害者”“损害赔偿”“精神损害赔偿”等还没有确切的含义。对此，联邦立法者指出，正是因为该法是一个新事物，所以立法者允许各州在执法的过程中有较大的自由裁量权。在 1997 年，联邦司法局将对这部法律的实施情况进行全面审查，然后决定，是否对该法进行一些细则性的修订。

最后，还需要指出一点，《刑事犯罪受害者援助法》的颁布和实施无疑要求国家具备一定的财力。为了实施《刑事犯罪受害者援助法》，瑞士联邦政府在 1993 年对各州的财政援助达 500 万瑞士法郎，各州自己投入的费用总计为 355 万瑞士法郎。1994 年，联邦政府对各州的援助达 400 万瑞士法郎，各州自己投入的费用达 620 万瑞士法郎。

（三）瑞士联邦《刑事犯罪受害者援助法》对我国的启示

瑞士联邦《刑事犯罪受害者援助法》对我国也有着一定的借鉴意义。经过1996年刑事诉讼法的修订，我国在保障刑事犯罪受害者的诉讼权利方面有了很大的改善，诸如：在被害人可以证明对被告人应追究刑事责任，而公安机关或者检察院不予追究的情况下，有权向人民法院起诉；被害人有权申请回避；被害人可以委托诉讼代理人参加刑事诉讼；在不服第一审判决时，有权请求人民检察院提起抗诉；等等。但是，与瑞士联邦《刑事犯罪受害者援助法》相比，我国对刑事犯罪受害者的援助还不够。比如，被害人因被告人的犯罪行为遭受的物质损失，被害人虽然依刑事诉讼法的规定，有权在刑事诉讼中提起附带民事诉讼，人民法院在必要时可以查封或者扣押被告人的财产。但是，如果被告人没有财产或者没有足够的财产，被害人就不能得到相应的民事损害赔偿，当然更谈不上精神损害赔偿。尤其在受害人死亡的情况下，除了对被告人实施刑事制裁外，受害人的家属很难就财产方面的损失得到赔偿。如果被害人是家庭的主要劳动力，在他受害致死、其家庭丧失主要经济来源的情况下，其家属若得不到赔偿，将会受到丧失亲人和生活陷入困境的双重打击。因此，为了在经济上得到一点补偿，实践中常常出现受害人或其家属愿意和加害人就案件进行私了的现象，这就使违法者逃避了他们应当受到的刑事制裁。

当然，由国家机关出面给予受害者损害赔偿或者精神损害赔偿的前提条件是国家具备一定的财力。我国当前的经济基础不能与瑞士相比，从而国家不可能完全满足受害者提出的赔偿请求。但是，从国家的责任出发，我们可以将损害赔偿降低到一定的程度，即在加害人没有经济能力进行赔偿而受害者因受害在经济上陷入困境的情况下，国家对受害者给予必要的损害赔偿，以满足他们基本的生活需求。国家可以考虑从刑事或行政罚款中抽出一部分资金，建立一个对刑事犯罪受害者的援助基金。

十　瑞士的银行保密制度

为客户保守银行秘密是瑞士银行法中的重要制度。有人将这种制度说成像神话一样美妙，也有人认为瑞士银行是犯罪分子洗钱的场所，将这种制度说得一无是处。“讲信用”的好名声也罢，“洗钱银行”的恶名也罢，一个有目共睹的事实是，瑞士银行业在同业国际竞争中处于显著的优势地位，成为瑞士国民经济的重要支柱。据1989年的统计，瑞士银行的存款总额达15000亿瑞士法郎，其中3800亿瑞士法郎属公共机构的存款，11200亿瑞士法郎属于私人存款。在私人存款中，瑞士人和外国人的存款各占一半。这一年，瑞士银行获得的毛利润共计297亿瑞士法郎，其中手续费的收益为77亿瑞士法郎，管理财产的收益为42亿瑞士法郎。在近几年，瑞士银行的私人存款呈迅速上升趋势。1996年，瑞士银行及其他财产管理机构中的私人财产总额达到2万亿美元。虽然瑞士人认为，瑞士银行的竞争优势主要在于其国际银行业务的丰富经验、银行职员的良好教育以及他们具有多种语言的能力，但是，毫无疑问，瑞士银行的保密制度对吸引储户起着巨大的作用。现在世界上许多国家，特别如卢森堡、奥地利和列支敦士登，纷纷效仿瑞士，建立了类似的银行保密制度。

（一）瑞士银行保密制度的基本内容

瑞士银行的保密制度主要规定在瑞士银行法的第47条。根据这个条款，银行的职能机构、工作人员、受托人、清算人、临时代理人，或者作为银行委员会的监督人，国家监察机构的职能机关或者职员，如果泄露了银行秘密，得处以监禁或刑事罚款。根据该条第4款，银行仅可依据联邦和州的法律，在有义务向当局通告情况时，披露银行秘密。根据瑞士刑法典的规定，银行及其人员披露银行秘密不受刑事制裁的情势是：①出于公务或职业义务（刑法典第32条）；②出于紧急防御（刑法典第33条）；③或在紧急的情况下（刑法典第34条）。然而，银行不得对联邦银行委员会保密。根据瑞士银行法第23条的规定，联邦银行委员会为执行其任务，可以向银行和监察机构获取必要的信息和材料。但是根据联邦法院的解释，联邦银行委员会请求获得银行秘密，仅仅是出于对银行进行监督的目的。此外，联邦银行委员会和其秘书处得将这些秘密作为公务秘密来对待，不得随意泄露。

瑞士银行法第47条没有规定银行保密义务的范围。根据相关的法律，银行秘密不是一个固定不变的概念，其范围是在保护储户的人格权和在反对国家行政干预的过程中不断变化和发展的。比较明确的几点是：

① 银行秘密是指银行储户的秘密。银行本身的数据，如银行存款总额，是作为商业秘密，受瑞士刑法典第 162 条的保护；

② 银行秘密的所有人是银行客户。如果客户同意银行披露其银行秘密，该秘密就不适用银行法第 47 条的有关规定；

③ 银行保密制度保护银行和客户之间的全部营业秘密，但不保护匿名存款人的银行秘密。对于匿名存款人，银行有义务了解其真实的身份和其银行存款在经济上的合法性。这就是银行有认识客户的权力。

瑞士学者指出，在法理上，瑞士银行保密制度的建立有两方面的基础。一方面，银行保密是建立在银行和客户相互信任的基础上。即银行出于对其委托人忠实的义务，应当对他们委托的事宜予以关照，谨慎办理，从而使保密义务成为银行和客户间合同的重要内容。因此，对于客户来说，这种保护属于合同法保护的范围。当然，银行在解释合同的时候，必须要对其客户明确指出，它们愿意对客户什么样的事情、通告、决定或者结果保守秘密。

另一方面，银行保密制度也是出于民法中对公民人格权的保护，而且，人格权的保护可以超过合同中双方订立的保密义务。因此，在银行业中，即使银行与客户的合同对银行保密不作明确规定，银行为客户保密在事实上也已经成为普遍的和习惯的做法。在人们的生活中，人格权的保护涉及许多方面，然而，银行保密则是其中最重要的方面。例如，对一个寻求资金的企业或者个人来说，贷款人对其银行秘密就非常感兴趣。如果请求贷款者的银行记录不佳，他们就难以获得贷款。正是因为银行秘密与客户的个人利益息息相关，世界各国关于数据保护的立法，最早就是由银行业发起的。今天，在计算机普遍使用和联网的条件下，个人数据的收集、使用以及披露都很容易，所以，对个人数据的保护就显得尤为重要。

瑞士联邦的数据保护法于 1993 年 7 月生效。其立法宗旨是，保护个人数据不被非法地或者不正当地使用。其基本原则是，制作数据不得非法损害当事人的人格权，披露数据得符合法律的规定。此外，宪法中有关个人自由的规定和民法典第 28 条也涉及对个人数据的保护。

（二）瑞士银行对国际刑事案件的司法协助

尽管有人批评瑞士银行是“洗钱银行”，但事实上不可简单地下断语说，瑞士银行的保密制度就是保护犯罪分子的制度。因为根据瑞士的法律，在刑事案件或在刑法领域的国际司法协助中，银行有义务向有关的刑法机构或国外当局披露其客户的银行秘密。在菲律宾总统马科斯的遗产案中，虽然瑞士银行开始宣称要为其客户保密，但当菲律宾政府提出，要将马科斯的遗产收归国家所有时，瑞士银行还是与菲律宾政府进行了合作，公布了马科斯在瑞士银行的存款数额及其利息。此外，瑞士同美国还订立了刑事案件国际司法协助的双边条约。但是，不可否认，在刑事案件的国际司法协助中，瑞士银行与请求司法协助的外国当局经常发生摩擦。

根据瑞士联邦刑事案件国际司法协助法第 3 条第 3 款，如果被起诉行为是减少了有关国家的税收，或者因为违反了有关国家的货币、贸易和经济政策方面的法令，瑞士不予以国际司法协助。在瑞士，违反国家外汇管制法的行为不属于违法行为，逃税行为被视为违反了行政法的行为。而且，根据瑞士税法的规定，纳税人得自己申报应纳税的收入。所以，瑞士银行不得向国家税收机关披露其储户的银行秘密。由于瑞士银行的保密制度适用于所有在瑞士银行的存款人，而不管他们的国籍如何，所以，瑞士银行也不得针对其外国储户违反外国的外汇管制法或税法的行为披露他们的银行秘密。特别值得注意的是，因为外国税务机关经常向瑞士银行请求调查逃税行为，瑞士银行业在近几年还订立了一个有关“谨慎义务”的行业协议，该协议于 1992 年 10 月 1 日生效。协议重申和强调，对有关外国资本的流出、逃税以及类似问题的调查，瑞士银行不得予以协助。

此外，瑞士银行在国际刑事案件的司法协助中还有一个所谓“专门化”的原则。其基本内容是，禁止外国机构将通过司法协助获得的信息或材料用于其他案件；禁止外国机构为了自己的调查，向其他机构透露其通过司法协助获得的信息和材料。根据瑞士联邦刑事案件国际司法协助法第 67 条第 1 款，通过司法协助获得的材料，不得在其他未获得司法协助的国家中，作为刑事案件中的调查材料或证据材料来使用。按照瑞士人的解释，信息专门化是为了防止国外滥用从瑞士银行获得的材料。与专门化原则相关，瑞士银行还禁止外国当局随意探听其银行储户的情况。根据联邦法院的判决，外国当局仅当能够提出充足的证据，证明存在犯罪嫌疑时，瑞士银行方可作为刑事犯罪案件，提供司法协助。

美国的跨国银行监督咨询委员会在其 1992 年的报告中，对瑞士银行在刑事案件中提供国际司法协助的质量和效率表示了认可。但是，对它们就国际逃税行为不予合作的态度和做法表示了深深的遗憾。

（三）第二次世界大战中受害犹太人的存款问题

瑞士银行的保密制度建立于第二次世界大战前的1934年。当时，为了躲避德国纳粹政权的迫害，一些犹太人将其财产转移到瑞士银行。当时制定银行保密制度就是为了禁止德国纳粹分子在银行的间谍活动，保护这些受害者。由于许多犹太人在第二次世界大战中被杀害，他们存放在瑞士银行的存款就成为无主存款。在纪念反法西斯战争胜利50周年之际，许多犹太人组织，特别是联合国的犹太人世界大会，要求瑞士银行澄清这部分财产。

迫于世界舆论，特别是迫于美国当局和以色列当局的压力，瑞士银行业公会于1996年2月承认，在不属于瑞士人的无主账号上，有总额为3870万瑞士法郎的存款。1996年5月，瑞士银行业公会与犹太人组织在纽约达成了一个“谅解备忘录”，其中一项重要内容是敦促瑞士政府承认有侵吞财产之事实，这些财产是指在第二次世界大战前后存放在瑞士银行，而后无人认领，而且瑞士银行也未向其主人归还过的存款。此外，双方还组成了一个各方均认可的委员会，其任务是审查瑞士银行对无主存款的查询方法以及瑞士银行查询人员的工作。此后，犹太人组织不仅要求查询第二次世界大战中犹太人受害者在瑞士银行存放的财产，而且还要求查询他们在瑞士存放的全部财产。

面对犹太人组织的迫切要求，瑞士联邦委员会在1996年5月组织了一个特别工作委员会，负责进行“二战”中犹太人受害者的财产查询工作，该委员会由外交部国际法司具体负责。为了使财产的查询工作有一个法律依据，瑞士国会法律委员会于1996年9月起草了一个“对纳粹时期存放于瑞士的财产下落进行历史和法律调查的联邦决议”。该决议草案经过了多次修改，可望在近期颁布。这个联邦决议共有9条。它规定了调查的对象，调查小组的组成，调查人员的义务和权利，等等。其中第5条涉及瑞士银行的保密制度。它规定，被调查的机构有义务向进行调查的专家和研究人员提供方便，保证他们能够查阅所有有助于调查的档案。该条第2款明确指出，被查询机构的这种义务优先于它们依其他法律或者合同产生的保密义务。

据1996年11月13日《伯尔尼日报》的消息，从1996年1月到9月，瑞士银行收到有关“二战”中受害者财产的询问共2229起。其中对瑞士银行提出的问题进行了答复的有1055起。这些人大部分来自美国、德国和以色列，其中70%是纳粹受害者的亲属。在银行对他们之中892人作过调查后，仅有11起案子有了积极的结果。这些案子涉及的财产总额为160万瑞士法郎。但在这11起案子中，涉及“二战”中被杀害犹太人的仅有5起，他们在瑞士银行的存款总额仅为11000瑞士法郎。

犹太人世界大会认为这个调查结果是“令人悲痛的”。但也有人乐观地认为，道义的力量毕竟起到了一定的效果。最近，犹太人组织提出要制裁瑞士银行，要从瑞士银行抽走存款，要求瑞士为纳粹受害者建立一个金额达2.5亿美元的援助基金。瑞士政府对犹太人的制裁威胁感到忧心忡忡。

（四）瑞士银行的保密制度对我国的启示

为储户严格保密是瑞士银行制度的一大特色，这一制度提高了瑞士银行的信誉，为瑞士银行业的繁荣和发展起到了很大的推动作用。实际上，现在世界各国的银行都有为储户保密的规定，只不过保密的程度有差别罢了。

我国1995年7月1日生效的《商业银行法》也有为存款人保密的规定。如第29条指出：“商业银行办理个人储蓄存款业务，应当遵循存款自愿、取款自由、存款有息、为存款人保密的原则。对个人储蓄存款，商业银行有权拒绝任何单位或者个人查询、冻结、扣划，但法律另有规定的除外。”第30条对单位存款也作了类似规定。依照我国现行法律，银行有权在以下情况公开存款人的账户：（1）根据《民事诉讼法》第221条的规定，人民法院在被执行人未按执行通知书履行法律规定的义务时，有权向银行、信用合作社和其他有储蓄业务的单位查询被执行人的存款情况，但查询范围不能超过被执行人应当履行义务的范围。（2）根据《税收征收管理法》第32条规定，税务机关可以查询从事生产、营业的纳税人的储蓄情况，但必须经银行县、市支行或市分行的区办事处核对，指定所属储蓄机构提供资料。（3）根据《刑事诉讼法》第45条的规定，人民法院、人民检察院、公安机关有权向有关单位和个人收集证据，有关单位和个人应如实提供。这就是说，我国银行的保密制度不妨碍银行在法律规定的范围内与我国司法和行政执法机关进行合作。

然而，我国银行保密制度最大的问题是，因存款人可以采用匿名存款，银行不能了解存款人的真实身份。这样，由于银行和存款人之间没能建立起相互信任的关系，从法理上说，银行就无须对匿名存款人的账户承担保密的义务。而且，匿名存款还不利于税务机关通过银行进行税收监管，不利于人民法院通过冻结债务人银行存款来强制执行法院的判决，也不利于司法机关通过银行调查犯罪分子的犯罪事实，从而可能使银行成为贪污、受贿等不法分子的洗钱场所。我们认为，根据存款人权利与义务相一致的原则和国际上银行保密制度的通例，结合我国反腐败斗争的实际需要，我国的银行制度应禁止匿名存款，规定存款人必须持有证明其真实身份的有效证件才能在银行开立存款账户。

此外，还应当指出的是，瑞士银行的保密制度主要体现在违反保密义务的法律责任上。银行工作人员若非法泄露银行秘密，得处以监禁或者刑事罚款。我国的《商业银行法》虽然提出了要为存款人保密，但没有规定违反这个义务所承担的法律责任。该法第 80 条规定，商业银行工作人员泄露任职期间知悉的国家秘密、商业秘密，应当给予纪律处分，构成犯罪的，依法追究刑事责任。然而，银行储户的秘密在性质上既不属于国家秘密，也不属于银行的商业秘密。因此，我国的《商业银行法》应对此作出具体规定，以增加存款人对银行的信任感，并且这也有利于我国银行储蓄存款的“虚名”制向“实名”制转化。

十一　瑞士联邦的社会保障制度

在瑞士，人们将社会保障理解为国家的努力，即为了满足人民生活中一定风险时期的需求，国家给予的支持和帮助。特别的风险，主要是指人们处于年老、死亡、伤残、事故、疾病和失业的情况。社会保障的目的是，当上述不可抗拒的情势出现时，被保险人在经济上可以得到一定的补偿，从而在一定程度上可以抵消这些风险的不良后果。

（一）立法概况

同其他许多国家一样，瑞士的社会保障制度是以社会保险制度为核心，而社会保险制度则以联邦宪法为立法基础。早在1848年，即从瑞士联邦国家的建立之日起，瑞士联邦宪法中就已经有了“社会国家”的条款，明确指出要推动建立普遍的社会福利制度。1890年，联邦宪法第34条引入了一个关于建立医疗和事故保险制度的新条款，它规定，“联邦将根据现有医疗保险机构，制定有关医疗和事故保险的立法。这项保险是普遍的。对某些社会群体，保险是强制的”。但事实上，直到1912年，瑞士联邦才通过了医疗和事故保险法。这部法律作为瑞士历史上第一部比较重要的社会保险法，实际上是德国19世纪末由俾斯麦制定的社会保险法的翻版。第二次世界大战结束后，随着冷战的爆发，西欧国家开始加强外部和内部防御战线。推动社会保障制度和建立福利国家，则被视为加强内部防御战线的重要措施。瑞士因而也开始效仿英国和斯堪的那维亚国家，积极地进行社会保险的立法，使国家的社会保障制度在短时期内有了长足的发展。按照生效时间，第二次世界大战后瑞士联邦建立的社会保险制度主要是：1948年的养老和遗属保险法，1953年的农村地区家庭补贴法，1953年的军人与民防人员经济损失赔偿法，1960年的伤残保险法，1966年的养老、遗属保险和伤残保险的补贴规定，1984年的失业保险和破产损失赔偿法，1984年的事故保险法，1985年的职业养老、遗属和伤残保险法。1996年生效的医疗保险法是瑞士最新的一部社会保险法。

瑞士的社会保障制度除了联邦立法外，各州和社区也有各自的规定，实际上，由于瑞士的政体是联邦制，即权力在联邦、州和社区之间进行分配，瑞士很难建立一个全国统一的——内容一致、体系完整、各个社会保险部门相互协调的——社会保障制度。因此，瑞士的社会保险制度非常繁杂，很难使人一目了然。除了国内立法外，瑞士还同美国、德国、奥地利、法国、意大利等20多个国家订立了有关社会保险的双边条约，这些条约主要是为了解决在瑞士工作的外国人和在外国工作的瑞士人的社会保险问题。

（二）社会保险制度的基本内容

社会保险制度涉及养老、失业、事故、医疗、伤残、生育等许多方面。但其中养老保险是最重要的，因为每个人都有进入老年的时候。1972年，随着联邦宪法第34条的修订，瑞士就养老、遗属和伤残保险制度引入一个“三支柱”体系，这个体系代表了瑞士社会保险制度的特色，从而使瑞士在养老保险方面成为许多国家包括西欧发达国家的样板。

第一支柱是生存保障。生存保障是指要满足被保险人的基本的和绝对必要的生活需求，其措施是国家设立强制性的养老、遗属和伤残保险。在这方面，除了联邦宪法第 34 条的有关规定、1948 年的养老和遗属保险法和 1960 年的伤残保险法外，还有联邦委员会以及联邦部、局颁布的一系列条例和法令。1997 年 1 月 1 日，联邦养老和遗属保险法的第十次修订生效。如果被保险人依靠养老金和个人财产不能满足他们基本的生活需求，他们有权依据 1966 年的养老、遗属和伤残保险的补贴规定请求补贴性的待遇。

这种保险是普遍的，适用于所有在瑞士居住和工作的人。即它不仅强制性地要求雇员参加，而且还要求雇主、独立开业者以及无职业者如学生和家庭主妇参加。可以不参加这项保险的仅是外国派驻瑞士的外交官、外国的留学生以及外国公司派驻瑞士分公司的工作人员。对于就业者，加入这项保险的法定日期是他年满 17 周岁后下一年的 1 月 1 日，对于非就业者，则是其年满 20 周岁后下一年的 1 月 1 日。被保险的妇女有权在年满 62 岁后领取养老金，男人则得年满 65 岁。

被保险人在保险期间的义务是缴纳保险费。1995 年，雇员所缴纳的养老、遗属和伤残保险费共占毛工资收入的 10.1%，其中由雇员和雇主各负担一半，即各缴 5.05%。独立开业者根据其年收入的多少缴纳保险费。年收入超过 45200 瑞士法郎的，这三项保险费占其收入的 9.5%。不足这个数目的，保险费则可相应减少。无职业者一年也要缴纳一定最低数目的保险费。这个数目随着物价指数的增长而增长。从 1948 年到 1968 年，无职业者在一年内缴纳的养老和遗属保险费最低为 276 瑞士法郎，1978 年上升为 917 瑞士法郎，1988 年则为 2751 瑞士法郎，1995 年达到 3268 瑞士法郎。瑞士的养老、遗属和伤残保险是在最大范围内进行的社会再分配，因为被保险人交付的保险费没有最高工资收入的界限。然而，与保险费的上不封顶相反，被保险人获得的养老金收入却有着最高限额。1995 年，被保险人每月得到的养老、遗属以及伤残养老金的最高额是 1940 瑞士法郎。妻子不足 62 岁的男性退休者，可以再得到 550 瑞士法郎的补贴。如果夫妻均进入退休年龄，他们共同得到的养老金最高额为 2910 瑞士法郎。寡妇得到的养老金即遗属养老金的最高额为 1652 瑞士法郎。被保险人的养老金的高低，取决于他们缴付保险费的年限和保险费的多少。对于伤残者来说，养老金的大小还取决于身体伤残的等级。在这里之所以存在最高额的限制，是因为养老、遗属和伤残保险仅是基本的生存保障。

养老、遗属和伤残保险的保险基金是按照现收现支的方式进行筹集和支出的，即一个时期内作为保险费的收入将在同一时期内作为养老金而被支出，不足的部分由国家拨款补充。这种保险的强制性是建立在一种代际契约的基础上，即当前在社会上创造财富的一辈有义务以缴纳保险费的方式为他们的父辈筹集养老金，这样，他们在老年的时候才有权利从下一代得到养老金。

第二支柱是企业保障。企业保障的目的是，与第一支柱一起，保障被保险人退休后可以继续维持其就业期间的生活水准。其基本的法律依据是 1985 年生效的联邦职业养老、遗属和伤残保险法。根据这个法律，雇主应为其雇员在某个保险机构进行养老、遗属和伤残保险，这种保险也是强制性的。如果雇员不足 24 周岁，企业主须为其进行死亡和伤残保险。从 24 岁起，得为他们订立企业养老保险。企业保险费的大小依企业为职工养老订立的融资计划而不等。企业可以确定一个具体的保险费额，也可以根据职工对企业贡献的大小按照他们的工资比例缴纳保险费。对此，1985 年的法律没有具体规定。一般地说，这种保险费占职工工资收入的 5% 至 8%，其中企业主所缴纳的部分至少要占到 50%。在大多数情况下，企业主和职工各自缴纳的比例是 2∶1，甚至是 3∶1。

与第一支柱的全民保险不同，企业保险仅对工资收入在一定范围内的企业职工来说是强制性的。1995 年，法律要求年收入在 23280 瑞士法郎和 69840 瑞士法郎之间的职工参加这项强制性的企业保险。其他的雇员和独立开业者则可以自愿加入。在实践中，绝大多数工资收入比较高的职工，也都加入了这项保险。这项保险不吸收无职业者。

与第一支柱的筹资方式不同，瑞士的企业保险以及其他大多数社会保险部门是以资本积累的方式筹资的。也就是说，在被保险人需要领取企业养老金时，这部分资金已经存在。但这种筹资方式有着一个很大的缺陷，如果国家的通货膨胀问题比较严重，这部分资金在很大程度上就会贬值。

此外，强制性的事故保险仅当事故出现时才需要赔付，因此，职业事故保险也属于企业保险的范围。

第三支柱是自我保障。自我保障是由个人确定保障的目标，并由被保险人自己筹集保障的资金。然而，政府也有责任通过财产和金融政策，推动他们积极进行私人储蓄、购置房产以及同保险公司订立人寿保险合同等，以补充人们在老年生活中的需要。

除了上述养老、遗属和伤残保险外，比较重要的保险还有失业保险和医疗保险。随着近几年的经济衰退，瑞士的失业率也达到了6%，从而使失业保险有着越来越重要的意义。1990年，瑞士的失业保险费率仅占被保险人工资收入的0.4%，随着失业人口的逐步增多，1995年的失业保险费率增长到占被保险人工资收入的3%。这个费用由雇主和雇员各负担50%。被保险人失业后，可以得到其被保险工资70%的补偿，已婚者可以得到80%的补偿。1984年生效的失业保险和破产损失赔偿法迄今已进行了两次修订。第一次在1992年，第二次修订于1996年1月生效。

1996年1月1日生效的医疗保险法是瑞士最新的一部社会保险法，内容包括强制性医疗护理保险和自愿性生病期间津贴保险。强制性的医疗护理保险是全民性的，目的是保障被保险人在生病、事故和怀孕生孩子期间所需要的检查、治疗、护理、药品等各种费用。保险公司可以对收入不同的被保险人订立不同的收费标准，也可以对所有的被保险人收取相同的保险费。但这些保险费标准都得经过联邦委员会的批准。在缴纳正常保险费的情况下，被保险的成年人自己须对其一年内花费的医疗费承担150瑞士法郎。如果被保险人比正常情况少缴纳10%的保险费，一年内得由自己承担300瑞士法郎的费用。如果少缴纳40%，则得承担1500瑞士法郎。对未成年人也有相应的规定。

此外，依照这个法律，居住在瑞士境内的16至64岁的人可以自愿订立生病期间的津贴保险。这样，被保险人可在因生病或分娩失去了工作能力的情况下，领取这期间的补偿金。对于医疗保险，无论是强制性的护理保险，还是自愿订立的生病期间津贴保险，都得由被保险人自己承担保险费。

（三）瑞士社会保障制度的前景

瑞士现行社会保障制度的建立是以第二次世界大战后国家经济的迅

速发展为前提条件的。因为只有经济发展了，才能为社会保障筹集必要的资金。近年来，随着瑞士经济的不景气，社会保险制度也被蒙上了一层阴影。

概要地说，影响瑞士社会保障制度的主要有以下因素：①瑞士社会保障体系中最重要的支柱是以现收现支的方式筹集资金的。这种方式与社会人口的年龄结构和人口的发展有着密切的关系。近年来，瑞士同其他的西方发达国家一样，随着生育率的下降，人口老龄化的问题很严重。随着领取养老金的人数越来越多，而缴纳保险费的人数越来越少，现收现支的养老金制度就面临着严峻的挑战。②随着经济的不景气，失业者也越来越多，这一方面增加了失业救济金的支出，另一方面又减少了各种社会保险费的收入。③现在的西方国家包括瑞士，传统的家庭观念发生了很大的变化。在瑞士，离婚率高达30%。越来越多的单亲家庭在一定程度上推动了社会的贫困化。④近十几年来，随着西方福利制度的不断完善，人们的劳动观念也有了变化。在过去，人们对一种职业往往是从一而终，但现在"跳槽"和随意中断工作的现象司空见惯。而且，随着经济和科技的发展，劳动和工作的方式也有了改变，例如，部分时间工作制，在西方已成为一个普遍的现象。这些情况对各种保险费的筹集都会产生影响。

因此，瑞士人现在自己也承认，福利国家的制度已经走到了尽头。一方面，各种社会保险制度要求人们支付的保险费越来越高，这势必会推动工资水平的上涨，从而使国家经济发展的负担越来越重。另一方面，即使发展再多的社会保障制度，社会保障的漏洞仍然存在，因为今天保障的对象不仅包括劳动阶层，还包括社会其他各种阶层，使国家的财政压力越来越大。在蛋糕很大的时候，人们一般不理会财政问题。但当蛋糕变小了的时候，就会出现分配上的争斗，即考虑在有限资金的情况下，哪一个政策应当优先的问题。更具体地说，是应当优先照顾老年人，还是优先照顾病人？

瑞士的立法者正在努力使国家社会保障的立法能够适应形势的发展和需要。但是，社会保障法的专家们还很难对这个制度的发展作出描述。因为社会保障法是一个非常复杂的部门，它涉及国家的经济、人口的结构以及人们生活和劳动的方式。此外，随着经济的国际化和人员的国际流动，一国的社会保障法还会受到其他国家立法的影响。对于瑞士这样一个经济国际化程度很高的国家来说，情况更是这样。

（四）瑞士社会保障制度对我国的启示

近几年是我国社会保障立法的关键时期。国务院在 1993 年发布的《国有企业职工待业保险规定》，1995 年发布的《关于深化企业职工养老保险制度改革的通知》，1996 年 4 月批转的国家经济体制改革委员会、劳动部、财政部和卫生部联合发布的《关于职工医疗保障制度改革扩大试点的意见》，以及 1996 年 8 月由劳动部发布的《企业职工工伤保险制度试行办法》，标志着我国社会保险制度改革的重大工程，已经分项启动。现在凡是涉及企业职工利益的社会保险待遇，在我国都有了基本的法律依据。当然，我国的社会保险制度还处于建立过程中，在相当程度上还处于试验和摸索的阶段，所以，外国社会保险的立法和实践经验对我国有着重要的借鉴意义。

瑞士社会保障制度中最引人注目之处是其社会养老保险制度中的“三支柱”体系。与欧洲其他国家不同，瑞士的第二支柱即企业保险与第一支柱的社会基本保障一样，也是强制性的。这样，第一支柱中现收现支的筹资方式和第二支柱中积累资金的筹资方式就能起到相互补充的作用。而且，这个“三支柱”养老保险体系的覆盖面大、强制性高，在很大程度上兼顾了公平和效率。1991 年，瑞士曾就养老、遗属和伤残保险的“三支柱”体系发表过五份专家报告。这些报告充分肯定了这个体系对社会养老保障有着较好的承受能力，有利于社会稳定，也有利于维护劳动者和其他各阶层人民的利益。

根据世界银行的建议，我国社会养老保险的基本原则也应建立多层次的社会保障制度。但是，与瑞士的“三支柱”体系不同，我国的企业保险不是强制性的。由于企业没有法律义务为职工参加额外的养老保险，所以，这种企业保险仅能在一些经济效益比较好的企业进行推广。第三支柱作为个人储蓄或者订立人寿保险合同仅取决于个人的愿望和经济能力。在相当多的劳动者还没有经济能力进行个人储蓄，或者在国家的商业保险制度还不够健全的情况下，这种保障实际上也不能算作国家的养老保险方案。所以，我国“三支柱”体系中的第一支柱对劳动者的养老保障有着决定性的意义。如果这个支柱不能满足他们退休后的基本生活需求，第二支柱和第三支柱都不能弥补国家法定养老保险制度的缺陷和不足。

借鉴瑞士的养老保险制度，我们认为，我国现在大多数地区将法定社会养老保险金分为两个部分的做法是比较合适的。第一个部分是社会养老金，它按照现收现支的方式进行社会统筹。这个部分实际上相当于瑞士养老制度中的第一支柱，在保障的程度上应当满足被保险人老年时基本的生活需求。因为是按照现收现支的方式筹资，所以养老金是浮动的，它应当随着国民经济的发展和物价指数的提高而增长。第二个部分是个人账户养老金，它是按照积累资金的方式进行筹资，从被保险人的个人账户进行支付。这实际上相当于瑞士的第二支柱。由于这部分养老金的高低直接与被保险人的工资收入挂钩，与他们对国家的贡献大小成正比，所以，这种社会统筹和个人账户相结合的养老金制度一方面实现了社会收入的再分配，另一方面又兼顾了公平与效率相结合的原则，从而有利于提高劳动者的劳动积极性和自我保障的意识。

瑞士医疗保险制度中对医疗费用支出的制约机制也是很有特色的。特别是被保险人在交付保险费方面有进行选择的可能，这在我国普遍推广强制性医疗保险时，有一定的参考价值。

十二　瑞士对犯罪分子改造的试验项目：日内瓦囚犯社会治疗中心

瑞士对犯罪分子的再教育领域，依据其雄厚的财力和各州的特点，以联邦负责拨款招标、有关州投标的方式，在各州开展不同的试验项目。对囚犯进行社会治疗的项目就是其中之一。中国社会科学院法学代表团在瑞士访问期间，为了解该项目的情况，考察了设在日内瓦共和国州的囚犯社会治疗中心。该中心主任蒙特姆琳女士向我们介绍了囚犯社会治疗中心的有关情况，并带领我们参观了中心，安排我们与在中心接受治疗的囚犯座谈。通过这些考察，我们对瑞士实施的这个项目有了一定的认识。

（一）囚犯社会治疗中心的概况

囚犯社会治疗中心作为联邦招标的一个试验项目，始建于 1979 年。创设此项目的目的在于：接纳那些请求治疗的性格严重失调的囚犯，经过综合治疗改善他们的个人条件，并根据瑞士刑法典第37条第1款的规定，为他们重返社区的生活做好必要的准备。初创时，中心为接受治疗的在押犯提供8个床位。管理人员包括4位社会、行政和看护工作者以及3位志愿服务的监狱官员。

1986年，在逐步积累经验和作出服务检验与评估的基础上，此试验项目发展为一个特殊单位——日内瓦囚犯社会治疗中心。中心设在日内瓦监狱内，附属于日内瓦大学法律医学研究所（该所由法医学和监狱医学两部分组成）。中心受联邦司法警察部的监督。项目参与者最初从一些候审男犯中挑选，这些人因某些原因不能适应正常的监狱环境。工作人员主要通过教育学、社会学和社区治疗等手段为接受治疗者提供帮助。中心主任由法律医学研究所任命，负责中心的所有行政工作。主任及社会教育工作人员向大学研究所提交工作报告。中心的安全及一般服务由日内瓦监狱负责。中心在大学研究所设有一个工作车间，接受治疗者可在那里从事手工工作。在与中心主任达成协议的情况下，日内瓦监狱长和其他几位监狱官员共同组成监督小组，具体负责对中心工作的监督。1996年，囚犯社会治疗中心的经费是150万瑞士法郎，分别由联邦司法警察部提供2/3和联邦卫生部提供1/3。我们参观时，该中心有囚犯7人接受治疗。据介绍，最多时在中心接受治疗的人数也仅11人。其成本之高，令人瞠目。

（二）囚犯进入治疗中心的条件及程序

中心项目主要服务于性格严重失调、有反社会迹象的囚犯。这类囚犯主要属冲动型人，年龄在20～30岁，多次表现出暴力行为或性不端行为。他们通常感到忧虑和压抑。精神不正常或弱智者和吸毒者不属中心项目的服务范围。

在程序方面，接纳囚犯进入中心，除须本人申请并得到中心主任同意外，还须以有关当局的授权批准或交托命令为条件。中心目前主要从法语和意大利语区的监狱中挑选正在服刑的、本人申请要求治疗的囚犯参加。项目候选人须向中心主任提交书面申请，并由监狱当局批准将囚犯转至中心接受治疗教育。对在中心外开展的活动及来访规定限制性条件。只有在长期服刑的犯人有可能获释之前的几个月，才可变通那些限制条件。

按照项目的有关规定，授权批准或交托命令有效期满时，中心主任须释放囚犯，但因其他理由须继续看押者除外。中心须根据有关当局书面签署的命令释放囚犯。中心主任或有关当局在任何时间均有权终止囚犯的治疗安排并将其送回适当的关押场所。囚犯若严重破坏中心的和平与安全规则，中心主任有权决定开除。轻微违纪可予以处罚，如限制活动。1979—1987 年，11 人被开除，16 人受到处罚。

（三）囚犯社会治疗中心的管理与改造方法

囚犯社会治疗中心在管教上的独特之处在于，它是通过囚犯对整个管理的参与以及在参与过程中与其他囚犯和管教人员交流，来实现治疗改造目的的。一般来讲，在初期阶段的接触治疗中，中心工作人员要求项目参与者尽力做到对自己的行为负责，在治疗过程中，逐步改变他们对事物作出反应的方式及对未来的态度。其后，在各类活动中，都会经常不断地提醒参与者注意达到上述目标。每个参与者可随时提出重返一般监狱的要求。

中心的囚犯参加经认真调整过的社区生活，可自由接触信息、提问，并加以评论。中心的一切工作如购买车间和园艺所需的材料、出售自制产品、业余娱乐及体育活动和会见来访者等，都由囚犯相互讨论并投票表决。囚犯自己做饭、修整草坪花房、担任出纳会计、召集座谈，按各自承担的以上职责领取相应的报酬。例如，厨师的周薪是 103.95 瑞士法郎，花匠的周薪 44.40 瑞士法郎，清洁工的是 59.50 瑞士法郎。囚犯的交流主要以小组形式进行，小组由囚犯、治疗人员和监狱官员组成，每日举行小组座谈会。在小组座谈会上，大家就当天要闻、个人问题和长远计划等交换看法和意见。

（四）对囚犯社会治疗项目的评估

蒙特姆琳主任对该项目的评估是积极的，认为试验达到了目的，取得了成果。她用一些数字来支持上述评估：从 1979 年 8 月 1 日至 1987 年 3 月 31 日，共有 113 人参加了中心的项目，其中 58 人在中心生活超过 4 个月，最长时间为 15 个月。

中心用重新犯罪作为评估指标，在中心生活 4 个月以上的再次犯罪情况如下：

11 人被再次定罪（2 人武装抢劫，8 人侵犯财产，1 人毒品犯罪）；4 人被再次逮捕等待审判（1 人强奸，2 人侵犯财产，1 人毒品犯罪）；23 人无已知累犯信息（包括 6 人被驱逐出瑞士及 1 人死亡）；12 人没有任何信息（包括 9 人被驱逐出瑞士）。

在以上 15 个再次定罪/逮捕案例中，只有 1 人是在释放后不到 2 年内再次犯罪。

如果用进入中心前及在中心期间的档案加以比较则证明，暴力事件、报复惩罚和自我伤害行为都显著减少。因为社会治疗的作用降低了一般因监禁而引起的痛苦、屈辱和仇恨心理，帮助保持和发展了一定形式的尊严、与他人的交流和希望。有关忧虑、压抑、难以集中注意力、对自己感情的自责、对现实的适应性、与他人的关系及自尊等因素，都有所改善，并向积极的一面发展。

当刑满释放重返社会时，他们的行为在很大程度上将依赖于自己的意志、周围的环境和可能的挫折与困难。为应对现实，中心在市内建立了一个提供住处的试验工作场所，作为在中心监禁期间开展社会活动的基地。

蒙特姆琳主任认为，医学－社会工作者和监狱官员的合作行动是中心项目的关键。监狱官员有机会在各种座谈活动中表达个人意见，这一方面加强了他们的职业尊严，另一方面亦为犯人树立了良好的模范形象。

在每天的共同生活和讨论中，医学－社会工作者和安全人员的合作提供了各种环境条件，使尊重个人和遵守法律规范有机地结合在一起。在类似中心这种特殊单位里进行的社会治疗——不断引导态度的形成而不靠单纯限制，会影响整个监狱制度的社会和心理作用。这种模式提倡在监狱官员、犯人和医学－社会工作者之间，在公共机构、个人自治和基本健康要求之间，随时进行动态的调整和适应。上述诸因素的相互作用防止体制的僵化，各个因素的平衡为犯人及与他们一起工作的人创造了自由和选择的条件。

应当承认，瑞士囚犯社会治疗中心的项目取得了一些积极成果，但这种以高经济成本为代价的试验，不仅在发展中国家难以借鉴，即使是在瑞士这样的国家里，也很难说具有广泛的推广价值。如果以推广的意义来评估，那么这个项目的社会效果或许还不容乐观。

十三　瑞士联邦的戒毒政策

漫步在瑞士首都伯尔尼的街头，不难见到成群结队的吸毒者。在今天，吸毒已经成为瑞士的一大社会问题。在巴塞尔这个人口不足20万的小城市，吸食海洛因的近2000人，其他未成瘾的吸毒者近1000人。此外，还有1000多人以美沙酮作为替代品。更为严重的问题是，据1990年至1993年的统计，在海洛因吸食者中，将近一半的人不足25周岁。在大麻的吸食者中，不足25周岁的青少年占64%。因此，瑞士的戒毒政策在很大程度上也是青少年政策。

（一）戒毒政策上进退维谷

对政府应当采取什么样的戒毒政策，在瑞士存在着两种观点截然不同的人民倡议。一种倡议是“青少年不准吸毒”，主张政府采取严厉的戒毒政策，加强预防措施，坚决与毒品走私作斗争。另一种倡议则是“采取合理的戒毒政策”，要求对吸毒者免于制裁，国家对生产和销售麻醉品实行许可证制度。这两种倡议的不同观点也反映在各派政党的不同主张上。激进民主党、社会民主党和基督教民主党在它们1994年提出的联合报告中指出，应当由医生负责发放海洛因，对吸毒者免于刑事制裁。瑞士人民党对此则持断然否定的态度。

作为这两种观点折衷调和的结果，瑞士联邦委员在1995年6月提出了一个关于瑞士政府今后戒毒政策的报告，报告中指出，“制止、预防、治疗和为延续生命而给予救济，是戒毒斗争中同等重要的四个措施”，并将瑞士今后的戒毒政策简要地概括为“第三条道路”，即既不放纵吸毒，也不绝对禁止吸毒。然而，如何在细节上解释第三条道路，以及用什么样的材料建造这第三条道路，瑞士人的观点却莫衷一是，并且对联邦委员会所设计的“第三条道路”也褒贬不一。根据联邦司法局副局长米勒先生的看法，人们对政府戒毒政策意见分歧的主要原因仍然在于，彻底消灭吸毒的主张和给吸毒成瘾者定期发放麻醉品以防止他们的健康状况恶化和减少社会犯罪与堕落的主张二者之间不能调和，难以形成统一的意见。

（二）对吸毒者的试验和探索

瑞士政府的戒毒政策不是仅仅通过讨论制定的。为了寻求一个合理和可行的戒毒政策，瑞士联邦委员会早在1991年1月就提出了一个试验性的方案，即由专门指定的医生给参加试验的吸毒者开处方，发放麻醉品。医生的处方中不仅开出海洛因或者替代海洛因的其他麻醉品，而且还包括配合性的药品和心理治疗，此外还要对参加试验者的情况进行跟踪调查。1992年10月，联邦委员会还发布了一个“推动科学研究以预防吸毒和改善吸毒者生活条件”的条例。据此，向吸毒者发放麻醉品被视为对吸毒者进行的探索和科学研究，其目的是减少因吸毒引起的社会犯罪，改善吸毒者的身体状况和生活条件。

组织这个试验的机构有瑞士联邦委员会、瑞士医学科学院、联邦卫生局以及联邦数据保护局。联合国麻醉品国际管制局批准瑞士进口一定数量的海洛因。联邦卫生局负责制定和审查为进行试验而必要的处方配制，并且为这项试验活动组织了一个研究小组。此外，世界卫生组织也派出了国际专家小组，对这项试验进行评价。瑞士国内分两个阶段建立了16个发放麻醉品和处置吸毒者的场所，此外在索罗图恩州的监狱还进行了一个特殊的试验项目，即向在押犯中的吸毒者发放海洛因。这些不同戒毒场所在使用作为替代品的麻醉品方面，各自有着不同的选择，以便于进行戒毒研究。

从1993年开始到1996年7月1日，参加这项试验的吸毒者共计1210人。其中前后退出试验的有297人。目前参加试验的还有913人。这些吸毒者都是自愿参加这项试验的，并签名表示同意。从1996年7月1日起，这个项目不再接受新的试验者。对现有试验者的麻醉品将一直发放到1998年年底。届时政府将根据科学的结论性报告，决定是否对吸毒者继续发放麻醉品。在此之前，试验小组将陆续提取有关试验者的必要数据，特别是他们的身体状况和生活条件在进入试验前后的对比。[①] 根据试验，成瘾的

① 根据1995年参加试验的469名吸毒者的统计数据，这些吸毒者的平均年龄为31岁，41%的人没有稳定的或者没有像样的住所，80%的人没有工作。在他们之中依靠家庭和亲属接济而吸毒者占47%，靠非法收入而吸毒者占53%，高额欠债者达61%。84%的人有前科。这些人均生过病，28%的人是因为生病而吸毒。大约40%的人心理不够正常。23%的人身体状况很差。

吸毒者要完全摆脱毒瘾需要多年的时间。

1995 年 5 月，世界卫生组织的专家小组在瑞士访问了这个项目的试验小组，并参观了一些麻醉品发放处。专家小组对瑞士的这项试验基本持肯定的态度，认为它无论在毒瘾的治疗方面还是在科学的探索方面都会起到积极的作用。

然而，瑞士的许多学者认为，即使这项试验的结果是积极的，这种做法也不能减少和解决社会上的吸毒问题。因此，有些地区拒不接受联邦委员会提出的这个试验项目。从地区来看，瑞士西部讲德语的农业区，更多地强调对吸毒者要采取严厉的禁止性手段。而在讲德语的城市地区，则强调要对吸毒者进行治疗和给予生存救济。随着人们对吸毒这个社会问题的认识不断发生变化，事实上从地区上很难划出一个清楚的轮廓。在实践中，积极参与戒毒活动的不仅有联邦机构，许多州和社区也很活跃。然而，各个州对待吸毒者的态度有很大不同。有些地区的警察、医疗部门和社会保障机构在戒毒方面以各种不同的形式相互进行合作，有些地区的这种机构则是相互对立。在这种情况下，对瑞士联邦制度下各州的戒毒政策就很难作出一个统一的描述。

（三）瑞士今后戒毒政策主要的发展方向

当前，在瑞士关于戒毒政策的讨论主要集中在苏黎世、伯尔尼、巴塞尔等一些城市地区，因为城市的吸毒问题比较严重。这些有关戒毒政策的讨论主要是出于对社会上吸毒问题的恐惧、忧虑、无可奈何以及感到社会不安宁而匆匆发起的，从而出现了绝对禁止吸毒和要求放松对毒品交易管制的两种极端主张。瑞士联邦政府认为，这两种主张都是不能接受的，因为其理由都不充分，而且对其后果也都没有认真考虑过。根据联邦司法局副局长米勒的撰文，瑞士联邦今后的戒毒政策表现在以下五个方面：①尽量减少麻醉品消费对健康和社会的损害；②尽量减少因麻醉品交易和消费引起的刑事犯罪和对社会公共秩序的损害；③要与国家现行的法律制度相协调；④要使国家的财政负担不致过重；⑤要与人民群众的戒毒斗争相协调。

很明显，这是一个对吸毒者比较温和的政策。因为“尽量减少麻醉品消费对健康和社会的损害”，就是说国家不绝对禁止吸毒。“要使国家的财政负担不致过重”，就是说政府对吸毒成瘾者还可能免费发放麻醉品。当然，这个政策也不是完全放纵毒品的消费，因为它承认毒品消费会损害人们的身体健康，是社会贫困、堕落和犯罪的重要根源，所以要与毒品犯罪行为作斗争。米勒先生指出，因为目前在瑞士进行的戒毒试验还没有结束，还缺乏很有说服力的研究材料，所以政府不能提出很明确的戒毒政策。

上述五项政策中没有明确指出，单纯吸食毒品是否仍构成刑事犯罪。根据米勒先生的看法，这里的毒品刑事犯罪是指毒品交易，而不是指单纯的毒品消费。他说，有关毒品的法律制度应当与其他法律制度协调。吸烟和酗酒对身体有害，但瑞士的法律制度中没有规定吸烟、酗酒以及吸食可致人成瘾的药品是刑事犯罪行为。此外，其他的自我伤害行为如进行危险性极大的体育活动、自我断肢以及寻求自杀也都不属于犯罪行为。那么，对吸毒者也就不应该予以刑事制裁。他还说，如果从保护青年人的角度应当剥夺人们的吸毒自由，那么从保护的角度，法律也应当剥夺人们吸烟和酗酒的自由。否则，这些法律之间就存在矛盾。他认为，更重要的是，从教育青年人的角度讲，将吸毒视为犯罪，对吸毒者的前程具有十分不利的影响。

目前，在国际法领域，已经签署了一系列有关禁止滥用麻醉品的国际协定。其中最重要的是《1961 年麻醉品单一公约》、1971 年的《精神药物公约》、1972 年的《修正 1961 年麻醉品单一公约的议定书》和 1988 年通过的《联合国禁止非法贩运麻醉药品和精神药物公约》。根据《1961 年麻醉品单一公约》的第 4 条，缔约国有义务采取必要的立法和行政措施，就麻醉品的生产、制造、输出、输入、分配、贸易、使用及持有，以专供医药及科学上之用途为限。1988 年的公约则更明确地规定，除了麻醉品的销售外，持有、购买和种植麻醉品也是违法行为。公约还要求缔约国在这一领域进行广泛的国际合作，以便有效地与毒品刑事犯罪作斗争。据此，可以认为，为了消费而持有和购买麻醉品是违法行为。

瑞士已经加入了前三个公约。目前正在准备加入 1988 年的国际公约。鉴于 1988 年公约的严格规定，米勒先生认为，瑞士将对其中的某些条款提出保留，即为消费购买麻醉品在瑞士可以不受刑事制裁。米勒先生还指出，从刑法政策的角度看，这种新的戒毒政策是好的或者至少是值得考虑的，但是从健康的角度看，这种政策也许会带来不利的后果。最后，他承认，在戒毒方面不可能有一个绝对明确的政策，因为事实上就不存在可以解决一切问题的灵丹妙药。

（四）关于我国戒毒政策的思考

尽管瑞士联邦政府对吸毒者准备采取温和的政策，而且世界卫生组织专家小组对瑞士的向吸毒者免费发放海洛因替代品的试验性做法基本上给予肯定，但是，我们认为，我国仍然应当坚持执行强制戒毒的政策。这不仅因为在我国还有相当多的人民群众没有解决温饱问题，国家不可能为了延续吸毒成瘾者的生命和维持他们的生活水平向其免费发放海洛因的替代品，而且更重要的是出于对国家前途、人民健康和社会治安的考虑。

我国人民在历史上深受鸦片的毒害，曾被外国列强蔑称为“东亚病夫”。新中国成立后，党和人民政府采取了强制戒毒的政策，才使我国在短期内消除了烟毒的危害。近年来，由于国际上毒品走私活动十分猖獗，我国部分地区的毒品犯罪活动又死灰复燃，吸毒者人数迅速上升。而且，伴随着吸毒，社会上的卖淫、抢劫、贪污和诈骗等犯罪活动也呈迅速增长的趋势。在这种情况下，我国于 1990 年参照《联合国禁止非法贩运麻醉药品和精神药物公约》，由全国人大常委会颁布了《关于禁毒的决定》。在这个决定中，我国将走私、贩卖、运输、制造毒品以及非法持有一定量毒品的行为定为刑事犯罪。对持有少量毒品和单纯吸食毒品者给予治安管理处罚，经教育不改者，实行劳动教养。我国强制戒毒的政策是从国情出发的正确选择。在我国这样一个有着 12 亿人口的大国，如果不采取强制措施迅速扼住毒品蔓延的势头，其后果是不堪设想的。

瑞士一些学者从协调国家现行立法的角度出发，将吸烟与吸毒两者作类比：因为吸烟不是犯罪，所以吸毒也不得定为犯罪。这种理由是站不住脚的。吸烟与吸毒两者虽然对人体都是有害的，但是危害的程度毕竟有很大差别。而且，与吸毒相比，吸烟对社会的危害性不是很大，吸毒则能引发许多犯罪。所以，世界各国大多有禁毒的法律规定，国际上有禁毒的国际公约，但在吸烟方面虽然有“无烟世界”的宣传活动，但除了在公共场所禁止吸烟外，还没有哪一个国家对吸烟采取绝对禁止的态度。将吸毒定为犯罪的最大好处是，我们可以利用法律的威慑力量，减少吸毒者。如果对吸毒与吸烟一样采取宽容的态度，势必将会有更多人特别是年轻人经不起毒品或者他人的诱惑而吸毒。当然，戒毒是一个非常复杂的问题，我们不能指望颁布一项法律就可以使吸毒者戒掉毒瘾。正如米勒先生所说，在禁毒问题上没有可以解决一切问题的灵丹妙药。但是，根据我国的情况特别是从我国的社会公共利益出发，强制戒毒政策即使不是一个完美的政策，但至少也要比温和的戒毒政策好得多。

十四　瑞士外交部官员谈瑞士的人权外交政策和中瑞两国关系

人权是瑞士外交政策的重点工作之一。瑞士外交部第二司司长雷曼在会见中国社会科学院法学代表团时，着重谈了冷战结束后瑞士人权外交政策的主要内容和瑞士与中国的双边关系。

（一）关于瑞士的人权外交政策

雷曼司长介绍说，谈到瑞士的人权外交政策，必须要讲其“不是”的一面。瑞士认为，人权外交政策不是达到政治目的的工具和手段，不是在不同地区有不同想法和不同的观念。如果用双重标准来对待人权的普遍性和世界人权运动是不应当的，这是人权的消极方面。人权的积极方面是以两个不同的概念为出发点的。

第一个出发点，是瑞士的人权外交政策是建立在最低人权标准之上的。外国政府、各个主权国家从世界各地来到一起，对人权的最低标准作出解释，进行交流与沟通。例如，1993 年的世界人权大会，中瑞两国均参加了那次大会并阐明了各自的立场；又如，在国际劳工组织、在联合国的框架下形成的一些国际性条约，如 1966 年的人权两公约。所有这些活动都是相辅相成的，有些则是依据国际习惯法进行的。

第二个出发点，是第二次世界大战以后，外交具有了人权的内容。不管人们是否喜欢人权，它都存在，外交中已融进了人权内容。人们可以讨论或者不讨论人权问题，但外交中就是有了人权内容。这是人类文明的新成就。正如某个哲学家所言，这些新成就对世界事务起着积极作用。如果发现问题，就通过讨论来解决。如解决不了，说明我们没有起到积极作用。所有政府应为人权的这种成就感到自豪，因为这是我们大家对国际关系作出的贡献。在国际人权领域，双方都是正确的。我们说代表主权国家是因为在国际法中行为者都是主权国家。

鉴于瑞士打算在未来的国际人权事务中发挥更大的作用，瑞士当局正致力于创建一个国家级的人权研究机构——瑞士人权院，目的在于促进瑞士的人权研究，推动人权教育，协调各项人权活动和行动，建立人权网络，使瑞士在国际人权领域和国内人权方面都能更好地保障人权。筹建中的瑞士人权院是一个半官方机构，由专家学者、政府官员、非政府组织人士等组成一个委员会来开展工作。经费将主要来自政府拨款。

（二）关于中瑞关系

雷曼司长认为，中瑞两国在人权领域的关系是很好的。他说，我们这样做是基于以下信念：当我们在讨论人权等问题时，并不是引经据典，而是从实际出发。我们感到骄傲的是，在和中国发展关系中这样做是有可能的，即不需要别人告诉我们应当做什么或不应当做什么，我们也不是为了形式而工作，而是为了促进实实在在的发展。这是中瑞两国关系中很愉快的经历，也是我们瑞士联邦主席不久前在北京对新闻界所讲的。由于相互信任，在讨论中就能涉及重要问题并深入探讨。相互信任是共同分享的，也是其他领域发展的基础。我们有许多共同信念和共同点：文化关系、基础设施、重要的经济合作、苏黎世与昆明的城市关系等，这些都非常重要。

雷曼在评价中瑞关系时又不无幽默地说：当历史学家用了30年时间来写中瑞关系时，将要评判我们是否做了有价值的工作。由于我们每天都有进步，希望当我读这部书时，至少发现历史学家说我们已取得了明显进步。否则，我会失去外交生涯中的这段历史。任何事情都不是固定不变的。我们今后应当努力工作，在现有基础上发展中瑞两国的关系。

他说，在瑞士人的观念中，未来的中国将成为世界的主要力量。一是因为中国是联合国安理会常任理事国之一；二是因为中国在世界权力区域化上是个强大的国家，它有深厚的文化背景，总会把区域的力量纳入其政治中。瑞士在未来会带来一些不同的东西，作出自己的贡献。它将在两个领域有所贡献：一是瑞士的预防性外交；二是宽容的文化精神。这是瑞士为世界树立的榜样。可以想象，瑞士在非洲会有所作为，与非洲统一组织有更多的联系。如果其他国家愿意借鉴瑞士的经验，我们会与之分享。从政治和法律的角度看这些问题更为重要。今后国家的概念是什么？一是持续发展，二是市民社会。此外，如果别国有所借鉴，例如，从宪法上讲，文化认同，州在各个领域的自治，联邦与州的权力划分，个人在市民社会中的地位，国家发展所需要的各种保障，等等，都可借鉴。与其他国家在这些领域讨论，将是瑞士今后对世界的贡献，这与我们一贯奉行的中立政策并无冲突。因为这些贡献有可能也是一个团结的国际社会所面临和需要的。

参考文献

一　中文著作

〔英〕A. J. M. 米尔恩：《人的权利与人的多样性——人权哲学》，夏勇、张志铭译，中国大百科全书出版社，1995。

〔英〕A. J. M. 米尔恩：《人权哲学》，王先桓等译，东方出版社，1991。

〔苏〕B. 奇希克瓦泽、E. 卢卡绍娃：《社会主义人权概念》，范习新译，社会科学文献出版社，1991。

〔瑞典〕阿尔弗雷德松等编《〈世界人权宣言〉：努力实现的共同标准》，中国人权研究会组织翻译，四川人民出版社，1999。

〔挪〕艾德等：《经济、社会和文化的权利》，黄列译，中国社会科学出版社，2003。

〔德〕奥本海等：《奥本海国际法》（上卷·第2分册），王铁崖等译，商务印书馆，1981。

陈文敏：《人权在香港》，香港广角镜出版社有限公司，1990。

董云虎主编《中国人权白皮书总览》，新华出版社，1998。

富学哲：《从国际法看人权》，新华出版社，1998。

〔美〕汉斯·凯尔森：《国际法原理》，王铁崖译，华夏出版社，1989。

何华辉：《比较宪法学》，武汉大学出版社，1988。

〔荷〕亨利·范·马尔赛文、格尔·范·德·唐：《成文宪法的比较研究》，陈云生译，华夏出版社，1987。

姜士林、陈玮主编《世界宪法大全》（上），中国广播电视出版社，1989。

〔美〕杰罗姆·巴伦等：《美国宪法概论》，刘瑞祥等译，中国社会科学出版社，1995。

黎国智主编《马克思主义人权理论概要》，四川大学出版社，1992。

李林主编《当代人权理论与实践》，吉林大学出版社，1996。

李龙、万鄂湘：《人权理论与国际人权》，武汉大学出版社，1992。

李洙泗主编《马克思主义人权理论》，四川人民出版社，1994。

刘楠来主编《发展中国家与人权》，四川人民出版社，1994。

〔美〕路易斯·亨金：《权利的时代》，信春鹰等译，知识出版社，1997。

〔美〕路易斯·亨金：《宪政·民主·对外事务》，邓正来译，三联书店，1996。

庞森：《当代人权 ABC》，四川人民出版社，1991。

〔法〕皮埃尔·勒鲁：《论平等》，王允道译，商务印书馆，1988。

〔法〕让·斯托策尔：《当代欧洲人的价值观念》，陆象淦译，社会科学文献出版社，1988。

沈宗灵、黄枬森主编《西方人权学说》（上、下），四川人民出版社，1994。

宋惠昌：《现代人权》，人民出版社，1993。

苏明主编《中国人权建设》，四川人民出版社，1994。

〔美〕托马斯·伯根索尔：《国际人权法概论》，潘维煌、顾世荣译，中国社会科学出版社，1995。

王铁崖：《国际法》（高等学校法学试用教材），法律出版社，1981。

王哲：《西方政治法律学说史》，北京大学出版社，1988。

吴家麟主编《宪法学》，群众出版社，1983。

夏勇：《人权概念起源》，中国政法大学出版社，1992。

《宪法词典》，吉林人民出版社，1988。

信春鹰主编《妇女与人权》，吉林大学出版社，1996。

许崇德、张正钊主编《人权思想与人权立法》，中国人民大学出版社，1992。

〔加〕约翰·汉弗莱：《国际人权法》，庞森等译，世界知识出版社，1992。

张文显：《二十世纪西方法哲学思潮研究》，法律出版社，1996。

郑杭生主编《人权新论》，中国青年出版社，1993。

中国社会科学院法学研究所编《当代人权》，中国社会科学出版社，1992。

中国社会科学院法学研究所编《国际人权文件与国际人权机构》，社会科学文献出版社，1993。

《中华人民共和国对外关系文件集》(第3卷)，世界知识出版社，1959。

二 中文文章

邴正：《人权断想》，《时代评论》1988年创刊号。

曹建明：《中国人权观及其与西方人权观的斗争》，《上海法学研究》1992年第1期。

陈俊宏：《论马克思主义人权观与资产阶级人权观的根本分歧和对立》，《湖北社会科学》1991年第11期。

胡大楚：《"人权"是资产阶级的口号》，《长江日报》1979年4月19日，第6版。

吉同文：《试论马克思主义人权观的几个理论问题——兼批资产阶级人权观》，《政法论坛》1992年第1、2期。

《坚持马克思主义人权观 反对资产阶级人权观——高校人权问题理论研讨会综述》，《人民日报》1990年9月17日，第7版。

蓝瑛：《"人权"从来就是资产阶级的口号吗？——同肖蔚云等同志商榷》，《社会科学》1979年第3期。

李林、蒋兆康、莫纪宏等：《以马克思主义为指导深入研究人权理论》，《法学研究》1991年第5期。

李永泰：《简论人权的两重性——兼评人权概念的争论》，《当代法学》1992年第2期。

刘瀚、李林：《马克思主义人权观初论》，《中国法学》1991年第4期。

刘俊智：《正确理解马克思关于人权的一个观点》，《探索》1992年第4期。

刘楠来：《〈世界人权宣言〉的诞生及其意义》，《人民日报》1988年12月8日，第10版。

倪世雄：《美国人权外交的周期及其性质》，《国际展望》1990年第6期。

皮剑龙：《论资产阶级人权的形成和实质》，《光明日报》1989年11

月 6 日，第 7 版。

乔伟：《论人权》，《文史哲》1989 年第 6 期。

邱在钰：《国际人权保护和国家主权原则》，《河北法学》1985 年第 4 期。

沈宝祥：《社会主义与人权》，《光明日报》1988 年 12 月 8 日，第 10 版。

沈宝祥、王晨泉、李泽锐：《国际人权问题》，《北京周报》（法文版）1982 年 8 月 2 日第 31 期。

沈宗灵：《二战后西方人权学说的演变》，《中国社会科学》1992 年第 5 期。

〔瑞士〕胜雅律：《从有限的人权概念到普遍的人权概念——人权的两个阶段》，王长斌译，载沈宗灵、黄枏森主编《西方人权学说》（下），四川人民出版社，1994。

孙力：《西方人权观的思想渊源及其性质嬗变》，《社会科学研究》1992 年第 4 期。

万鄂湘：《论人权的国际标准》，《中国法学》1993 年第 1 期。

王彬：《论人权与主权的互动性——兼评“人权无国界论”》，《学术论坛》1992 年第 5 期。

王长里：《西方资产阶级人权观的历史演变：从文艺复兴到启蒙运动》，《江西师范大学学报》（哲社版）1992 年第 4 期。

王金沙：《人权问题上两种世界观的对立》，《广东社会科学》1992 年第 4 期。

王哲：《论西方资产阶级人权理论的历史发展》，《中外法学》1992 年第 2 期。

王哲：《论西方自然法学派的人权观》，《北京社会科学》1992 年第 3 期。

王哲：《西方近代人权观剖析》，《北京大学学报》（哲社版）1992 年第 3 期。

吴大英、刘瀚：《对人权要作历史的具体的分析》，《法学研究》1979 年第 4 期。

肖蔚云、罗豪才、吴撷英：《马克思主义怎样看待“人权”问题》，《红旗》1979 年第 5 期。

修义庭、倪振峰：《明确两种人权观的对立和斗争》，《当代法学研究》

1992 年第 1 期。

徐炳:《论“人权”与“公民权”》,《光明日报》1979 年 6 月 19 日,第 6 版。

徐炳:《人权理论的产生和历史发展》,《法学研究》1989 年第 3 期。

徐显明:《生存权论》,《中国社会科学》1992 年第 5 期。

严峰:《国家主权是享有人权的基础——兼评“人权无国界论”》,《北京社会科学》1992 年第 1 期。

杨兴华:《剖析美国的“人权外交”》,《争鸣》1991 年第 1 期。

尤俊意:《人权的历史渊源和演化》,《上海法制报》1990 年 4 月 23 日,第 9 版。

余良:《“人权”是资产阶级的口号》,《文汇报》1979 年 4 月 8 日。

张光博:《资产阶级人权的理论和实践》,《争鸣》1981 年第 3 期。

张文显:《马克思主义与人权》,《当代法学》1992 年第 2 期。

张希坡:《也谈革命根据地的人权保障条例问题》,《法律学习与研究》1992 年第 3 期。

张志君:《坚持马克思主义人权观,反对资产阶级人权观》,《学术交流》1991 年第 1 期。

〔日〕真田芳宪:《人的尊严与人权》,鲍荣振译,《外国法译评》1993 年第 2 期。

郑勇:《国际人权问题的起源和发展:兼论人权国际保护与不干涉内政的关系》,《中国法学》1990 年第 4 期。

周蔚华:《论社会主义人权》,《中国人民大学学报》1992 年第 2 期。

朱晓青:《论人权的共同标准》,《中国法学》1994 年第 6 期。

三　外文参考文献

An-Na'im, *Human Rights in Cross-Cultural Perspectives*, University of Pennsylvania Press, 1992.

A. D. Renteln, *A Conceptual Analysis of International Human Rights: Universalism vs. Relativism*, A Bell and Howell Information Company, 1987.

A. Glenn Mower, *Jr. Human Right and American Foreign Policy: The Carter and Reagan Experiences*, Greenwood Press, 1987.

B. G. Ramcharan, *For the People or against the People? The Role of Contemporary International Law*, Mimeo, 1991.

Fernando R. Teson, *Humanitarian Intervention: An Inquiry into Law and Morality*, Transnational Publishers, Inc., 1982.

Holleman, *The Human Rights Movement*, Praegeer Publishers, 1987.

Hurst Hannum, *Autonomy, Sovereignty, and Self-Determine Mention*, the University of Pennsylvania Press, 1990.

Jack Donnelly, *International Human Rights*, Westview Press, Inc., 1993.

Jack Donnelly, *Universal Human Rights in Theory and Practice*, Cornell University Press, 1989.

John Martz and Lars Schoultz, eds., *Latin America, the United States and the Inter-American System*, Westview Press, 1980.

John P. Humphrey, *Human Rights and the United Nations: A Great Adventure*, Transnational Publishers, Inc., 1984.

J. J. Flynn, *Political Science*, N. Y. College Notes, 1986.

Kamenka and A. Tay, ed., *Human Rights*, Edward Arnard, 1978.

Louis Henkin, *The Age of Rights*, Columbia University Press, 1990.

Macfarlane, *The Theory and Practice of Human Rights*, Maurice Temple Smith Ltd., 1985.

M. Cranston, *What are Human Rights?* (2nd ed), Bodley Head, 1973.

Natalie Kaufman Hevener, *The Dynamics of Human Right in U. S. Foreign Policy*, Transaction Books, 1983.

R. E. Howard-Hassmann, *Cultural Absolutism and the Nostalgia for Community*, *Human Rights Quarterly*, 1993.

Theodor Meron, *Human Rights in International Law*, Oxford Clarendon Press, 1989.

Winston, *The Philosophy of Human Rights*, Wadsworth Publishing Co., Belmont, California, 1989.

索　引

G

H

J

后 记

本书是中国社会科学院法学研究所（中国社会科学院人权研究中心）从1991年至1997年七年间进行调研和对策研究的成果，凝聚了数十位专家学者在人权理论与人权对策研究领域“开疆拓土”的心血和智慧，也反映了那个特定时代的历史特征和种种局限，有些材料今天看起来甚至还很“小儿科”。本书先后于1993年作为《人权研究》第一辑、1997年作为《人权研究》第二辑，以研究报告形式集结编印，仅供中央和有关部门参阅。时至今日，我们把两辑人权研究报告合并起来正式出版。《人权研究》第一辑，主要收录的是1991—1993年这个时间段法学研究所的人权调研成果，具有探索性、突破性以及今天看起来甚至还有某些“幼稚性”的特征，但它是在1990年代那个特定历史背景下，法学所领导和学者顶着重重压力、义无反顾冲出“人权禁区”的“破冰之旅”，是改革开放后人权法治研究的第一个“螃蟹之吃”。《人权研究》第二辑，主要收录的是1994—1997年这个时间段法学研究所的人权调研成果，其中还包括一部分有关司法改革和法治完善等方面的内容，具有不断拓展、深化和更多对策建议的特征。这次以《人权法治研究报告》的书名正式出版20年前的调研成果，之所以没有按照其内在逻辑，如人权对策建议和报告、人权问题考察综合报告、人权问题考察专题报告、其他相关信息资料的结构来谋篇布局，而是尊重当时的编排框架，按照时间先后顺序，分为人权法治研究报告（1991—1993年）第一辑和人权法治研究报告（1994—1997年）第二辑，主要是希望尽可能原汁原味地反映当时人权调研的探索过程、认识水平和艰难情况，同时也希望这种编排框架结构能够为后人提供一个突破“理论禁区”的研究样本。

我们正式出版《人权法治研究报告》，一是为了客观反映中国改革开放初期理论界、法学界尤其是法学所专家学者解放思想、开拓创新、突破外部封锁制裁，逐步走向尊重和保障人权的艰难探索过程；二是为了让今天和未来的人权研究者更加翔实具体地了解 1990 年代中国人权观念、人权理论、人权政策、人权法治建设等起步、创建和发展的历史，从而加深对今天和未来中国特色社会主义人权的道路自信、理论自信、制度自信和文化自信，不断开创中国特色人权理论研究和法治保障的新局面；三是为了铭记为社会主义中国人权理论和人权法治初创阶段作出卓越贡献的专家、学者、同仁，他（她）们有的已经作古，如沈宗灵先生、吴大英先生、刘瀚先生、吴建璠先生、韩延龙先生、史探径先生以及吴云琪女士等；有的已经退休颐养天年，如王家福先生、刘海年先生、刘楠来先生、李步云先生、徐炳先生、陈云生先生、陈泽宪同仁以及冯锐女士、陈明侠女士、王晓晔女士、黄列女士、朱晓青女士等；即使仍在工作岗位发扬老黄牛精神、笔耕不辍的，蒋兆康先生以及信春鹰女士、王雪梅女士等，也都逐渐进入“退休倒计时”模式。或许，这就是历史的记忆，是当代中国人权历史的一个不可或缺、不可忘怀的片段。

谨以此书的正式出版告慰逝者的在天之灵！感念所有为中国人权事业作出卓越贡献的专家学者！

李　林

2017 年 10 月 2 日

图书在版编目（CIP）数据

人权法治研究报告 / 李林主编. -- 北京 : 社会科学文献出版社, 2019.10

（中国人权研究）

ISBN 978-7-5201-2586-4

Ⅰ.①人… Ⅱ.①李… Ⅲ.①人权-研究报告-中国 Ⅳ.①D621.5

中国版本图书馆 CIP 数据核字（2018）第 074249 号

中国人权研究

人权法治研究报告

主　　编 / 李　林

出 版 人 / 谢寿光

组稿编辑 / 芮素平

责任编辑 / 郭瑞萍

文稿编辑 / 李娟娟

出　　版 / 社会科学文献出版社 · 联合出版中心（010）59367281

地址：北京市北三环中路甲 29 号院华龙大厦　邮编：100029

网址：www.ssap.com.cn

发　　行 / 市场营销中心（010）59367081　59367083

印　　装 / 三河市尚艺印装有限公司

规　　格 / 开　本：787mm × 1092mm　1/16

印　张：25　字　数：402 千字

版　　次 / 2019 年 10 月第 1 版　2019 年 10 月第 1 次印刷

书　　号 / ISBN 978-7-5201-2586-4

定　　价 / 128.00 元